中央民族大学“985工程”
中国少数民族教育研究创新基地
教育人类学研究中心

教育人类学研究丛书 第四辑

主编◇滕星

广西民族地区语文德育研究

韦美日◎著

民族出版社

《教育人类学研究丛书》总序

一

人类学（Anthropology）是一门全面研究人及其文化的学科。它研究的一个重要方面是人类群体的文化传承与文化学习、文化交流与文化发展。教育学作为专门研究如何培养人类下一代问题的一门学科，也肩负着传递知识、传播文化的基本功能。这样，人类学和教育学之间就有了天然的脐带，教育人类学也由此成为二者之间有机联系的一座桥梁。

教育人类学（Educational Anthropology or Anthropology of Education）是由教育学与人类学相互交叉并通过科际整合而形成的一门综合性边缘学科，其核心研究领域是多民族国家的少数群体教育，包括少数民族教育、乡村教育、移民教育、多元文化教育等方面的内容。作为一门新兴的边缘学科，教育人类学吸收了包括哲学、法学、人类学、教育学、心理学、生物学、社会学、历史学等多学科的研究成果。

国外教育人类学学科形成于20世纪中期，经过半个世纪的发展，形成了以欧洲德国、奥地利等国为代表的哲学教育人类学和以美国为代表的文化教育人类学两大流派。在文化教育人类学流派中，又可以划分为主要由人类学家组成的教育人类学理论学派和以教育学家组成的多元文化教育理论学派。

欧洲哲学教育人类学学派主要注重于从人的本质、教育的本质、人接受教育的可能性和必要性出发，从哲学的高度研究教育的理论与实践问题。

以美国为代表的文化教育人类学中的教育人类学学派，继承了英美文化人类学的理论框架、概念与田野工作方法，并用其研究教育的理论与实践问题；多元文化教育理论学派则从英美文化人类学那里继承了“文化相对论”的观点，并将其与美国的土特产——美国社会民族理论相结合来研究教育的理论与实践问题。其最初目标是为了捍卫以少数民族为代表的社会弱势群体的利益，其长远目标是想通过教育改革构建一个不分族群、社会阶层、性别、年龄、身体与智力差异的、乌托邦似的国家与全球多元文化社会。文化教育人类学研究的范围主要包括少数民族教育（包括移民教育和土著教育等）和多元文化教育等方面。

教育人类学在国外已有长足的发展，其学科地位早已确立，并对许多国家的教育改革、教育政策、教育规划、教育咨询等都产生了重大影响。

当人类进入21世纪后，随着国际上对全球一体化与民族文化多样性、文化差异与机会均等、多民族国家中主流民族与少数民族、国家一体化与文化多元化关系的讨论；随着知识经济社会的来临，人们对教育与社会弱势群体倍加关注，教育人类学也随之成为一门社会与学术界瞩目的重要的学术研究领域。

二

中国大陆地区的教育人类学研究起步较晚，肇始于20世纪80年代初的少数民族教育研究，当时研究的重点是异文化和跨文化教育。20 世纪 80 年代中期以后，大陆才开始系统引介西方教育人类学的学科知识，传播教育人类学的基本思想和理论方法。20 世纪 90 年代以后，教育人类学获得了初步发展，不少学者开始尝试结合西方教育人类学的理论和方法研究本土的教育问题或试图建构本土教育人类学的理论体系，并对此进行了有益的尝试。

在 20 世纪 80—90 年代，大陆地区的教育人类学研究一直被冠以“少数民族教育研究”，简称“民族教育研究”，其学科则被称为“民族教育学”，鲜有称为“教育人类学研究”或“教育人类学”的，究其原因有以下几点：

首先，这是由于人类学这门学科作为西方的舶来品，在 20 世纪初中期被引入中国时，产生的名称概念上的不统一，以及后来人类学在中国发展历史的影响。20 世纪初中期，人类学在英美分为体质人类学和文化人类学两大体系；在欧洲大陆的德国和苏联则将人类学称为民族学。当时的学界泰斗蔡元培先生赴德国进修民族学，并将民族学这一学科概念首先引入中国，尽管后来的人类学家吴文藻及其学生费孝通、林耀华等人先后将英美的人类学这一学科概念引入中国。但是，由于 20 世纪 50 年代初的大学院系调整、民族识别工作、少数民族研究，以及西方英美人类学被错划为“伪科学”，而苏联的民族学则占据着统治地位等历史的原因，使大陆地区人类学在很长一段时期只能以民族学替代文化人类学这一学科概念。当前，在西方人类学体系中，民族学基本上是作为文化人类学和体制人类学下的一门分支学科。而目前在中国的学科分类上，民族学被划分在法学门类下，而人类学则被划分在社会学门类下。同一门学科被人为地划分在截然不同的学科门类中，造成了人们在学科概念上的混淆。

其次，早期大陆地区的教育人类学研究主要以少数民族教育为其研究对象，很少以教育人类学的田野调查方法扩大关注主体民族——汉族的正规教育与非正规教育。故一直以“少数民族教育”、“民族教育”和“民族教育学”加以称谓。

再次，由于该学科领域的许多研究人员对国外教育人类学学科的历史与发展，以及研究对象和研究范围并不十分了解，导致他们对教育人类学与民族教育学学科彼此之间的关系并不是十分清晰。当然，这是一个十分复杂并带有争论的学术问题，在此不拟展开讨论。

20多年来，中国大陆地区教育人类学发展取得的重要成果主要包括以下几方面：

一是翻译引介了一批西方教育人类学的理论和著作，传播了教育人类学的基本思想和重要理念。

二是从理论上对这一学科进行深入探讨，试图结合国情研究大陆地区教育的发展问题或试图构建教育人类学的本土理论体系。

三是采用教育人类学的理论，关注异文化教育现象，提倡多元文化教育理念，寻求跨文化的了解和对话，特别是为研究民族问题和民族教育提供借鉴。

四是从人类学的视角切入，解读汉族的正规教育和非正规教育，探讨文化与教育的关系、教育的文化功能等，在一个更广阔的人文背景下探讨大陆地区的教育问题。

五是积极开展教育人类学的田野工作，出现了一批具有本土意义的教育人类学民族志作品。

六是在一些师范大学和民族院校陆续建立了相应的民族教育和多元文化教育教学科研机构，开设教育人类学课程，教育人类学人才培养模式逐步完善，学术科研队伍日益壮大。

七是在吸收西方教育人类学学科素养的基础上，进行本土理论建构，创造性地提出了一些符合中国国情的教育人类学理论。

八是以教育人类学研究方法为基础的多学科合作研究课题成果初见端倪，积累了一定的教育人类学本土研究经验以及与国际组织合作开展研究的经验。

近年来，中国大陆地区教育人类学出现了注重学科建设，注重在本土经验基础上探讨全球性议题，更加关注现实问题解决的新气象。目前，大陆地区教育人类学的学科建设已走完学科萌芽阶段，由非学术化阶段开始步入初步学术化阶段。

三

在新世纪，为了进一步发展中国教育人类学，2001—2002 年，民族出版社推出了由本人主编的“教育人类学研究丛书”第一辑。这是中国教育人类学研究方面的第一套丛书。其第一辑的出版，标志着中国教育人类学学科的发展已经进入了一个新的阶段。“教育人类学研究丛书”是一套开放性的学术丛书，它肩负着两个主要任务：一是系统介绍与评价国外教育人类学的理论与实践；二是在批判性继承国外教育人类学理论与方法的基础上，积累与展示中国本土教育人类学的理论与个案研究的最新和重大研究成果。它提倡走出书斋，用文化人类学的田野调查方法去研究当今中国的学校正规教育与社区、家庭的非正规教育。特别关注中国社会少数民族、妇女、残疾人和低社会阶层等弱势群体的教育问题。倡导书斋研究与田野调查相结合，即理论与实践相结合的学风；推崇百花齐放、百家争鸣的学术自由与理论创新的精神。

“教育人类学研究丛书”第一辑共 5 部著作，分别为：《西部开发与教育发展博士论坛》（滕星、胡鞍钢主编，2001）、《20 世纪中国少数民族与教育——理论、政策与实践》（滕星、王军主编，2002）、《族群、文化与教育》（滕星著，2002）、《文化传承与教育选择——中国少数民族高等教育的人类学透视》（王军著，2002）、《文化环境与双语教育——景颇族个案研究》（董艳著，2002）。这 5 本著作的出版，在学术界产生了良好的影响，极大地推动中国教育人类学的学科发展和中国西部民族地区教育理论与实践的发展。

2005 年，由本人担任主任的中央民族大学国家“985 工程”中国少数民族语言文化教育与边疆史地研究创新基地——“中国少数民族地区基础教育研究中心”获准成立，这是国内“985 工程”高校中首个以建设教育人类学学科为主要目标的研究机构。该中心力图在“985 工程”的实施推动下，建设有中国特色的少数民族地区基础教育体系和教育人类学学科体系。

在中央民族大学“985 工程”中国少数民族地区基础教育研究中心的大力推动下，2008—2009 年，民族出版社继续推出了由本人主编的“教育人类学研究丛书”第二辑共 10 部著作，分别为：《多元文化与现代性教育之关系之研究——教育人类学的视野与田野工作》（钱民辉著）、《教育人类学的理论与实践——本土经验与学科建构》（滕星著）、《多民族文化背景下的教育研究》（滕星、张俊豪主编）、《多元文化教育——全球多元文化社会的政策与实践》（滕星编）、《教育的人类学视野——中国民族教育的田野个案研究》（滕星、张俊豪主编）、《多元文化社会的女童教育——中国少数民族女童教育导论》（滕星主编）、《教育与社会发展——中国贵州省的一个社区个案研究》（罗慧燕著）、《教育与族群认同——贵州石门坎苗族的个案研究（1900—1949）》（张慧真著）、《民族教育理论与政策研究》（滕星、王铁志主编）、《全球视野：教育领域中的族群性、种族与国民性》（西玛哈偌等主编，滕星、马效义等译）。这些著作中既有教育人类学基本理论和方法的探讨，也有深入细致的田野个案研究，较为集中地体现了 20 世纪 90 年代以来中国教育人类学的研究水平以及国外相关研究的进展。

2005—2009 年，在中央民族大学“985 工程”的支持下，中国少数民族地区基础教育研究中心（现为中央民族大学“985 工程”中国少数民族教育研究创新基地）实施了五个重点建设项目，分别为：

（一）中国西部少数民族地区经济文化类型与初中地方性校本

课程建构（滕星教授主持）；

（二）中国西部少数民族地区乡土教材开发的教育人类学田野调查与基础理论研究（滕星教授主持）；

（三）中国少数民族新创文字在教育教学中的应用状况及存在问题调查研究（滕星教授和中国少数民族语言文学学院王远新教授联合主持）；

（四）中国西部少数民族地区农村基础教育政策、法规与管理体制研究（北京师范大学教育学院教授劳凯声主持）；

（五）中国西部少数民族地区农村义务教育投入与效益研究（北京大学中国教育财政研究所王蓉教授主持）。

在这五个项目建设的直接推动下，我们精心挑选了一批优秀的研究成果作为《教育人类学研究丛书》第三辑出版，这些作品分别是：

《经济文化类型与校本课程建构》（滕星、巴战龙、欧群慧等著）、《中国农村义务教育财政体制变革与义务教育发展：社会学透视——从税费改革到农村义务教育经费保障新机制》（郭建如著）、《西部民族贫困地区农村义务教育财政、资源配置与效益研究——基于云南、新疆、内蒙古等地贫困县的案例研究》（郭建如著）、《中国少数民族新创文字应用研究——在学校教育和扫盲教育中使用情况的调查》（滕星、王远新主编）、《中国少数民族新创文字研究论文选集》（滕星、王远新、海路主编）、《在田野中成长——教育人类学田野日志》（滕星主编）、《新创文字在文化变迁中的功能与意义阐释——以哈尼、傈僳和纳西族为例》（马效义著）、《土族、羌族语言及新创文字使用发展研究》（宝乐日著）、《多元文化整合教育视野中的维汉双语教育研究——新疆和田中小学双语教育的历史、现状与未来》（艾力·伊明著）、《民族学校教育中的文化适应研究——贵州石门坎苗族百年学校教育人类学个案考察》（张霜著）、《社会变迁中的壮文教育发展》（张苗苗著）、

《中国乡土教材的百年嬗变及其文化功能考察》（李素梅著）、《学校教育·地方知识·现代性——一项家乡人类学研究》（巴战龙著）、《人类学视野中的教育研究》（滕星、海路主编）、《书斋与田野——滕星教育人类学访谈录》（滕星等著）、《多元文化视野中的民族院校》（张俊豪著）、《中国乡土教材应用调查研究》（滕星主编）、《无根的社区　悬置的学校——湖南大金村教育人类学考察》（李红婷著）、《文化变迁中的文化再制与教育选择——西双版纳傣族和尚生的个案研究》（罗吉华著）、《云南省孟波镇中学多元文化教师民族志研究》（欧群慧著）。

在完成“教育人类学研究丛书”第三辑的编辑出版工作之后，在中央民族大学“985 工程”中国少数民族教育研究创新基地教育人类学研究中心的支持下，从2012 年夏开始，“教育人类学研究丛书”第四辑（第一批）8 部著作将陆续与读者见面，分别是：《乡土知识与文化传承——中国乡土知识传承与校本课程开发研讨会论文集》（滕星主编）、《国家意识与地域文化：文化变迁中的河南乡土教材研究》（班红娟著）、《民族地区发展与乡土教材开发——宁夏回族社区教育人类学田野调查》（张爱琴著）、《甘南藏汉双语教育历史与发展研究》（王洪玉著）、《拉祜族女童的教育选择——一项教育人类学的回访与再研究》（杨红著）、《台湾乡土教育历史与模式研究》（吴杰著）、《社会变迁中山西乡土教材的编纂与应用研究》（温润芳著）、《广西民族地区语文德育研究》（韦美日著）。

我们相信，《教育人类学研究》系列丛书的出版，将在教育学与人类学学科之间搭起一座桥梁，它必将进一步推动人类学与教育学学科之间的相互渗透与整合，为教育学和人类学开辟出一块新的学术研究领域，从而为中国的教育改革作出贡献。

滕星

2012 年 5 月修订于中央民族大学独树斋

序　言

《国家中长期教育改革和发展规划纲要（2010—2020年）》提出“坚持德育为先”的战略主题，并且指出要“把德育渗透于教育教学的各个环节，贯穿于学校教育、家庭教育和社会教育的各个方面”，这表明了德育教育的重要性和整体性。

目前，我国正处于社会转型期，德育环境比较复杂，人们在面临道德选择的时候，屡屡挑战传统道德底线。而学校德育、社会德育、家庭德育之间往往存在不一致性，使得青少年在世界观、人生观、价值观的建构中出现了这样和那样的偏差和困惑。“坚持德育为先”就是要让全社会关注德育，关注社会转型期的道德建设，营造有利于青少年健康成长的社会环境、学校环境和家庭环境。其中，为社会培养人才的学校承担着更重要的使命。学校德育应该发挥更大的作用，即把社会、家庭、学校的德育力量联合起来，形成教育的合力，增强学校德育的生命力。此外，在学校内部，德育在各科教学中的渗透也是增强学校德育生命力的途径。对学校德育建设而言，学科德育渗透绝不是可有可无的事情，而是各科教学的重要目标之一。特别是作为人文学科之一的语文学科，应该担负起“育人”的责任，因为语文学科的性质是工具性与人文性的统一，语文课程的基本理念是提高学生的语文素养，“培育学生热爱祖国语文的思想感情”，“提高学生的品德修养和审美情趣，使他们逐步形成良好的个性和健全的人格，促进德、智、体、美的和谐发展”，这就必须进行语文学科德育渗透。

在语文教学中进行德育渗透，不仅是当代社会发展对语文教育提出的要求，而且也是语文教育本身发展的内在要求。语文教育是母语教育，母语教育内在地包含了在正确运用母语的过程中体会其中的思想感情，这本身就是德育渗透。当代母语教育的重要任务之一就是让学生学会解读文字符号组成的各种类型的文本。解读文字符号构成的文本的过程就是在与文本的作者进行思想感情的交流，这是一个自然的母语学习过程，其中包含了文字符号的识别和思想内容的理解。对汉语言文字学习来说，文字符号的习得，意味着要掌握文字的音、形、义，因为汉字是音、形、义的统一，其中的“义”就是文字的含义，本身就包含了思想感情的因素。汉语口语的习得也是思想感情的交流过程，学生在习得某种汉语表达方式的时候，也在体会、感受、理解这种表达方式表达的思想感情。因此，语言习得过程又是一个思想感情交流的过程，它为语文德育渗透留下了“可为”的空间。

不同民族的语言对同一种事物、现象有不同的指称，这些指称表达的是不同民族对某一事物和现象的认识和理解，这些认识和理解中就有思想感情的因素。广西各少数民族大都有自己的民族语言，虽然没有发展成一套由文字构成的完备的符号系统，但是并不妨碍族群内部思想感情的交流。在广西少数民族的聚居区，族群内部的交流还是习惯用当地的民族语言，这种语言携带了族群发展过程的生产、生活经验。对族群的后代而言，近一点说，它有实用价值，帮助他们融入当地社会；远一点说，它有文化价值，可以把前一代的生活经验继续传承下去。广西少数民族聚居区的儿童大部分首先习得的第一语言是本民族的语言，这意味着他（她）同时也习得了用本民族语言表达自己的思想感情。这是少数民族儿童进入学校，学习汉语言文字的先在基础，这个基础是与民族语言产生的地理环境、社会环境紧密联系在一起的，只有认识了这种语言产生的历史条件和自然环境的特点，才能真正理解这种语言，理解使用这种语言的人们表达的思想感情，才能对这种思想感情施加我们认为有意义的影响，即进行语文德育渗透。

广西少数民族地区历史上的学校教育基本上是汉文化的教育，是一种“同化”教育，而且是强制同化。在语文教育上表现为：无视少数民族学生先在的语言基础，不考虑少数民族学生的思想感情和他们的意愿，生硬地灌输语文知识，片面地训练语文技能。这是广西民族地区传统学校语文教育的特点之一。在大力推行素质教育，倡导教育要“以人为本”的今天，这样的做法显然不合时宜。因此，从事语文教育教学研究的学者应该研究少数民族地区语文教育的特点，并针对这种特点进行语文德育渗透，这样才能增强少数民族学校语文德育的生命力。

广西民族地区学校语文教育和非民族地区的学校语文教育应该有所不同，因为两者的经济基础和文化环境都是不同的。广西民族地区的经济基础比较薄弱，它能够承载的教育成本是有限的，因此，它应该建构与其经济发展的水平和能力一致的语文教育体系。在这个框架下进行有针对性的语文德育渗透更有实际意义，也更容易取得令人满意的实际效果。更重要的，广西民族地区的文化环境与非民族地区不同，它拥有与非民族地区不一样的课程文化资源，在建设开放而有活力的语文课程体系的过程中，应该建立与这种独特的文化环境一致的语文课程文化体系，充分吸收当地文化的养分，联系当地的生产、生活，进行生动活泼的语文德育渗透。

韦美日副教授本身是毛南族，出生在壮族聚居地区，从小习得的是壮语，在学校学习的是汉语，她从事的是汉语言文字的教学工作。她熟悉广西民族地区的语文教育，她知道这样的语文教育对少数民族学生的民族情感可能产生的影响。她希望用自己的观察、体验、思考、研究，告诉关心广西民族地区语文教育发展的人们，广西民族地区的语文教育不仅是一个历史现象，也是一个历史过程，它的独特内涵是一种文化的积淀，因此，广西民族地区的语文德育应该具有自己的民族特点，只有这样，语文教育过程中的德育渗透才能像春风化雨，浸润少数民族学生的心田。这个研究也可以看成是一个语文德育的寻根之旅。

韦美日副教授的广西民族地区语文德育研究具有前瞻性，她主张在少数民族地区的语文教育中引入少数民族的语言和文化，充实语文教学的内容，丰富语文教学的方法，拓展语文教学的空间，旨在传承少数民族的传统文化，维持多样文化和平共处的生态文化格局。她的研究不局限于语文学科，把语文德育放在多学科的理论背景上进行分析和研究，能够看到从单一的学科教学论的角度所难以观察到的民族地区语文德育现象的本质。她用文化人类学的理论去解释广西民族地区语文德育体系的基本构想，用文化资本理论去解释广西民族地区学生语文学习的过程及其成效，都比较贴切，颇有新意。

韦美日副教授2009年到中央民族大学教育学院跟随我访学一年，主要选修教育人类学方向的研究生课程，在教育人类学理论和方法的学习上进步很大。她虚心好学、勤奋上进、为人朴实，经过了一年的访学和两年的专研，终于写成了这部具有较高学术价值的《广西民族地区语文德育研究》，值得充分肯定。但这项研究是跨学科的，涉及非其学术专长的学科，难免存在一些缺点和不足，希望她在今后的研究中加以克服，取得更大进步。

滕星

2011年12月26日

目录

绪　论

本章主要内容包括研究的缘起、研究方法、理论基础、学科范围及基本构架。

第一节　研究的缘起

对广西民族地区语文德育的关注，首先是因为笔者的少数民族身份。笔者是广西壮族自治区环江毛南族自治县人，毛南族。父母、祖父母、外祖父母都生活在毛南族聚居的“三南”地区（即上南、中南、下南），父亲和祖父母生活在上南，母亲和外祖父母生活在下南。在父亲青少年时期，祖父母带着全家移居到临近的壮族聚居的水源乡。笔者是在水源乡出生的毛南族后代，童年时期还经常跟着父亲回上南老家走亲戚，上南老家的亲戚也经常因为赶圩和开“三级干部”（即公社、大队、生产队）会到水源乡的家里小住。因为家住在水源乡政府所在地水源乡水源街，逢每月的 1 日、4 日、7 日是圩日，圩日家里会来很多人，有亲戚、熟人、朋友，也有来歇脚和讨水喝的赶圩的陌生人，虽然物质生活极为贫乏，父母却能倾其所有热情款待，家里的开水和稀饭经常供不应求。父母的言行举止为儿童提供了最初的为人处世的生活经验，那就是与人为善，这种民族生活经验混杂着民族语言和特定生活场景印刻在儿童的记忆中，形成了民族社会生活的底色，奠定了儿童生活价值观的基础。

移居壮族地区的毛南族父母和毛南族的亲戚、同为毛南族移民的乡邻交流一般用毛南语，与壮族乡邻交流一般用当地的壮语，与在当地生活工作不会说壮语的外地人和汉族人交流，会用当地的汉语方言桂柳话。作为毛南族的后代，笔者只在父母和毛南族同乡交流时听过毛南话，父母单独交流意见也用毛南话，但父母不教孩子们学毛南话，只教孩子们讲壮话，潜意识里大约是要后代能融入当地的壮族社会，不因语言不同而被壮族人排斥，这可能是少数民族的一种生存之道。当时他们可能没有意识到语言和文化，语言和民族情感、价值观是不能分离的，不会讲毛南语的毛南人和会讲毛南语的毛南人对自己民族语言和文化的情感肯定是不一样的，掌握某种跟自己有联系的语言的过程往往就是亲近这种语言代表的民族文化的过程，相反，不讲或者是刻意疏远某种跟自己关系密切的语言实际上是排斥这种语言所代表的民族文化的表现。改革开放以后，壮族地区的许多父母刻意教自己的孩子从小讲汉语，县城里的壮族人则以从小教自己的孩子讲汉语普通话为荣，似乎普通话比桂柳话高贵一样，反映的就是壮族人对汉族文化的仰慕心理。在县城里以让孩子讲汉语普通话的方式表明自己更像大城市的汉族人。县城的中小学也发生了类似的变化，改革开放以后接受师范教育的语文教师上课一般都用汉语普通话，甚至壮族子弟在小学阶段的课外活动和人际交流中，也习惯了使用汉语普通话，这反映了汉族文化的强大影响力，也反映了作为弱势群体的少数民族在强势文化冲击下的一种特殊心态。

在改革开放以前，很多毛南人和壮族人对汉族人的了解不多，因为交通不发达，经济文化落后，很少人有条件到汉族聚居地去生活和工作，对汉族人的风俗习惯和生活方式的认识和理解只是道听途说，有不少夸张不实的成分，甚至把汉族人和城市人等同起来，对汉族人的生活和他们的文化是既陌生又仰慕，因为那毕竟是与毛南人和壮族人不同的。毛南族和壮族人有敬“字纸”的习俗，而毛南族和壮族虽然有自己的语言却没有相应的记录自己语言的文字，壮族的“土俗字”也是脱胎于汉族的“六书”，是在汉字的基础上创造的，因此对“字纸”的敬畏，实际上可以理解为对汉文化的敬畏。这种敬畏在笔者童年时代还会延伸到对能流利讲汉语的壮族人和毛南族人的特别尊敬，这些人通常是通过招工或者读书到汉族地区生活和工作的，他们往往成为壮族和毛南族父母教育自己的孩子努力读书的榜样。

在壮族聚居的地区，毛南族作为外来的移民，平时与当地壮族人相处都比较低调，凡事以和为上。笔者的父母从不与人争吵，虽然父亲在家庭生活中脾气是比较暴躁的，但在与当地人相处时却可以处处谦让，这不仅仅是因为个性的复杂多面，更重要的是父母的移民身份使他们不想招惹不必要的麻烦。毛南族移民的这种生活态度也影响到他们的孩子。毛南人的孩子在壮族聚居区的学校读书往往也比较努力、用功，从表面观察，他们说话不多，显得比较木讷，但成绩一般都还好。在环江毛南族自治县，三南地区的儿童是以汉语学习成绩好闻名的，他们努力学习的动力部分也源于赢得当地人尊重的心理需要。

改革开放以前或者是现在的乡村教学点，移民壮族地区的毛南族子弟，童年、少年时期日常与人交流用壮语，学龄期上学读书，在课堂上朗读课文用桂柳话。在课外活动和教师解释课文内容时，如果是壮族教师并且会讲壮话，经常是用壮语交流，如果是不会讲壮话的教师，上课一般用桂柳话，很少用普通话。在学校里，师生因为害怕普通话讲不好被人取笑，羞于开口讲，况且日常交流的对象大部分都是会讲壮话或者桂柳话的人，必须讲普通话的机会也不多。普通话在壮族聚居地的中小学推广普及是在改革开放以后，以讲普通话为荣的观念和意识的确立也是国家在师范院校大力推广普通话以后，师范生进行普通话测试，汉语普通话才逐步在毛南族和壮族年轻的知识分子中流行。

一般来说，毛南族和壮族子弟能比较流畅地用汉语普通话与人交流是到外地工作、服兵役或者上大学以后。笔者先上的是广西民族学院预科部（即现在的广西民族大学），受惠于国家的民族政策，开始意识到自己的少数民族身份。广西民族学院招收广西各地不同民族的学生，笔者与来自桂林和柳州地区的学生交流的语言是桂柳话，与其他少数民族学生交流一般用普通话。

笔者发现在中小学时阅读汉语书籍，用桂柳话朗读解释课文，用汉语写作文，有助于成年以后的汉语交流。笔者还发现，不同地区的壮族使用的壮语方言在发音上差别很大，以致不能正常交流，还得借助汉语方言或者汉语普通话。在广西民族学院，师生在课堂内外最通行最方便的交流语言还是普通话。

笔者上本科学的专业是汉语言文学，接受系统的汉语言文学专业的训练，这种训练的成果是汉语言文学专业知识的拓展，普通话发音的改善，更重要的是在连续不断的阅读和写作中习得并固化了汉语的思维方式和思维习惯，培养了汉语的语感。一般来说，汉语言文学专业的训练，可以使以壮语为母语的少数民族子弟习惯汉语思维，基本上可以摆脱壮语思维对汉语思维的干扰，在书面和口头表达上更符合汉语的规范，但是在汉语语音上，壮语语音都有或多或少的影响和残留。

这种汉语语音上的壮语语音烙印影响表达者语意的表达，习惯上称为“夹壮”，意思是夹杂了壮语的口音。如果交流的对象也“夹壮”，交流就不存在问题，也不用担心受到嘲笑。如果交流的对象虽是壮族但不“夹壮”，或者是其他讲普通话比较标准的，对方可能就不容易听懂，也可能因此受到嘲笑。不管是善意还是恶意的嘲笑，都多少会伤害讲汉语普通话“夹壮”的少数民族子弟的自尊心，影响他们在公开场合用汉语表达自己意见的积极性，也影响他们对自己民族传统和民族语言的自我认同。也就不难理解为什么一些受过正规汉族文化教育的壮族文化人不愿意讲自己的民族语言，甚至不教自己的孩子讲壮语，只跟孩子用汉语普通话交流。

如果把两种语言放在平等的位置，这种嘲笑就不会发生，问题是现实生活中汉语普通话的使用范围和使用价值明显高于壮语，嘲笑就不可避免。以扩大壮语的使用范围和增加壮语的使用价值的方法来提高壮语的地位是汉壮双语教育的任务，从其社会影响和在公立学校的地位来看，目前效果并不理想，因此汉壮两种语言事实上的平等也还只是一个人道主义的理想的目标。

大学毕业后笔者回到环江县中学（现在的环江县高级中学）任教，教高一两个班的语文，教的第一篇课文就是朱自清的散文《荷塘月色》。那时笔者很朴实地认为，散文就得让学生体会到作者笔下散文的意境之美，从而理解作者在文中表达的思想感情，在《荷塘月色》中，就是月下荷塘之美景和作者在描绘这些美景的过程中流露出来的淡淡的喜悦和淡淡的哀愁。

现在想起来，就是在进行语文德育渗透，就是语文课程所强调的情感、态度、价值观的教育。要让学生体会到散文之美，现在可以有许多方法，比如多媒体影像，声情并茂；也可以配乐朗读，渲染气氛；还可以通过图画，发挥学生的想象力。当时笔者用的是传统的方法——朗读，尽量用声音传达教师对课文内容的理解：月下荷塘的朦胧之美，作者独自享受无边荷香月色的喜悦之情，用的是耳语一样的轻声，带点幻想的语调，传达动乱年代的知识分子难得偷来片刻宁静的淡淡喜悦。教室里静悄悄的，学生听得很认真，效果还不错。

语文德育本来就不是外在于课文的内容，它就在课文的思想内容里，就看语文教师如何理解，在课堂教学中如何处理。在一些公开课上，有些语文教师为了加强语文课的思想性，在教学内容的处理上额外增加了政治思想教育的内容。有些加得不多，点到为止，学生还能接受，与课文的思想内容也能融为一体。但加得太多，而且任意借题发挥，学生就会反感，长此以往，语文德育在学生心目中就变成了令人反感的说教，效果适得其反。上巴金的《灯》这一课的时候，在对最后一句“在这人间，灯光是不会灭的，我想着，想着，不觉对着山那边微笑了”进行解读时，虽然“山那边”可能不是解放区，也可能是解放区，但是在引导学生理解课文内容时就不能坐实，一定落在解放区上，然后把课文的所有思想内容全部往这方面靠，这样反而把“灯”的意蕴弄狭窄了，显得牵强附会，也不符合实际。在语文课堂上政治思想内容的强势介入，会使多元理解陷入无语状态，学生的情感体验会落入俗套，无助于提升其审美趣味。语文教育的最终目的是培养学生的语文素养，造就具有健康人格的现代公民，语文德育的受众是学生，学生的情感、态度、价值观的发展现状是实施语文德育的基础，离开了这一现实基础，语文德育就成了教师的一厢情愿，作为教学媒介的课文也就无法发挥它的感染人、熏陶人的作用，语文德育成了摆设，成了形式主义。

笔者第一堂语文课的朗读能打动学生，是因为学生知道笔者的本地人身份，笔者与一些学生的兄长、姐姐都是同学，情感上容易接近。再者，本地语文教师在朗读和讲解课文的过程中，不管是用当地的汉语方言桂柳话，还是用普通话，都会不同程度地夹杂壮语口音，但笔者的普通话相对还比较标准，而且为了朗读好课文，事先下工夫作了准备，声音中的情感表达听起来也比较顺耳。于是，他们因为亲近这个语文教师而认同她的朗读，进而喜欢这篇课文，能够体会其中的美景，理解作者表达的思想感情，这就是在实施语文德育了。

中小学对语文教师的评价主要看学生语文学科的大考成绩，一是因为这是一个易于操作的量化指标，还有一个外在的原因就是社会和家长对学校和教师的评价指标。某学校的重点大学、重点高中录取人数多，学生学科成绩高，那就是好学校，那就有好老师。在近年来这种社会评价倾向更为强化，你只要注意中考、高考成绩公布和高校、高中录取的时候，各中学挂在大门围墙外的大幅红色条幅，就能体会到中学最想向社会和家长展示的是什么，社会和家长最想从学校教育中获得的是什么。

社会和家长就是根据录取率和学科考试的成绩来认定哪个学校是好学校，哪个学校是差的学校，连当地政府和教育行政部门也会受到影响。大考成绩不理想，教师和学校没有面子，甚至连带县委、县政府也没有面子。在这种状况之下，语文教师的语文教学不可能不受考试指挥棒的影响，也不可能不把语文考试大纲的内容放在重要的位置，而语文德育内容因此受到挤压而虚化、边沿化的可能性就很大了。

笔者在环江县中学服务了九年，接触了来自县城各地各民族的学生，主体还是壮族的学生。学生们在课堂上、课外活动中、运动场上、宿舍里相处，基本上没有因为民族问题而闹意见，与笔者童年时代的学校生活一样，因为民族成分不同而受到歧视的现象很少，学生们通常也不会在意自己的同学是哪个民族的。这种情况与费孝通、谷苞先生在少数民族地区调研时所得到的认识是吻合的，费先生说："80 年代我去内蒙古访问，就遇到有不会汉语的蒙族，也有不会蒙语只会汉语的蒙族，在不同少数民族间通话的媒介也多种多样，有以汉语交谈，有各用自己语言交谈，也有用对方的语言交谈，也有用当地通用的某一种少数民族语言交谈。"①

在环江毛南族自治县，毛南族运用语言的情况与费先生在内蒙古访问时所看到的蒙古族的情况极为相似。在三南地区，老一辈没

---

① 费孝通等：《中华民族多元一体格局》，30 页，北京，中央民族学院出版社，1989。

有受过汉语教育的毛南族很多是不会汉语的；移居壮族或汉族地区的，就只会壮语或汉语而不会毛南语。在环江县城通用的是壮语和桂柳话，在环江中学的日常交际中基本上也是这种情况。不过在语文课堂上，20 世纪 80 年代以后接受师范教育的语文教师授课一般都用普通话，尽管是一种夹带各种地方音的普通话。在乡村学校，学生对语文教师的地方口音并不敏感，笔者这几年带师范生到乡下中学去实习，听了当地语文教师的课，也参加他们的语文教研活动，总体印象是乡村中学语文教师的普通话都带有浓重的地方口音，在壮族地区，严重“夹壮”的语文教师一般都是本地人。但是如果在南宁、柳州、桂林这样的大城市，语文教师的普通话如果严重“夹壮”，就有下岗的可能。如果乡下的语文教师要进入这些大城市的中学教语文，普通话如果“夹壮”，在试教的时候就可能被一票否决。在这种形势下，广西民族地区的语文德育内容和形式应该做怎样的调整才更符合中华民族多元一体格局发展的需要？滕星先生的多元文化整合教育对广西民族地区的语文德育也有重要的启示意义，在多元文化的历史背景中，应如何保存和发展少数民族的优良传统文化，同时又使得少数民族尽快融入中华民族的大格局中，为多样文化的发展作贡献。

谷苞先生写到：“1950 年，我到天山的维吾尔族农村进行社会调查，一天我在疏勒县城的一个茶馆吃茶，碰到了几个维吾尔族青年正在用维吾尔语讲《三国演义》，好奇心使我与他们攀谈起来，才知道他们的祖上男方都是清朝在疏勒县的汉族士兵，祖上的女方都是维吾尔族妇女。他们热情地约我到他们的家里做客。我在他们的家里看到，房屋的建筑、庭院内花木的布置、室内的陈设、男女的服装，以及他们热情好客地以奶茶、馕、瓜果等招待我的情况，都与我在其他维吾尔族农民家庭看到的一模一样。如果说还有一点点差别的话，就是我在他们当中的一家看到了用汉文写的神主牌位。这也不过是一种历史的陈迹罢了。”① 这种情况在环江毛南族自治县同样存在。如前所述，笔者祖上是毛南族，祖父辈开始到壮族地区定居，到笔者这一辈，已经完全接受了壮族的生活习惯、语言文化。“房屋的建筑、庭院内花木的布置、室内的陈设、男女的服装，以及他们热情好客地以奶茶、馕、瓜果等招待我的情况，都与我在其他维吾尔族农民家庭看到的一模一样”，只要把“维吾尔族”改为“毛南族”，把“奶茶、馕、瓜果等”改为“鸡、鸭、肉”，就是移居到壮族地区的毛南族家庭的真实写照。说到“维吾尔族青年正在用维吾尔语讲《三国演义》”，在壮族地区也有这种情况。笔者童年时候喜欢听故事，讲故事的人是生产队的“管水员”，专门负责生产队的农田灌溉，他经常给小孩讲故事，笔者记得其中一个故事《薛仁贵征东》，就是一个汉族的历史故事。

大学本科毕业时，笔者的班主任在笔者留言本上写了这么一句话：“时刻记着你的民族！”这位班主任是汉族人，“文化大革命”结束后的第一届本科大学生，有下乡插队的经历，后来留校任教，对学生像兄长一样关心爱护，在以民族学生为主体的大学里，作为汉族教师，从不因为学生的少数民族身份而区别对待。这句话是激励笔者在毕业以后的工作岗位上为自己的民族多作贡献？还是提醒笔者以后在汉族和壮族为主体的族群中生活不要嫌弃背叛自己的民族？或者两者兼而有之？或者认为是笔者的民族身份让笔者有了今天的大学本科学历，笔者应该知道感恩？总之，这句话又一次增强了笔者的少数民族身份意识，使笔者有一种复杂的使命感。尽管在接受汉族文化教育的过程中基本上认同了汉族文化的价值观，但是在面对本民族文化和汉族文化的冲突和矛盾时，却本能地要去维护本民族的文化，因此会对来自异民族和异文化的误解和猎奇产生抵

① 费孝通等：《中华民族多元一体格局》，41页，北京，中央民族学院出版社，1989。

触情绪。比如一些研究者把少数民族的一些风俗习惯当成奇异的事象拿来随意展览和评说，却不懂得这些风俗习惯的历史和与此相关的思想感情，所做的分析和一些结论就让像我这种身为少数民族的人不舒服，但是又没有办法分辩，更无法让研究者体会和理解，因为他不是“局内人”，有些事情就不可能理解和体会。有时候“局外人”的好奇和猎奇心态的确会触犯少数民族文化人敏感的自尊心，而且随着汉族文化素养的积淀，少数民族身份意识不是减弱而是增强，这也是一个不好理解的悖论。作为研究者，要尊重客观事实，做到价值无涉，但是又有哪个研究者没有自己的民族身份，能够保持绝对的价值中立呢？

笔者 1994 年考上广西师范大学语文课程与教学论专业的硕士研究生还是受惠于政府的少数民族政策。而且笔者的导师是汉族，对笔者的少数民族身份印象深刻，每次在公开场合向客人介绍笔者时都要特别强调她是毛南族，广西人口很少的少数民族，于是有些人就会表示惊奇，询问毛南族有没有自己的语言文字，讲不讲毛南话，有什么特别的风俗习惯等等，有些人则对这种民族身份并不敏感，只把它当成一个像名字一样的符号，一带而过。

笔者后来在广西师范学院工作的时候，遇到了一个研究民间文学的学者，也是汉族，祖籍在浙江，专门研究广西几个少数民族的民间文学，其中就包括笔者所属的毛南族。他到毛南族聚居地去做过很扎实的田野调查，正式出版了 8 本关于毛南族民间文学的研究著作。他说，因为他研究毛南族，参加学术研讨会的时候，总有人要求他讲一两句毛南话，或者唱一两首毛南族民歌，他还真学了几首简单的毛南族山歌在学术会议上演唱。

在他面前，笔者就觉得羞愧，因为笔者有先天的优越条件可以学讲毛南话，父母都喜欢听和唱毛南族的山歌，父亲是乡村小学教师，1992 年退休以后对教学工作依然十分留恋，还以毛南族山歌的形式追忆了自己的一生。但是笔者只会几个毛南语词汇，不能用毛南语交流，更不会用毛南语唱山歌，更不用说去欣赏毛南语文学作品的内容和形式的美了。

如果用多元文化的视角去审视笔者所受的教育，它是有欠缺的。笔者的母语及其文化在笔者的知识结构中是缺失的，这种缺失会不同程度地影响笔者对本民族的传统和文化的认同。这也是现在众多广西民族地区的毛南族、壮族以及其他非汉族儿童同样面临的问题，应该怎样保护少数民族的优秀文化，让中华民族多元一体格局中的每一元都能够健康地生存和发展下去，同时又融于中华民族的这个一体中?

从笔者近年下乡和到中学观察了解的情况来看，就广西的少数民族而言，随着改革开放和经济发展的需要，不管是在乡村还是在学校，对汉族文化的认同已经是大势所趋，而对本民族文化的认识和认同却有许多问题和困惑。像前述的研究广西少数民族民间文学的学者就认为民间文学学者的使命是纪录和拯救少数民族的民俗和文化，他就是从拯救少数民族优秀传统文化的角度去收集整理毛南族的民间文学作品。但是拯救文化的目的绝不只是把少数民族的传统文化放到博物馆、图书馆就完事了，而且博物馆、图书馆建馆的目的也不只是展览和阅览，而是让这种文化在少数民族的代际传承中不断发扬光大，保持中华民族文化多元一体的生态平衡。为拯救文化而拯救文化的想法最终也拯救不了文化，文化是人创造的，是靠人来创造和传递的，少数民族先人创造的文化没有了能够传承这种文化的后人，这种文化终究要在历史长河中消失。从多元文化可以而且应该和谐共存的美好愿景来说，这都是应该认真思考和对待的问题。这就必然要涉及中小学的学校教育，涉及到地方课程和校本课程的设置，最终要落实到少数民族学校的课堂教学实践活动中，落实在师生的日常交往过程中，落实在相关的学科课程内容处理上。就语文学科而言，传承本民族文化的价值和意义也是语文德育的重要内容之一。

面对“毛南族学者”的称谓，回想本科毕业时班主任老师写在留言本上刻在笔者脑海里的那句话，笔者自问，毛南族的身份已经给自己不少机会和实惠，可是自己又为毛南族做了什么呢？能够心安理得接受这一称谓吗？每思及此，笔者就会汗颜，觉得受之有愧。笔者只有毛南族的出身，论对毛南族传统文化的认识，笔者远不及专门研究毛南族民间文化的学者。笔者对自己民族的认识多是感性的，还不一定能反映事物的本来面貌，更不能在此基础上建立某种理论体系，对它进行理论化的解释，而更重要的，是不能帮助毛南族的后代在中华民族一体的格局中正确认识和认同自己的民族文化。笔者不能容忍自己对民族文化的传承无所作为而只安心等待汉族文化学者对毛南族濒危语言和文化的鉴定和拯救。如果没有本民族的文化自觉意识，这样的热心调查、研究、鉴定、拯救除了学术上的价值之外，对本民族文化传承的价值和意义不大。

韩愈说术业有专攻。笔者在本科阶段接受的是汉语言文学的教育，奠定了作为语文教师的语文专业知识基础；在硕士研究生阶段接受的是语文课程与教学论的专业训练，奠定了语文教学的教育学、心理学理论基础；笔者在环江中学九年的语文教师生涯为笔者奠定了语文教学经验基础；研究生毕业以后在广西师范学院语文课程与教学论教研室积累了语文课程与教学论的教学和研究经验。

笔者一直关注的是广西民族地区的语文教育，特别是语文德育的发展历程。开始是从语文学科的特点和需要出发考察语文德育的内涵和特点，然后又从学生发展和需要的角度探究语文德育的途径和方法，还从外在环境的角度探索语文德育的影响因素和现实条件。因为语文学科的综合性特点，其所遇到的问题并不是单纯靠语文学科已有的研究经验和成果就能解决问题的。而且语文学科的理论体系脱胎于教育学的课程与教学论，教育学的理论阐述有比较高的概括性，但是语文学科特性部分的理论阐释没有脱离语文教学经验总结的痕迹，有进一步进行理论概括的呼声和需要。同时语文教学实践又不断对语文教学理论提出复杂多变的问题，使语文教学理论在疲于应付的时候显出其解释力度明显不足，跟不上不断变化的语文教学实践的脚步。语文教学理论的贫乏和语文教学实践的盲目无序其实是一个问题的两面，这个问题就是基于语文教学实践基础的语文课程与教学论理论体系的架构。这个架构需要语文教学哲学思辨的基础，问题是具备哲学思辨能力的教育理论家对语文教学实践的认识和理解与语文教学实践中摸索的具有丰富语文教学实践经验的教师的认知有比较大的落差，未能形成对话关系，因此看似美好的语文教育理论，一旦进入实践环节就陷入难于操作的困境，就像完美的语文课程三维目标体系，一旦进入语文课堂教学环节，语文知识目标会得到强化，语文能力目标则可能被弱化，语文德育目标会被悬置。

从语文学科本身的特点出发解决语文教学实践的问题，在理论上是成立的，但是语文学科在中小学课程体系中的地位和作用是特殊的，它是作为学习其他学科的基础而存在的，还作为基础学科占据重要的位置，这就意味着语文课程要面对的不仅是语文课教学的问题，还必须兼顾其他学科的教学，必须为其他学科的学习奠定必要的思维基础、理解基础、语言基础，因此语文教学本身的问题实际上与其学科的学习有密切的联系。语文学科的综合性特点必然要求综合运用不同学科的经验和理论进行会诊，才可以开出有效的药方。

语文属于社会科学，社会科学的理论也可以运用于语文教学实践和语文教学研究，如以帕森斯为代表的分析功能主义所创造的那些关于社会行动结构的一些概念对语文课程与教学的理论建构和语文教学实践活动就有启示意义。语文课程与教学理论是文化系统，学生个性的发展是人格系统，语文课程与教学实践是社会系统，通过社会化的机制把文化模式内化到人格系统，进而制约其需求，通过社会控制机制把人格系统整合到社会系统并进而促进其均衡发展，就是地位—角色在社会系统中被组织起来以减少紧张和越轨的方式。① 把语文课程与教学也当成一个系统，用系统功能的观点来分析和考察，也许就为解决语文课程与教学理论概括力不足的问题提供一个思路，也为解决语文课程与教学理论与语文教学实践对话不足的问题提供一条可尝试的路径。

把社会科学理论的全局眼光和理论分析的思路作为语文课程与教学论研究的理论武器和分析框架，对研究和解决广西民族地区语文德育问题有重要的理论价值和现实意义。广西民族地区的语文德育是语文德育的组成部分，语文德育是语文课程重要的组成部分，在语文课程标准的目标体系中，语文德育目标处于三维目标的首位，在语文课程与教学的理论层面，语文德育的核心地位是没有异议的，但是在语文教学的实践层面，语文德育的边缘化又是众所周知的客观事实。

这种理论与实践的背离不但有语文课程与教学论这个系统内部的矛盾冲突，而且还涉及语文课程和教学系统与其他系统的矛盾与冲突。因此解决语文德育目标悬置的问题就必须要用系统的眼光，把广西民族地区语文德育当成语文德育的子系统，把语文德育当成语文教育的子系统，把语文教育当成基础教育的子系统，把基础教育当成国民教育的子系统，把国民教育当成文化教育的子系统，各个系统相对独立，又是上一级系统的组成部分。各系统之间的关系如图 1 所示。在研究各系统的运行规律的过程中，既关注系统本身已积累起来的知识和经验，也要放开眼光研究外部宏观系统的研究经验和理论，只有这样才不会陷入就事论事的经验主义，或者是理论至上的各种没有实用价值的概念游戏。

---

① ［美］乔纳森·H. 特纳著，邱泽奇、张茂元等译：《社会学理论的结构》，41页，北京，华夏出版社，2006。

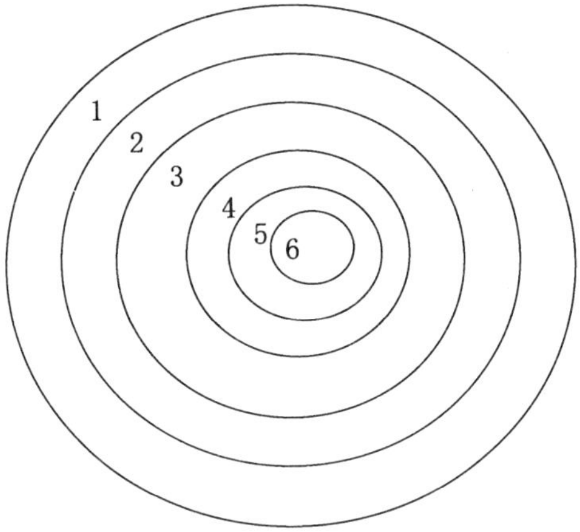

图1　广西民族地区语文德育及其相关系统的关系

1. 文化教育　2. 国民教育　3. 基础教育　4. 语文教育
5. 语文德育　6. 广西民族地区语文德育

第二节　研究的方法

笔者对广西民族地区的语文德育有一个认识过程。笔者所经历的少数民族社会生活中蕴涵了语文德育的因素，它以笔者的亲戚、邻居、朋友、同学、老师等的言语行为方式对笔者的社会认知产生影响，是笔者社会化过程中的制约因素，在一定程度上规范了笔者的言语行为方式，而且这种影响持续存在并在笔者的个性发展中发挥作用。它是在笔者还未建立广西民族地区语文德育概念的时候作用于笔者的，是笔者将来关注广西民族地区语文德育观念的一个前提基础，是广西民族地区语文德育概念被笔者从接触和认识的数以万计的各种概念中提取出来的经验基础，属于前概念阶段，或者称为潜概念阶段。对广西民族地区的语文德育而言，这是一个特别重要的阶段，它的重要性在于这一阶段是一个人世界观形成的阶段，是民族文化传承的关键时期，研究这一时期的广西民族地区语文德育适合用观察法，观察的对象是属于语文德育前概念阶段的广西民族地区青少年的言语行为方式，目的是收集其言语行为方式中的语文德育信息。也适合用反思法，对笔者经历过的语文德育过程及方法、内容、形式、途径及方式进行自我评判式的反思，目的是印证语文德育的适切性和实效性。还可以采用比较法，分析广西民族地区语文德育的传统方法和现代语文德育内容及方法的异同，分析广西民族地区的语文德育和非民族地区语文德育的异同，目的是明确广西民族地区语文德育的本质和特点。

笔者对广西民族地区语文德育认识的第二个阶段是概念建立阶段。笔者因为接受高等教育离开了民族地区，到汉族聚居的城市求学，意识到自己的少数民族身份，开始关注主流社会对少数民族语言文化的政策和态度，调整自身的语言和思维习惯以适应主流社会的学习生活。这一阶段的重要性在于少数民族子弟需要在两种不同文化中寻求平衡，既能尊重并保持原来的语言思维习惯，又能尽量接受汉族的语言思维习惯，并以掌握汉族的语言思维为工具学习以汉语为载体的专业基础知识，以适应将来的汉文化主导的社会角色转换的需要。研究这一阶段广西民族地区语文德育适合运用反思法，以主位的研究视角反观笔者在以汉语为主要交际工具的多民族共同体中的适应情况，以客位的立场，运用观察法，观察生活在以汉语为主要交流语言环境中的少数民族群体的文化调试和适应情况，目的是认识和了解广西民族地区语文德育主体的内在的语文德育需求。

笔者对广西民族地区的语文德育的第三个认识阶段是概念发展阶段，或者是概念探究阶段。在前两个阶段积累的广西民族地区语文德育经验的基础上进一步思考，笔者把研究的焦点集中在广西民族地区语文德育的概念和实践的研究上。与上面两个阶段不同的是，笔者试图从默顿所倡导的“中观理论”的层面去研究广西民族地区的语文德育，建立具有广西民族地区文化特点的语文德育体系的解释框架，面对在多元文化的社会环境中广西民族地区语文德育不断出现的问题，提出解决问题的思路和策略，所用的研究方法主要是文献法，所参照的主要是社会科学、人类学、教育学、心理学的相关理论。在实践环节，主要是运用调查研究的方法，通过座谈会、访谈、问卷调查等方式，及时了解广西民族地区语文德育的现状，对调查研究的资料进行统计分析，对广西民族地区语文德育的运行状况有一个比较全面的认识，尝试从“中观理论”的层面作出理论解释。

一、文献法

关于广西民族地区语文德育的文献涉及的面很广，但同一范围、同一主题的文献不多。研究广西民族地区的语文德育只能从相关领域的相关文献出发，收集整理与广西民族地区语文德育有关的文献。笔者把这些领域分为三个部分：一是关于广西民族地区文化教育方面的历史文献，二是关于道德教育方面的理论和实践的文献，三是关于语文教育和语文德育渗透方面的文献。广西民族地区文化教育方面的历史文献又散见于广西少数民族教育史、广西各县市的县志、广西少数民族史、广西民族民间文学作品选等著作中，如韩达主编的《少数民族教育史》第三卷，1998 年由广西教育出版社出版，里面包括了壮族、布依族、瑶族、土家族、黎族、高山族、仫佬族、毛南族、京族的教育史。杨新益、梁精华、赵纯心编著的，1997 年由广西师范大学出版社出版的《广西教育史》，以收集到的文献材料为基础，梳理了广西教育发展的历史过程。近年来，社会科学研究受到重视，广西少数民族的文化教育也进入社会科学研究者的视野，出版了一些关于广西民族地区经济文化发展的研究论文、民族地区语言使用状况的研究论文。如民族出版社2007年出版的，由覃主元等著的《大石山区的祥和村落——广西布努瑶社会经济文化变迁》，以实地观察和文献资料结合的研究方法多方面揭示了广西壮族自治区都安瑶族自治县新中国成立以来政治、经济、文化发生的深刻变化及其内在原因。中国社会科学出版社2004年出版，华东师范大学博士研究生陆启光著的《壮族儿童社会化研究》，以作者所属的民族作为研究对象，生动再现了壮族儿童社会化的历史过程和社会环境条件的变迁过程。道德教育理论和实践方面的文献很多，有哲学层面的探讨，如龚群的《论道德赏罚》，讨论道德赏罚的合理性及其个性心理依据、道德赏罚存在的广泛性及其社会自觉问题。① 也有学校教育层面的探讨，如檀传宝博士的《德育美学观》对德育的美学功能进行探究，从理论上阐述德育的美学价值。② 还有各个学科层面的探讨，如沈阳师范大学硕士研究生朱研的《论中学语文教学中的德育渗透》。③ 也有的从语文教育的各个方面对中学语文教学中的德育渗透进行了探讨，如韩向东、张景业《语文德育的四大误区》，总结了语文德育低效的四个原因：一是对语文德育内容的功利化取舍，二是语文德育缺乏学科个性，三是语文德育严重脱离实际，四是语文德育的形式化倾向。④

二、参与式观察法

广西民族地区的语文德育实践是在当地的历史文化背景下进行的，必然带有广西民族地区的地域文化特色，这是一个基本的假

① 载《云南社会科学》，2009（5）。

② 檀传宝：《德育美学观》，太原，山西教育出版社，1996。

③ 朱研：《论中学语文教学中的德育渗透》，沈阳师范大学硕士学位论文，2007。

④ 韩向东、张景业：《语文德育的四大误区》，载《语文学刊》，2001（2）。

设。为了印证这一假设，必须参与到广西民族地区的语文德育实践活动中，进行有计划、有目的的观察。语文德育实践活动按活动的空间来划分，一般分为课内语文德育活动和课外语文德育活动。课内语文德育活动可以通过语文课堂教学活动中师生之间的互动来观察。课外语文德育活动范围广泛，学生在语文课堂以外的所有言语活动都包含语文德育活动的内容，可以在学校内观察，也可以在学校外观察。语文德育活动是包孕在学生的言语行为活动中的，可以观察学生言语行为中所隐含的语文德育因素，也可以观察影响学生语文德育活动的外部因素，学生生活的经济环境、文化环境对学生语文德育活动的影响，既观察其正面的影响，也注意其负面的影响。

三、反思法

面对所观察的种种广西民族地区语文德育的现象，要有自己的分析和思考，不被表面的假象所蒙蔽，尝试运用社会科学的相关理论去解释现象产生的原因，把广西民族地区的语文德育现象纳入广西民族地区语文教育的系统框架中，防止泛德育的思考惯性，寻求语文学科德育渗透的个性，以区别于其他学科的德育。同时要把广西民族地区的语文德育纳入民族地区文化教育的系统中。广西民族地区不仅仅是一个地域概念，也是一个历史过程，它的性质和特点是在内外因素相互作用的过程中形成和发展的，在这个过程中，广西民族地区的语文德育会打上地域文化的印记。要寻求语文德育的地域文化特色，以区别于其他非民族地区的语文德育。

四、比较法

研究广西民族地区的语文德育要用比较法。首先是广西民族地区语文德育的古今对比。通过纵向比较，能认识广西民族地区语文德育的演变过程，找到古今语文德育传承的路径，继承广西民族地区古代语文德育的优良传统，同时也能认识到古代广西民族地区语文德育的时代和地域局限，在新的历史条件下如何除旧迎新，开创广西民族地区语文德育发展和创新的新局面。其次是广西民族地区的语文德育与其他非民族地区的语文德育的横向比较，认识广西民族地区的语文德育的课程资源、课程内容、课程的组织形式、课程的实施过程、课程的评价标准、课程的评价手段都与广西民族地区现有的物质生活条件，即其政治经济基础相适应，会表现出与非民族地区不同的个性特征。第三是广西民族地区语文德育与国外母语教育中的价值观、人格教育的横向比较，认识各自的长处和短处，如美国的多元文化教育、加拿大的跨文化心理研究，其中的一些理论观点是富有前瞻性和建设性的，对我们分析广西民族地区的语文德育有参考价值。

五、教育调查

广西民族地区语文德育的现状是一种社会现象，这些社会现象涉及许多因素，这些因素在社会实践活动的过程中相互作用，产生各种关系，系统功能主义者卢曼（Niklas Luhman）称之为“社会系统”，“当几个人的行动相关时，可以说社会系统便存在了。使行动变得相关并由此产生社会系统的基本机制是通过符号代码（如话语和其他媒介）的沟通。所有系统都存在于多维环境中，潜在地体现了系统将必须应对的无尽复杂性。因此，为了在一个复杂的环境中存在，社会系统必须发展出降低环境复杂性的机制，以免系统与其环境相混淆。这些机制涉及为降低复杂性所选用的方式及手段。这种选择产生了系统及其环境之间的边界，因而保持了相关行动的模式”。[①] 这段话的第一层意思是，人的行动和符号代码的沟通是社会系统存在的基本条件，广西民族地区语文德育就包含了师生的行动和言语的沟通，因此它具备系统存在的基本条件。第二层含义是，社会系统为了在复杂的多维环境中生存，必须发展出降低环境复杂性的机制，也就是维持行动系统正常运行的方式及手段。如果我们把广西民族地区的语文德育作为一个社会系统，那么它也应该发展出能降低环境复杂性的机制，也就是说，广西民族地区语文德育应该可以发展出能维持自己系统功能发挥的方式及手段。教育调查要寻求的，一是广西民族地区语文德育系统内部的各种因素及其功能，二是广西民族地区语文德育系统的运行机制，保证维持广西民族地区语文德育系统正常运行的方式和手段。

第三节　研究的理论基础

广西民族地区语文德育属于社会科学，具有社会科学的共同特点和发展趋势，社会科学的某些理论同样适用于广西民族地区语文德育研究。

在哲学和社会学的理论中，对广西民族地区语文德育研究有直接指导功能的理论包括：系统功能理论、生态学理论、互动理论、经济文化类型理论、道德发展阶段理论、人的全面发展理论、少数民族学生学业成就归因理论。

---

① ［美］乔纳森·H. 特纳著，邱泽奇、张茂元等译：《社会学理论的结构》，51页，北京，华夏出版社，2006。

一、系统功能理论

（一）帕森斯（Talcott Parsons）的社会系统理论

帕森斯在《社会行动的结构》中提出社会系统如何生存的问题，也就是系统如何解决自身的整合问题，通过构造附加概念，用来说明人格系统和文化系统整合到社会系统的方式：文化系统通过社会化的价值内化整合到人格系统，人格系统借助社会化的机制和社会控制机制整合到社会系统，文化系统是作为资源的观念和约束的观念被社会系统整合的。“社会化机制是将文化模式（价值观、信仰、语言和其他符号）内化到人格系统，进而制约其需求结构。通过这个过程，使行动者愿意把动机的能量施加于角色中（因而愿意信守规范），并给予角色必需的互动技能和其他技能。社会化机制的另一种功能是提供稳定的和安全的人际纽带，这些纽带能够减轻与获得适当的动机和技能相联系的紧张和焦虑。”“社会控制机制：涉及地位—角色在社会系统中被组织起来以减少紧张和越轨的方式，包括许多特定的控制机制：（a）制度化，制度化能够使角色期望清楚明了，与此同时，在时间和空间上分离那些相互冲突的期望。（b）人际处罚与友好，行动者巧妙地运用这种机制来保持相互的一致。（c）仪式活动，行动者运用仪式活动来消除具有破坏性的紧张的来源，并加强主导文化模式的地位。（d）安全阀结构，普遍存在的越轨倾向通过这种结构从时间上和空间上与正式制度模式分离开来。（e）再整合结构，专门负责使越轨倾向回到正轨。（f）把强制力（及其运用）制度化为系统的一部分。”①

---

① ［美］乔纳森·H. 特纳著，邱泽奇、张茂元等译：《社会学理论的结构》，41页，北京，华夏出版社，2006。

广西民族地区的语文德育也是一个社会系统，也存在系统生存和整合的问题，也可以参照帕森斯的整合概念，把广西民族地区的文化系统内化到广西民族地区学生的人格系统中，再通过社会化机制和社会控制机制把广西民族地区学生人格系统整合到广西民族地区社会系统中，维持广西民族地区语文德育系统的均衡。在广西民族地区语文德育系统中，社会化机制可以理解为广西民族地区语文德育内化的过程，社会控制机制可以理解为广西民族地区语文德育规范的形成和解决语文道德失范问题的过程。

（二）卢曼（Niklas Luhman）的社会系统类型理论

"只要个体行动'有意义地相关和联系'，并利用功能机制的选择将其与时间、物质和符号环境区分开，社会系统就存在了。在这一过程中会产生三种基本的社会系统类型：（1）互动系统；（2）组织系统；（3）社会系统。"

"互动系统产生于成员们共同存在并互相感知之时。感知行动本身就是一个在极为复杂的环境中进行排序的选择机制，它产生边界，把人们与环境区分开来进而组成一个系统。在面对面沟通的互动系统中，语言的使用进一步减少了时间、物质和符号三个维度的复杂性。"

组织系统按照具体规则协调成员的行动，一般都有进出规则。

社会系统是一个"所有相互可接近的沟通行动的综合性系统"。

"一组重要的过程往往在系统层次上彼此'嵌套'，在一个互动系统内的行动，经常被嵌套到组织系统内部；而组织系统的行动，也被导入到社会系统内部进行。"①

把广西民族地区语文德育当成一个互动系统，在互动过程中，

---

① ［美］乔纳森·H. 特纳著，邱泽奇、张茂元等译：《社会学理论的结构》，52～55页，北京，华夏出版社，2006。

就要注意互动系统固有的限制和弱点。就得关注协调学生行动的系统进出规则，就得规定感知时间和将行动定位于过去、现在和未来的方式，以减少环境的复杂性。把广西民族地区语文德育过程当成系统嵌套的过程，更有助于理解广西民族地区语文德育系统与其他相邻、相关系统之间的整合关系。

二、生态学理论

霍利（Amos H. Hawlay）的生态过程理论是从三个假定开始的：“1. 通过整体成员相互依赖系统的形成而形成对环境的适应。2. 系统持续发展，其他的事情也一样，直到既有的交通和沟通设施所能承受的最大限度。3. 如果能引入新的信息并因此增加物质、人员和消息的流动能力，则系统的发展就会恢复，并持续到既有能力的最大限度。”生态系统是“整体中一套相互依赖的设置，由此使整体运作成为一个单位，并在变化的环境关系中维持下来”。霍利的生态系统中关于变迁、增长和进化有四个命题：“1. 一个生态系统越暴露在一般的环境（其他社会或其他社会的文化）中，渗透在系统中的新信息和知识就越有可能产生，变迁、增长和进化也因此越有可能发生。2. 新信息越能提高人员、物资和信息及产品的流动，则变迁越有可能积累或演化到当新信息转化成生产、运输和通讯技术时所允许的复杂性限度。3. 新信息越以不同的比率促进各种流动和生产过程，以较慢速率变迁的技术对较快变迁的技术限制越大。4. 系统越接近技术所允许的规模和复杂性，变迁、增长和进化速率越慢，系统越可能在其一般环境达到一种封闭（均衡）的状态。”①

① ［美］乔纳森·H. 特纳著，邱泽奇、张茂元等译：《社会学理论的结构》，80～84页，北京，华夏出版社，2006。

广西民族地区语文德育也是一个生态系统，首先，它要适应广西民族地区的文化环境；其次，它要在广西民族地区环境允许的条件下获得持续发展；再次，它要在多元文化的环境中吸纳新信息和知识，获得新的发展动力；最后，广西民族地区语文德育的发展也不能超出广西民族地区的经济文化条件所能为它提供的可能性。

三、互动理论

（一）符号互动理论

“符号互动论者极力强调人类制造和使用符号的能力。”“凭借这种能力，人们能用符号象征化客观事物、思想，和事实上他们经历的任何事物，并进行交流。”“凭着他们在语言（vocal）和身体姿态上获得一致意义的能力，人们能够有效地相互沟通。”“能够互相读懂对方，预期对方的反应，并彼此调适。米德（Mead）称这种基本能力为‘感受并理解他人角色’，或角色领会——一种视他人态度和部署而行动的能力。”“社会，或曰相对稳定的互动模式，在互动论者看来，有赖于人们情景定义的能力，尤其是把自己看做情境中客体的能力。社会之所以存在不仅仅因为人类具有思考和界定的能力，也因为其有自我反思和自我估价的能力。”① 从符号互动理论的视角来看广西民族地区的语文德育，广西民族地区语文德育过程应该受到关注。如果把广西民族地区语文德育的过程当成凭借语言和身体姿态进行有效沟通的过程，那么这个过程中的广西民族地区语文德育目标应该是培养广西民族地区学生的角色领会能力和情景定义的能力。

① ［美］乔纳森·H. 特纳著，邱泽奇、张茂元等译：《社会学理论的结构》，334页，北京，华夏出版社，2006。

（二）斯特赖克（Sheldon Stryker）的身份理论

“人类社会行为是被周围（物质的和社会的）环境方方面面的象征性称呼所组织的。其中最为重要的称呼是，人们在社会结构中所占位置的象征符号及关联的意义。与称呼紧密相连的是如何充当角色和处理好自己与他人关系的预期。个体有了称呼，就会产生如何行动的预期。而当明确了他人的身份位置时，就会产生引导他人角色行为的预期。有了身份之后，他们还能意识到更为广阔的参照框架和情景定义。最为重要的就在于，个体指明自身为一客体——这一客体被置于他们所在的位置结构关系，以及更广阔的情景定义理解中。

“身份是自我的组成部分；具体来说，是个体在不同社会背景与所占据位置相联称呼的内在化。”“身份有一个显要序列（Salience hierarchy），在序列较高的位置要比较低的位置更受欢迎。”“作为一般原则，当互动情景离析于结构规制之外或结构规制模棱两可时，个体的身份将有更多选择空间，也就不会在互动时仅仅调用一个身份。但如果情景是十分牢固地处于社会结构之中的话，依据显要序列就可以很好地预测在与他人互动时，采用何种身份。

“责任担当表明了，个体与他人关系的程度取决于个体承担某种身份的程度。关系越取决于角色扮演，个体就会越承担特定的角色，从而在显要序列就会越居于高位。在他人的评价和更大的社会界定的基础上获得一个身份，就会产生与这些评价和界定相一致的行为。”“个体基于某一身份的责任担当越多，这一身份在显要序列中的地位就越高。如果这一身份被他人的反应和更宽泛的价值体系积极评价，那么这一身份将使个人的层级得到提升。”“外部事件能侵蚀身份的责任担当。这种情况一旦发生，人们就会倾向于采纳新的身份，甚至是新奇的身份。一个个体在寻求新的身份时，责任担当就会沿着反映新价值观念的方向变化。这样，当个体发展新身份的责任担当时，当他们的自尊有赖于这些身份责任担当的有效执行时，文化价值就迫使新身份的建构向增加文化定义与角色履行之间的调适一致性的方向运动。”①

斯特赖克的身份理论的两个关键概念对广西民族地区语文德育研究有参考价值，一个是身份显要序列，即在广西民族地区语文德育互动过程中语文德育主体的身份显要序列；另一个是责任担当，即广西民族地区语文德育主体在多元文化的背景中建构新的身份意识的问题。

四、经济文化类型理论

20 世纪 50 年代，林耀华先生在《中国经济文化类型》一文中，结合东亚各个经济文化类型的情况，区分了三组经济文化类型：第一组是以狩猎、采集和捕鱼起着主导作用的类型；第二组是以锄掘（徒手耕）农业或动物饲养为主的类型；第三组是以犁耕（耕耘）农业为主的类型。②

在林耀华先生主编的 1997 年出版的《民族学通论》第四章“经济文化类型”一章中，在原来分析框架的基础上进行了充实和完善，区分了类型组里面的具体类型。第一组采集渔猎经济文化类型组包含两个类型：以鄂伦春族为代表的山林狩猎型和以赫哲族为代表的河谷渔捞型。第二组畜牧经济文化类型组分为四个类型：以部分鄂温克族为代表的苔原畜牧型、以蒙古族为代表的戈壁草原游牧型、以哈萨克族为典型的盆地草原游牧型、以藏族为典型的高山草场畜牧型。第三组农耕经济文化类型组，区分出六个类型：山林

---

① ［美］乔纳森·H. 特纳著，邱泽奇、张茂元等译：《社会学理论的结构》，347～350 页，北京，华夏出版社，2006。

② 林耀华：《民族学研究》，104～142 页，北京，中国社会科学出版社，1985。

刀耕火种型、山地牧耕型、山地耕猎型、丘陵稻作型、绿洲耕牧型、平原集约农耕型，最后一个类型还区分出两个亚型：北方亚型和南方亚型。①

经济文化类型理论对广西民族地区语文德育研究的指导作用，表现在根据广西民族地区所在的经济文化类型的特点，在广西民族地区现有资源条件的基础上构建广西民族地区语文德育的文化体系，以适应广西民族地区经济发展的需要。

五、道德发展阶段理论

（一）皮亚杰（piaget）的道德发展理论

皮亚杰对儿童道德判断的研究主要关注道德推理的两个方面：一是对“规则的尊重”的发展，二是“公正”概念的发展。通过分析 5 ~7 岁儿童的游戏行为及对故事中角色的道德判断，皮亚杰提出道德推理的发展有三个阶段，儿童到达每一阶段的年龄虽有差异，但是阶段的顺序是不变的。

第一阶段是“前道德期”（Premoral Period）。皮亚杰认为，儿童学前不太关心规则，或者未意识到规则。在玩游戏时，前道德阶段儿童的游戏行为中很少包含赢的意图。取而代之的是他们自己定规则，认为大家应该轮流得分，游戏是为了高兴。

第二阶段是“他律道德期”（Heteronymous Morality）。在 5 ~10 岁时，儿童变得极其尊重规则，皮亚杰称之为“他律道德”，指的就是“服从他人的规则”。这时候儿童相信规则是由有权威的人物制定的，它们是神圣而不可改变。比如，急救车风驰电掣地破坏了交通规则，这是应该受到惩罚的坏行为。他们相信任何道德问题

① 林耀华主编：《民族学通论》，79 ~96 页，北京，中央民族大学出版社，1997。

都有对错之分，而遵守规则就是对的。

第三阶段是“自律道德期”（Autonomous Morality）。在 10 ~ 11 岁时，大多数儿童会认识到规则是协商一致的结果，是可以挑战的，在管理者的认可下甚至是可以改变的。他们也觉得只要为了人的需要，规则也是可以违反的。所以，急救车超速也不再是不道德的。[①]

皮亚杰的道德发展理论给广西民族地区语文德育的启示是，在实施语文德育的过程中，要正视广西民族地区学生的年龄和个性差异，根据不同年龄和不同道德发展阶段学生的道德发展水平因材施教，才能取得实效。

（二）柯尔伯格（Lawrence Kohlberg）的道德发展理论

柯尔伯格通过道德两难故事，考虑儿童青少年的两种选择：其一，服从规则、法律或权威人物；其二，采取与这些规则和要求冲突的行动以满足人的需要。柯尔伯格感兴趣的不是他们作出的决定，而是其依据，或“思维结构”。

柯尔伯格道德发展理论三水平六阶段表[②]：

	水平	阶段		心理特征
一	前习俗水平（4 ~ 10 岁）	1	避罚服从取向	只从表面看行为后果的好坏，盲目服从权威，旨在逃避惩罚。
		2	相对功利取向	只按照行为后果是否带来需要的满足来判断行为的好坏。
二	习俗水平（10 ~ 13 岁或以上）	3	寻求认可取向	寻求别人的认可，凡是成人赞赏的，自己就认为是对的。
		4	遵纪守法取向	遵守社会规范，认定社会规范中所认定的事项是不能改变的。

① 雷雳：《发展心理学》，193 页，北京，中国人民大学出版社，2009。

② 雷雳：《发展心理学》，195 页，北京，中国人民大学出版社，2009。

续表

	水平	阶段		心理特征
三	后习俗水平（青少年时期或成人初期或永远达不到）	5	社会法制取向	了解行为规范是为维护社会秩序而经过大家同意所建立的，只要大家同意，社会规范是可以改变的。
		6	普通伦理取向	道德判断是以个人的伦理观念为基础的。个人伦理观念用于判断是非时，具有一致性和普遍性。

广西民族地区语文德育的起点和目标，就是要确定广西民族地区学生的道德发展水平，在此基础上建立广西民族地区语文德育的目标体系，并依此目标体系开发具有广西民族特色的语文德育课程资源，选择适合广西民族地区学生道德发展水平的语文德育内容，采用广西民族地区学生喜闻乐见的语文德育方法实施语文德育，只有这样才会取得预期的效果。柯尔伯格道德发展理论提供了有价值的参照框架和操作思路。

六、人的全面发展理论

“对马克思、恩格斯关于人的全面发展学说，必须从各种不同论述的内在涵义的联系上进行整体的把握。其一，在马克思、恩格斯看来，人的发展不仅应当是全面的，而且应当是自由的。其二，人的全面发展，不只是指个体素质的孤立的自由全面发展，而且也是指全社会人的整体素质的全面发展和提高，二者相互制约、相互影响。其三，人的全部才能的‘自由发展’，即每一个个体的人能够完全按照自己的意愿自由地发展自己想要发展的素质和能力，是马克思、恩格斯对未来社会人的全面发展的理想模式。

“在马克思、恩格斯看来，实现人的全面发展需要一定的历史条件。其一，人的发展与社会经济发展和社会制度变迁相互依存，生产力的发展是实现人的全面发展的物质基础。其二，每个人的全面发展与一切人的全面发展的相互依存。因为，每个人的全面发展与一切人的全面发展，以及这两者与社会的政治、经济的发展互为条件。离开了一定的社会历史条件，每个人的全面发展和一切人的全面发展都无从谈起。其三，生产劳动是实现人的全面发展的基本途径。

“但是，必须看到，人的全面发展又是一个动态的社会历史过程。如同马克思所说，人的本质就其现实性来说，是一切社会关系的总和。因此，任何个人的全面发展，都一定是时代发展的产物。而且，人的全面发展是一个不断完善的渐进过程。”①

马克思主义人的全面发展理论是广西民族地区语文德育体系建立、实施、评价的指导思想，从广西民族地区语文德育目标的制定到广西民族地区语文德育的实施，最终都是为了实现人的全面发展的目标。

七、少数民族学生学业成就归因理论

滕星教授把英美学者的少数民族学生学业成就的归因理论归纳整理为两类：一是单一的学业成就归因理论；二是修正综合的成就归因理论。单一的学业成就归因理论包括：遗传基因差异理论（Genetic Differences Theory）、文化剥夺理论（Cultural Deprivation Theory）、文化冲突理论（Cultural Conflict Theory）、文化中断理论（Cultural Discontinuity Theory）、语言类型差异理论（Language Styles Differences Theory）、阶层化社会理论（Caste Theory）。修正

① 吴德刚：《关于马克思主义人的全面发展学说的再认识》，载《教育研究》，2008（4）。

综合的成就归因理论包括：社会阶级与文化资本理论（Class and Cultural Capital Theory）、社会地位团体与学校科层制理论、文化模式理论（Cultural Model Theory）、选择性同化策略理论。

在单一的学业成就归因理论中，遗传基因差异理论认为，美国黑人之所以在学校学业成就低，是因为黑人的遗传基因比白人差，导致智力低下。这种理论因为“诠释谬误”和“缺乏周延性”引起争论和批判；文化剥夺理论认为，黑人学生由于家庭和社区环境缺乏白人文化学校所需的学习活动与学习态度的文化刺激，不具备在白人中产阶级的学校取得高学业成就所需要的成就动机、抱负水平、语言与认知能力。这种归因理论因为相应的补偿教育的失败而受到质疑。文化冲突理论认为，少数民族学生的低教育成就是由于少数民族文化与白人文化的差异导致的文化冲突所致。这种归因理论因为不能很好地说明文化冲突何以产生而受到批判。文化中断理论认为，美国少数民族学生在美国白人中产阶级学校之所以获得低学业成就，是由于学校中断了他们的传统语言与文化过程。语言类型差异理论认为少数民族学生的低学业成就是由于家庭生活用语与学校教学语言不同以及师生之间语言沟通的差异所引起的。但因其忽略了教室以外的社会大环境和种族发展的历史脉络而受到批评。阶层化社会理论认为美国社会是一个类卡斯特文化社会体系，这种类卡斯特阶层社会造成的以族群特征划分的“职业限制”，给受压制的少数民族成员及其下一代造成负面影响，导致少数民族学生在学校学习缺乏高成就动机，最终“自行应验”获得低教育成就，并进入低社会职业阶层。这种归因理论因为忽视了种族以外的其他因素而受到批评。

修正综合的成就归因理论中，社会阶级与文化资本理论认为，由于文化资本主要集中在白人中产阶级家庭，所以处于语言交流类型不利和缺乏文化资本的低社会阶层的白人和黑人家庭子弟面临更多的学业失败。虽然经过修正与综合，这种归因理论仍不具有周延性。社会地位团体与学校科层制理论认为，学生学业成就的高低是文化、社会地位团体和学校科层制度的产物。但这种理论仍无法解释某些少数民族的子弟何以能够突破文化贫乏、社会阶层与学校科层的囚笼，在学业上获得很高成就。文化模式理论试图从传统文化、族群历史经验、族群生存策略以及成就动机、抱负水平、语言与认知能力的多重角度寻找解释少数民族学生学业成就高低的原因，但它忽略了社会阶层与其五个层次的相互影响及其在族群文化认同方面表现出来的差异性。选择性同化策略理论认为，中产阶级墨西哥裔学生在保留传统文化的同时，努力认同与学习白人文化的行为是一种同化的策略，为他们获得高学业成就开创了成功的契机。[①]

综观上述两大类归因理论，用维纳在《课堂归因理论》中提出的四个因素（努力、能力、任务难度、运气）、三个维度（来源、稳定性、可控性）来分析，[②] 都从内外两个方面寻求学生低学业成就产生的原因。内在原因是学生个体自身的原因，如遗传基因、成就动机、抱负水平、语言与认知能力等，外在原因主要是社会文化、家庭环境、学校环境，如传统语言与文化过程、家庭生活用语与学校教学语言等。从稳定性来看，遗传基因、传统语言与文化过程、族群历史经验等是相对稳定的，而成就动机、抱负水平、语言与认知能力属于不稳定因素。从可控性来看，除了成就动机、抱负水平是可以控制的，其他因素都不可控制。

广西民族地区语文德育必须面对广西少数民族地区学生学业成就相对低下的问题。少数民族学生学业成就归因理论的现实基础与广西民族地区的实际情况有差异，但还是有许多相同之处，经过概

---

① 参见哈经雄、滕星主编：《民族教育学通论》，114～116页，北京，教育科学出版社，2001。

② 王友保：《浅谈归因理论在教学中的运用》，载《广西大学学报》（哲学社会科学版），2006（11）。

括和提炼的学业成就归因理论为广西民族地区解决学困生的问题提供了不同的视角和思路。

第四节 研究的学科范围

广西民族地区语文德育属于教育学的范畴，由于研究对象的特殊性，研究将涉及社会科学的众多学科，主要有社会学、人类学、心理学、伦理学、教育学、课程论，因为这些学科都与广西民族地区的语文德育有比较密切的联系。

从社会学的视角出发，首先，从广西民族地区语文德育的实践品格来说，广西民族地区语文德育是一个社会系统，这个社会系统是客观存在的，有发生、发展的历史过程，这个纵向的历史过程包括广西民族地区古代语文德育、广西民族地区近代语文德育、广西民族地区当代语文德育。其次，从广西民族地区语文德育的教化功能来说，广西民族地区语文德育也是一个文化系统，这个文化系统包含了广西民族地区地域文化的特色、广西民族地区语文教育的特色、广西民族地区语文德育的特色。再次，从广西民族地区语文德育的最终目标来看，广西民族地区语文德育是一个人格系统，这个人格系统通过社会化的机制和社会控制的手段，培养符合社会发展需要、具有健全人格的现代社会的合格公民。这个系统包括广西民族地区学生的道德发展水平、广西民族地区教师的道德发展水平、广西民族地区学生家长的道德发展水平、广西民族地区居民的道德发展水平。

从人类学的视角研究广西民族地区语文德育，研究的焦点放在广西民族地区语文德育是语文德育的组成部分上，理论依据就是费孝通先生的中华民族多元一体理论。一方面，广西民族地区语文德育的价值取向要与语文德育的价值取向保持一致，在一体的格局中建立互动关系，能在平等、互惠的基础上交流和沟通，落实民族平等政策。另一方面，广西民族地区语文德育要保持自己的地域文化特色以及在这一文化背景上建立的伦理体系，其作为一个相对独立的社会系统，作为多元一体格局中的一元，能保持自己民族的文化系统、人格系统的独立性。

从心理学的视角研究广西民族地区语文德育，要研究广西民族地区语文德育主体的个体心理过程和个体心理特征、广西民族地区族群心理素质和民族意识以及民族文化背景和民族心理。从广西民族地区学校语文德育的角度，广西民族地区学校语文德育的主体是广西民族地区学校的学生和教师，学生群体中的学困生是广西民族地区语文德育特别关注的对象，他们的心理和个性特点是广西民族地区语文德育取得成效的生理和心理基础。从广西民族地区校外语文德育的角度，广西民族地区校外语文德育的主体是广西民族地区学生的家长和社区群体，广西民族地区学生家长群体是校外语文德育的主要力量，他们的道德知识水平和道德判断能力直接影响学生的语文德育认知水平，是学生重要的“文化资本”，广西民族地区语文德育的外部环境很大程度上要依赖他们的参与合作。

从伦理学的视角研究广西民族地区语文德育，关注的焦点是广西民族地区地域文化框架内的广西民族地区伦理体系的产生、发展过程，这个伦理体系在不同的政治经济环境下的变迁，其内部动因和必要的外部条件，在民族地区文化系统中的地位和作用，其运作对维持社会系统的相对稳定所起的正面或负面作用，在民族地区社会现代化的过程中的裂变与更新，在遭遇强势伦理体系的时候能否随机应变，保存、延续、发展自己的生命力。

从课程论的视角研究广西民族地区语文德育，广西民族地区语文德育是广西民族地区语文教育的重要组成部分，它体现在广西民族地区语文课程的各个方面，发挥着引领和导向的作用。在广西民族地区语文课程的目标体系中，广西民族地区语文德育处于首要的位置，解决的是广西民族地区学生为什么要学习语文的问题；在广西民族地区语文课程的内容体系中，广西民族地区语文德育内容是民族地区学生学习的对象，是隐含在语言文字教材中的伦理道德内容，解决的是广西民族地区学生学习什么内容的语文的问题；在广西民族地区语文课程评价体系中，广西民族地区学生的语文德育修养是语文教育评价的一项重要指标，解决的是广西民族地区的语文德育是否达成预期的教育目标的问题。

总之，广西民族地区语文德育研究是一项跨学科领域的研究，需要多学科的视角来审视广西民族地区语文德育的问题，整合不同学科的理论对广西民族地区语文德育体系的内部结构和运行状态进行适当的解释。更重要的是，在观察和总结广西民族地区语文德育已有经验的基础上，逐步形成具有广西民族地区地域文化特色的广西民族地区语文德育的话语体系和概念系统，指导广西民族地区语文德育实践。

第五节　研究的基本构架

广西民族地区语文德育研究主要内容由两个部分组成。第一部分为广西民族地区及其教育的特点，内容包括：①广西民族地区概述；②广西民族地区教育概述。第二部分为广西民族地区语文德育体系，内容包括：①广西民族地区学校语文德育体系构建，即广西民族地区学校语文德育体系的总体构想，广西民族地区学校语文德育的内容，广西民族地区学校语文德育的主体，广西民族地区学校语文德育的途径，广西民族地区学校课堂语文德育渗透。②广西民族地区语文德育环境，包括影响广西民族地区语文德育的环境因素分析，广西民族地区的“大传统”对语文德育的影响，广西民族地区的“小传统”对语文德育的影响，广西民族地区语文德育环境的特点。

广西民族地区语文德育研究的路径是从外围开始到内部，再从内部到外部的一个循环过程，讨论广西民族地区语文德育的社会文化背景，广西民族地区语文德育体系的个性特征，广西民族地区语文德育的运行与各种内外因素之间的联系。广西民族地区语文德育的特点受制于广西民族地区的地理环境、经济环境、文化环境、教育环境，对这些环境特点的认识，能解释广西民族地区语文德育形成的物质基础和文化条件，有助于对语文德育体系的构成和运行机制的整体认识。

广西民族地区的文化背景是一个相对独立的社会系统，它的结构与功能区别于广西民族地区语文德育系统。作为广西民族地区社会文化系统结构中更下一级的子系统，广西民族地区语文德育应该具有上一级的广西民族地区社会文化系统的某些特征，否则广西民族地区语文德育就脱离了广西民族地区社会文化系统，是广西民族地区社会文化系统的异化，广西民族地区社会文化系统就需要进行系统结构和功能的调整，以保证系统内的各个子系统能在规定的系统部位内发挥自身的功能。这样看来，广西民族地区语文德育系统最终是要受广西民族地区社会文化系统制约的，广西民族地区社会文化系统所提供的文化基础限定了广西民族地区语文德育的内容和形式。如果广西民族地区语文德育的内容和形式脱离了这个社会文化系统的限制与规约，异化现象就会发生，这个社会文化系统的结构功能就会陷入系统功能紊乱的状态，也就是“失序”，即“习惯和文化不太能够控制行动的一种社会混乱状态”。[①] 就意味着广西民族地区社会文化系统需要进行系统调整，以维护正常的社会文化秩序。

广西民族地区语文德育系统要在广西民族地区社会文化系统规

① ［英］史密斯著，林宗德译：《文化理论的面貌》，12 页，台北，韦伯文化国际出版有限公司，2004。

定的部位发挥自己的系统功能还取决于其内部的组织系统和操作系统，需要对广西民族地区语文德育的各个要素进行界定和清理，明确其内涵和外延及其功能，需要明确广西民族地区语文德育主体的分工和职责，需要对广西民族地区语文德育绩效进行评估，建立反馈系统，修正系统运行过程中可能产生的偏离行为和偏离倾向。

广西民族地区语文德育系统的正常运行对社会文化系统的贡献就是增进了社会的“有机连带”（Organic Solidarity），即“在有机连带下，由于分工变细，角色的歧异性随之增大，因此较能忍受差异”。“在有机连带的社会，惩罚只是希望把个人重新整合进群体里。”① 广西民族地区的社会文化系统构成广西民族地区语文德育系统的社会文化背景制约广西民族语文德育的发展，同时，广西民族地区语文德育的发展对广西民族地区的社会文化环境有积极的促进作用，广西民族地区语文德育是广西民族地区文化中的能动力量，对广西民族地区文化的发展和创新的作用不容忽视。

广西民族地区语文德育的发展依赖于外部环境，需要处理好各种外部关系：语文德育是文化，要处理好社会文化与课程文化的关系，选择有利于广西民族地区社会发展的语文德育内容；语文德育是上层建筑，要处理好经济基础与语文德育的关系，适应广西民族地区经济发展的需要来构建语文德育体系；语文德育是意识形态，要处理好主流社会价值观与非主流意识价值观的关系，使之互补，增强广西民族地区语文德育的兼容性；语文德育是学校课程内容，要处理好广西民族地区的地方课程与国家课程的关系，确立广西民族地区语文德育在基础教育课程体系中的合法地位；语文德育是课程资源，要处理好校内语文德育与校外语文德育的关系，疏通语文课内外、校内外沟通的渠道，强化广西民族地区语文德育的地方特色。

---

① ［英］史密斯著，林宗德译：《文化理论的面貌》，12 页，台北，韦伯文化国际出版有限公司，2004。

第一章　广西民族地区概述

广西民族地区语文德育的大环境是语文德育的大背景，了解这个大背景，是语文德育研究的内容之一。本章对广西民族地区经济、文化发展的全貌作一个概述，内容包括广西民族地区的地理环境、气候特点、农业生产、人口分布、风俗习惯。

第一节　广西民族地区的地理环境

广西民族地区位于祖国南疆，为典型的岩溶地貌地区，丘陵错综，盆地大小相杂，河流众多，水量丰富，一派亚热带南国风光。

一、广西的地理环境概况

广西壮族自治区简称桂，地处南疆，位于东经104°26′～112°04′，北纬20°54′～26°24′之间，北回归线横贯全区中部。广西南临北部湾，面向东南亚，西南与越南毗邻，东邻粤、港、澳，北连华中，背靠大西南。广西周边与广东、湖南、贵州、云南等省接壤。东南与广东省省界线长约931公里，东北与湖南省省界长约970公里，北面与贵州省省界长约1177公里，西面与云南省省界长约

632 公里。西南与越南社会主义共和国边界线长约 637 公里。大陆海岸线长约 1500 公里。全区国土总面积 23.67 万平方公里，占全国国土总面积的 2.47%。截至 2007 年 10 月 31 日（年度土地变更调查时点），广西农业用地 1786.89 万公顷（其中耕地 421.47 万公顷），建设用地 94.4 万公顷，未利用地 494.29 万公顷。东西最大跨距约 771 公里，南北最大跨距（南至斜阳岛）约 634 公里。

广西的地势由西北向东南倾斜。四周多被山地、高原环绕，呈盆地状。盆地边缘多缺口，桂东北、桂东、桂南沿江一带有大片谷地。广西地貌属山地丘陵盆地地貌，分中山、低山、丘陵、台地、平原、石山 6 类。其中中山、低山、丘陵和石山面积约占广西陆地面积的 70.8%。石灰岩地层分布广，岩层厚，褶纹断裂发育，为典型的岩溶地貌地区。

广西的山系主要分盆地边缘山脉和盆地内部山脉两类。边缘山脉在桂北有凤凰山、九万大山、大苗山、大南山和天平山；桂东北有猫儿山、越城岭、海洋山、都庞岭和萌渚岭，其中猫儿山主峰海拔 2141 米，为南岭及广西的最高峰；桂东南有云开大山；桂南有大容山、六万大山和十万大山等；桂西多为岩溶山地；桂西北为云贵高原边缘山地，有金钟山、岑王老山等。内部山脉在东翼有东北—西南走向的架桥岭和大瑶山，西翼有西北—东南走向的都阳山和大明山，两列山脉在镇龙山会合，构成完整的弧形。弧形山脉内缘，构成以柳州为中心的桂中盆地；弧形山脉外缘，构成沿右江、郁江和浔江分布的百色盆地、南宁盆地、郁江平原和浔江平原。

广西河流众多，总长约 3.4 万公里，水域面积约 8026 平方公里。河流的总体特征是：山地型多，平原型少；流向大多与地质构造一致；水量丰富，季节性变化大；水流湍急，落差大；河岸高，河道多弯曲、多峡谷和险滩；河流含沙量少；岩溶地区地下伏流普遍发育。河流分属珠江、长江、红河、滨海四大流域的五大水系。属珠江流域的有西江、北江两水系，其中西江水系以红水河、柳江、黔江、郁江、浔江和桂江为主，流域面积占全自治区陆地面积的85.2%；属长江流域的有洞庭湖水系，主要为湘江上游；属红河流域的有百都河，经越南流入北部湾；属滨海流域的是独流入海的桂南沿海诸河，流域面积占全自治区陆地面积的10.7%。

广西的大陆海岸东起广东、广西交界的洗米河口，西至中越交界的北仑河口，全长1500多公里。海岸类型为冲积平原海岸和台地海岸。海岸迂回曲折，多溺谷、港湾。海岸沿线形成防城港、钦州港、北海港、铁山港、珍珠港、龙门港、企沙港等天然良港。沿海有岛屿697个，总面积66.9平方公里。涠洲岛是广西沿海最大的岛屿，面积约24.7平方公里。广西沿海滩涂面积1000多平方公里，其中软质沙滩约占90%；浅海面积6000多平方公里。海洋生态环境良好。①

二、广西少数民族分布区域概况

壮族是广西也是中国人口最多的少数民族，主要聚居在桂西、桂中地区的南宁、柳州、崇左、百色、河池、来宾6个市。瑶族散居在各地山区，相对集中在柳州、桂林、贺州、百色、河池、来宾6个市，设有恭城、金秀、富川、巴马、都安、大化等6个瑶族自治县。苗族主要居住在融水、隆林、三江、资源、龙胜、环江、西林、南丹等县（自治县），其中融水苗族自治县苗族人口最多，约占全自治区苗族人口的40%。侗族主要分布在三江、龙胜、融水等地，其中三江侗族自治县侗族人口最多。仫佬族主要分布在罗城、宜州、柳城等县（自治县、市），其中罗城仫佬族自治县仫佬族人口最多。毛南族主要聚居在环江毛南族自治县。回族主要居住在桂林、柳州、南宁、百色等市及临桂、灵川、鹿寨、永福等县。

---

① 资料来源：中国网 china. com. cn。

京族主要聚居在东兴市江平镇。彝族主要聚居在隆林、那坡等县（自治县）。水族则散居在南丹、宜州、融水、环江、都安、兴安、河池市金城江区等县（自治县、市、区）。仡佬族主要聚居在隆林各族自治县。①

总的来说，广西少数民族一般居住在大石山区、边缘山地、边境地区、河流上游。

除了回族以外，其他广西少数民族聚居地大部分属于中山、低山、丘陵、石山四类地区。聚居地集中在广西的盆地边缘山脉和盆地内部山脉，包括桂北、桂东北、桂东南、桂南、桂西、桂西北边缘山地，大多为喀斯特地形。大部分都在广西与周边的广东、湖南、贵州、云南等省及越南交界的地方。大部分在珠江、长江、红河、滨海四大流域的五大水系的上游。水量丰富，季节性变化大；水流湍急，落差大；河岸高，河道多弯曲、多峡谷和险滩；河流含沙量少；岩溶地区地下伏流普遍发育。

三、广西民族地区的气候特点

广西地处低纬度地区，南临热带海洋，北接南岭山地，西延云贵高原，北回归线横贯中部，属亚热带季风气候区。气候湿暖，雨水丰沛，光照充足。夏季日照时间长、气温高、降水多，冬季日照时间短、天气干暖。受西南暖湿气流和北方变性冷气团的交替影响，干旱、暴雨洪涝、大风冰雹、雷电、低温冷（冻）害等气象灾害较为常见。

广西少数民族聚居区大多在山区，具有山地气候一般特征，“立体气候”较为明显，小气候生态环境多样化，气温相对较低，

① 广西壮族自治区人民政府：《广西年鉴·2010》，46页，南宁，广西年鉴社，2010。

日照时间相对较短。聚居的桂西地区、桂北山区，气候多变，灾害性天气出现频繁，特别是倒春寒和寒露风对农业生产的影响比较大。马山、都安、凌云等地区，在4—9月的雨季，降水量多、暴雨多，造成洪涝；10月至来年的3月是干季，干旱少雨，造成旱灾。

第二节　广西民族地区的农业生产

一、广西民族地区经济发展概况

广西民族地区山多地少，水力资源丰富，旅游资源得天独厚，农业发展的生态环境总体良好。“十五”期间，广西农村经济发展取得较好的成绩，同时也存在不少问题，主要表现为：山地面积多，耕地面积少，制约了农业发展的规模，造成粮食产量低下，农民收入难以提高；丰富的森林资源和水力资源并没有得到合理的开发利用，少数民族聚居区的资源优势未能转化为农业经济发展的优势，主要是缺乏必要的建设资金和人才资源。

广西民族地区山多地少的资源条件制约了当地现代化农业的发展，这是广西民族地区农业经济发展滞后的客观原因。水力资源丰富，合理的开发利用也可以促进当地农业生产的发展，但是当地严重缺乏开发水电资源的资金和专业技术人员，这一资源优势并没有在经济发展的过程中得到体现，无法从中得到实惠，却有可能要承担生态环境改变带来的负面影响，这是在政府主导的开发广西民族地区水力资源的过程中不能不考虑的问题。广西民族地区有为数众多的国家级和自治区级自然保护区，对维持广西民族地区的生态系统平衡有重要的价值，但是另一方面也应该看到，它也会改变山地少数民族传统的生活方式和习惯，不排除因为不能适应环境而生活水平下降的可能性。广西民族地区的土特产品资源也是农业经济发展的有利条件，但是这些土特产品的生产和销售要有一定的规模才会产生效益，土地承包责任制下的以家庭为单位的生产方式不利于组织大规模的生产和销售，这一资源优势也没有转化为经济发展的优势。广西民族地区的民族风情作为旅游资源理论上可以产生良好的经济效益的，但是旅游景点的开发所需要的资金、旅游景点的正常运行需要的资金和管理成本是当地人承担不起的，因此运行良好的旅游景点的开发所创造的经济效益除了回报投资者，自然也没有多少可以惠及当地人，更不用说管理不善、游客不多的旅游景点。因此，正视广西民族地区的资源优势和开发利用资源的弱势地位，是发展广西民族地区农业经济的前提条件。

二、广西民族地区农业生态环境状况

广西民族地区的生态环境总体状况较好，主要河流水质总体良好，2008 年近岸海域海水水质整体比上年有所好转，大部分水库水质均为Ⅱ～Ⅲ类，全区地下水质量总体良好，治理水土流失面积 12.93 万公顷，森林覆盖率 52.7%，生物种类多样。但是也有一些问题。对河流水质的检测，针对的是区内主要的河流，但是有一些小河流、小溪流的水质很可能达不到地表水Ⅲ类标准，它们的污染同样会影响到广西民族地区的农业生产和农民的生活。海域海水水质整体有所好转，但还有劣四类水质，也会对正常的渔业生产产生不良影响。水库既是农业的命脉，还是民族地区族群重要的饮用水源，水库水质的轻度富营养化以及水库的正常维护需要引起高度的重视。另外，地下水中有机物污染对民族地区的生产和生活也会产生不良影响。由于过度开垦和森林砍伐所造成的水土流失对山多地少的广西民族地区农业来说也是一大威胁，土地资源的合理开发是广西民族地区农业可持续发展的基础。广西民族地区的封山育林和开荒造林取得了一定的成效，但是其中的树种选择是个问题，有些经济树种，如速生小叶桉能够给种植者带来短期的经济效益，却有可能破坏当地的水资源，为了经济利益而盲目大规模的引进种植，其严重后果是不能不认真考虑的。生物多样性的维持不仅需要国家的保护政策，更需要当地民族的环境保护意识，这方面还有许多工作要做。

三、广西民族地区农业经济发展现状

广西民族地区的农业与过去相比也有了长足的发展，特别是少数民族聚居区，在自治区政府的政策扶持下，农业经济也走上了发展的快车道，为民族地区的教育发展奠定较好的物质基础，但与非民族地区相比，经济基础的薄弱还是比较明显的。

例如，2009 年广西继续推进都安、大化两个少数民族自治县石漠化治理试点工作，在林业措施方面，完成人工造林 492.5 公顷（其中防护林 489.1 公顷，经济林 3.4 公顷），封山育林 1.26 万公顷。在农业措施方面，完成人工植草 104.24 公顷，新建畜舍 1.1 万平方米。在水利设施方面，完成坡地改梯田 29.4 公顷，培肥沃土 584.6 公顷，修建排灌沟渠 29 公里，竣工提水站 10 座。[①]

2009 年末，百色市乐业县人口 16.7 万人，农村人口 14.9 万人，有壮、苗、瑶等少数民族 8.82 万人。乐业县耕地面积 2.17 万公顷，农田有效灌溉面积 0.51 万公顷，粮食播种面积 1.15 万公顷，经济作物种植面积 0.2 万公顷。林地面积 22.6 万公顷。社会用电量 0.5 亿千瓦小时。农村机械总动力 10.12 万千瓦。等级公路

① 广西壮族自治区人民政府：《广西年鉴·2010》，57 页，南宁，广西年鉴社，2010。

里程865.33公里，其中二级以上公路41公里。大石围天坑为国家地质公园和国家4A级旅游景区，全年接待游客21.3万人次。2009年实现国内生产总值10.98亿元，其中第一产业增加值3.17亿元，第二产业增加值3.24亿元，第三产业增加值4.57亿元。人均国内生产总值7003元。农林牧渔业总产值5.41亿元，工业总产值4.98亿元。财政收入1.11亿元，其中一般预算收入4326万元；财政一般预算支出5.63亿元。全社会固定资产投资完成额19.19亿元。社会消费品零售总额2.8亿元。城镇居民人均可支配收入13762元，人均消费性支出8540元。农村居民人均纯收入2618元，人均生活费支出2117元。城乡居民年末储蓄存款余额5.57亿元。①

第三节　广西民族地区的人口分布

据2000年第五次人口普查，在广西登记的少数民族49个，少数民族人口1722.56万人。广西民族地区人口新中国成立以后都有不同程度的增长，增长的幅度保持在1.51%～2.62%之间。但1990—2000年之间，少数民族人口的年平均增长速度大幅下降，广西少数民族人口出生率也在下降。2000年第五次人口普查资料表明，广西少数民族人口文化素质大大提高，但少数民族之间、少数民族与汉族之间存在文化素质差异。

一、广西民族地区人口增长概述

2000年第五次人口普查时，在广西登记的少数民族共49个，

① 广西壮族自治区人民政府：《广西年鉴·2010》，479页，南宁，广西年鉴社，2010。

少数民族人口1722.56万人（包括外来人口，不包括外出人口），占全国少数民族人口的16.37%，占广西普查登记总人口的38.37%。

1953年第一次人口普查时，广西少数民族人口为741.49万人，1964年第二次人口普查为874.70万人，1982年第三次人口普查为1393.40万人，1990年第四次人口普查为1657.78万人，2000年第五次人口普查增加到1722.56万人，比1953年增加981.07万人，平均每年增加20.87万人。

据2000年人口普查登记，广西世居少数民族人口数量及比重为：壮族1454.54万人，比1990年"四普"时增加32.99万人，占广西少数民族人口总数的84.44%；瑶族150.37万人，比1990年"四普"时增加17.62万人，占少数民族人口总数的8.73%。人口在10万~50万的民族有苗族47.39万人，比1990年"四普"时增加4.75万人；侗族31.02万人，比1990年"四普"时增加2.27万人；仫佬族17.37万人，比1990年"四普"时增加1.66万人，这三个民族分别占广西少数民族人口总数的2.75%、1.80%和1.01%。世居少数民族人口在1万~10万人的有毛南族7.51万人、回族3.32万人、京族2.05万人、水族1.58万人，分别占少数民族人口总数的0.44%、0.19%、0.12%和0.09%。世居少数民族人口不足1万的有彝族和仡佬族。这些数据反映出广西世居民族之间人口数量差别较大，由于实行计划生育，少数民族人口和汉族人口增长率都呈下降趋势。

1990—2000年，广西少数民族人口增加64.78万人，平均每年增加6.27万人；汉族人口增加200.1万人，平均每年增加19.37万人。少数民族人口年平均增长量比汉族人口少13.1万人。各少数民族人口中，增加10万以上的民族有：壮族（32.99%）、瑶族（17.62%）；增加1万~10万人的民族有：苗族4.75万人、侗族2.27万人；其他各少数民族人口增加不足1万人。1990年第四次人口普查以来，广西少数民族人口呈增长趋势，但占广西总人口的比重略有下降。从全国五次人口普查结果看，广西少数民族人口占广西总人口的比重分别为：1953 年为 37.91%，1964 年为 37.71%，1982 年为 38.26%，1990 年为 39.24%，2000 年为 38.37%。2000 年比 1990 年下降 0.87 个百分点，但仍高于 1953 年、1964 年、1982 年的水平。1990 年少数民族人口比重较高，其主要原因是 20 世纪 80 年代，一些人以前未确认的民族成分得以确认，一些人恢复或更改民族成分。因而，1990 年少数民族人口比重上升较快。

1953—2000 年期间，广西少数民族人口增长 1.32 倍，汉族人口增长 1.28 倍，少数民族人口增长高于汉族。47 年中，少数民族人口年平均增长 1.80%，而汉族人口年平均增长 1.76%。世居各少数民族人口成倍增长，毛南族增长 3.08 倍，仫佬族增长 3.02 倍，回族增长 2.35 倍，瑶族增长 2.19 倍，京族增长 2.11 倍，苗族增长 1.33 倍，壮族增长 1.24 倍，彝族增长 1.11 倍，侗族增长 1.07 倍。

从五次普查各个时期看，广西少数民族人口均有不同程度的增长。1953—1964 年，广西少数民族人口年平均增长 1.51%，汉族人口年平均增长 1.59%。1964—1982 年，少数民族人口年平均增长 2.62%，汉族人口年平均增长 2.49%。1982—1990 年，少数民族年平均增长 2.20%，汉族人口年平均增长 1.67%。1990—2000 年，少数民族人口年平均增长 0.37%，汉族人口年平均增长 0.73%。从这几个时期看，少数民族人口年平均增长最高的是 1964—1982 年这一时期，其次是 1982—1990 年，最低的是 20 世纪 90 年代，年平均增长仅为 0.37%。

2000 年，广西少数民族人口出生率为 12.99‰，汉族人口出生率为 14.36‰。1990 年，广西少数民族人口出生率为 22.18‰，汉族人口出生率为 23.98‰。而在 1982 年，广西少数民族出生率为 30.14‰，汉族人口出生率为 25.27‰，少数民族人口出生率比汉族高4.87个千分点。

少数民族人口占多数的市（地），如百色地区、河池地区、南宁地区、柳州地区、柳州市等，出生率、多孩率均较低。世居各少数民族人口的年平均增长速度大幅下降，其中，瑶族由1982—1990年的年平均增长5.52%下降至2000年的年平均增长1.21%，苗族由2.97%下降至1.03%，侗族由2.85%下降至0.74%，仫佬族由7.38%下降至0.98%，毛南族由8.17%下降至0.53%，京族由6.57%下降至2.18%，壮族也由1.79%下降到0.22%。与1990年相比，2000年广西少数民族人口出生率下降37.21个千分点，其中壮族人口出生率为12.82‰，下降7.12个千分点；瑶族12.82‰，下降8.48个千分点；苗族15.73‰，下降5.06个千分点；侗族14.31‰，下降5.21个千分点；京族17.50‰，下降15.25个千分点；仫佬族13.30‰，下降13.41个千分点；仡佬族23.22‰，上升4.7个千分点，它是广西11个世居少数民族中人口出生率唯一上升的民族。[①]

从人口普查的数据来看，少数民族人口占广西总人口的比重在新中国成立以来的各个时期大抵相当，变化不大，维持在37.71%~39.24%的之间。广西民族地区人口新中国成立以后都有不同程度的增长，增长的幅度保持在1.51%~2.62%之间。1990—2000年，广西少数民族人口的年平均增长速度大幅下降，人口出生率也在下降，甚至低于汉族的人口出生率。

二、广西民族地区人口素质概述

2000年第五次人口普查资料表明，广西少数民族人口文化素

① 资料来源：广西壮族自治区人口普查办公室：《世纪之交的中国人口（广西卷）》，北京，中国统计出版社，2004。

质与以往相比大大提高。接受各种文化教育的人口合计为1472.56万人，占广西少数民族6岁及以上人口的92.32%，接受各种文化教育的人口数比1990年增长26.89%。尤其是接受大学本科、大学专科、中专文化教育的人口成倍增加，其中接受大学专科教育的人口增长最多，达到3.09倍。接受大学本科及以上教育的人口增加1.91倍，接受中专教育的人口增长1.86倍。通过实施九年义务教育，少数民族人口接受初中教育的人数比1990年的第四次人口普查增加253.73万人，其增长量是接受各种文化教育层次中最高的。

与广西平均水平相比，92.32%的比例低于广西的平均比例（93.80%）。在各层次的接受教育人口比例中，只有接受小学教育的比例高于广西平均水平，其余各个层次的比例均低于广西平均水平。说明少数民族接受高层次教育的人口比例低于广西平均水平，而接受低层次教育的人口比例高于广西平均水平，少数民族的教育事业有待进一步发展。

20世纪90年代以来，广西少数民族每万人口中接受初中及以上文化教育的人口均有较快增长，特别是每万人口中接受大学及以上文化教育的人口的增长速度很快，这是党和政府大力发展少数民族地区教育事业的必然结果，是少数民族人口文化素质整体水平显著提高的反映。2000年第五次人口普查资料表明，广西少数民族每万人中拥有的各种受教育程度人口为：小学4417人，初中3097人，高中（含中专）842人，大学（含大专）193人。与1990年相比，少数民族每万人口中拥有的各种受教育程度人口，除小学减少169人外，初中增加1409人，增长83.47%；高中（含中专）增加357人，增长73.61%；大学（含大专）增加139人，增长1.57倍。但是，与汉族每万人人口拥有的各种受教育程度人口相比，除小学比汉族多以外，其余均比汉族少，尤其是高中以上层次的受教育者程度差距更大，高中（含中专）比汉族少192人，大学（含大专）比汉族少74人。

广西各世居少数民族人口受教育程度也在显著提高。其中，回族和京族的文化素质较高，这两个民族每万人口中接受小学文化教育的人口均低于广西水平，而每万人口中接受大学及以上文化教育的人口分别达到1212人和448人，远远高于广西平均水平。广西世居少数民族每万人口中接受大学及以上文化教育的人口情况为：壮族189人，瑶族182人，苗族119人，侗族204人，仫佬族293人，毛南族273人，回族1212人，京族448人，彝族333人，水族270人，仡佬族422人。

为了综合反映不同民族人口所达到的受教育程度的总体水平，引用6岁及以上人口的人均受教育年限加以考察。广西少数民族人均受教育年限为7.30年，已达到初中水平。但与汉族相比，少数民族低于汉族0.82年，差距仍然很大。从各世居少数民族来看，回族已达高中水平，京族、毛南族等已接近高中水平，均高于汉族。相比之下，瑶族、苗族和侗族较低，其中苗族最低，只达到5.88年，其人均受教育年限相当于小学五六年级程度。壮族、仫佬族、彝族、水族、仡佬族相当于初中水平。

再从性别来看，世居少数民族男性人均受教育年限最高的是回族，为9.75年，达到高中程度；最低是苗族6.68年，只相当于初中一年级的水平。世居少数民族女性人均受教育年限最高的也是回族（8.14年），最低的是苗族（5.05年）。苗族在各世居民族中不仅文化教育总体水平最低，文化教育水平的性别差异也是最大的，苗族男性人均受教育年限高出女性32.20%。男性人均受教育年限高出女性20%的民族还有侗族（25.63%）、京族（23.12%）、壮族（22.94%）、彝族（21.67%）、瑶族（21.41%）。京族虽然总体文化教育水平相对较高，但教育水平的性别差异在各少数民族中也是相对较大的，男性高出女性23.12%。

20世纪90年代以来，广西少数民族扫盲工作取得可喜进展，各民族成人识字率大幅度提高，文盲率大大降低。2000年第五次人口普查资料表明，广西少数民族成人识字率达到93.25%，一般文盲率6.75%。与1990年第四次人口普查相比，成人识字率上升14.24个百分点，一般文盲率下降14.24个百分点。与汉族相比，少数民族与汉族的差距在逐渐缩小，成人识字率由1990年低于汉族7.73个百分点，缩小为2000年的低于汉族2.38个百分点。11个世居少数民族中，除了苗族的成人识字率低于90%以外，其余的民族都在90%以上。苗族的成人识字率87.21%，一般文盲率达12.79%；回族成人识字率最高，为96.88%，一般文盲率仅为3.12%。各少数民族人口文盲率的显著下降，成人识字率的增多，将有利于少数民族经济的发展，有利于脱贫致富奔小康和少数民族生活质量的改善。①

广西少数民族人口普查的数据反映出两大趋势：一是少数民族的总体文化素质在提高，表现在接受文化教育的人口数量在增长，每万人口中接受初中及以上文化教育的人口均有较快增长，人口受教育程度也在显著提高，成人识字率大幅度提高，文盲率大大降低。二是少数民族之间、少数民族与汉族之间存在文化素质差异，表现在与汉族每万人人口中拥有的各种受教育程度人口相比，除小学比汉族多以外，其余均比汉族少，尤其是高中以上层次的受教育者程度差距更大。从各世居少数民族来看，回族已达高中水平，京族、毛南族等已接近高中水平，均高于汉族。相比之下，瑶族、苗族和侗族较低，其中苗族最低。壮族、仫佬族、彝族、水族、仡佬族相当于初中水平。苗族的成人识字率最低；回族成人识字率最高。从广西少数民族人口普查的数据中还可以看出，各少数民族人口素质之间的文化素质差异与其生活的地域环境有很大的相关，生活在台地、平原市镇的世居少数文化素质高一些，生活在中山、低

① 广西壮族自治区人口普查办公室：《世纪之交的中国人口（广西卷）》，北京，中国统计出版社，2004。

山、丘陵、石山村寨的世居少数民族文化素质低一些。

第四节　广西民族地区的风俗习惯

广西是以壮族为主体的多个少数民族聚居的少数民族地区，除汉族以外，有11个世居民族，各民族的语言、服饰、建筑、生活习惯、风土人情等各具特色，构成了多姿多彩的民族风俗习惯。把广西的这11个世居少数民族作为一个地域上的整体来观察，其风俗习惯的发展表现出如下特点。

（1）各少数民族的风俗习惯相互影响，相互融合，逐渐趋同。广西少数民族的风俗习惯在历史发展的过程中，在少数民族不断迁移、交往、杂居、通婚的过程中相互影响、相互融合，逐渐趋同。

从生活习惯上看，11个世居少数民族的生活习惯，如服饰、饮食、居住是不一样的，保持了与民族的居住环境及其民族心理结构一致的特点，特别是回族，其风俗习惯明显异于其他的广西少数民族。但是随着社会的变迁，少数民族生产条件的改善及生活水平的提高，广西少数民族逐渐从封闭走向开放，在与周边其他民族的交往过程中，生活习惯也发生了变化，服饰、饮食、居住在相互影响、相互融合的过程中，逐渐趋同。其中广西11个世居少数民族服饰的变化是最明显的，其次是居住，再次是饮食。新中国成立以后，少数民族服饰的民族元素主要体现在少数老年妇女的传统服饰上，而青少年服饰已基本没有本民族传统服饰的特点，与汉族和周边的其他民族没有差别。这是广西11个世居少数民族适应社会环境的必然选择，在现代社会发展过程中，费时、费力、价格昂贵的少数民族服饰，被省时、省力、经济实惠的流行服饰所代替。

从婚姻上看，各世居少数民族的婚俗在内容和形式上都有各自的民族特色，能反映各民族的宗法观念和生活态度。这些宗法观念和生活态度是在民族群体共同生活中逐渐形成的，为了维持生活秩序，人们把宗法观念和生活态度仪式化，其中之一就是婚礼仪式。随着社会的变迁，宗法观念和生活态度也随之发生变化，人们对两性关系、家庭成员之间的关系有了不同的认识和理解，婚俗的变化也就不可避免。

从生育上看，各世居少数民族迎接新生命的仪式和禁忌也有不同，许多仪式和禁忌与他们当时的生产力发展水平、社会生活习惯一致，是在一定的经济基础和文化观念基础上形成的，一旦经济基础发生变化，生活水平有所提高，生活态度和价值观发生变化，一些与以往生活方式相适应的生育习俗发生变化也是很自然的。

从节日上看，各世居少数民族有许多本民族的传统节日，这些传统节日与居住地的地理环境、气候条件、农业生产有许多的关联，是顺应生态环境条件的产物。但是广西民族地区少数民族的居住格局是大散居、小聚居，各少数民族在相互交往的过程中，其节日活动也相互影响，节日的时间、内容也逐渐趋同。

从丧葬上看，各世居少数民族的丧葬习俗在历史上有极大的差异，这种差异反映了不同民族对人生意义和生命意义的不同理解，丧葬仪式是维持群体内部生活秩序的重要仪式。但是这种差异现在不断在缩小，原因是在新中国成立以后的意识形态大变革中，丧葬仪式被当成封建迷信受到冲击，开始是迫于国家政治意识形态压力，后来是受家庭经济条件和社会环境的影响，人们对寄托于丧葬上的生命意义和人生意义的理解发生变化，逐渐被实用的经济价值观稀释和淡化，丧葬仪式也慢慢趋同。

从宗教信仰上看，各世居少数民族相互影响、相互融合的趋同倾向也是明显的，祖先崇拜、自然崇拜、图腾崇拜，道教、佛教的影响，在少数民族的宗教系统中都存在。在巫师、道公的活动中，其所请的鬼、神也有相同的，显然在进行宗教活动时，各世居民族也是在吸收兄弟民族宗教内容和形式的同时，也输出自己民族宗教的内容和形式。由于少数民族大散居的格局，相互影响是必然的。即使是在小聚居区域内，也受周边民族的影响，加上还有其他民族因为婚姻或别的原因杂居其间，也会造成相互影响，虽然两个民族的宗教信仰不可能完全同化，但是其内容和仪式逐渐趋同却是无法避免的事实。

总之，广西 11 个世居少数民族在历史发展的过程中，在与生态环境互相适应的过程中，形成了自己的风俗习惯，这些风俗习惯形塑了他们的生活，构成了各自不同于别的民族的民族特色。但是在经济文化的变迁过程中，由于外在环境的生存压力和内在环境的发展压力的双重影响，各少数民族的风俗习惯在相互影响、相互融合，逐渐趋同。

（2）广西少数民族的风俗习惯与地域环境共生同构，具有浓郁的乡土气息。一种民族风俗习惯的形成，是一个民族与其生存环境相互作用的结果，脱离了一定的地域环境，风俗习惯也会发生变化。广西民族地区 11 个世居民族大部分居住在中山、低山、丘陵、石山村寨，山区的地理环境、气候特点决定了其农业生产的类型及生产方式，从而决定其饮食类型、居住类型、服饰类型，形成扎根于地域环境的民族风俗习惯。

从生活习惯上看，广西民族地区 11 个世居少数民族的服饰有不少共同点，如衣物的原材料是自种、自纺、自织、自染的棉布，服饰的装饰大部分是手工制作，颜色多是蓝、黑、白色，他们充分利用了山地自然环境提供给他们的原料棉花、靛蓝。广西各世居少数民族饮食以大米为主食，次为玉米、大麦、小麦、红薯等，喜食糯米饭、鱼类及烧酒、甜酒，这些也是山地自然环境的特产。广西世居少数民族的传统干栏式建筑也是为了适应山区环境而建造，既可避瘴疠之气，又可防毒蛇猛兽的袭击。

从婚姻上看，广西 11 个世居少数民族因为居住的环境大致相似，其婚俗也表现出类似的特点。如壮族、侗族、仫佬族等少数民族青年婚前通过赶集对歌的形式建立恋爱关系，在山区以家庭为单位的生产劳动中，青年交往的机会不多，要解决婚姻问题，就得有结识交往的机会，而农村的集市和对歌就给青年交往创造了交际机会。婚礼中有对歌的场景，一般持续三天时间，彻夜饮酒、对歌，既可以解决住家床位的不足，又可保持喜庆的气氛。这些传统婚礼既是新人结识亲友的机会，也是同宗族聚会娱乐的场所，还具有团结乡邻的功能。

从生育上看，广西11个世居少数民族大多居住在缺医少药的山区，婴儿的成活率不高，父母求子心切，面对产妇和婴儿所冒的不可知的风险充满恐惧，又没有医院可以依靠，就只能借助农村山区的草药和当地的巫医。巫医被看成是比一般村民更有见识的农村文化人，凭借他们的经验能解决一些生育过程中的实际问题。但对生育过程中的大问题，如产妇大出血、难产，他们是既没有知识也没有技术，只能动用巫术求得精神上的安慰，因此派生出不少对孕妇和产妇的禁忌，有些禁忌其实是对产妇和婴儿的保护。如瑶族、壮族家有初生婴儿，在满月前不许外人来访，初生婴儿三天内不看天，婴儿满月时外婆方可探望等，既可保持产房的相对安静，利于产妇的恢复和婴儿的休息，也利于保持产房的相对卫生，避免细菌的感染。

从节日上看，广西11个世居少数民族所过的节日与当地的农业生产有密切的联系，一些节日是为了祈求丰收，如彝族和侗族都有六月六的“新禾节”或“新米节”，杀猪、鸡，备酒肴敬祖，祈祷丰年。节日所用的祭品也是当地的农产品，如做糍粑用的糯米、玉米、小米，做酒用的大米、玉米。一些节日还敬神拜祖，如春节，七月十四等，其目的也是为了祈求人寿年丰、居家平安，保持人与居住环境和谐共处。

从丧葬上看，广西11个世居少数民族大部分行土葬，少数民族聚居地一般人口少，荒山多，为土葬提供了条件。丧葬的用品如木质的棺材就是山区的特产，葬礼上用的物品也是山区的农产品和农副产品，如大米、糯米、猪、羊、牛、米酒等。还有巫公的念经场面、众人抬棺材上山的情景、众乡邻帮着挖坟埋葬的场地也是空旷的山区环境特有的。

从宗教信仰上看，广西 11 个世居少数民族大部分居住在交通不发达、信息闭塞的山区，见识不广，对周围的自然现象、社会现象、生理现象不能作出科学的解释，所以大都迷信鬼神，逢年过节要烧香敬神，结婚、进新屋要看吉日，生病了认为是鬼怪作祟，春耕生产要择吉日下田，对一些异常现象，如猪、羊或牛上二楼，或者狗上屋顶，认为是不祥之兆，等等。这样，村头的大树，能除虫的青蛙就成了崇拜的对象；因为相信人死后灵魂不死，因此就有祖先崇拜，希望死去的先人能保佑后代子孙平平安安。

总之，广西 11 个世居少数民族散居或聚居在广西的山区、丘陵地带，主要从事农牧业生产，广西山区的自然环境给他们提供了繁衍生息的物质条件，在这样的物质条件下逐渐形成与其居住环境条件相适应的民族风俗习惯。

（3）广西少数民族风俗习惯在市场经济环境中，变迁的速度加快。社会经济、政治、文化的变迁，推动广西少数民族风俗习惯的变迁。在市场经济环境下，广西少数民族风俗习惯的变迁速度明显加快，使人忧虑的是，其承载的各具特色的历史文化内核也有可能随之消失。

从生活习惯上看，广西少数民族的服饰一直在变化。1958 年出版的中国少数民族社会历史调查资料中，对广西各少数民族传统服饰有详细具体的描述，显然当时还保留了大量传统服饰。但是就是在那时，他们的传统服饰已发生变迁，“最后必须说明的，自清末以来，由于瑶汉两族的交往渐趋密切，文化互相影响之结果，瑶山各族系的服饰，已逐渐地不断地渐起变化。到国民党反动统治者于 1940 年打入瑶山之后，变化就日益加剧了。解放以来，瑶族政治觉悟逐步有了提高，某些对生产生活不便的服饰和装饰，自觉自愿的有着不同程度的改变。目前农村的瑶族青年男女，一部分已少着以往的服饰了”①。“现在各族系的衣服式样：男子除六巷区一带的花蓝瑶还穿着大领对襟、左右开深衩、长可及膝的古老装束外，长洞区一带的花蓝瑶以及其他各个族系近 80 年来都已改变，全部着唐装，衣裤与汉区无异。”②

从生育上看，广西少数民族也有许多流传下来的规矩和禁忌。随着现代医药知识的普及和乡村医疗水平的提高，广西少数民族婴儿的死亡率明显下降，基于缺医少药而盛行的生育迷信和禁忌也就失去了大部分市场。如苗族“生育仪式由繁到简”，“孩子生下来两三天，丈夫的族人买糖、拎鸡去向外婆家报喜。三天后，外婆和舅舅送来鸡蛋、鸡等。产妇在一个月内，不许去别人家串门”。③

从婚姻上看，“观念由旧变新，仪式由繁变简，已经成了苗族村落婚姻状况一个愈来愈明显的趋势”，“70 年代出生的女孩子，现在出嫁有的改到县城的酒店里去宴请宾客，结婚时候男女双方都会办酒席，一般女方会收 1000 ~ 2000 元彩礼”。④ 婚姻习俗发生改变，如一些民族婚后“不落夫家”的习俗在新中国成立后逐渐消失。如仫佬族“新婚之夜，本村各户分头接宿外来宾客，邀请来家叙旧。本村青年男女与外来青年男女分别聚集对歌，称为‘唱比’，歌声响彻山寨，情怀欢快热烈，通宵方休。次晨，新娘随陪送亲属返娘家，从此，开始了婚后‘不落夫家’的生活，直至分

---

① 全国人民代表大会民族委员会办公室编：《广西大瑶山——瑶族社会历史情况调查（初稿）》，4 页，1958。

② 广西壮族自治区编辑组、《中国少数民族社会历史调查资料丛刊》修订编辑委员会编：《广西瑶族社会历史调查》（一），278 页，北京，民族出版社，2009。

③ 韦茂繁、秦红增等：《苗族文化的变迁图像——广西融水雨卜村调查研究》，63 ~ 80 页，北京，民族出版社，2007。

④ 韦茂繁、秦红增等：《苗族文化的变迁图像——广西融水雨卜村调查研究》，75 ~ 79 页，北京，民族出版社，2007。

娩为止。但解放后，这种婚姻习俗已经改变。”①

从节日上看，广西少数民族几乎每个月都有节日，这些传统节日有些曾经非常隆重，内容丰富多彩，但随着社会经济的发展，各民族风情旅游景点的开发，各种现代媒体在广西少数民族地区的普及，节日的内容和形式正在发生不可逆转的变化，而且变化的速度在加快。如广西京族的传统节目“哈节”，“但随着社会的发展，人们生活水平的提高及思维方式的改变，如今的哈节已有所改变。祭神等活动已淡化，斗牛活动消失，民族服装除几位表演节目的‘哈哥’、‘哈妹’穿穿及少数老人穿着之外，其余的都是牛仔T恤，西装革履。而且参加入席时，不再按年龄而论，而是金钱。在山心村，至少50元才会入席，送50元以下的一般都不会入席就坐。在节目表演中，占主体的是现代流行的歌曲、舞蹈，而传统民间的节目少之又少，使整个哈节趋于商业化。”②

从丧葬上看，广西少数民族的传统葬礼各有一套严格繁复的程序，还要遵守许多禁忌，体现对过世老人的孝敬，维持尊老敬老的传统观念。但在社会发展的过程中，葬礼仪式不断简化。如苗族“老人过世后，亲属都要戴孝，旁系只戴短时间的孝，直系亲属则戴长孝。孝子戴孝49天，守孝3年。3年以后，把死者的纸灵位焚化，做一次‘除灵’佛事，请本族或瑶、侗族的道士来主持。做佛事只烧纸钱，没有扎纸屋、纸衣箱等物。到时子女都穿多为借来的孝服，其余的人仅用白布扎头，佛事做完，便脱去孝服。”③现在则更简单，“参加苗族丧事的着装和平时穿的没多大区别，即

---

① 广西壮族自治区编辑组、《中国少数民族社会历史调查资料丛刊》修订编辑委员会编：《广西仫佬族毛南族社会历史调查》（一），42页，北京，民族出版社，2009。

② 马居里、陈家柳主编：《京族——广西东兴市山心村调查》，181页，昆明，云南大学出版社，2004。

③ 广西壮族自治区编辑组、《中国少数民族社会历史调查资料丛刊》修订编辑委员会编：《广西苗族社会历史调查》（一），100页，北京，民族出版社，2009。

使是死者主家人也不必穿葬服。整个寨子除了潘家的丧事，主家人在手臂上扎一条白色土布外，其他姓氏人家的丧事着装和平时没有区别。潘姓人家白事之所以扎白布，据说是以为他们的祖宗是侗族。”①

从宗教信仰上看，广西少数民族的宗教信仰在新中国成立以后也发生了很大的变化，尤其是道士、鬼师、巫的活动大为减少。如毛南族“这些宗教活动都是解放前的情况，解放后已逐步改革”。②瑶族“20 世纪 80 年代，政治上打击封建迷信仍然在进行，但是相对宽松一点，民间宗教活动得以恢复。不过 1985 年左右抓得严，许多神职人员被叫去上培训教育课。但是布努瑶的原始宗教是相当浓厚的，底子深，他们的生活中不可能没有道公，于是他们暗地保护道公，许多道公还是私下里活动于布努瑶生活中。20 世纪 90 年代后，民间文化的发展迎来了较为宽松的环境，布努瑶的原始宗教信仰开始恢复，并在他们生活中扮演相当重要的角色。不过由于受市场经济的冲击，有的内容已发生变化或淡化。”③

总之，广西少数民族的风俗习惯在新中国成立以后发生了很大的变化，在市场经济环境下，这种变化的速度在加快。“目前的京族地区，民族传统文化的气息比较淡薄，而较有影响的却是一些汉族或西方发达国家所创造的所谓现代文明，无论是在物质还是在精神上，新一代的青年人都在向现代生活看齐或是靠拢。”④

（4）在多元文化社会中，广西少数民族风俗习惯的核心价值

① 韦茂繁、秦红增等：《苗族文化的变迁图像——广西融水雨卜村调查研究》，51 页，北京，民族出版社，2007。

② 广西壮族自治区编辑组、《中国少数民族社会历史调查资料丛刊》修订编辑委员会编：《广西仫佬族毛南族社会历史调查》（一），154 页，北京，民族出版社，2009。

③ 覃主元等：《大石山区的祥和村落——广西布努瑶社会经济文化变迁》，337 页，北京，民族出版社，2007。

④ 马居里、陈家柳主编：《京族——广西东兴市山心村调查》，160 页，昆明，云南大学出版社，2004。

观仍在。广西11个世居少数民族历经上千年的发展历程，其历史文化积淀是丰富的，即使他们只有语言没有文字，不能像汉族那样把自己创造的伟大文明成果通过文字记载下来，其民族的心理积淀是不能抹杀的，这种心理积淀就是民族风俗习惯背后的核心价值观。虽然它也会随社会发展而发生变化，但是其变化的速度是缓慢的，渐进的，有时候在外在强势文化价值观的压力下，被迫以形式的变换求得新生。“我们黄、白二种的繁衍，两千年来都是相同的民族大混合。人类历史很少‘民族’是真正‘灭种’的；也很少‘古文化’是完全‘消灭’的。”① 广西世居少数民族风俗习惯也是如此，它会以新的形式代替旧的形式，但它不会被“消灭”。

从生活习惯上看，广西少数民族的服饰变化很大。一方面，一些虽然新潮但不适合当地生产生活的服饰在满足青年人的好奇心之后就会被抛弃，那些既满足民族审美趣味又方便生产生活的服饰才可能成为人们的共同选择。另一方面，传统服饰中不利于生产生活，不符合现代民族审美趣味的服饰也会被淘汰。如罗城县的仫佬族，“村中保存下来不用的服饰已为数不多。使用仍普遍的是背带，其次是布鞋，在老年妇女中，用‘家布’制作的衣物多有使用，如大衣襟、宽裤、头勒、髻网等为数不多的东西。进入六七十岁的老年妇女大多模仿前辈，穿‘家布’做的衣物，也有少数人不穿。”② 背带、布鞋、“家布”在山区农村仍然非常实用，且价格便宜，符合他们的审美需要，所以会流传下来。饮食和居住也是如此。如罗城县的仫佬族，“田心屯居民日常和年节都做一些具有仫佬族特色的风味食品，如煮芋头粥、南瓜饭，蒸制粉蒸肉，包枕头粽、凉粽，舂斗糍粑，做血鸭、酱鸭、腊肉、猪红糯米香肠等等，

---

① 唐德刚：《胡适杂忆》，176页，北京，华文出版社，北京，1990。

② 章立明、俸代瑜主编：《广西罗城石门村调查》，232页，昆明，云南大学出版社，2004。

在仫佬族居住区很有代表性。”①

从生育上看，虽然生育的仪式和禁忌由繁到简，但是医学和科学也并非万能，医学和科学知识在广西少数民族地区远未普及，他们依然需要依靠一些传统的仪式和禁忌求得心理的平衡，使邻里能够和睦相处，一些禁忌在他们的生活中仍然有制约作用。如毛南族孕妇在生活中仍然遵守一些禁忌，“清早，尤其是节日，孕妇不得到别人家门口去坐，也不能在公共场所出现，否则看见过孕妇的人会出现霉运，例如做生意不顺利等会迁怒于孕妇身上；孕妇不得在清早到大门口梳头，否则担心所养的猫、鸡、鸭等牲口不顺；别人家有婚事或丧事，孕妇也不得在场，尤其是新娘子出门或媳妇进门的时候，孕妇一定要事先避开，即使是自己家中娶媳妇，也要回避到新媳妇进门才能回来，否则主家娶回的媳妇走了，会怪罪到孕妇头上。”②

从婚姻上看，广西少数民族的婚礼都比较隆重，婚礼的程序比较复杂，婚礼的仪式比较烦琐，兼顾了婚姻本身和婚姻以外的一些的功能，如宣布家庭新成员的加入、展示家庭的社会地位、获得家族成员的承认、众亲友的聚会娱乐、家族的伦理教育、两性合法生活的资格认定等。随着社会经济文化的发展，广西少数民族与外界交往的增多，婚礼的功能有所改变，婚礼仪式就会发生变化，但婚礼的核心功能并没有改变，那就是新人获得家族成员的承认、对两性合法生活的资格认定。如布努瑶的婚礼，“在改革开放以前，由于社会提倡不大操大办，而且破除封建迷信，所以仪式比较简略。在20世纪80年代前，结婚请酒的极少。20世纪80年代后，一般的瑶族家庭请酒规模多在15~20桌。在现代社会里，虽然许多青

① 章立明、俸代瑜主编：《广西罗城石门村调查》，224页，昆明，云南大学出版社，2004。

② 匡自明、黄润柏主编：《广西环江县南昌屯调查》，345页，昆明，云南大学出版社，2004。

年外出打工，对这些传统仪式感受不强，但是基本仍听从父辈的安排，按这些程序进行，而且有复兴之势，规模有变大之趋”[①]。

从节日上看，广西大多数世居少数民族保持了一年中对本民族来说意义重大的节日，例如春节、清明节、七月十四中元节，这三个节日的主要内容之一是祭祀祖先。还有一些对本民族来说有特别意义的节日也被保持下来，如京族的“哈节”、毛南族的“分龙节”，仫佬族的“拜树节”等。“在加文村，布努瑶的传统节日一年四季主要过春节、清明节和祝著节。汉族地方的中秋节和七月十四有的人家过，但大部分人家都不过。其中春节和清明节的过法跟汉族的习惯基本相同，最重要的纪念性节日是祝著节。……是纪念布努瑶创世始祖密洛陀的节日，每年的农历五月二十五至五月二十九举行。……这个节日是布努人最隆重的节日，甚至比春节等其他节日更热闹。”[②]

从丧葬上看，广西世居少数民族在社会经济文化的不断变迁中，依然保持了丧葬仪式本质的内容，对不同年龄不同死因的人采用不同的葬礼。正常去世老人的葬礼一般都很隆重，如毛南族的葬礼过程包括：洗身、报丧、入殓、超度、出殡、守孝。“超度亡灵时，过去可以请道公十几二十人，现在则一般请道公数人来主持。……一场葬礼下来，花费过大这是常有的事，但是到了现代，方式也改革了许多，主要是视实际情况而定，量力而行。”[③]

从宗教信仰上看，广西世居少数民族的宗教信仰和宗教活动虽然在社会变革中不断受到冲击，但并没有消失，一旦政治环境宽

① 覃主元等：《大石山区的祥和村落——广西布努瑶社会经济文化变迁》，243页，北京，民族出版社，2007。

② 覃主元等：《大石山区的祥和村落——广西布努瑶社会经济文化变迁》，222页，北京，民族出版社，2007。

③ 匡自明、黄润柏主编：《广西环江县南昌屯调查》，361～366页，昆明，云南大学出版社，2004。

松，宗教信仰和宗教活动就会活跃起来。“我们所调查的加文村布努瑶至今还保留着比较好的原始宗教信仰，在他们的信仰中，生产劳动是他们信仰的主题，团结、互惠、勤劳是他们的美德。”①

总之，广西世居少数民族的风俗习惯在多元文化的社会环境中获得了比一元文化的社会环境更宽松的生存空间，同时这些风俗习惯在多元文化的社会环境中也面临更严峻的考验，要保持本民族文化的独立性并不容易。

① 覃主元等：《大石山区的祥和村落——广西布努瑶社会经济文化变迁》，336页，北京，民族出版社，2007。

第二章　广西民族地区教育概述

广西民族地区教育和其他非民族地区的教育一样，也有广义和狭义之分。广义的民族地区教育包括民族地区的社会文化教育、家庭文化教育、学校文化教育，培养下一代具有在一定的自然、社会环境条件下生产、生活的能力的所有活动，都属于广义的教育范畴。狭义的民族地区教育是专指民族地区的学校有目的、有计划地培养下一代的活动，就是学校教育。从文献资料的内容来看，大部分文献资料中所指的广西民族地区教育实际上是广西民族地区学校教育。其学校教育的内容与非民族地区基本上是一样的，不一样的是学校教育的设施及师资水平、学生的认知基础、教学质量等受制于民族地区的经济文化发展水平。

广义的民族地区教育从广西民族地区有人类活动的时候就开始了。广西是远古人类活动的中心之一。据考古发现，旧石器时代的古人类化石和活动遗址遍布广西各大江河流域。目前已知年代最早的是1973年以来在百色市右江区大梅屯和百谷屯发现的距今80万年前的古人类遗址。其他重要的旧石器时代人类还有距今5万~4万年前的柳江人，距今3万~2万年前的宝积岩人、白莲洞人、甘前人、九楞山人、定模洞人，距今2万~1万年前的灵山人、荔浦人、干淹人、都乐人、麒麟山人、九头山人、宾山人等。旧石器时代广西民族地区的教育与当时的生产生活融为一体，下一代在与成人的生产生活中习得生产生活的各种技能，主要表现为制造和使用劳动工具，如“百色石斧”就闻名于世。

新石器时代，原始人群已遍布广西各地。已发现的有桂林甑皮岩、资源晓锦、柳州鲤鱼、南宁豹子头和顶狮山、平南石脚山、都安北大岭、隆安大龙潭、百色革新桥、钦州独料、那坡驮岩、横县西津和秋江、防城港亚菩山和马兰嘴等300多处新石器时代遗址。这些古人类文化遗址的文化内涵包括农耕稻作、喜食蚌蛤、居住干栏、屈肢葬式、使用有肩石斧和石铲等，与现代壮侗语民族文化具有共同性。体质人类学研究也表明，甑皮岩等新石器时代人类体质特征继承柳江人的特点，并与现代壮侗语民族相近，与其他民族有较大的差异。这说明壮侗民族是广西原住居民，这些古人类（至少是其中的一部分）是他们的祖先。壮侗民族的祖先在生产生活中教育下一代如何适应环境，获得生存需要的物质资料，教育未从生产生活中分离出来。旧石器时代和新石器时代的广西民族地区教育，地域文化的特征十分显著，有关研究者称，这是广西少数民族独立发展的时期。①

先秦时期，广西的主要居民被称为“西瓯”、“骆越”，他们是壮侗语族诸民族的先民。这一时期，中原与包括广西在内的岭南地区就有了交往。到战国时期，楚文化南渐，交往更多，公元前214年，秦始皇统一岭南，进一步加强了汉族与岭南西瓯、骆越的融合。先秦时期，广西少数民族地区的教育还是以少数民族的生产生活教育为主，在与中原汉族的交往中，开始受到中原汉族文化的影响，尤其是秦统一岭南之后，这种影响逐渐加强。

东汉之后，中原大量汉人南迁进入岭南地区。唐中期安史之乱以后，大量流民南迁岭南。宋元时期，壮族开始形成，“瓯”、“骆”名称在历史上消失之后，出现过“乌浒”、“俚”、“僚”、

① 覃乃昌：《广西世居民族》，19页，南宁，广西民族出版社，2004。

"俍"、"僮"等称呼。乌浒之名最早见于《礼记》，后在《后汉书·南蛮传》中有10多万乌浒人于汉灵帝建宁三年（170年）为郁林太守谷永招降之事。俚（俚人）之名最早见于东汉建武十六年（40年），当时交趾征侧、征贰反，合浦俚人揭竿而起。僚的称呼始见于三国，到隋唐时扩大到岭南十二郡。东晋裴渊《广州记》中把俚、僚并称。《隋书·南蛮传》则进一步说明百越是俚僚的祖先。俍的称谓最早见于晋人左思的《三都赋》，文中把俍与乌浒并称。到明代，《明实录》说俍人分布遍及粤西诸峒。清李调元《粤风》里收有俍歌和僮歌，俍歌是典型的壮族勒脚歌，说明俍人即壮人。僮的称呼初见于宋代。南宋淳祐年间（1241—1252年），广西经略安抚史李曾伯在给宋理宗的《帅广条陈五事奏》中有宜州有"撞丁"的记载。元明以后关于僮的记载越来越多。《元史·刘国杰传》有"庆远诸僮人"之记载。明嘉靖《广西通志》卷五十三载："庆远、南丹溪洞之人呼为僮。"清初屈大均《广东新语》说：僮人是披发文身之越人的后裔。民国时期，自称布僮的有宜山、罗城、柳城、柳江、融安、永福、马山、鹿寨、象州、河池、南丹、贵县、武宣等10多个县的全部或部分僮人。宋代，聚居在湘、黔、桂交界地区的一支骆越人，随着自身的发展和外来因素的影响，逐渐形成了一个自称为"仡伶"的人们共同体——侗族。《宋史·西南溪峒诸蛮》说：乾道七年（1171年），靖州有仡伶杨姓，沅州生界有仡伶副峒官吴自由。《老学庵笔记》卷四说：沅、靖等州，有仡伶，"男未妻者，以金鸡羽插髻"，"农闲时，至一二百人为曹，手相握而歌，数人吹笙在前导之"。清道光《龙胜厅志·风俗》说"伶与侗同"。可见，在壮、侗民族形成过程中，汉族大量流入，他们带来的生产技术以及他们的风俗习惯及教育文化，都会对壮、侗民族产生影响。所以，广西少数民族地区的教育从民族形成的时候起就受到汉族文化的影响。[1]

民国时期，“1932年4月，广西省政府规定，凡苗、瑶族乡村，均设立特种学校。1933年公布《广西特种教育实施方案》，对特种教育的设校、教学内容和教学方法作了具体规定。1934年成立广西特种教育委员会，1935年在南宁开办广西特种教育师资训练所，培养少数民族师资”[2]。借助省政府的行政权威，汉族文化在广西少数民族地区得以更大范围、更大规模的有目的、有计划地推广普及。

新中国成立以后，“从1950年秋起，各县中学统一执行中央教育部颁布的《中学暂行教学计划（草案）》，按规定开设政治、语文、数学、自然、生物、化学、物理、历史、地理、外国语、体育、音乐、美术、制图课”[3]。广西民族地区学校开设的课程与汉族地区相同，汉族文化深入影响到广西民族地区生活的各个方面。

改革开放以后，汉文化的影响进一步加深：“现在的南昌屯村民在装束方面与汉民族相差无几，甚至已完全相同；同时古代的衣饰也没有能够保存下来，村中上了年纪的老人最远的记忆也只是民国后期，而民国后期中山装盛行，这也已经不是毛南族的传统服饰了。”[4] 不仅是环江的南昌屯，广西民族地区村寨大都如此。

站在多元文化和谐共生的立场上，我们需要反思，在经济文化的全球化进程中，广西少数民族传统文化怎样传承与发展，广西民族地区的教育怎样体现自身的民族文化特质，广西民族地区语文德育应该怎样批判吸收本民族伦理道德文化的养料。

---

① 《广西大百科全书》，1页，北京，中国大百科全书出版社，2008。

② 钟文典主编：《广西通史》，第3卷，258页，南宁，广西人民出版社，1999。

③ 柳州地区教育志编纂委员会：《柳州地区教育志》，107页，2000。

④ 匡自明、黄润柏主编：《毛南族——广西环江县南昌屯调查》，340页，昆明，云南大学出版社，2004。

第一节 广西民族地区的学校教育

广西民族地区学校教育是广西民族地区教育的一个组成部分，是狭义的广西民族地区教育，是在广西民族地区学校进行的有目的、有计划的教育活动。这些教育活动的组织和开展需要专门的人员，专门的活动场所，需要具备一定的物质条件和掌握专门知识的人才，所以在过去，通常只有统治阶级才有这样的财力、物力和人力，教育作为社会资源被统治阶级所垄断就不奇怪了。在广西民族地区，历代以来，社会的大量财富掌握在汉族统治者和少数民族上层统治者手中，只有他们有受教育的特权，而广大下层人民是没有受教育的权利的。这种教育基本上是汉文化的教育，是儒家经典的教育，是精英文化的教育，传授的是修身、齐家、治国、平天下的知识，培养的是统治阶级的治术人才。新中国成立以后，中国共产党实行民族平等的政策，广西民族地区人民才能享受受教育的权利，广西民族地区的学校教育才有了巨大的发展。今天，在多元文化的社会历史背景下，学校教育面临诸多困惑，但是我们首先应该思考，广西民族地区学校教育怎样为民族地区未来的发展培养合格的建设者？为培养民族地区未来的建设者，广西民族地区学校教育要进行怎样的改革和创新？

一、广西民族地区学校教育历史概述

历史上，广西民族地区的学校教育内容是汉族文化，是广西少数民族接受汉文化教化的过程，是外来文化持续影响本民族原有文化的过程。历朝统治者为了加强对边远少数民族地区的统治，在武力镇压之后，往往实施汉文化的教育，加强对少数民族精神上的控制。从历朝历代广西少数民族风起云涌的反抗斗争来看，长达数千年的强制同化，并没有从根本上抹杀少数民族的传统文化，少数民族还在说自己的民族语言，还在过自己的传统节日，还是祭拜自己的祖先，创作和传诵自己的民族歌谣，少数民族的传统文化还是以自身的逻辑在不断发展变化。同时，汉文化也受到少数民族文化的影响，少数民族的文化中有汉文化的因素，汉文化中也融会了少数民族的文化元素。

广西民族地区的学校教育是在民族地区特殊的地理、经济、政治、文化条件下进行的，学校教育中汉文化的内容被学校少数民族传统文化所包围，少数民族学生只在学校中接触汉族文化，出了学校，他们又进入了少数民族传统文化的领域，按照民族传统的生活方式参与社会生活实践活动，这个时候，他们在学校学习的汉族文化大部分要被搁置，如果不是迫于外在的社会压力，少数民族欠缺学习汉族文化的动力。在唐朝以后的科举考试中，广西少数民族地区士子能考取功名的不多，主要就是因为这一原因。

在广西民族地区，兴办和管理学校的大部分是汉族官员，他们的办学，主要是为了维持一方的社会稳定，行使政府的行政职能，是外部动机，并非尊重少数民族的意愿，对他们进行有利于他们民族文化发展的教育，封建教育本质上是一种奴化的教育，是文化的殖民，对少数民族个体生命发展是不利的。但汉族文化的强势渗透，能够促进少数民族地区经济文化的发展，在一定程度上改变民族地区贫穷落后的面貌，这也是事实。从这一点来说，汉族官员的兴学，学校教育的发展，客观上对民族地区的社会发展是有益的。

（一）广西民族地区古代学校教育概述

广西少数民族大多只有语言，没有文字，广西民族地区古代学校教育的材料也只能从汉族史书中间接了解。据汉族史书记载，广西民族地区的学校教育可能始于西汉时期。可以佐证的只有两则史料：其一，赵佗自立为南越王后，一方面采用入乡随俗的策略，自称“蛮夷大长老”，椎髻箕踞，在日常生活中悉效南越人民，并主动亲近他们，实行“和辑百越”的民族政策，以争取岭南各族人民的支持。另一方面则不断地有计划地将中原地区的文化教育介绍到岭南地区来，“稍以诗礼化其民”①。其二，汉武帝平定南越后，很注意在交州开展教化活动，以教育岭南人民。据《三国志·吴志·薛综传》记载，薛综曾任合浦、交趾太守，在他上书孙权陈述应该如何治理交州这个边远州郡的策略问题时，曾提到汉武帝平定南越后，设九郡，置交州交趾刺史部以为管辖，但深感越民“习俗不齐，言语同异，重译乃通”，所以“颇徙中国罪人杂居其间，稍使学书，粗知言语，使驿往来，观见礼化”。

西晋时期，虽然由于政治不安定，社会动乱，地方教育不振，但也还有一些有识之士倡导或兴办地方学校，如虞琛、王沉、庾亮、谢石、范汪、杜预、羊祐等。

南朝时期，宋武帝永初年间（420—422 年），辅国将军杜慧度崇修学校。宋文帝元嘉初年（424 年），颜延之出任始安郡太守，在桂林期间，曾在独秀峰下建读书堂，在此读书创作，并经常到独秀峰下东面的岩洞读书，曾写下“未若独秀者，峨峨郛邑间”的著名诗句。他的这种勤奋学习的精神和事迹，成为历代桂林地方官员用以建学校、兴教化以治理地方的借鉴。南朝梁武帝天鉴四年（505 年），分遣博士、祭酒到州郡去立学，一些重要的地区如交州、荆州、晋平等均有兴学记载。两晋南朝时期，广西有兴学的记载，但比东汉三国少，虽记有兴学活动，却无具体情况，且时间也短暂。从兴学地域看，偏于汉族人口多的桂东南一带，桂西北少数民族聚居的地区还没有发现教育活动的记载。

隋代在广西开办官学的记载有两则。其一，隋开皇年间，朝廷

---

① 黎崱：《安南志略》。

派遣令狐熙为桂州总管，负责总管桂州十七州军事，他在任期间曾为下属县修建城邑，开办学校。① 其二，灌阳县学创办于隋炀帝大业十三年（617 年）。

唐代广西地区的官学有了较大的发展，据现存广西地方志记载，创办于唐初的有永福县学②、岑溪县学、柳州学、武缘县学（武鸣县），创于贞观年间的有容县学、博白县学、北流县学，创建于大历年间的有桂州学、象州学，创建于唐末的有古县学（今永福县境）。灵山县学也创建于唐代，具体时间不详。

宋代在今广西境内共设置府学、州学、县学 41 所，其中府学 2 所、州学 17 所，县学 22 所。从学校分布的情况看，与南朝、隋代一样，多数分布在东部地区，西部地区学校很少，特别是少数民族聚居的左右江流域和红水河流域学校更少。广西地区的书院始建于南宋，共有 10 所，以全州的清湘和桂林的宣成两所书院为著名。

元代广西少数民族聚居的思明路、太平路、四州路、镇安路、来安路以及这五路所属各大州、大县都未见设置地方儒学的记载。

明代广西共有官学 66 所。明代广西新办的学校绝大部分坐落在桂西和桂南少数民族聚居的地区，其中就有思恩县学（今环江县），“明万历三十六年（1608 年）思恩县知县杨天启创建学宫于城南门外。崇祯十七年（1644 年）毁于战事”③。明代以前广西土司地区没有设置过官学。明代才有个别开明土官申请在其辖区内开办官学，随着明清两代改土归流政权的建立而设立相应的府、州、县学，因为官学在当时要管教育行政，是流官政府的一个组成部分。明洪武三十年（1397 年）创立太平府学于府城（今崇左县境）。这是在广西土司地区设立的第一所官学。在此以前，广西左

① 《隋书·令狐熙传》

② 刘兴：《永福县志》。

③ 环江毛南族自治县地方志编撰委员会编：《环江毛南族自治县志》，9 页，南宁，广西人民出版社，2002。

右江地区虽然从唐宋以来已建立州县，但这些州县仍沿用土官世袭，还未建立官学。明正统十二年（1447 年），思恩府土知府岑瑛申请设置思恩府学，得到朝廷批准。这是广西由土官申请在他的辖区内建立的第一所官学。从明朝初年到万历三十六年（1608 年），明王朝在广西土司地区共设立府、州、县学 10 所，占当时广西全境州县学总数 66 所的 15%。

明代书院在广西境内地域分布有两个比较突出的特点：一是书院建制比较集中于广西的东部，西部很少；二是少数民族地区，即过去的羁縻地区或土司地区，已开始有书院建置。当时的府治所在的州县，除镇安府的天保县外，其余桂林、平乐、梧州、廉州、浔州、柳州、庆远、南宁、思恩、太平、思明等都已建制书院，遍及 29 个州县，但与当地 100 多个府州县建制相比，还是比较少的，特别是少数民族聚居地区书院建制很少。不过与前代相比，少数民族地区已开始有书院建制，却是广西地区书院发展的新现象。

明代广西社学的地域分布，从府一级看，处于少数民族地区的镇安府、思明府没有社学的记载，州县一级不立社学的也以少数民族地区为最多，如直辖州归顺、泗城等 9 个州仅 4 州有社学，庆远府（治所在宜山）仅有府社学，其所辖 4 州、5 县、3 长官司都未见有社学记载。

明代广西乡试，先后举行 88 科，共取中举人 5098 名（原属广东，现为广西钦州地区的举人合计在内）。其中，桂林府 2442 名，柳州府 556 名，庆远府 99 名，梧州府 713 名，太平府 74 名，南宁府 455 名，浔州府 249 名，平乐府 249 名，思恩府 163 名，廉州府 98 名，而镇安府、泗城州、思明府竟无一人。广西少数民族比较集中居住的庆远府、太平府、泗城州、镇安府、思明府、思恩府、田州，其土地约为广西的一半，而中试举人共计只有 336 名，仅占广西中举总数的 6.6% 弱。

清代道光年间全部恢复了明代广西原有的 66 所府、州、县学，还新建了镇安府学和泗城府学。此后雍正朝又新建儒学7所，乾隆朝再新建儒学2所，到嘉庆初年广西全省有府、州、县学77所。

清朝在广西土司地区除继续办理原有的官学外，随改土归流工作的进展，又在原土司地区陆续创办府、州、县学。广西原土司地区共设府、州、县学24所，占当时官学总数80所的30%。这些学校分别坐落在今扶绥、崇左、大新、宁明、百色、田阳、田东、德保、靖西、那坡、凌云、隆林、西林、忻城、河池、环江、东兰、上思18个县市。到清末为止，广西土司地区，还有现在的马山、天等、龙州、凭祥、合山、平果、乐业、田林、巴马、南丹、天峨、凤山12个县市所辖地区，由于各种原因一直未立官学。据环江县志记载："康熙二年（1663年）知县翁世庸建县学大成殿五间。"① 据东兰县志记载："光绪三十三年（1907年）在废科举兴学堂的影响下，本州筹建'东兰高等小学堂'，光绪三十四年秋开始招生入学。"②

清代在广西土司地区创办的39所书院，坐落在25个土府、州、县、峒、司地区。这些地区分别隶属于现在的武明县、凭祥市、扶绥县、崇左县、大新县、宁明县、天等县、龙州县、田阳县、靖西县、那坡县、德保县、田东县、凌云县、西林县、百色市、隆林县、东兰县、河池市等19个县市。从创办的时间看，光绪朝最多共创办16所，其次是乾隆朝，创办11所，雍正朝最少，只创办1所。光绪年间全国创办书院已近尾声，而广西土司地区正处在创办书院的高潮。清代广西全境共有书院223所，土司地区的书院只占全省书院的17%。

广西土司地区的社学主要建于明代，在38所社学中，建于明

① 环江毛南族自治县地方志编撰委员会编：《环江毛南族自治县志》，9页，南宁，广西人民出版社，2002。

② 东兰县志编撰委员会编：《东兰县志》，2页，南宁，广西人民出版社，1994。

代的有30所，建于清代的有6所，创建时间不详的2所。就地区来说，崇善县最多，有19所，占土司地区社学总数一半。这可能是由于崇善县改土归流最早，明王朝关于建立社学的谕旨容易贯彻执行。

广西土司地区的义学主要创办于清代，共42所，清代以前在广西土司地区未见创办义学。这些义学分布在26个土府、厅、州、县，约占清代广西土属总数的一半，还有一半土属尚未设立义学。土司地区的义学约占当时广西全省义学总数213所的1/5。

清末，在今广西境内共有中学堂16所，这些中学堂绝大部分分布在汉族地区，少数民族地区中学只有4所。光绪三十一年（1905年）四月，广西西林州人两广总督岑春煊，为开发桂西民智，造福家乡，令百色直隶厅负责筹建中学堂，次年五月校舍落成，命名为“泗色中学堂”，为泗城府与百色厅联办的一所中学堂。后来镇安府也参加联办，改名为“泗镇色中学堂”。这是广西少数民族地区最早成立的中学堂。据光绪三十四年统计，学生最多的桂林中学堂有210人，学生最少的太平府中学堂只有52人。[①]

从广西古代学校设置的情况看，广西少数民族地区官学绝大部分是从明代才开始设置的，书院、社学、义学、中学堂也大抵是在明代以后才创办起来，可见，广西少数民族地区的学校教育，历史短暂，规模不大，普及程度有限。

（二）广西民族地区近代学校教育概述

广西民族地区近代学校教育改革与全国大抵同步，但限于具体的历史条件和薄弱的经济基础，地区差异、个性还是比较明显的。

全国自1923年起实行新学制课程标准，但广西延至1924年下

---

① 杨新益、梁精华、赵纯心编著：《广西教育史》，2～293页，桂林，广西师范大学出版社，1997。

学期才由省长公署决定施行。1928 年，广西执行南京国民政府教育部颁布的小学标准课程，分三民主义、公民、国语、美术、历史、地理、卫生、自然、乐歌、体育、童子军、国画、手工等。

1924 年，广西省长公署曾颁布《广西省施行义务教育大纲》、《筹施广西省义务教育程序案》和《广西省推行义务教育标准》，提出推行义务教育的计划。但当时省内战乱，政局动荡，这些计划没有得到贯彻实行。

1924 年秋季，广西小学开始实行四二学制，即初级小学四年，高级小学两年。学生入学年龄，教育部规定 7～10 岁的儿童入初等小学，但广西许多儿童 10 岁以上才入学。公私小学教育实行聘任制，从社会上招聘知识青年。教员文化程度，有高等师范毕业、旧制师范毕业等，学历参差不齐。

1924 年，全省有中学 36 所，其中省立中学 16 所，县立中学 18 所，私立中学 2 所。1927 年，全省中学发展到 45 所，其中省立完全中学 6 所，省立初中 12 所，县立初中 24 所，私立初中 3 所。到 1930 年，全省中学发展到 51 所，其中省立完全中学 8 所，省立初中 9 所，县立初中 31 所，私立初中 3 所。1924 年，全省中学生只有 3025 人，1930 年增长为 15873 人，几年间增加 4 倍多。这个时期广西中学教育管理逐步正规化，从 1928 年起各校陆续建立校务会议、教务会议、训育会议、事务会议等制度。

1925 年后，新桂系当局规定小学可附设幼稚园，幼儿教育逐步开办起来。1925 年，桂林省立第二师范学校附设幼稚园 1 所。次年，梧州省立第一女子师范附设幼稚园 1 所。至 1930 年，全省幼稚园 4 所，教职员 9 人，在园幼儿 321 人。

1925 年后，新桂系提倡发展职业教育。邕宁、兴业、上林、玉林、北流、苍梧等县先后开办职业学校。

1926 年 4 月和 1928 年 6 月，广西省政府先后两次召开教育行政会议，对发展广西教育进行了讨论和部署，制定了《广西教育改进方案》，确定改进教育的原则，提出改进教育行政、学制、教育经费等方面的具体方案，公布了发展中小学、师范、职业学校的议案。

1926—1927 年，广西先后在桂林、梧州、南宁、柳州设立 4 所女子师范学校。1927 年，省政府公布《广西师范讲习所规程》，令各县设立师范讲习所，经费不足可数县联办，以造就初小师资。1928 年公布《广西省立师范学校组织大纲》，提出改善和加强师范教育的方法。1928 年底，广西有省立师范 7 所，县立师范学校、讲习所 40 余所。

1927 年 7 月，省教育厅厅长雷沛鸿进一步提出整顿全省县市乡立小学的规划，发展乡村小学教育。1925 年，全省小学 4925 所，学生 185438 人；1926 年，有小学 6192 所，学生 255436 人；1927 年，有小学 6360 所，学生 325565 人；1928 年，有小学 6952 所，学生 317560 人；1929 年，有小学 8893 所，学生 392137 人。几年间，全省小学生人数占全省人口数由 1.7% 增至 3.64% 。[①]

1933 年，广西国民基础教育普及运动由各级政府组织实施，动员各方面力量协力办学，使它成为规模宏大的有地方特色、有创新精神的群众办学的教育普及运动。1933 年度，全省村街国民基础学校 13736 所，中心国民基础学校 1101 所，入学儿童 658182 人，成人 47671 人。到 1938 年度，全省村街国民基础学校发展到 19699 所，中心国民基础学校发展到 2301 所，入学儿童 1638046 人。[②]

1934 年，广西省政府颁布《广西全省中等教育改造方案》，提出广西中等教育的“使命”。1936 年 2 月，广西省政府根据厅长雷

---

① 广西壮族自治区地方志编纂委员会编：《广西通志·教育志》：132 页，南宁，广西人民出版社，1995。

② 雷沛鸿：《六年来广西国民基础教育》，18～19 页，民团周刊社，1939。

沛鸿的倡议，颁布《广西国民中学办法大纲》，创办国民中学。这年，先后设立邕宁、苍梧、桂平 4 所县立国民中学。

1940 年，国民基础教育运动结束，当年全省中心国民基础学校和国民基础学校共 21571 所，基本上实现了每村街设一所国民基础学校，每乡镇设 1 所中心国民基础学校的计划目标。

1940 年 5 月，广西省政府根据教育部《国民教育实施纲要》，拟订《广西省普及国民教育五年计划大纲》。同年 9 月，修正并颁布了《广西国民基础学校办理通则》。五年计划大纲仍然继承前六年的指导原则和做法，继续推行国民基础教育。由于战争的影响尤其是 1944 年全省沦陷，五年计划的实施受到干扰和破坏，但它对广西普及教育仍有促进作用。1943 年，全省国民学校有 18302 所，在校学生 181 万多人。①

抗战初期，广西省政府对中学教育进行调整，全省划分为 11 个民团区，每区设 1 所省立中学（高中或初中），同时鼓励发展私立中学。1941 年，全省中学共 129 所，其中省立高中 2 所，省立完全中学 9 所，省立女子中学 3 所，省立初中 8 所；县立完全中学 4 所，县立初中 18 所；私立完全中学 8 所，私立初中 26 所；省立、县立、联合国民中学 51 所，1944 年广西沦陷前发展到 76 所。②

抗战时期广西教育发展是不平衡的，桂西边远山区仍然比较落后，有的县还没有中学。大多数县的小学入学率还比较低，1942 年省教育厅的一份报告统计显示，一些县适龄儿童入学率仅占 30%。师资水平普遍较低，1940 年全省小学教职员高小毕业的占总数的 36.43%，无学历凭证的占 7.66%。尤其是少数民族山区小学，几乎都是高小毕业或肄业者充任教师。1941 年，全省小学教

① 广西教育委员会史志办公室编：《广西教育史志》，1992（4），4 页。

② 广西教育委员会史志办公室编：《广西教育史志》，1992（6），5~130 页。

师有86%学历不合格。[①]

据《柳州地区教育志》记载，中华民国成立后，执行新的教育宗旨，改学堂为学校，初等教育阶段废除读经讲经课，男女学生可以同校，学校的规章制度也有一些革新。民国初年，一些县及乡镇建有小学，部分县联合办县立小学，8个县联合办中学（先称八县合立中学，后改为广西省立第四中学）。

1928年，融县少数民族山区创办初级小学11所；1932年，今金秀县开办“化瑶小学”，结束了这些区域内少数民族无学校的历史。1933年，省政府公布《广西特种教育实施方案》，规定：“苗瑶教育所需经费，由政府核定拨支。”融县、三江、金秀、忻城等县均获一些特种教育经费。1934年后，除忻城外，各县基本做到每个乡镇设一所中心国民基础学校，每个村街设一所国民基础学校。抗战时期，柳州地区中小学所数及学生在校人数大幅度下降，教育事业元气大伤。[②]

近代广西民族地区教育最值得注意的是国民基础教育普及运动和特种教育政策。国民基础教育运动把教育普及到包括少数民族聚居的乡镇、村街；特种教育政策则通过为少数民族培训师资、提供政府经费的支持，在民族聚居区设立学校，进行汉族文化教育。广西省政府以“建设广西，复兴中国”为号令，开展的声势浩大的国民基础教育运动使当时广西的国民基础教育走在全国前列，特别是面向少数民族的特种教育，对开发民智、提高少数民族的文化素质是有意义的。

---

① 钟文典主编：《广西通史》，第3卷，121～436页，南宁，广西人民出版社，1999。

② 柳州地区教育志编撰委员会编：《柳州地区教育志》，1页，2000。

（三）广西民族地区当代学校教育概述

新桂系的国民基础教育运动和特种教育政策促进了汉文化的普及，但由于抗战的影响，已开办的学校兴废无常，并没有从根本上改变少数民族政治、经济、文化落后的面貌，到中华人民共和国成立的1949年，广西民族地区的少数民族文盲、半文盲人口还占90%以上，一些边远山区少数民族县、乡连一个中学生也没有。

1. 广西少数民族地区学校和在校学生大幅增长

1949年以后，广西在少数民族居住比较集中、交通条件相对便利的地方，在乡、镇、村所在地或居住比较集中的自然村屯设立中心小学，边远的自然村开办教学点。到1990年，少数民族地区实现了每个行政村和比较大的村屯有完小，边远村屯有教学点，除少数新分乡外，每个乡（镇）都办有初中，每县至少有一所高完中。1998年，全区独立建制的民族学校共166所，其中民族小学102所，民族中学39所，民族普通中专22所（其中民族中等师范学校10所），民族高等学校3所。小学少数民族在校生从1950年的11.58万人发展到1998年的217.94万人，增加了206.36万人，增长了18倍；普通中学在校少数民族学生从1950年的8257人发展到1998年的107.60万人，增加了106.77万人，增长了129倍；职业技术中学在校少数民族学生从1981年的3322人发展到1998年的2.03万人，增加了1.70万人，增长了5倍；普通中等专业学校少数民族在校学生从1950年的212人发展到1998年的5.94万人，增加了5.92万人，增长了279倍；普通高等学校少数民族在校生从1950年的30人左右发展到1998年的2.42万人，增加了2.41万人，增长了805倍。

2. 广西民族地区少数民族专任教师增长很快

1951—1953年，广西省人民政府在少数民族聚居地区举办师范班，招收高小或初中毕业的社会青年、退伍军人，学习1~2年后，分配到边远乡村小学任教。1984 年，自治区人民政府决定，每年从高考落选的少数民族考生中择优录取 2000 名到中等师范学校培训一年后，分配到民族地区任教。实行定向招生、定向分配政策，保证师范院校民族地区生源返回民族地区任教。1978 年以来，49 个老少边山穷县先后有 3 万多名民办教师转为公办教师。小学少数民族专任教师从 1950 年的 415 人发展到 1998 年的 7. 397 万人，增长了 177 倍；普通中学专任教师从 1950 年的 90 人发展到 1984 年 4. 13 万人，增长了 458 倍；职业技术中学少数民族专任教师从 1981 年的 306 人发展到 1998 年的 0. 196 万人，增长了 5 倍；中等专业技术学校少数民族专任教师从 1950 年的 15 人发展到 1998 年的 0. 212 万人，增长了 140 倍；普通高等学校少数民族专任教师从 1950 年的 2 人发展到 1998 年的 0. 165 万人，增长了 824 倍。

3. 广西少数民族教育获得政府经费支持

1955 年，广西教育厅召开少数民族教育座谈会，专门研究少数民族教育补助费及其使用问题，强调对苗、瑶、侗等少数民族要予以特别照顾，保证这些民族的教育事业尽快发展。从 1983 年起，自治区把中央每年拨给广西的普及基础教育基建补助专款及自治区财政每年划拨的配套经费全部用于 49 个老少边山穷县的小学、初中校舍建设。

4. 广西少数民族地区开始举办少数民族班

广西举办民族班始于 20 世纪 50 年代，1956 年，都安县在 3 所中学开设民族班，招收少数民族学生 168 人。从 1980 年开始，自治区每年拨出专款，先后在 24 个县及 9 所地区高中举办寄宿制中、小学民族班，招收边远山区少数民族农业人口考生。

5. 开始用壮文进行扫盲和教学

20 世纪五六十年代壮文主要用于扫盲，“文化大革命”期间停办。1980 年，自治区政府决定恢复推行使用壮文，1981 年开始在壮族聚居地区部分中小学进行壮、汉双语教学实验，同时继续用壮文进行扫盲。1990 年，自治区政府对壮文进校实验进行调整，从原来的 45 个县调整到 23 个县，并确定了“积极、稳步”的方针。壮文进校以进小学为主，根据“以壮为主，壮汉结合，以壮促汉，壮汉兼通”的教学原则开展双语教学活动。①

1950 年以后，特别是 1978 年以后，广西少数民族教育获得大发展，缩短了广西少数民族地区教育与非民族地区教育的差距，提高了少数民族地区学生的文化水平，为民族地区经济发展培养了不少人才。

二、当代广西民族地区各类学校教育概述

新中国成立以后，广西民族地区各类学校逐步建立和完善，形成完整的基础教育系统，为广西少数民族地区培养有文化的建设者和民族文化的传承者。

（一）广西民族地区的幼儿教育

广西民族地区的幼儿教育没有单独的记载。鉴于广西少数民族和汉族大散居、小聚居的居住格局，广西民族地区和非民族地区并没有明显的分界线。事实上，广西幼儿教育本身也包含了广西民族地区的幼儿教育，这里根据掌握的一些材料，对 1950 年后广西的幼儿教育作简单的介绍。

1950 年，广西有 31 所幼儿园，入园人数 2024 人。到 1984 年，广西有 2506 所幼儿园，在园幼儿 35.39 万人，增长 173.8 倍。据广西教育事业数据分析统计，2005 年、2006 年、2007 年，广西幼

① 慕朝京、林少棉：《广西少数民族教育 50 年辉煌成就》，载《中国民族教育》，1994（4）。

儿园在园人数分别为 887810 人、1007489 人、1023400 人。[1]

新中国成立初期，广西各地接管了公立、私立和教会办的幼稚园并进行了改革，招收工农子女入园，废除幼儿园招生测试制度，采取登记与审查相结合的办法，优先录取家中无人照顾孩子的劳动人民子女。

1952 年，广西有幼儿园 100 所，在园幼儿 6692 人。1956 年，广西有幼儿园 1391 所，在园幼儿 65100 人。1965 年，广西有幼儿园 599 所，在园幼儿 55383 人。1958 年，在“大跃进”的影响下，幼儿园、托儿所一哄而起，盲目发展，幼儿园增加到 18218 所，在园幼儿 971055 人。发展过快，导致师资无法解决。1962 年，只剩下 577 所幼儿园，在园幼儿 47627 人。这一时期的幼儿教育活动，受到“左”倾错误思想的影响，严重脱离幼儿实际，大搞“教学速成”、“知识灌输”等“一条龙”教学，增加识字、拼音、计算教学的分量。

“文化大革命”期间，广西许多幼儿园停办，校舍被占用，设备被破坏，儿童玩具散失。广西唯一的幼儿师范学校——南宁幼儿师范停办。在教育内容上，不顾幼儿年龄特点，搞“天天背”，背语录，唱样板戏，体育活动则是军体训练。

党的十一届三中全会后，广西的幼儿教育得以恢复发展。城镇机关、工厂、事业单位、街道、农村都办了幼儿园。1984 年，全区有 2506 所城乡幼儿园，其中乡村幼儿园就有 1419 所，占 56.6%。广西幼儿教育重视幼儿体、智、德、美全面发展，重视幼儿智力的早期开发，教育质量有所提高；把体育放在第一位，恢复幼儿在园食谱，注意幼儿基本动作的发展。改革教学形式和方法，注意兴趣性和直观性，使游戏成为幼儿生活的基本活动。组织幼儿

---

① 广西教育厅教育数据分析中心：《2002—2008 广西教育事业数据分析》，2 页，桂林，广西师范大学出版社，2009。

一日生活时，注意在“活”字上下功夫。加强“五爱”教育，注意对独生子女的教育。注意美化幼儿园环境。①

从以上资料可以看出，广西民族地区的幼儿教育在新中国成立初期开始创建，50年代有所发展，“文化大革命”期间遭到破坏，党的十一届三中全会后发展比较规范，数量有所增加。

（二）广西民族地区的小学教育

1950年，广西有小学13248所，在校学生489960人，少数民族学生115880人，教职工37552人，少数民族教职工415人。1978年，广西有小学13448所，在校学生5116891人，少数民族学生1987531人，教职工207158人，少数民族教职工85249人。1985年，广西有小学14875所，在校学生5314500人，少数民族学生2122710人，教职工238271人，少数民族教职工96515人。据有关资料，2005年、2006年、2007年，广西小学教育在校学生数分别为4527900人、4601200人、4524800人。②

新中国成立初期，广西接办了旧有小学，在教育内容和教育方法上进行了初步改革，强调学校为工农开门。随着清匪反霸和土地改革的进行，农村小学教育有了发展。接着又提出“重视少数民族教育工作”的方针，重点发展山区壮、苗、瑶、侗等民族教育。为了加强领导，创造经验，确定以大苗山苗族自治县（今融水苗族自治县）为重点县，该县的林洞小学为重点校。各专署在所属县确立各自的重点县校。以后陆续对民族地区小学的布局设点、师生编制比例、教材使用、提高教师水平、派优秀教师到民族地区任教以及民族教育补助费使用等问题，采取了一系列措施，加强民族

---

① 广西壮族自治区教育学会：《当代广西教育》，载《广西教育学会通讯》，1988年增刊。

② 广西教育厅教育数据分析中心：《2002—2008广西教育事业数据分析》，2页，桂林，广西师范大学出版社，2009。

教育。

1953 年，中共广西省委决定对全省小学采取先点后面、先汉族地区后民族地区的原则分两批在两年内进行整顿。到 1956 年，全省特别是民族地区小学教育有了很大的发展，民族学生达 1008953 人，占学生总数的 38.6%，比 1950 年的 115880 人增加 7.7 倍。

1957 年，全省确定以提高质量为教育工作的中心任务，重点抓城市小学、农村高完小、民族地区的重点小学，收到了良好效果。

1958 年，在“大跃进”的形势下，小学入学率达到 96%，超越了当时生产力的发展水平，也超越了教育事业本身的发展条件。学校的正常教学秩序受到破坏。加上三年国民经济困难时期，小学在校生人数和教学质量逐年下降。

1961 年开始，根据中央“整顿、巩固、充实、提高”的方针，对小学教育进行了整顿，对学制改革实验也做了规定。

1962 年以后，先后试行自治区制定的重点小学暂行工作条例（草案）和教育部制定的《全日制小学暂行工作条例（草案）》，明确小学教育的任务和培养目标，全面安排教学、劳动和生活，确立以教学为主的正常秩序，开展教育研究活动。先后在博白、都安、东兰 3 个县进行试点，探索在丘陵及老、少、山区改进全日制小学和发展耕读小学的经验。在 3 个县实践经验的推动下，发展很快。1965 年 6 月统计，全区耕读小学 2.7 万多所（班），学生 40 余万人，对苗、瑶、侗和一些壮族地区提出小学以公办为主；在少数民族聚居、不懂或懂汉语不多的地区小学开设预备班，提高学生的学习质量。到 1965 年，全区小学不仅在校学生人数有较大发展，教育质量也有明显提高。

“文化大革命”中，全区小学先后被迫停课。在农村，贫管会（组）管理学校。1968 年 11 月，《人民日报》发表“侯王建议”后，广西农村公办小学下放大队办的占 76%。在“读初中不出大队，读高中不出公社”的口号下，盲目发展中学。小学戴帽办初中，挤占小学校舍、设备，把小学的大批教学骨干提拔到初中任教，然后增加大量民办教师。1976年，全区民办小学教工占小学教职工总数的60.9%。

党的十一届三中全会以后，首先把小学附设初中班从10841处减少到2238处，后来是1105处。大批原来小学的领导和骨干教师从初中回到小学。其次调整学校的布局设点。再办重点小学和中心校，每个县、市办有2~3所重点小学，每个乡（镇）办有1所中心校。各县、市普及初等教育的时间，允许有先有后。入学率、巩固率、普及率按部颁要求，毕业率则从不同地区实际出发，分类要求。办学形式不拘一格，全日制小学五年、六年并存，农村可以高、低年级分段，有单式班，还有复式班，还办有各种形式的简易小学，实行不同的教学计划和教材要求。

1984年，自治区用于老、少、边、山、穷地区新建小学校舍专项经费1100万元。在边远山区办有寄宿制高小班，在特别困难的地区免收学生学、杂费，补助课本费。有的民办教师的工资改由国家负担。儿童入学年龄放宽到8周岁。在壮族聚居地区试行壮文教学。1983年起增加师范教育投资，并逐步实行定向招生，解决老、少、边、山、穷地区师资缺乏的问题。

新中国成立以后广西小学教育获得了大发展，但由于历史和地理条件的原因，广西民族地区的小学教育仍然存在一些问题，小学教育发展不平衡，部分县的入学率、巩固率、普及率、毕业率还相当低。教师队伍的素质不高，培训条件不能适应社会发展的要求。特别是老、少、边、穷地区，教学质量偏低，办学条件差，地方财力有限，筹集经费困难。①

① 广西壮族自治区教育学会：《当代广西教育》，载《广西教育学会通讯》，1988年增刊。

（三）广西民族地区的普通中学教育

1950 年，广西有中学 159 所，中学生 37915 人。到 1984 年，广西有普通中学 2658 所，学生 111.48 万人。[①] 2004 年、2005 年、2006 年、2007 年广西普通初中在校生人数分别为：2410467 人、2339138 人、2290412 人、2219760 人；在校普通高中生人数分别为：651494 人、699644 人、739666 人、754690 人。[②] 新中国成立以后，广西的普通中学教育发展较快，经历了曲折的发展过程。

1952 年，广西对旧中学进行了根本性的改革，整顿了教师队伍，学校向劳动人民子女敞开了大门，全区普通中学生达 75580 人，比新中国成立前的最高年份 1946 年的 62515 人，增长了 20.89%。1953 年以后，学习苏联教育理论和教育经验，开展教学改革，中学教育质量有明显提高。在 1956 年以前，广西对苏联教育经验的学习存在生搬硬套的问题，在提高教育质量方面，存在急躁情绪，造成师生的工作、学习过度紧张。而对老解放区的教育经验学习、推广不够，对中国历史上行之有效的教育经验否定过多。

1957 年，广西学习和贯彻毛泽东同志提出的教育方针，加强学生的思想工作。1958 年，贯彻“教育为无产阶级政治服务，教育与生产劳动相结合”的方针，取得了一定的成绩。但是师生参加社会活动和生产劳动过多，学校教学秩序受到破坏；在教学上又不切实际地提出“略外详中重本地，厚今薄古看明天”等口号，大砍基础知识基本技能的教学，导致教学质量一度下降；在教育事业的发展上，受“大跃进”的影响，中学盲目发展，在中学里大搞“比干劲”、“争上游”，助长了浮夸风；在政治上，进行“反右

① 广西壮族自治区教育学会：《当代广西教育》，载《广西教育学会通讯》，1988 年增刊。

② 广西教育厅教育数据分析中心：《2002—2008 广西教育事业数据分析》，3～4 页，桂林，广西师范大学出版社，2009。

倾”斗争，使中学教师受到打击。

1959年贯彻“整顿巩固、提高质量、适当发展”的方针，纠正中学教育的混乱现象。1960年，为提高教育质量，广西教育厅在2月制定了《中学学生学业成绩考查评定试行办法》等7项规章制度，在《广西日报》连续发表关于提高中学教育质量的7篇社论，并在桂林召开提高中学教育质量工作会议。但在当时“反右倾”的形势下，广西提出“加速赶上全国的先进水平”的口号，对教学提出了过高过急的要求。

1963年4月，教育厅召开高完中会议，学习中共中央批转的《全日制中学暂行工作条例（草案)》，并就建立以教学为主的学校工作秩序，加强思想政治工作，改进语文、数学、外语等科教学问题进行研究，制定了相应的措施，教育质量迅速得以提高。

1964年，刘少奇同志到广西，作了《关于两种劳动制度和两种教育制度》的报告，广西各地认真贯彻，大办农业中学、半工半读学校，使全区的中学教育结构趋于合理。

1965年，广西教育厅大力贯彻毛泽东同志的《七三指示》，制发了《减轻学生负担，增进健康，提高教育质量的十项规定》，并派人员到南宁四中、百色初中等校贯彻《七三指示》，进行教育改革试验。

1966—1976年，广西的普通中学教育遭受了一场浩劫。学校领导、教师受到摧残，正常的教学秩序被打乱，文化课教学被忽视，教学质量明显下降。在“读高中不出公社，读初中不出大队”等错误口号的指导下，普通中学教育盲目发展。1976年，全区普通中学发展到2159所，另有小学附设初中班11059处，中学生达209.98万人。

党的十一届三中全会以后，广西普通中学努力清除“左”的影响，走上健康发展的道路。1978年4月，自治区决定178所中学为区、地（市）县三级重点中学，后来几经调整，1984年有重点中学101所。在首批办好的重点中学中，有少数民族聚居地区的柳州地区高中、百色高中、河池地区高中。

1979年10月，在岑溪县召开全区农村普通教育调整工作座谈会，提出“压缩高中，调整初中，发展农中，加强小学”的方针。会后经过一年多的调整，到1981年底，全区高完中由1976年的1512所压缩到600所，初中由1976年的647所增加到1850所。1982年11月，自治区在玉林召开会议，决定在继续压缩高中的同时，发展大队联办的初中，并有步骤地撤销小学附设初中班。

1980年11月，在百色高中、河池地区高中、柳州地区高中、桂林地区高中、武鸣高中开始附设民族高中班，学制为4年。都安瑶族自治县办有1所以招收瑶族学生为主的民族中学，融水苗族自治县中学附设有民族高中、初中班，龙胜、三江、巴马、金秀等民族自治县的重点中学也附设有民族初中班。为了帮助民族自治县办好中学，自治区于1982年决定南宁二中、南宁三中、桂林中学、广西师范大学附中、柳州高中、梧州高中6所重点中学分别同巴马一中、隆林中学、龙胜中学、三江中学、融水中学、富川中学挂钩，在教育思想、学校管理、教学研究等方面给予帮助和支持。

从1980年秋开始，柳州市二中、柳铁一中、柳州地区师范附中、贺县二中、南宁二中、南宁三中、广西师大附中先后进行了自学辅导实验。从1981年开始，广西教育学院编印《初中语文读写训练实验教材》，并在全区315个班进行试教，取得良好成绩。从1982年开始，南宁三中、桂林中学、贵县贵城一中、河池市第二中学试教人民教育出版社编印的六年制重点中学初中语文教材，语文教学质量得到较快提高。

广西普通中学教育的发展道路是曲折的，方向是向前的，能够紧跟时代发展的步伐，但是也还存在一些问题，如办学条件比较差，初中教育发展比较慢，教育教学改革不够活跃，教育质量提高不快，没有把地域文化作为学校的课程资源等。

三、广西民族地区学校教育的特点

从历史记载看，广西自秦汉到魏晋南北朝时期已经存在私学。隋唐时期，官学也已建立起来，官学与私学并行发展。宋代广西的郡县学比前代显著增加，南宋时期广西还建立了10所书院。元代，广西只新建了两处县学。明清时代，广西的州县学和书院及社学、义学都大大增加，从汉人居住较多的桂北、桂东南、桂南一带，向少数民族聚居的桂西一带逐步推广。广西少数民族地区学校教育大的发展是在明清以后，统治者为了推行“改土归流”政策，需要培养一些服务于封建王朝的封建统治者，所以相继在许多边远地区兴建了州县学、书院和义学。广西古代的学校教育比中原各省发展较晚、起点较低、困难较大。①

近代以来，广西废除了封建科举制度，建立了为数甚多的学堂，初步形成了一个由小学到大学，包括职业教育在内的教育体系。民国时期旧桂系、新桂系军阀都比较重视教育，在新桂系李、白、黄统治广西期间，广西教育在全国也是独树一帜，他们提出“建设广西，复兴中国”的目标，全面开展国民教育运动。对少数民族采取剿抚兼施的政策，创办特种教育，“在各县特族区域成立基础学校六百余所，在省会成立特种师资训练所一所，选取特族子弟入所就学，积极开化特族，以期达到同化合作之地步”②。

新中国成立以后，广西教育经历了新中国成立初期的接管、改造旧学校阶段；1958—1966年的教育革命、教育大发展阶段；1966—1976年，停课闹革命阶段；1977—1984年的清除“四人

---

① 李彦福、黄启文、莫雁诗、莫风欣、麦群忠、陈永祚编：《广西教育史料·广西古代教育（王元湖）》，83～97页，南宁，广西人民出版社，1990。

② 李彦福、黄启文、莫雁诗、莫风欣、麦群忠、陈永祚编：《广西教育史料·特种教育（刘介）》，577页，南宁，广西人民出版社，1990。

帮”流毒，教育获得生机的阶段；[①] 1984—1998 年基本实现“两基”目标，基本实现城乡免费义务教育阶段；1998—2011 年，“民族教育得到优先扶持，各级各类学校少数民族在校生比例不断提高；家庭经济困难学生资助体系逐步完善，教育公平迈出重大步伐；教师队伍建设显著加强，整体素质明显提高；教育对外开放不断扩大，面向东盟国家的教育国际交流合作取得积极进展”[②]。

从广西民族地区学校教育的历史来看，广西少数民族学校教育的内容，大抵上与非民族地区是一致的，学校教育的管理、教学方法的改革基本上也是沿袭非民族地区的惯例，能够根据少数民族地区地域文化的特点，从少数民族自身的条件和利益出发，进行适合于本民族心理健康发展的学校教育，在历史上并不多见。常见的情况是，历朝统治者为了巩固其统治地位，派官员或利用土官对少数民族进行教化，用汉族的封建文化教化广西少数民族人民，使其臣服于汉族统治者。封建教育的出发点和目的几乎都是为了统治阶级利益的需要。当然，学校的开设、教育的普及和推广，在客观上，对民族地区的经济、文化发展也起到很大的促进作用。

广西民族地区的学校教育在教学内容上，在与非少数民族地区学校基本保持一致的前提下，由于地域文化和地方经济发展条件的制约，也表现出一些地方特色。

第一，广西少数民族地区的学校教育发展晚于非民族地区。

广西的学校教育可能是起于西汉时期，广西少数民族聚居地区的学校教育更晚，可能在明代以后，相比中原汉族地区的学校教育，广西少数民族地区的学校教育起步较晚。在古代，交通不发达，广西又远离汉族的政治、经济、文化中心，尽管历朝统治者出

---

① 广西壮族自治区教育学会：《当代广西教育》，载《广西教育学会通讯》，1988 年增刊。

② 《广西壮族自治区中长期教育改革和发展规划纲要（2010—2020 年）》，载《广西日报》，2011 年 3 月 9 日。

于扩张领土、加强中央集权统治的需要，派遣官员到广西民族地区推行教化，有些官员不辱使命，为广西学校教育的发展作出了杰出的贡献，在整个广西境内，尤其是边远的少数民族聚居山区，其影响仍是十分有限的。

封建统治者对少数民族地区进行羁縻统治，不重视广西少数民族地区的文化教育，偶尔的安抚和教化并不长久，也没有系统的、延续性的文化教育措施，因此，古代广西少数民族地区的学校教育不仅起步晚，而且发展十分缓慢。如三江县小学始办于 1908 年，初中始办于 1932 年；都安小学始办于 1909 年，初中始办于 1923 年；罗城小学始办于 1921 年，初中始办于 1937 年。在隆林县，全县 12 个乡、126 个村街，只有 2 所高等小学，27 所初等小学。1942 年创办 1 所初中，当年即停办。1946 年开办 1 所初中，但到 1948 年秋又停办了，新中国成立前夕没有 1 所中学。①

第二，广西少数民族地区学校教育起点低于非民族地区。

古代、近代以来，广西少数民族地区生产力水平低下，经济、文化、教育发展比较落后，学校教育的起点较低。在新中国成立前，广西少数民族地区文盲、半文盲占总人口的 90%。广西各少数民族大多有语言，没有文字，没有正规的学校教育，有条件接受教育的人口很少，学校教育发展的基础非常薄弱。“金秀县直至解放时只有 19 所国民基础学校，270 名小学生，中等学校根本没有。在巴马县瑶族聚居的西山、东山两个乡，在国民党统治时期，1 所学校也没有。在防城县，至解放时在京族人口中，有小学文化的 179 人，只占本民族人口的 5.4%，有初中、高中文化程度的各 1 人。南丹县白裤瑶，解放前该族人民过着原始生活，靠结绳记事、刻木记数，至 1949 年，全族只有 4 人读过特种师范速成班，小学

---

① 广西壮族自治区教育学会：《当代广西教育》，载《广西教育学会通讯》，1988 年增刊。

生40余人都未读完小学6年，未能脱盲，教育可算是个空白。在百色县的六能瑶寨，更是一个文盲充斥的用玉米记数的落后山村。”[①]

中华人民共和国成立以后，中共广西省委和省政府根据少数民族人民的意愿，采取了有力的措施发展民族教育事业。广西省政府教育厅成立民族教育科，加强民族教育工作的领导。召开少数民族教育工作会议和少数民族教育座谈会，总结办好民族教育的经验，研究分期分批发展少数民族教育。培养民族师资。根据少数民族地区的特点采取机动灵活的措施，促进少数民族教育的发展。拨专款、扶持少数民族教育等。[②] 这些措施有力地促进了广西少数民族地区学校教育的发展，有效缩短了广西少数民族地区和非民族地区学校教育发展的距离。改革开放以来，中共广西区委、区人民政府和各级党政部门针对少数民族地区经济不发达、教育落后、人才缺乏、居住分散、交通不便等情况，在落实各项政策、发展民族经济的同时，采取了特殊政策与灵活措施发展民族教育。1979年10月，区教卫办根据民族地区师资条件和具体办学条件，提出“压缩高中，调整初中，发展农中，加强小学”的具体意见，取得了显著效果。少数民族地区的小学，有全日制的，也有半日制的，有隔日制也有轮读制，有早、中、晚班，也有送字、送教、巡回跑教班，有走读制，也有寄宿制等，办学形式灵活，加快了基础教育发展的步伐。举办民族班，实行免费入学，补助生活费，提高民族教育水平。加强民族师资培养。对口支援民族自治县重点中学。增加

---

① 广西壮族自治区教育学会：《当代广西教育》，载《广西教育学会通讯》，1988年增刊。

② 广西壮族自治区教育学会：《当代广西教育》，载《广西教育学会通讯》，1988年增刊。

教育投资，扶持民族教育。①

尽管在每一个重要的发展阶段，教育部、中共广西区委、区政府都采取了切实有力的措施促进少数民族地区文化教育的发展，广西少数民族地区的学校教育也获得了前所未有的巨大发展，但是由于广西民族地区的学校教育起点低，与同期的非民族地区学校教育发展的差距仍然很大。“主要表现为：1. 小学的入学率、巩固率、毕业率低。1983 年秋统计，全区学龄儿童入学率为 94.6%，在校学生年巩固率为 91.6%，毕业班学生毕业率为 57.3%。少数民族地区远低于全区平均水平，河池地区的‘三率’分别为 90%、88%、26%。2. 中学教育底子薄，教学质量低，少数民族学生上大学的少。1982 年统计，全区每万人口有在校初中生 246 人、高中生 54 人，比全国平均水平分别少 141 人、10 人；当时 8 个民族自治县每万人口只有初中生 175 人、高中生 36 人。在小学教育未普及、中学毕业生少，中小学教育质量低的情况下，少数民族学生能升大学深造的更少。近几年来虽然采取了一些照顾措施，少数民族学生能升大学的比例由 1978 年的 17.7% 提高到 1983 年的 26.3%，但在高等学校在校学生中，少数民族学生也只占 25.8%。1983 年是恢复高考制度以来录取少数民族学生比例最高的一年，但学生比例与人口比例也很不相适应，其中壮族新生比人口的比例低 11.1%，瑶族、苗族、侗族的新生比例只相当于人口比例的一半左右。3. 中小学师资水平低，结构不合理。从学历、实际文化水平和教学能力看，全区中小学师资达到国家要求的都比较少。由于目前师范教育没有应有的地位，中学毕业的优等生很少报考师范院校，因此师资来源和质量没有保证，造成了恶性循环。据 1983 年秋全区统计，学历达到国家要求的小学教师为 58.24%、初中教

① 广西壮族自治区教育学会：《当代广西教育》，载《广西教育学会通讯》，1988 年增刊。

师为 21.47%、高中教师为 41.77%，而实际业务水平达到胜任要求的还要小得多。据壮族聚居的南宁地区统计，在业务考核中，小学教师胜任教学的占 24.2%、基本胜任的占 55%、教学困难较大的占 15%、不宜任教的占 5.7%。中学教师教学能力，据宜山、靖西、马山、上思、西林、金秀、都安、防城 8 个县的 8 所重点中学统计，胜任教学的占 38.1%、基本胜任教学的占 49.8%、教学困难较大的占 12.1%。"①

为了进一步缩短广西少数民族地区学校教育与非民族地区学校教育的差距，《广西中长期教育改革发展规划纲要（2010—2020）》中把"民族教育特色建设工程"列为教育改革发展的重点工程，"加强民族乡寄宿制学校建设，改扩建学生宿舍，修建学生食堂及配套设施，改善民族地区农村学校寄宿条件。完善民族团结教育课程体系建设，加强壮汉双语教育。对接国家支持民族院校建设，扶持民族预科教育基地建设，加大民族院校特色学科建设，重点建设少数民族语言文学、民族学、少数民族体育学等学科。大力发展民族特色教育，促进民族教育加快发展"②。从改善民族地区农村学校寄宿条件、完善课程体系建设、加大特色学科建设等方面促进少数民族学校的快速发展。

第三，广西少数民族地区学校教育发展困难比较大。

广西少数民族地区学校教育发展的历史不长，积累的经验不多，再加上各种内外因素的影响，学校教育改革发展举步维艰，困难比较大。

困难之一是少数民族地区地处边远山区，地理环境复杂，居住分散，交通不便，影响小学教育的布局设点、办学形式、师生编比。

① 梁全进：《广西少数民族教育特点初探》，载《学术论坛》，1984（4）。

② 《广西壮族自治区中长期教育改革和发展规划纲要（2010—2020 年）》，载《广西日报》，2011 年 3 月 9 日。

困难之二是少数民族地区物质生产水平低，经济基础薄弱，地方财政收入少，教育投资能力小，办学条件差。

困难之三是少数民族地区的资源优势没有转化为经济发展优势，少数民族人口高素质比例偏小，人才奇缺，理论队伍、科技队伍、管理队伍成长慢，影响了民族地区特有的各种资源的开发利用，不能为民族地区的学校教育提供足够的硬件设施，影响了民族地区学校的现代化发展。

困难之四是少数民族地域文化的价值和意义没有得到少数民族群众的重视，在广西民族地区学校三级课程管理体系中，国家课程一枝独秀，地方课程和校本课程因为缺乏开发的人力和物力资源，没有相应的考试评价体系，处于弱势地位，不利于全面提高广西少数民族地区的文化水平，传承少数民族的优秀文化，体现广西少数民族教育特色。

困难之五是少数民族接受以汉语为中心的学校教育需要跨越民族语言与汉语转化的鸿沟。在少数民族聚居的地区，通行的还是少数民族的语言，儿童习得的第一语言是少数民族语言，进入学校的汉语教学环境，需要付出比第一语言为汉语的非民族地区的学生更多的精力和时间，才能在以汉语为中心的学校评价体系中取得好的成绩，这常常是少数民族地区学困生产生的重要原因，但这些重要原因经常被教师和学生忽略。

困难之六是少数民族学生的心理特点常常使其在以汉语为中心的学校教育环境中遇到障碍。少数民族居住的地理环境特点决定了他们与外界的接触比较少，因而在面对学校里相对复杂的人际关系环境时，他们的自然反应是退缩和沉默，又因为他们的经济条件往往又处于劣势，自尊心受到打击，学校的生活事实上可能并没有给予他们多少乐趣和信心，少数民族地区教育“三率”不高，这是一个内在因素。

总之，新中国成立以后，广西民族地区各类学校教育逐渐普及，获得了历史上少见的辉煌成就。广西少数民族地区学校教育尽管还有不少困难，只要我们面对现实，充分利用现有基础条件，尽量挖掘少数民族地区学校教育的潜力，致力于发展有本地区本民族鲜明特色的学校教育，民族地区学校的教育改革发展前景还是很广阔的。

第二节　广西民族地区的教育环境

教育环境是教育活动涉及的自然和社会因素所构成的环境，包括教学场所环境、图书资料环境、教学设备环境、受教育者的生活环境等构成的硬件环境和教师资源环境、教学管理环境、教育文化环境等构成的软件环境。教育环境的优劣对于受教育者的成长有着直接影响，教育环境的差异是教育发展不均衡的主要原因之一。①

广西民族地区教育环境是指广西民族地区学校教育的自然和社会环境。广西民族地区的学校坐落于广西民族地区的自然环境中，自然地理环境和自然生态系统给学校教育提供了最基本的物质基础，同时也包含了制约学校教育发展的物质条件。广西民族地区的学校教育是广西民族地区社会大系统中的子系统，它的发展变化是广西民族地区社会发展变化的一个重要方面或重要标志，同时又促进广西民族地区社会的变革与进步。②

广西民族地区学校教育环境可以分自然、社会两个方面来介绍，自然环境是硬件环境，社会环境是软件环境。自然环境可以分为自然地理环境和人文地理环境两个方面；社会环境则可以区分为

---

① 周运来、刘中项：《改善教育环境　促进教育均衡发展》，载《人民日报》，2011年7月6日。

② 袁镇国：《当代教育学》，348页，北京，教育科学出版社，1999。

社会的政治环境、经济环境、文化环境三个方面。

一、广西民族地区学校教育的自然地理环境

前文简要介绍了广西民族地区的地理环境及其特点，广西民族地区的学校教育就建立在这样的地理环境基础上，对广西民族地区的学校教育，特别是硬件设施的建设而言，有不利影响，也有天然的优势。

广西民族地区地势由西北向东南倾斜，为典型的岩溶地貌地区，丘陵错综，盆地大小相杂，河流众多，水量丰富。这是大自然为广西民族地区的学校教育提供的基础物质条件，要在这样的地理环境下建设学校教育必备的硬件设施，如修建校舍、购置图书、配备教学设备等，比地势平坦的平原地区更困难。首先，多山、丘陵、河流阻隔了交通，造成了运输成本的提升，不利于广西民族地区学校硬件设施的建设。其次，多山少土的地理环境条件限制了当地农业生产的发展，经济发展的水平和速度滞后，不能及时分享人类社会经济高速发展带来的成果，尤其是不能提供现代学校发展必要的经济基础，学校的硬件设施无法及时更新，严重阻碍学校教育发展。再次，限于山区的生存环境，广西民族地区居民居住分散，限制了当地教育发展的规模，提高了教育成本，不利于集中优势力量办好优质教育。

广西民族地区的地理环境条件对学校硬件设施的建设有诸多不利影响，但是它也包含了平原地区学校教育发展所缺乏的地理环境特点。广西民族地区学校坐落于风景优美的自然环境中，有天然的山川景物，无需人工制作的假山和花园，这是大自然的慷慨馈赠。广西民族地区的学校处于经济相对不发达的农村地区，农耕生活虽然艰辛，但生活环境受到工业污染的几率比较低，生态环境相对优越。广西民族地区的交通环境在改革开放以来有巨大的发展，基本

实现了“村村通”，但乡村生活的单调和艰苦，使得民族地区学校教育环境相对单纯，容易形成人与人之间真诚、自然的社会关系。广西民族地区的学校受制于地理环境条件，一般规模不大，教师、学生人数不多，改善学校的硬件设施所需要的经费也相对少一些，扶持和帮助这样的学校容易取得成效。广西民族地区的学校距离学生的家庭居住地都比较远，需要寄宿的学生增长了独立生活的能力，走读的学生锻炼了身体和意志，对学生的社会化是有利的。广西民族地区学校的硬件设施比较简陋，学生生活环境比较艰苦，有利于养成学生艰苦奋斗的精神品质。

广西民族地区的地理环境条件，不利于建立需要庞大经费支持的拥有豪华型硬件设施的学校，它需要建设的是依山环水、与周围山川田野融为一体的经济型的学校。依托当地的物质条件，加上社会力量的支持，民族地区学校教育应把可持续发展放在第一位，量力而行，走民族教育特色发展的道路，一步一个脚印，创造田园风光与教育质量共发展的民族地区学校教育的未来。

二、广西民族地区学校教育的人文地理环境

广西民族地区的人文地理环境是建立在自然地理环境的基础上，保留了自然地理环境的特点，也把少数民族在与大自然长期相处的过程中形成的愿望和理想蕴含其中，形成物化的人文地理环境。民族地区学校教育也是人文地理环境的组成部分，与其他物化的人文地理环境共同构成广西民族地区的人文地理环境。

广西民族地区的人文地理环境之一是广西少数民族地区的民居，民居演变的历史与少数民族社会生活的变迁紧密相连，是他们社会生活历史的活化石，凝聚了少数民族的生活理想和生存智慧。

壮族和广西其他少数民族多居于干栏式建筑。“在自然环境方面，壮族地区原来森林密布，瘴气弥漫，毒蛇猛兽众多，严重危害

人民和牲畜的生命安全。为了确保人和牲畜的安全，促使壮族及其先民设法建造底层架空、人居楼上、家畜圈养楼下的木结构高脚干栏住宅。后来，由于人口的不断增长而开荒种地，森林被过量砍伐而日趋减少。这种生态环境的变化，促使毒蛇猛兽远离人类，这样，对人畜生命安全的威胁已自然解除，也就是说，促使壮族先民们建造离地面而居的干栏住宅的原始起因已基本消失。既然如此，人们在新建住宅时，自然会选择省力省物、构造简便且实用的建筑形式，于是造成了传统的高脚乃至矮脚干栏式住宅的演化和变异。”“从壮族现存的高脚楼居干栏、矮脚楼居干栏、地居式干栏和硬山搁檩式等四种形式来看，也只能看出干栏建筑从原始简易到复杂严密乃至简化的发展演变轨迹，即全木结构高脚干栏—矮脚干栏—地居式干栏—硬山搁檩，即由传统的高脚干栏渐次演变为矮脚干栏乃至地居式干栏，最后干栏式住宅在平峒地区消失，代之以地居式硬山搁檩建筑，这种发展趋向，与壮族地区自然和社会环境变化的走向是一致的。”“从社会环境方面，壮族地区受着汉文化的深刻影响。……硬山搁檩式住宅是汉族传统建筑形式，在社会生活中它优于全木结构干栏……不仅四周封闭，高墙坚固，而且不易着火，防卫功能优越，这种客观上的优越性加强了人们的向往心理。于是，汉式硬山搁檩式住宅就逐渐在广大壮族地区流行，使传统的全木结构干栏迅速衰落乃至消失，只在偏远山区保留下来。”① “现在条件好一些的乐业壮人他们的居住条件已经发生了很大变化，有的建起了钢筋混凝土楼房，有的住的是砖瓦结构的房子，有的住的是新改进的干栏建筑（用的是钢筋混凝土，结构与传统的干栏建筑相同）。”②

---

① 覃圣敏主编：《壮泰民族传统文化比较研究》，第 3 卷，1465～1466 页，南宁，广西人民出版社，2003。

② 陆启光：《壮族儿童社会化研究》，32 页，北京，中国社会科学出版社，2004

广西民族地区乡村散布的土地庙、龙王庙、祠堂等小型宗教建筑也属于少数民族地区人文地理环境。“历史上壮族地区的庙宇和其他宗教建筑种类繁多，而且往往因地而异。据《广西通志》记载，从晋代至清代的1000多年里，广西地区仅寺庙先后建立了135座；还有雷神庙、土地庙、伏波庙、龙王庙、城隍庙、五将庙、甘五庙、莫一大王庙、观音庙、祠堂、宝塔等，不计其数。这些宗教建筑不仅形式多样，而且构造各异，其中既有规模宏大、结构复杂、金碧辉煌的寺院庙宇，也有构造简单的乡间小庙。后来，由于时代的变迁以及人们宗教观念的变化等原因，多数庙宇寺院（特别是大型的庙宇建筑）相继衰落荒圮。到20世纪50年代以后，壮族地区大型的庙宇已不多见，只有散布于乡村中的土地庙、龙王庙、祠堂等小型宗教建筑仍然保存着。”①

广西民族地区“山重水复，溪流交织，沟壑纵横，水流不息。在这样的地理环境中生活和从事各种生产劳动，必须架设桥梁才能通行无碍。长期以来，壮族人民把架桥修路当做一项传统的公益事业，积极参与，有钱出钱，有物出物，有力出力，民间还有为积德行善、求子消灾而修桥补路之俗，并且往往把修建桥梁（较大型的桥梁）当做一个村寨团结与力量的标志。因此，在壮族地区的田垌及溪河上，各种形式、不同结构的大小桥梁随处可见。壮族地区的桥梁，主要有石桥和木桥两大类”②。

广西民族地区的人文地理环境内容丰富多彩，在生产生活中随处可见，是民族地区学校教育的物质基础，是丰富的地方和校本课程资源。

---

① 覃圣敏主编：《壮泰民族传统文化比较研究》，第3卷，1466页，南宁，广西人民出版社，2003。

② 覃圣敏主编：《壮泰民族传统文化比较研究》，第3卷，1477～1478页，南宁，广西人民出版社，2003。

三、广西民族地区学校教育的政治环境

在阶级社会里，教育总是阶级的教育，掌握政权的阶级通过政治组织机构、法律形式、思想意识影响来控制教育，从而决定着制约教育的各个方面。一方面，掌握政权的阶级，必然掌管着社会生产资料和精神生产资料，掌握着教育的领导权和支配权，使教育为本阶级服务，具有本阶级性质的教育目的、制度、内容，反映本阶级的要求。另一方面，从政治、组织上直接领导、控制教育。从宏观上看，国家政治管理形式不同，教育管理形式必然随之不同，政治管理形式制约着教育管理形式。从微观上看，反映在国家委任教育领导者和教师方面，教育领导者和教师代表国家、代表阶级的利益施行教育，他们对受教育者进行直接或间接的思想政治影响，使国家的政治方针政策和教育方针政策，得以实际贯彻实行。①

在统一的多民族的国家中，广西民族地区学校教育的政治环境与非民族地区之间的差异在于统治阶级推行的民族政策。从古代广西教育史看，历代的文教政策对广西民族地区教育发展的影响很有限。秦统一六国以后，历朝统治者在广西设立郡县，推行全国统一的文教政策，但是广西偏在远郡，是瘴疠之地，汉族官员大都不愿在此为官，广西变成被朝廷贬斥的官员的流放地，偏远的少数民族地区只能任用土官进行羁縻统治。大多数土官出于自身的利益，在文教政策的推行上并不积极，甚至在辖区实行愚民统治，即使有少部分喜好汉族文化的土官在辖区兴学，对象也只是自己的家族官族，影响十分有限。在民族歧视政策的政治环境中，少数民族学校教育发展缓慢。

新桂系统治时期的“特种教育”是面向广西少数民族地区的，

① 靳希斌主编:《教育学》，56～57页，北京，中央广播电视大学出版社，1999。

尽管他们的目的是“积极开化特族，以期达到同化合作”[①]，以教育为手段统治少数民族人民。他们凭借政治手段强行推行国民教育，专门为少数民族地区培养师资，在少数地区建立各类学校，在客观上，对少数民族学校教育发展的促进作用是不能否认的。

新中国成立后，废除了民族不平等政策，强调在中华人民共和国范围内所有的民族都是平等的，尊重少数民族的风俗习惯和文化传统，实行少数民族区域自治，扶持和支援少数民族地区发展学校教育，才有了广西民族地区教育事业的辉煌成就。

2010年颁布的《国家中长期教育改革发展规划纲要》明确提出民族教育的任务：“重视和支持民族教育事业。……全面提高少数民族和民族地区教育发展水平。”《广西中长期教育改革发展规划纲要》则把民族特色教育列为教育改革发展的重点工程。在重视少数民族教育的政治环境中，广西少数民族学校教育迎来了新的发展机遇。

四、广西民族地区学校教育的经济环境

经济是人类社会生存和发展的基础，是引起一切人类社会生活发展变化的决定因素，也是影响教育发展变革的决定因素。一定的经济发展水平为教育的发展提供了经济条件，也对教育的发展提出了客观要求。经济水平的提高，经济力量的增强，生活条件的富裕，不仅要求教育为社会经济的进一步发展提供人力保障，而且也激发了人们进一步接受教育的动机，人们接受教育的积极性伴随物质生活水平的提高会越来越高。[②] 如前文所述，尽管广西少数民族

① 李彦福、黄启文、莫雁诗、莫风欣、麦群忠、陈永祚编：《广西教育史料·特种教育（刘介）》，577页，南宁，广西人民出版社，1990。

② 袁镇国：《当代教育学》，389页，北京，教育科学出版社，1999。

地区的经济发展水平与东部发达地区相比还有相当大的差距，但比历史上的任何时期都高，随着少数民族地区生活条件的改善，生活水平的提高，人们对教育的需求也在不断增长。

一般来说，一个国家的经济发展水平与该国的文盲率、入学率、义务教育普及的年限和高等教育普及的程度直接相关。从世界范围教育变化的历程看，在不同的经济发展水平上，教育发展走过了从扫除文盲、普及初等教育到普及中等教育，最后实施大众化的高等教育的道路。① 从广西少数民族地区教育发展的历程看，我们已经走过了扫除文盲的阶段。如今广西经济发展水平已经达到基本普及九年义务教育的程度，但在广西少数民族地区，辍学打工的现象在九年义务教育阶段仍然相当普遍，“三率”仍然是衡量教育普及程度的一个重要指标。要让经济发展能够负载普及中等教育和大众化高等教育的水平，在广西民族地区还有很长的路要走。

经济发展引起产业结构、行业结构、技术结构、消费结构和分配结构的变革，与此相适应，教育结构也将随之发生变化。大、中、小学的比例关系，普通中学与职业中学、全日制学校与业余学校的比例关系，高等学校中不同层次、不同科类之间的比例关系等，都要与一定的经济发展水平和一定的经济结构相适应，否则就会导致教育事业内部的比例失调。② 广西民族地区的经济发展打破了改革开放以前农村社会的结构，单一的传统种养农业被经商、打工等多种经营所取代，为了改善家庭经济状况而选择外出打工的青年农民数量越来越多，他们越来越意识到教育和文化在提高个体的经济地位上的价值，他们要在打工的同时提升自己的文化水平和技术水平，以换取更好的工作、更好的待遇，他们更想要自己的子女接受好的教育，将来可以有更好的前途。但是民族地区的教育却未

---

① 袁镇国：《当代教育学》，389～390页，北京，教育科学出版社，1999。

② 袁镇国：《当代教育学》，389～390页，北京，教育科学出版社，1999。

能及时调整结构满足他们的需求，于是，留守儿童的教育问题、打工者子弟学校的建立问题等，就严峻地摆在教育者面前。

随着经济的发展，科学技术的进步，学校课程的门类要不断增减，课程的结构要不断调整，教学内容要不断更新。同样，学校的物资设备、教学实验仪器等都是一定的生产工具和科学技术在教育领域的应用，反映了经济发展的水平。把新的科技成就引进教育领域，把教育手段建立在现代科学技术的基础上，将大大提高教育现代化的水平。① 换句话说，从学校的物资设备、教学实验仪器的使用情况，就可以探知当地教育现代化的水平。从广西民族地区学校的物资设备、教学实验仪器的简陋程度，就可以推知当地经济发展的水平。提高民族地区人民的收入水平，改善民族地区人民的生活，仍然是民族地区经济发展的主题。

经济体制决定着教育体制。与市场经济体制相适应的教育体制包括多元化的办学体制、多渠道的投资体制、政校分离的管理体制、自主招生和毕业生择业体制等。② 广西民族地区群众在市场经济体制中解放了生产力，提高了生产积极性，生活水平有了不同程度的提高，但是面对教育体制改革所带来的名目繁多的学杂费却不堪重负，不少学龄儿童流入打工者的队伍，在学儿童在经济压力下不能安心学习，在学校的学习不能获得预期的经济效益，都在动摇民族地区家长和学生对学校教育的信心，也在考验正在民族地区从事教育工作的人们，他们微薄的收入和倾力的付出严重不相称，长此以往，他们对教育事业的热情也会减弱。受伤害的不仅是教育，也会伤及民族地区的经济，影响民族地区的未来。

---

① 袁镇国：《当代教育学》，390 页，北京，教育科学出版社，1999。

② 袁镇国：《当代教育学》，390～391 页，北京，教育科学出版社，1999。

五、广西民族地区学校教育的文化环境

教育与文化之间有着十分密切的关系。任何文化特质或形态，如果没有教育就难以延续。特定社会中的教育之所以能与特定社会文化体中的其他方面共存一体，主要是因为它们之间经过长期的历史共生和磨合，已经社会性地筛选掉不相适应的部分，并使其余部分扭合成为一种特定的相互适应和相互依存的关系。教育与文化既有相互依存、相互制约的一面，又有在相互依存、相互制约中变化与发展的一面。来自教育或文化方面的本体运动只产生一些渐变性的影响，当这种渐变积累到超出先前两者关系划定的界限范围时，就会引起突发性变革，出现新的文化、新的教育和一种新的相互适应关系，从而实现两者在更高水平或更新意义上的和谐一致。[①] 文化与教育之间的共存关系，在广西民族地区怎样表现出来？文化如果靠教育来传承，那么民族地区传统文化的传承多大程度上依赖于学校的教育呢？少数民族文化能够流传到今天，显然主要不是靠学校教育，而是少数民族家庭教育和少数民族社会风俗习惯的代代相传。少数民族文化的传承有自己的历史脉络和传播路径，少数民族地区学校教育的发展也有自己的内在逻辑和生存法则，两者的关系可以很密切，由学校来传承少数民族的传统文化；两者也可以各行其道，学校教育传承主流社会的文化，民族文化则在家庭和民间延续下去。

广西民族地区的传统文化在发展的过程中虽然受到汉文化的巨大影响，但它仍然保持了自己的地域色彩，保留了自己的语言和风俗习惯，没有完全被汉文化同化，民族地区的学校教育在其中扮演了什么角色？在广西民族地区古代和近代历史上，教育是统治阶级

① 袁镇国：《当代教育学》，466～470 页，北京，教育科学出版社，1999。

的工具，学校教育是汉文化传播的工具，与武力征服目的是一致的，只是手段更为温和，更为人性化而已。当时学校教育的目的是让统治阶级认为粗野、不懂礼仪的少数民族接受汉文化的影响，能够遵守君臣父子的礼仪，安分守己，不犯上作乱，做统治阶级的顺民。就是说，当时的学校教育基本上是排斥少数民族传统文化的，少数民族文化是在学校教育不发达、不普及的情况下自然延续的。

广西民族地区的地域文化是在汉文化圈的势力范围内生存和发展的，它与汉文化之间的依存关系可以从众多的民俗事象中找到证据。“壮族由于受到汉文化的强烈影响，汉文化自然也渗透到壮族的节日文化之中，因此，壮族的许多节日，在名称上甚至许多内容上均与汉族节日一致；有些节日，壮族的名称虽与汉族不大一样，但在内容上却有不少相同之处；有些节日，其实是壮族节日，但却套上汉族的某些人物或传说。这些节日尽管有着明显的汉文化的形式和内容，但壮族人仍在其中顽强地保留着本民族的许多特色。在名称和内容上与汉族节日基本一致的节日，壮族有春节、春社节、清明节、端午节、中元节（鬼节）、中秋节、冬至节、送灶节、除夕节等。例如春节，这是汉族在一年中的第一大节，也是壮族在一年中最大的节日。和汉族一样，壮族也虔诚隆重地贴对联门神、守岁、祭祖、放鞭炮、给小孩压岁钱、舞龙舞狮等。但是，春节活动中的许多内容，却是颇具壮族的民族特点的。广西上林、马山县的赛锣鼓，东兰、南丹的赛铜鼓，靖西、德保县的舞‘干国’（孔雀）、舞雄鸡、吃大年粽，各地壮族的‘汲新水’，各种各样的禁忌，等等，这些都是在汉族地区不见或少见的。在东兰、天峨、南丹等县壮乡，名义上过的是春节，但实际上过的则是青蛙节。这是汉族地区没有的。”①

① 覃圣敏主编：《壮泰民族传统文化比较研究》，第3卷，1714～1715页，南宁，广西人民出版社，2003。

广西民族地区的学校教育是在民族地区地域文化的环境中进行汉文化教育，它与民族文化中深受汉文化影响的部分互为因果，把外在的汉文化的影响渗透到民族文化的心理层面、理智层面，使少数民族仰慕汉族文化，内化汉族文化。“壮族学校教育主要是汉文化教育，即通过设立专门机构，主要使用汉语文传授文化科学知识。”“两汉时期以研究《左传》而闻名的苍梧郡陈钦、陈元两父子，就是师承家法的古文经学家，有‘左氏元在苍梧’的赞语。”“三国以后，到广西避居、做官或被徙放而来的文人学士增多，如颜延之、李昌、柳宗元、黄庭坚、张天宗等，他们热心讲学，深受壮族人民欢迎。”① 民族地区设立的学校并不传授本民族的传统文化，从史料记载来看，少数民族对此并不排斥，可能正是源于对汉族文化的这种崇拜心理，“隋文帝开皇十七年（597 年）令狐熙被派任桂林总管，他注意加强当地的民族团结，拨款为各州县‘建城邑，开设学校’。由于他吸收当地民族学生入学，结果是‘华夷感激，称为大化’”②。

在以汉文化为主要内容的广西民族地区学校教育中，民族地区的地域文化有没有存在的空间？首先，学生是带着他的文化背景进入学校的，学校教育也不是从一块白板开始。其次，学校教育是建立在一定社会的经济基础上的，自然有一个本土化的过程。这是在民族文化范围内进行民族地区的学校教育必然会发生的事情。就是说，不管统治者意愿如何，民族地区的地域文化都会渗透到民族地区的学校教育中来，对学校教育产生或大或小的影响，例如“壮

---

① 覃圣敏主编：《壮泰民族传统文化比较研究》，第 5 卷，2861 ~ 2862 页，南宁，广西人民出版社，2003。

② 覃圣敏主编：《壮泰民族传统文化比较研究》，第 5 卷，2863 页，南宁，广西人民出版社，2003。

族地区私塾的主要特点是：规模比较小，教师用壮语讲解”①。

广西民族地区的地域文化在汉文化的势力范围内，深受汉文化的影响；广西民族地区学校教育在民族文化环境中产生发展，传授的是汉族文化的内容，但不可能不受民族文化的影响。这种相互影响，你中有我、我中有你的关系，是民族地区学校在民族地区得以生存和发展的文化基础。

① 覃圣敏主编：《壮泰民族传统文化比较研究》，第5卷，2862页，南宁，广西人民出版社，2003。

第三章　广西民族地区德育概述

广义的德育指所有有目的、有计划地对社会成员在政治、思想与道德等方面施加影响的活动，包括社会德育、社区德育、学校德育和家庭德育等方面。狭义的德育专指学校德育。学校德育是指教育者按照一定的社会或阶级要求，有目的、有计划、有系统地对受教育者施加思想、政治和道德等方面的影响，并通过受教育者积极的认识、体验与践行，以使其形成一定社会与阶级所需要的品德的教育活动，即教育者有目的地培养受教育者品德的活动。

德育是各个社会共有的教育现象，具有社会性，与人类社会共始终。德育随着社会发展变化而发展变化，具有历史性。德育在阶级和民族存在的社会具有阶级性和民族性。在德育历史发展过程中，其原理、原则和内容、方法等存在一定的共同性，因此德育还具有继承性。

德育是随着社会的发展而变化的，在阶级社会中有鲜明的阶级性。历代的统治阶级为培养忠于自己的人才，都十分重视德育。在中国奴隶社会和封建社会的学校中，德育居于首要的地位。在西周学校教育的内容“六艺”（礼、乐、射、御、书、数）中，“礼”教是居首位的。据《周礼·地官司徒》记载，师氏“以三德教国子：一曰，至德以为道本；二曰，敏德以为行本；三曰，孝德以知逆恶。教三行：一曰，孝行以亲父母；二曰，友行以尊贤良；三曰，顺行以事师长”。当时的所谓“三德”、“三行”之教完全是为维护西周的奴隶制服务的德育。儒家主张“德治”和“礼治”。孔丘强调“以德教民”，认为“道（导）之以政，齐之以刑，民免而无耻；道（导）之以德，齐之以礼，有耻且格”（《论语·为政》）。孟轲明确提出：“设为庠、序、学、校以教之。……夏曰校、殷曰序、周曰庠，学则三代共之，皆所以明人伦也。”（《孟子·滕文公上》）他把伦理教育视为中国古代学校的教育目的，这是中国封建社会教育的一大特点。在漫长的中国封建社会中，维护封建等级制度的道德教条“三纲”（君为臣纲，父为子纲，夫为妻纲）、“五常”（仁、义、礼、智、信）成为德育的主要内容。

在中国封建社会的思想品德教育中，也有一些好的传统，具有合理的因素，如重视政治思想教育同道德教育的统一，进德同修业的统一；在德育实施上重视以身作则、言行一致、因材施教、尚志、履行躬践等。

社会主义学校德育的意义和任务是进行共产主义的德育，是全面发展教育的重要组成部分。列宁在十月社会主义革命胜利初期，就号召青年要学习“共产主义”，并明确指出：应该使培养、教育和训练现代青年的全部事业，成为培养青年的共产主义道德的事业。德育要渗透于学校全部教育、教学活动中。毛泽东在中国新民主主义革命时期就指出，青年应把坚定正确的政治方向放在第一位，他说：学校一切工作都是为了转变学生的思想，政治教育是中心的一环。在社会主义时期，更强调指出：没有正确的政治观点，就等于没有灵魂。

进入社会主义现代化建设的新的历史时期之后，中国共产党十分强调建设以共产主义思想为核心的社会主义精神文明。认为思想建设决定中国的精神文明的社会主义性质。它的主要内容，是工人阶级的、马克思主义的世界观和科学理论，是共产主义的理想、信念和道德，是同社会主义公有制相适应的主人翁思想和集体主义思想，是同社会主义政治制度相适应的权利义务观念和组织纪律观念，是为人民服务的献身精神和共产主义劳动态度，是社会主义的爱国主义和国际主义，等等。其中，最重要的是革命的理想、道德和纪律。这也就是中国学校德育的主要内容，即社会内容。它是由中国的社会主义经济、政治制度决定的。①

德育在与时俱进。2010 年，《国家中长期教育改革和发展规划纲要（2010—2020）》（以下简称“国家纲要”）认为，在未来的十年，教育应该：“坚持德育为先。立德树人，把社会主义核心价值体系融入国民教育全过程。加强马克思主义中国化最新成果教育，引导学生形成正确的世界观、人生观、价值观；加强理想信念教育和道德教育，坚定学生对中国共产党领导、社会主义制度的信念和信心；加强以爱国主义为核心的民族精神和以改革创新为核心的时代精神教育；加强社会主义荣辱观教育，培养学生团结互助、诚实守信、遵纪守法、艰苦奋斗的良好品质。加强公民意识教育，树立社会主义民主法治、自由平等、公平正义理念，培养社会主义合格公民。加强中华民族优秀文化传统教育和革命传统教育。把德育渗透于教育教学的各个环节，贯穿于学校教育、家庭教育和社会教育的各个方面。切实加强和改进未成年人思想道德建设和大学生思想政治教育工作。构建大中小学有效衔接的德育体系，创新德育形式，丰富德育内容，不断提高德育工作的吸引力和感染力，增强德育工作的针对性和实效性。加强辅导员、班主任队伍建设。”

紧接着，2011 年，《广西中长期教育改革和发展规划纲要（2010—2020）》（以下简称“广西纲要”）结合广西的实际情况，认为广西教育要：“完善德育内容体系。推进马克思主义中国化最新成果进课堂、进教材、进头脑，引导学生形成正确的世界观、人生观、价值观。加强理想信念教育，坚定学生对中国共产党领导、

① 参见 http：//baike. baidu. com/view/405928. htm。

社会主义制度的信念和信心。加强社会主义荣辱观教育，培养学生良好的行为习惯和优良品质。弘扬、培育民族精神和时代精神，促进学生提升民族自信心和社会责任感，自觉传承中华民族传统美德和革命传统。加强公民意识教育，帮助学生树立社会主义民主法治、自由平等、公平正义理念，培养社会主义合格公民。加强生命教育，引导学生认识生命、珍惜生命、尊重生命、热爱生命。加强民族团结教育，推动党的民族理论和民族政策、国家法律法规进教材、进课堂、进头脑，引导广大师生牢固树立马克思主义祖国观、民族观、宗教观，不断夯实各民族大团结的基础，增强中华民族自豪感和凝聚力，进一步增强各族师生‘汉族离不开少数民族，少数民族离不开汉族，各少数民族之间也相互离不开’的观念。”

“国家纲要”和“广西纲要”在德育价值取向上高度一致，但在德育具体内容的表述上略有不同：“国家纲要”代表整个国家的意识形态，结合当代社会发展的实际情况，是面向包括汉族和境内其他所有民族提出的德育纲领，高屋建瓴，概括性比较强。而“广西纲要”是贯彻落实“国家纲要”的德育内容，要结合广西少数民族地区的实际情况，有一定的地域文化特色，如“广西纲要”专门提到要“加强民族团结教育”。

广西民族地区的学校教育主要是汉文化的教育，因此广西民族地区的学校德育也主要是汉文化的学校德育。如前所述，由于广西民族地区的学校教育是在少数民族的文化背景中进行的，所以其学校德育也会带上民族地区地域文化的特色，少数民族文化中的德育内涵会渗透到民族地区的学校德育中，影响民族地区学校德育的内容和实施效果。因此必须探究具有广西少数民族地域文化特色的学校德育，才能保证“纲要”目标的顺利实现。

第一节 广西民族地区的学校德育

历史以来，广西民族地区的学校德育与非民族地区的学校德育没有根本的差别，主要是传承汉文化的伦理道德观念，德育目标、德育内容、德育方法、德育评价基本上是从汉族学校教育中复制过来，直接用于少数民族地区的学校教育。但是我们知道，广西民族地区在上千年的历史发展过程中逐步形成了独具特色的语言和风俗习惯，在与汉文化的融合交流中顽强地保留了自身的核心价值观，这其中就包含了少数民族独特的德育目标、德育内容、德育方法、德育评价。但是这些德育目标、内容、方法、评价不能在学校德育中以显性课程的形式出现在学校的课程设置中，但是它在少数民族的家庭教育、社会教育中以隐性课程的形态出现，从而影响学校德育的内容和形式。因此，在建构广西民族地区学校的德育内容体系时，“国家纲要”中的德育内容需要结合广西民族地区的具体情况进行必要的充实、扩展，使其更贴近广西民族地区历史和现实，更加贴近广西民族地区师生的生活实际，更能解决市场经济环境中广西民族地区师生遇到的道德难题。

一、保证国家课程中的德育内容在广西民族地区学校课程中的主导地位

在中华民族多元一体，各民族一律平等的前提条件下，对民族国家的认同是第一位的。费孝通先生在《中华民族的多元一体格局》中回溯了中华民族多元一体格局的形成历史过程，总结了这个多元一体格局形成的几个特点：

“1. 中华民族多元一体格局存在着一个聚集的核心。它在文明

曙光时期，即从新石器时期发展到青铜器时期，已经在黄河中游形成它的前身华夏族团，在夏商周三代从东方和西方吸收新的成分，经春秋战国的逐步融合，到秦统一了黄河和长江两大流域的平原地带，汉继秦业，在多元的基础上统一称为汉族。汉族的名称一般认为到其后的南北朝时期才流行。……汉族主要聚居在农业地区，除西北和西南外，可以说凡是宜耕的平原几乎全是汉族的聚居区。同时少数民族地区的交通要道和商业据点都有汉人长期定居。这样汉人就大量深入到少数民族聚居地区，形成一个点线结合，东密西疏的网络，这个网络正是多元一体格局的骨架。”①

这一特点说明，汉族本身就是民族大融合的产物，再加上汉族与少数民族杂居，他们之间的相互影响是不可避免的。因此，在民族地区学校中民族国家的核心价值体系占据学校德育的主导地位是历史发展的必然。

“2. 同时值得重视的是，少数民族聚居地区占全国面积一半以上，主要是高原、山地和草场……在这些地区，有些汉族的大小聚居区和少数民族的聚居区马赛克地穿插分布；有些是汉人占谷地，少数民族占山地；有些是汉人占集镇，少数民族占村寨；在少数民族的村寨里也常有杂居在内的汉户。所以要在县一级的区域里，除了西藏和新疆外，找到一个纯粹是少数民族的聚居区是很不容易的，即在乡一级的区域里也不是常见的。在这种杂居得很密的情形下，汉族固然也有被当地民族吸收的，但主要还是汉族依靠这深入到各少数民族地区的这个队伍，发挥它的凝聚力，巩固了各民族的团结，形成一体。”②

这一特点说明，汉族与少数民族之间难分彼此，相互依存，接

---

① 费孝通等：《中华民族多元一体格局》，29页，北京，中央民族学院出版社，1989。

② 费孝通等：《中华民族多元一体格局》，30页，北京，中央民族学院出版社，1989。

受共同的学校德育内容有利于双方的合作与交流。

“3. 从语言上说，只有个别民族，如回族，已经用汉语作为自己民族的共同语言外，少数民族可以说都有自己的语言。有些民族，如满族，在日常生活中还经常用满语通话的已经很少，认得满文的普通老百姓则更少了，他们都用汉语汉文来表达自己的思想，杰出的，有我在上面提到的语言学家罗常培和文学家老舍。还有些民族自称有自己民族语言，但经研究原属已经使用汉语方言，如畲族。有自己语言的民族中有 10 个民族有自己的文字，但群众里用文字的则只有几个民族，如藏文、蒙文、维文、傣文、朝鲜文等，有些虽有文字，但识字的人很少。少数民族中和汉人接触多的大多已学会汉语。”

这一特点说明，少数民族和汉族之间的交往，在大多数情况下民族语言传承并不妨碍他们用汉语交流。民族地区学校德育主要是用汉语传达的，少数民族也能像兼容汉语一样，接受以汉语为主要载体的德育内容。

“4. 导致民族融合的具体条件是复杂的。看来主要是出于社会和经济的需要，虽则政治的原因也不应当忽视。……在历史上，秦以后中国在政治上统一的时期占三分之二，分裂的时期占三分之一，但是从民族这方面说，汉族在整个过程中像雪球一样越滚越大，而且国家分裂时期也总是民族间进行杂居、混合和融化的时期，不断给汉族以新的血液而壮大起来。”①

这一特点告诉我们，占人口绝大多数的汉族是在不同的历史时期，名目不同的少数民族由于各种不同的原因不断加入而发展壮大的，加入汉族的少数民族的德育观念也融入汉族的德育观念中。从这个意义上说，汉族的学校德育内容内在地蕴含了或多或少的各少

---

① 费孝通等：《中华民族多元一体格局》，31 页，北京，中央民族学院出版社，1989。

数民族德育的内容。

"5. 组成中华民族的成员是众多的，所以说它是个多元的结构。"①

这一特点告诉我们，如果只是一味强调融合，强调一体化，不照顾到众多民族成员的意愿，也会影响整个中华民族的长治久安，这是历史反复证明了的。所以，民族地区的学校德育不应该排斥少数民族德育内容，在占主导地位的国家课程的德育内容框架里，应该留有少数民族德育内容的生存空间，形成具有民族特色的学校德育内容体系，使多元结构名副其实。

"6. 中华民族成为一体的过程是逐步完成的。看来先是各地区分别有它的凝聚中心，而各自形成了初级的统一体。比如在新石器时期在黄河中下游都有不同的文化区，这些文化区逐步融合，出现汉族的前身华夏的初级统一体，当时长城外牧区还是一个以匈奴为主的统一体，和华夏及后来的汉族相对峙。经过多次北方民族进入中原地区及中原地区的汉族向四方扩散，才逐步汇合了长城内外的农牧两大统一体。又经过各民族流动、混杂、分合的过程，汉族形成了特大的核心，但还是主要聚居在平原和盆地等适宜发展农业的地区。同时，汉族通过屯垦移民和通商在各非汉民族地区形成一个点线结合的网络，把东亚这一片土地上的各民族串联在一起，形成了中华民族自在的民族实体，并取得大一统的格局。这个自在的民族实体在共同反抗西方列强的压力下形成了一个休戚与共的自觉的民族实体。"②

这一特点又告诉我们，少数民族和汉族在历史发展的过程中，逐步形成为不可分割的民族实体。少数民族地区的学校德育内容与汉族地区一致，在特殊的历史条件下，是一个休戚与共的民族实体

---

① 费孝通等：《中华民族多元一体格局》，32 页，北京，中央民族学院出版社，1989。

② 费孝通等：《中华民族多元一体格局》，33 页，北京，中央民族学院出版社，1989。

生存发展的内在需要。但不意味着在任何条件下，少数民族学校都必须保持与汉族地区一样的德育内容。“在工业化的过程中，各民族人民生活中共同的东西必然会越来越多，比如为了信息的交流，必须有共同的通用语言，但这并不妨碍各民族用自己的语言文字发展有自己民族风格的文学。通用的语言可以帮助各民族间的互相学习、互相影响而促进自己文学的发展。”① 同理，民族地区学校德育也可以发展自己的民族特色。

我们在这里借用费孝通先生的多元一体格局理论，旨在说明，在当前的社会历史条件下，保证国家课程中的德育内容在广西民族地区学校课程中的主导地位是合理合法的，它符合多民族国家经济、政治、文化发展的需要，也是少数民族生存发展的需要。

二、吸收现代德育理论精华，构建有民族特色的学校德育内容体系

“国家纲要”中“育人为本”的方针要求广西民族地区学校德育突破传统学校德育的习惯思维，吸收现代德育的思想和方法，促进广西民族地区学校德育的改革发展。“育人为本”在德育上，表现为“人本德育”。杨超博士认为，人本德育是以人的发展为本的德育，它的哲学基础是人学和马克思主义人的发展理论，它的基本观点是德育是为人的，是以人的发展和个性解放为价值判断的标准来考虑德育中的所有问题。人本德育的目标是培养真正具有道德主体性的人，维护人的整体性；人本德育的过程是一个价值引导和自主建构相统一的过程；人本德育的内容是开放性的，学生的道德观点是经过自己的理智思考而自由选择的。“人本德育以尊重学生

---

① 费孝通等：《中华民族多元一体格局》，35 页，北京，中央民族学院出版社，1989。

的自主理性为中心，以心理学研究成果为依据，以促进学生的身心和谐发展为中心，与培养自主人格、独立思维能力、批判性意识相联系，以尊重儿童的自主理性为根本特征，其中贯穿着‘人是目的’的原则，体现着对人的权利、人的尊严、人的价值的认定，是以‘以人为本’的思维方式为基础的德育。”① 人本德育思想对广西民族地区学校德育的意义在于：强调从少数民族学生身心发展的特点来构建学校德育课程体系，培养具有自主性人格和民族文化自觉的现代公民。

生活德育范式构想有助于广西民族地区学校德育的整体建构。高德胜博士认为：“生活德育并不局限于学校，因为人的生活在时间和空间上都超出了学校的范围。具体到在生活德育观指导下的学校德育，应该是通过学校的整体生活进行的、对学校所有成员都起作用的、提升人的精神追求的教育活动。”② 生活德育的目的是生成“有道德的人”，有目的和无目的的影响都是德育。生活德育就是过有道德的生活，“就是借助、发挥生活中道德学习的这些机制，消除生活对人的德性的消极影响，在形成教养、批判生活中的恶和进行反思性选择的基础上生成真实的、整体的德性”③。生活德育范式对广西民族地区学校德育的启示意义是：民族地区学校德育要从民族地区的生活中吸取营养，打破学校德育和民族地区社会生活的区隔，让民族地区的学校德育变成生活德育，学校的德育活动与民族地区的生活融为一体，在提升学生的道德认知水平和道德判断能力的同时，增加他们的社会责任感和民族自尊心。

广西民族地区的学校德育还可以借鉴诺丁斯的关怀道德教育理论，这种道德教育理论认为，任何科目的教师都有关心学生的真实

---

① 杨超：《现代德育人本论》，138 页，广州，广东人民出版社，2005。

② 高德胜：《生活德育论》，89 页，北京，人民出版社，2005。

③ 高德胜：《生活德育论》，97 页，北京，人民出版社，2005。

兴趣和最佳自我发展的责任。只有建立关怀型的教育关系，教育才可能是有道德的，才有教育的成功，教育出来的学生才是有道德的。只有关怀的行为才是建立师生间信任关系的基石，只有关怀的行为才能给予学生被关怀的温暖感受。教师用心用情去理解和讲授的知识是最容易在学生心中扎根的，关怀型教师的榜样作用便是学生学会关怀的无言向导和动力之源。关怀型教师耐心地以自己的关怀行动给学生能量，允许学生以自己独有的生命节律实现带有个性烙印的发展。在关怀型的教师心中，学生重于学科，教育本身就应该关怀学生整体性的发展，关怀学生的幸福。关怀始于教师的关怀行为，完成于学生的被关怀感受。在知识教学中，要通过发掘学科与生活有关的交接来激发学生的兴趣，打消学生对学科的隔膜感、无用感，促进学生的理解，增强知识的亲和力。在教学过程中，关怀型师生关系使教师充分尊重学生的自主性，敢于和学生结成合作关系，这会充分调动起学生的“效能动机”并提升学生的道德理想。关怀道德教育的主要方法是：榜样（以身作则）、对话、实践、认可。教师以身作则，时刻关怀学生的道德自我，发现学生有过失时不轻易用惩罚，把教知识的过程和教做人的过程合而为一。为了让学生明白自己在维持师生关怀型关系中的责任，可以在课堂上讨论双方的义务。对话发生在“我—你”之间，教师不仅在意学生说了什么，更要思考他为什么这么说、这么想。学生的关怀实践是多种多样的，在师生关系中，学生最基本的道德实践是保持对教师关怀行为的敏感性和反应力。教师应该赋予学生与其现实相符的最好的自我形象，找到学生现有的最好的可能性，使学生产生力量感，变得更好，这就是对学生的认可。① 关怀道德教育理论来自学校教育实践，试图建立以“关怀”为价值取向的良好的师生关系，对民族地区学校德育内容的建构具有现实意义。

---

① 侯晶晶：《关怀德育论》，102～112页，北京，人民教育出版社，2005。

三、具有民族特色的学校德育内容体系的存在方式

鉴于民族地区学校德育内容缺乏民族特色，不能有效教育民族学生，特别是不能联系民族地区的生活实际对学生进行以人为本的生活德育，不能体现相互关怀的师生关系，我们有必要首先考虑具有民族特色的学校德育的存在方式。

（一）显在课程的形式

我们既然承认各个民族有使用自己语言的权利，可以进行民族语文和汉语的双语教学，那么我们也可以开设少数民族德育课程，分别介绍居住在不同自然环境中的少数民族的道德观念，它们的具体内容及形成条件和过程，使民族地区学生对在自己成长的环境中孕育出来的伦理道德观念有一个基本的认识，不至于一概根据流行的观点对自己民族的德育内容不屑一顾，盲目追随一些不利于自己和民族健康发展的德育内容。

如壮族家庭的伦理道德教育内容就可作为少数民族学校德育内容的蓝本，根据不同地区、不同民族的需要作适当的增补，使家庭伦理道德教育内容和学校德育内容和谐一致，让学生变成懂得关怀别人的人，过有道德的生活，生成有道德的人。壮族家庭伦理道德教育的基本内容是："要爱劳动，不要好吃懒做；要节俭，不要铺张浪费；为人要正直，不要弄虚作假；要真诚交友，不可彼此相骗；要团结互助，不要损人利己；对人要以礼相待，不能傲慢等。"① 每一项伦理道德教育的内容都有特定的情境、对象，渗透在日常生活的各个方面，是一种"全浸入"的伦理道德教育。这

① 覃圣敏主编：《壮泰民族传统文化比较研究》，第5卷，2844页，南宁，广西人民出版社，2003。

样的生活德育课程内容的设置，可以有效克服学校德育远离学生的生活、空疏无用的毛病。

（二）潜在课程的形式

把少数民族德育内容与学校生态环境建设结合起来。“从生态学、教育学的原理和方法出发，赋予学校生态环境以道德教化的意蕴，具有引导人积极向上、健康成长的氛围。”① 生态学是研究有机体与周围环境相互关系的科学，教育是社会大系统中的社会存在，也是一种生态系统，它有自己的结构和功能，“它是围绕在三种生态环境（规范环境、社会环境、自然环境）的圈层内以教育及其结构层次作为主体、以人才为中心而形成的多因子综合系统。教育生态系统是一个多维的复合网络，这个网络由各种自然环境因素、各种社会环境因素和各种规范环境因素交织而成”②。“学校道德教育的生态系统大致分为：学校道德教育的物理环境、学校道德教育的生物环境、学校道德教育的社会环境、学校道德教育的主体环境。”③ 学校的物理环境和生物环境主要指学校的建筑风格和园林布局，学校的社会环境和主体环境主要指学校的校风和人际关系。就是说，“学校生态德育环境建设除了关注‘绿色校园’等自然生态建设之外，更要关注学校整体发展的‘类生态’建设和学生整体发展的‘内生态’建设。学校整体发展的‘类生态’是学校在道德意义上的公共生态环境，这种主导环境在整体上是维护教育的目标和价值的，是利于师生健康发展的。同时每一所学校都应是有自身独特的个性，因为学校个性是促使学校‘类生态’保持

① 靖国平：《价值多元背景下学校德育环境建设》，156 页，南京，江苏教育出版社，2009。

② 郑葳：《学习共同体——文化生态学习环境的理想架构》，26 页，北京，科学教育出版社，2007。

③ 易连云：《重建学校精神家园》，222 ~ 227 页，北京，科学教育出版社，2003。

活力和生命力的一个重要前提。学生整体发展的‘内生态’是学生在道德意义上的自主、自决和自由发展，是学生基于自我道德或内部道德动机的‘个体道德环境’的营造”①。在民族地区学校生态环境建设中，把民族地区传统的建筑风格融入学校的主体建筑中，在学校交往中倡导民主、平等的理念，在宣传使用普通话的同时，鼓励使用民族语言交际交流，形成学校的潜在课程。

（三）学科教学渗透的形式

广西民族地区的学校教育和非民族地区的学校教育一样，主要还是以学科课程的形态为主，因此，德育渗透是各个学科共同的任务和教学目标。我们主张在民族地区学科教学中有机渗透广西民族地区德育的内容，是基于基础教育均衡发展的需要，也是基于民族地区学生健康人格发展的内在需要。

在中华民族多元一体发展格局中，各民族的共同繁荣“不意味着更大程度的汉化，削弱多元一体格局中多元这一头。……各民族凭各自的优势去发展民族特点……各民族用自己的语言文字发展自己民族风格的文学。……各民族都有其适应的生态条件……可以发挥这项特点成为发展这地区的主力。”② 同理，广西少数民族地区的学校德育也可以充分利用本民族的德育资源，把它渗透到各个学科的教学内容中，让学生把书本知识和身边的生活哲理联系起来，赋予学科知识以生命，激发学生的学习兴趣。

广西民族地区在历史发展的过程中，学校德育基本照搬非民族地区的学校德育。民族地区学校教育发展的水平比较低，学校德育严重脱离当地德育环境，不顾民族地区特有的地理环境特点和在此

---

① 靖国平：《价值多元背景下学校德育环境建设》，144～145页，南京，江苏教育出版社，2009。

② 费孝通等：《中华民族多元一体格局》，35页，北京，中央民族学院出版社，1989。

基础上形成的民族心理结构，依靠经济和政治优势进行强制的学校德育。在新桂系时代，以少数民族子弟为主要教学对象，以培养少数民族地区的建设人才为宗旨的“特种教育”，其根本目的还是为了“同化”少数民族，与历代统治阶级没有本质上的区别，只是换了一种带有西方资产阶级民主色彩的“教化”手段而已，并不是从少数民族自身的特点和发展需要出发，为了传承少数民族的优秀文化，为了中华民族多元一体格局中的多元能够共同繁荣，让少数民族根据自己的意愿选择适合自己的学校德育。当然，“特种教育”在客观上还是促进了少数民族地区汉族文化的普及和发展，有利于少数民族与汉族之间的文化交流，从而促进少数民族文化的新旧更替。只有在中华人民共和国成立以后，在中国共产党民族政策的光辉照耀下，少数民族学校教育的目的才是培养少数民族地区的建设人才，在民族地区开办民族中学，以国家的力量在招生、学制、学费方面给少数民族学生以优惠政策，帮助少数民族地区发展自己的文化教育事业，鼓励少数民族使用自己的语言文字进行学校教育，这是历史的进步，是少数民族经济、政治、文化发展的良好机遇。在这种形势下，广西民族地区学校德育的民族特色才有了制度和政策上的保证，学校学科教学中渗透民族地区德育内容才名正言顺。

广西民族地区的学校德育应该具有广西民族地区的特点，它的内部构成是：以国家课程的德育内容为主导，吸收其他文化德育内容的新思想，挖掘本民族德育内容的精华，构成生动活泼的人本的、生活的、关怀型的德育地方课程和校本课程，成为国家课程的有益补充，培养热爱自己的国家、热爱自己的民族、认同自己民族文化的民族地区建设人才。

第二节　广西民族地区德育环境

在这一节，我们把广西民族地区德育放到广义的德育环境中来研究，目的是要把广西民族地区学校德育放在特定的地理环境、特定的人们共同体、特定的地域文化氛围，即特定的经济、政治、文化范围来研究，揭示广西民族地区德育环境的特点和发展规律，建设富有广西民族地区特色的德育生态环境，培养熟悉民族文化、热爱民族文化，认同本民族的价值观，具有国际视野的少数民族地区建设人才。

关于德育环境，顾明远主编的《教育大辞典》认为，德育环境是教育者为实现德育目标和任务而设置或使用的具有教育因素的环境。① 这些教育因素的环境可以包括学校的硬件设施，如学校的建筑物、园林设计等，也可以包括学校的软件设施，如学校的校风、校貌，总之是人为的设置，这种设置是为德育目标服务的，强调了德育环境建设的目的性和计划性。

罗国安等著的《德育环境学》认为，德育环境是影响人形成一定品德的各种事物的总和。② 这里的各种事物不仅包括自然的，还包括人为的，不仅包括有计划、有目的安排的各种事物，也包括影响到人品格形成的其他的事物，范围更广，强调的是影响形成人品格的各种不同的事物构成的外部环境。

邱伟光等著的《思想政治教育学原理》认为，思想政治教育环境，指的是思想教育所面对的外部客观存在，具体指影响人的思想政治品德形成、发展和思想政治教育活动开展的一切外部因素，

---

① 顾明远主编：《教育大辞典》，251 页，上海，上海教育出版社，1998。

② 罗国安等：《德育环境学》，8 页，西安，陕西人民出版社，1992。

那些凡是与思想政治教育有关的并对其发生影响的外部因素，都是思想政治教育环境。[①] 这些外部因素既包括人为的因素，也包括自然的因素，范围也很广。这里强调外部因素，因素是事物的构成部件，由这些事物的构成部件组合而成的外部环境，构成外部的客观存在。

戴钢书的《德育环境研究》认为：德育环境是指影响人的思想政治道德素质形成、发展和人的德育活动的一切外部因素的总和。[②] 这里的一切外部因素也包括人为的外部因素和自然的外部因素，是这些因素的总和，强调的是外部因素的总体特征。

综合来看，德育环境的基本内涵是：①它对人的思想道德品质的形成发展有影响；②它是外在于人的客观事物；③它包含有德育的因素；④它可以是人为的因素，也可以是自然的因素。广西民族地区的德育环境是指对广西少数民族的思想道德品质形成、发展有影响的外部因素。这些外部因素可以依据不同的标准进行分类，这里借鉴戴钢书德育环境“三维结构”理论，先把德育环境分为社会环境、学校环境、家庭环境，再把社会环境分为经济环境、政治环境、文化环境。[③] 在这一节里，我们主要探讨经济环境、政治环境、文化环境对广西少数民族地区德育的影响以及在这种影响下，广西民族地区德育环境的特点。

一、经济环境对广西少数民族地区德育的影响

戴钢书认为，经济环境是对人的思想政治道德素质产生影响的人们的经济活动、经济关系及相应制度等一切外部经济因素的总和。经济环境是全部社会环境的基础，经济环境的变化决定政治和

① 邱伟光、张耀灿主编：《思想政治教育学原理》，144 页，北京，高等教育出版社，1999。

② 戴钢书：《德育环境研究》，4 页，北京，人民出版社，2002。

③ 戴钢书：《德育环境研究》，194 页，北京，人民出版社，2002。

文化环境的发展变化。在社会主义制度下实行市场经济体制，是人类历史上具有深远意义的一次创造环境的重大历史活动，它作为生产关系的具体形式，为社会主义生产力的发展提供了强大的生机和活力。但市场经济体制与社会主义制度相结合也带来了一些矛盾和问题：市场经济体制的实行，带来不同主体在共同发展过程中利益方面的冲突与矛盾；市场经济体制的实行也使得各个利益主体为寻求利润最大化而推动自利性向自私方向发展，某些利益主体的违法活动和缺德行为产生大量的负面影响。社会主义国家应对市场经济体制负面效应采取必要的应对措施。首先，要肯定市场经济与社会主义制度结合的目的是充分利用其发展生产力的一面，要它为社会主义生产力的发展提供强大的生机和活力。其次，对市场经济体制与社会主义制度结合的性质要有清醒的认识，认识市场经济对促进生产力发展和完善生产关系方面的价值，同时也要看到，市场经济等价交换原则如果泛化、追求利润最大化走向极端，就会对社会造成危害。第三，市场经济体制与社会主义制度结合出现的矛盾和问题必须认真解决。社会主义国家可以从大处着眼、小处着手，依靠各种技术手段，加强监督管理，依靠法制，依靠思想政治教育，解决资本主义制度所无法解决的市场经济带来的外部问题。如国家在解决公共投资与公共支出的外部问题时，容易出现投资过大，效益低下，质量低劣，对造成重大损失的责任人不查处等问题，这些外部性问题对社会造成危害，对个人形成腐蚀。搞好垄断与社会主义制度的结合，增强社会主义国家的经济实力，同时降低垄断行业的成本，提高服务质量，真正使全体人民受益。分配不公在社会主义制度下也是存在的，不过这些问题在实践中也正在加紧解决。第四，资本主义社会的毒瘤在社会主义条件下没有存在的土壤，尽管它在一些地方有死灰复燃的现象，但党和政府对这些毒瘤的态度是十分明确的，一旦发现，就坚决铲除。第五，社会主义国家在生产力、社会经济制度和市场经济三者的统一中，十分重视提高人的思想政治道德素质。①

市场经济体制对广西少数民族地区德育的影响也是十分深刻的。广西民族地区的经济发展在广西少数民族历史上达到前所未有的水平，农村联产承包责任制解放了生产力，使人们的生产积极性空前高涨，生产经营性收入逐年提高，温饱问题基本解决，在党和政府的正确领导下取得了令人瞩目的成绩。但是，市场经济的负面效应对广西民族地区德育的影响也是不能忽视的，主要表现为：第一，“利益主体与寻求利润最大化而推动自利性向自私方向发展”。在广西民族地区，一些人为争夺利益，破坏了人与人之间和睦相处、团结互助的关系，为林场、为牧场、为水利、为土地、为宅基地的归属问题，各持己见，互不相让，甚至发展到集体斗殴，没有了远亲不如近邻的合作关系。义利之争，古已有之，毫不奇怪，但是舆论导向非常重要，在处理人际关系的准则中，坚持义高于利、义在利先的立场是非常重要的。第二，“市场经济等价交换原则如果泛化、追求利润最大化走向极端，就会对社会造成危害”。在广西民族地区，人们对集体公有财产的侵占、对社会公共设施的破坏、对损人利己行为的不作为、对他人利益的不关心，桌球室、电子游戏厅开到中小学门口，引诱自制力差的青少年等现象，在这种市场经济的逻辑下逐渐司空见惯，变成可怕的集体无意识，而集体利益高于个人利益、爱护公物，毫不利己、专门利人，老吾老以及人之老、幼吾幼以及人之幼，这些曾经奉行的道德原则受到质疑甚至否定，具有道德约束力的村规民约变成一纸空文，形同虚设，淳朴的人变得精明，人心变得麻木。要重建原来的合理合法的道德秩序，单靠外力是不够的，还得靠人心，靠人性的觉醒和良心的力量，靠每个人的社会责任感。第三，“分配不公在社会主义制度下也是存在的”。在广西民族地区，一些人凭借权力和财力的优势，

① 戴钢书：《德育环境研究》，214～259页，北京，人民出版社，2002。

侵占了人们的利益，占有资源优势的地区和人群的富裕生活和资源贫乏的地区和人群的贫困生活形成强烈反差，破坏了社会主义按劳分配的原则，动摇了人们对社会主义社会制度优越性的信心。农副产品价格低廉，农民生活缺乏基本的社会福利保障，体力劳动的价值在社会劳动中被低估，农民工的生活缺乏制度保障，同样是社会分配不公的表现。保护农村弱势群体的经济利益，帮助贫困地区发展经济仍然是政府的中心工作。第四，“资本主义社会的毒瘤在一些地方有死灰复燃的现象”。在广西民族地区，诸如赌博、封建迷信、婚礼葬礼大操大办、卖淫嫖娼等社会丑恶现象不但存在，而且人们往往也熟视无睹。单靠社会治安部门的专项打击，没有全社会的道德自律，效果可想而知，世风日下的忧虑不是没有根据。打击的力度要加强，乡村健康的文化活动也要积极倡导，营造有益身心的乡村健康生活氛围迫在眉睫。第五，“市场经济的第五个负面影响是对人的思想政治道德素质要求低下”[①]。在广西民族地区，农村基层组织由于缺乏经费、缺乏人才、缺乏依法行政的政策和理论水平，基本处于放任自流状态，除了应付上级部门的检查外，有组织、有计划的思想政治类的常规活动已不多见，主动参政议政的情况更加少见。从“文化大革命”时期的“讲政治”到市场经济体制之后的“不讲政治”，是从一个极端走到另一个极端，都不是正常的德育现象。因此，重建农村基层组织，增强农村基层组织的战斗力，应该是新农村建设的一项重要的内容。

我们在享受市场经济体制和社会主义制度相结合带来的好处的同时，也必须面对它带来的负面效应，广西民族地区也不例外。“这些问题的解决不是一种自然的过程，而是要通过反复实践摸索，付出很高的代价才能解决。”[②] 事实上，这些问题的解决过程，

① 戴钢书：《德育环境研究》，253 页，北京，人民出版社，2002。

② 戴钢书：《德育环境研究》，255 页，北京，人民出版社，2002。

也是广西民族地区德育环境建设和发展的过程。为了建设广西民族地区美好的精神家园，付出再大的代价都是值得的。

二、政治环境对广西民族地区德育的影响

戴钢书认为，政治环境是对人的思想政治道德素质产生影响的社会政治活动、政治制度、政治设施等一切外部因素的总和。政治环境具有社会历史性，不同的时代，政治环境是不一样的。政治环境还有阶级性，是阶级关系的产物，体现一定阶级的利益、愿望和要求。政治环境还有相对的独立性，它可能随着经济基础的变化而变化，也可能超前变化，推动经济环境的变化。政治环境对人的思想政治素质有导向作用：①国家政权的性质决定人们的政治立场和政治态度；②党的路线方针政策和理论创新有助于人形成正确的思想政治观念；③依法治国、发展民主的政治体制改革取向有利于人们树立正确的法制观念；④社会主义制度优越性的发挥极大地坚定了人们的社会主义理想信念；⑤中国共产党加强自身建设的重大举措和取得的成果增强了人们对党的信任。政治环境中的消极因素对人思想的影响也有负面的效应，如领导干部中少数人的官僚主义、政治腐败行为离间党群关系、政群关系，使人对社会主义制度产生动摇心态；“文化大革命”中的极“左”思潮使人民群众对党的领导、对社会主义事业、对毛泽东思想、对无产阶级专政等产生了误解，以致一段时间内，在一些领域中出现否认党的领导、否认马克思主义在社会主义各项事业中的指导地位、否认社会主义制度的优越性等资产阶级自由化思潮，相当一部分人的思想政治认识发生混乱。因此，必须加强政治环境建设，扩大正面影响，缩小负面影响。用邓小平政治观武装人们头脑，引导人们认清时代性质和发展方向。当今世界，在政治领域、经济领域、军事领域，主导者是国际垄断资本主义，但时代发展的方向仍然是社会主义方向，在复杂

多变的国际形势面前，坚持和平与发展两大主题，用“三个世界”理论作为观察、分析、处理国际问题的指导思想，做好社会主义与资本主义长期斗争的思想准备，处理好各种关系，在改革开放中斗争，在斗争中改革开放，按照“双治”方略，营造良好的政治环境，“依法治国”、“以德治国”，促进社会主义市场经济、民主政治、法治、道德和社会主义文化建设的健康发展，优化社会德育环境。以“三个代表”为思想武器，对人的思想政治道德素质进行塑造。“三个代表”重要思想是对新形势下加强党的建设提出的新要求，它会通过各种中介延伸到社会环境的各个领域，对人的思想政治素质产生影响。① 以社会主义荣辱观为指导，加强社会主义精神文明建设，净化社会环境。以“科学发展观”为思想武器进行社会主义现代化建设，建设和谐社会，关注民生，关注“三农”，关注社会的弱势群体。

在广西民族地区，人们的政治立场和政治态度往往取决于对党的政策方针的理解程度，取决于当地政府在多大程度上落实了民族区域自治政策，更重要的是为当地的社会发展作出了怎样的贡献。诸如政府的惠农政策、减免农业税政策、“新农合”的实施、县级行政干部与贫困户“一对一”的扶贫帮困活动、不间断的“文化下乡”政策，在广西民族地区得到广大农民的交口称赞，大大提高了党和政府在少数民族地区人们心目中的形象，坚定了他们的社会主义的理想信念。另一方面，一些偏离了正确方向的政治运动，如当地政府为了完成计划生育的任务，采取了极端的方法，损害了少数民族的利益，使少数民族陷入贫困，也离间了党群关系、政群关系，使人们对社会主义优越性的信心产生了动摇。当地政府是党的政策的实行者，代表党和政府的形象，其行政行为对当地人们的政治立场和政治态度产生的影响是不能低估的，因此，为了广西民

① 戴钢书：《德育环境研究》，262～286页，北京，人民出版社，2002。

族地区良好的政治环境的建设，要加强党的领导，尤其在地方干部的选拔和任用上不可不谨慎。

三、文化环境对广西民族地区德育的影响

戴钢书认为，文化环境是指人类社会中存在的由生产方式决定的观念形态所构成的影响人的思想政治道德素质的外部因素的总和。包括世俗形态（如处于共同体中的群众所共有的风俗习惯、行为方式和交往规则）、理论形态（如由少数专业精神生产者所创造的哲学、法律、道德、文化、艺术、宗教等方面的成果）、凝结文化观念的物质产品（如烈士丰碑、历史博物馆、民族英雄纪念馆以及各种有丰富内涵的人文景观）。文化环境具有民族性，文化的各种形式，从世俗形态到理论形态，都具有本民族的特点。文化环境具有时代性，社会形态的历史演变及其区别决定了文化环境的特征。文化环境具有阶级性，文化环境的各种观念和产品是属于一定阶级的人创造的，他们的情感、意志、兴趣、目的必然表现在他们的精神产品之中。文化环境对人的思想政治道德素质具有塑造作用。社会主义文化对人的思想政治道德素质的塑造主要表现为：在社会主义市场经济条件下，社会主义文化对人的世界观、人生观、价值观的塑造，有助于人们树立共产主义的理想和信念，有助于人们的全局观念、法治观念、主人翁观念的树立，有助于人们树立同国际垄断资本主义作长期的政治价值斗争的观念，有助于培养奉献精神，有助于增强群体意识，有助于责任观念的养成，有助于诚信品德的奉行。传统文化对人的思想道德素质的影响，主要表现为各种思想观念的影响。如传统的义利观，主张重义轻利，先义后利，以义制利，从原则上来说，完全适用于市场经济，市场经济虽然以发展经济促进生产为主要目的和最终目标，但并不等于市场经济只讲物质利益，只讲金钱，不讲理想，不讲道德。传统文化中的生死

观对人们的影响也很大，儒家的生死观有助于人们形成积极入世的人生态度。传统文化的公私观也对人们产生了影响，儒家等级整体主义的公私观影响深远。西方文化对人的思想道德素质的影响表现为：“本能人”“主动人”对“阶级人”“被动人”观念的补充，人的异化等观念对“人在社会生活中被忽视”等的提示和纠正，西方人权理论的片面性有助于人们认识和坚持“维护人权，反对霸权”的主张。大众文化对人的思想的影响，表现在它以娱乐性愉悦了人们的感情，松弛了人们的紧张生活，丰富了大众的业余文化生活，有些有积极意义的作品对陶冶大众的高尚情操也起了一定的作用，但是一些作品对形式和形象的过分追求会使大众沉湎于感官的享受而忘记对精神和灵魂的陶冶，降低对人的思想政治道德素质进行培养和提高的要求，有的作品宣扬不健康的生活方式，则对人的思想政治道德素质产生直接的伤害。①

与非民族地区不一样的是，广西民族地区的地域文化对德育的影响，体现了文化环境的民族性。由于广西少数民族大多数有语言没有文字，理论形态的文化比较少，主要是世俗形态、凝结文化观念的物质产品，如广西 11 个世居少数民族的风俗习惯，就是他们世俗形态的文化环境。广西民族地区的文化环境历经上千年的发展变迁，期间在与汉族的交往中又不断吸收汉文化的成分，加上各个少数民族之间在交往过程中互相影响，有一些共同的特征是正常的。在物质文化环境方面，壮族在稻作农业发展的过程中，不断吸收汉文化的先进技术，从而使稻作技术不断更新。在制度文化环境方面，汉文化的父系观念加速了壮族社会发展的进程。在精神文化环境方面，汉文化“以德治代替政治”、“以礼治代替刑治”的思想影响了壮族社会，历代统治者可以“以夷治夷”，任命当地有影响的人物，按当地的风俗习惯来治理。壮族乡村为了维持治安，可

① 戴钢书：《德育环境研究》，290～350 页，北京，人民出版社，2002。

以根据当地的风土民情制定许多乡规民约，以为道德准则。①

“尽管壮族传统文化在其形成和发展的过程中受到汉文化的强烈影响，带有激发型（文化发生大致可分为三种类型：原发型、激发型、移植型）文化的特征，但其原有的文化的根基及其主体并没有从性质上改变。”② 因此，壮族传统文化应属于原发型文化，原发型文化是指一个民族群体在其原来已有的基础上自然地发展起来的文化。原发型民族文化有悠久的历史和独特的性质，最能反映壮族传统文化悠久历史和独特性质的是稻作文化和壮族的语言。③广西境内其他少数民族文化环境的发展历程大致与壮族一致，他们大部分都是古越人的后代，居住在气候炎热、雨水充沛、植被丰富、土壤肥沃的岭南地区，发明了水稻的种植，以水稻种植为占主导地位的生计方式，创造了包括一整套耕作、种植、收藏、加工的生产技术，形成了与其他文化环境不同的稻作文化环境。这种依赖于自然地理条件、相对自足的文化环境产生了独特的民族风俗习惯和民族语言，这种民族语言是与汉语不同的。“壮泰民族的语言乃至侗台语族的各种语言，也是原发型文化中历史悠久而独特的文化。它不仅与印欧语不同，也与汉语、印尼语不同，是自成系统的。……尽管壮泰语与汉语的基本词汇都是以单音词为主，由声母、韵母和声调组成，声调具有分辨意义的作用，但是，壮泰语与汉语在语音、基本词汇和语法方面差别仍然比较明显，所以，直至今日，运用壮泰语和汉语仍然无法直接进行交谈。”这是因为百越民族及其后裔壮泰民族文化有一种自我保护和自我更新的技能，能

① 覃圣敏主编：《壮泰民族传统文化比较研究》，第5卷，3172页，南宁，广西人民出版社，2003。

② 覃圣敏主编：《壮泰民族传统文化比较研究》，第5卷，3157页，南宁，广西人民出版社，2003。

③ 覃圣敏主编：《壮泰民族传统文化比较研究》，第5卷，3156~3157页，南宁，广西人民出版社，2003。

维持一种相对稳定的状态。这种原发型文化具有极强的兼容性。①

过去，广西少数民族的文化传统也是以世俗形态和物质产品的形态保存下来的，传承的渠道不是学校，而是社会和家庭，传承方式是最原始的言传身教。壮族世俗形态的文化环境包括在壮族社会生存所需要的生活礼仪、人际交往技能，婚丧庆典活动麽公师公喃唱的经文，口头讲述的民间故事，交往节庆活动中的对歌等。物质产品包括壮族传统的干栏建筑、铜鼓等。

我们说过，广西少数民族地区的文化环境一直都受汉文化的深刻影响，在市场经济环境下，又受到西方文化的强烈冲击，广西少数民族传统文化的领地越来越狭窄，广西民族地区文化环境的民族性成分越来越淡，以致让学者感到担忧，呼吁拯救民族传统文化，抢救濒危的民族语言。兼容性极强的广西少数民族传统文化要进行怎样的完善、更新、重组、再生，才能保住自己的根基，不被强势文化同化和取代？与自然环境相适应的民族文化环境对身处其中的少数民族的身心发育是最有利的，由人与环境共生中派生出来的德育是最自然的德育，这种德育不仅仅是规训和规范，它还是人与人、人与社会、人与自然相处的经验，维持的不仅仅是人群的秩序，还是人与环境和谐共处的法则。

四、广西民族地区德育环境的特点

在中华民族多元一体格局中，在价值多元化背景下，广西民族地区德育环境与非民族地区有趋同的倾向。同时，由于不同的地理环境和历史发展条件，不同的经济、政治、文化环境，也有自己的独特之处。

---

① 覃圣敏主编：《壮泰民族传统文化比较研究》，第5卷，3158页，南宁，广西人民出版社，2003。

（一）兼容性

兼容性是指广西民族地区德育环境在历史发展的过程中，为了生存和发展，适应时代发展的需要，在保持自己文化环境的特色和精神内涵的同时，主动吸收兼容其他民族文化环境的因素，使本民族文化得以延续。

在全球化的历史背景下，人们是无法抵挡经济的高速发展带来的物质极大丰富的美好生活的诱惑的，因此，在广西少数民族聚居区，市场经济的逻辑和法则越来越深入人心，渗透到少数民族经济、政治、文化生活的各个方面。在社会生活中，人们使用的是本民族的语言，也可以使用汉语与其他民族语言，和不会使用本民族语言的人进行交流，不会觉得不方便。他们放弃自己的民族传统服饰，因为制作费时费力，穿着从集市上购买的经济实惠的服饰，并不觉得有什么损失。本族的青年人外出打工以后，放弃祖传的具有本民族传统风格的干栏式房屋，建起钢筋混凝土楼房，干净敞亮，住着心安理得，觉得是光宗耀祖的事情。就这样，他们在历史的变迁中，跟随时代发展的脚步，不断放弃，不断吸收，不断更新。但是，他们居住的地理环境是相对固定、相对封闭的，这个特殊的环境赋予他们的民族体质特征和精神内涵以特性，所以历经千年的文化冲突和变迁，他们并没有被汉族同化，却创造出了以自己的民族文化为根基，兼容各种外来文化的物质文化、制度文化、经济文化，保持了广西民族地区德育环境相对的独立性。例如，壮族先民原来只会使用石器，甚至磨制出精美的石铲，但随着金属冶炼技术的传入，壮族先民逐渐使用功率效用更高的青铜农具、铁质农具，以取代原来的石器，并以牛耕技术改变了原来以人力进行火耕水耨的落后面貌，现在又以“小铁牛”代替了牛耕，效率更高，更适合现代农业的发展。又如，壮族原来以狩猎、渔猎为生，形成群体社会，而稻作农业也需要群体的力量，这使得群体社会得以延续，只是群体单位由原来的氏族群体发展为以家庭、家族或村落为单位。在群体观念的支配下，同一群体的每一个成员都有互相帮助的义务，一旦某人遇到困难，诸如修建房屋、耕田收割、遭受火灾、操办丧事等，家族群体中的其他人都会自动尽力给予帮助，往往不计报酬。壮族的家庭、家族内部个人之间的正常关系，通常依辈分排定，幼辈尊敬长辈，长辈爱护幼辈，家长在家中有绝对权威，族长则在家族中有绝对权威。不过现在情况有所改变，家长和族长的权威受到挑战，家庭和家族中最有能力的人享有绝对的权威，这是市场经济规则渗透的结果。再如，过去按照村规民约来维持乡村的道德秩序，处罚的方式五花八门，某人因为替父报仇而杀了人，按刑律应当偿命，但因其动机、行动合乎礼制中的孝道，因而不用追究。[①] 但现在这种情况也有很大的改变，乡规民约基本已经被国家的法律法规所取代，只在村民日常生活的细节中还能看到乡规民约的影子，如为保护当地水源和生态环境而规定不准电鱼、炸鱼的村规民约。

（二）场域性

场域性是指广西民族地区德育环境是在特定的地理环境条件下形成的生产方式、生活方式、风俗习惯、思维方式、行为方式、交往方式的综合，构成德育的外部因素，这些因素对德育产生显性或隐性的影响。

在自然环境方面，农业是广西民族地区经济体系中的主要成分，但广西民族地区平原和丘陵狭小，难以形成发达的农业。广西民族地区北有五岭与中原相对，西有云贵高原阻挡与西南的交通，东南濒临海洋，是一个相对独立的地理单位。其内有纵横交错的山脉和河流将之隔成许多小区域，广西少数民族均居住在一个个峒场

---

① 覃圣敏主编：《壮泰民族传统文化比较研究》，第 5 卷，3168 ~ 3173 页，南宁，广西人民出版社，2003。

之中，与外界交往不多，形成社会经济分散、封闭、自给自足的特点。岭南地区自然资源丰富，容易获得食物，但山高林深，旱涝灾害时有发生，毒蛇猛兽十分猖獗，常常威胁人们的生命财产安全，在这样的自然环境中生活，逐渐形成吃苦、耐劳、勇敢、顽强、安分、保守的族群性格特征。

在农业经济的影响下，岭南的自然条件限制了广西民族地区农业的规模和发达程度，使广西民族地区社会长期以来无法跨越氏族制度的藩篱，原始公有制下形成的伦理道德观念便长期沉淀在广西少数民族社会中。

在社会历史发展的进程中，岭南地区动植物丰富，一直到新石器时代中期，广西少数民族先民仍主要靠采集和渔猎维持生活，男子渔猎不能每天满载而归，女子的采集所得，成了日常的生活来源，确立了妇女在生活中的主要地位，母系社会长期存在。到新石器时代晚期，稻作农业取代了渔猎和根块农业成为社会主要的生产部门，母系社会向父系社会过渡，但母权制的影响仍然浓厚，父权制先天不足。在春秋战国时期，原始社会崩溃，广西少数民族地区出现了私有财产和贫富分化，但由于生产力水平低下，制约了奴隶制的发展，当时的社会只是家长制的奴隶制社会，仍不是典型的奴隶社会。秦始皇南征岭南，使得处于部落阶段的广西少数民族先民还来不及建立完整的奴隶制国家机器，就变成为中央封建王朝的臣民，其土地形式仍沿袭原始公社土地公有制。在隋唐时期，少数民族地区形成了许多“峒”，峒是由一个或几个族姓组成，各峒的峒酋或峒长，由部落首领转为统治者。唐朝实行羁縻统治，册封这些首领为羁縻州的刺史或都督，加强了首领的社会地位和政治权力，形成了首领和峒民之间的对立关系。由于首领已由原来的土地管理者变成了土地占有者，原来村社成员定期分得的土地也变成了从户主那里领来的份地，耕种土地必须交地租，承担各种负担，村社成员自然成了被固定在封建份地上的农奴。而中央王朝的土官制度容忍和承认了这种封建农奴制，使之得以长期延续。到清朝改土归流后，广西少数民族社会才逐渐演变为以地主经济为基础的封建制度。这样的社会发展历程，就使氏族、部落制度的解体在广西少数民族中完成得不充分，氏族社会的血缘制度及其思想观念在广西少数民族社会留下大量残余。于是，低层次的集体主义、平均主义和重义轻利等变成为广西少数民族伦理道德的重要内容。①

广西民族地区大多数是农村地区，从事农业生产，是稻作文明的发祥地，其社会道德教育的内容和方法与农业生产和农业文明相吻合。例如，壮族地区人们把勤劳列为最重要的品德，认为勤劳、工作认真负责的人是最有价值的人。② 因为地处山区，机械化程度不高，解决温饱问题主要是靠体力劳动，壮族人很自然把勤劳作为人在社会上生活的基本道德素质，从小就教育自己的孩子"勤不富也饱，懒不死也饿"，告诫孩子要勤劳，将来才能过上温饱的生活。这是比较低的生产力发展水平条件下自然产生的道德观念，它首先是为了个体生存，更是为了族群的发展。这种不发达的生产力水平还催生了另一种相互适应的道德观念，那就是节俭，不能浪费在勤劳中获得的劳动成果，壮族人告诉自己的孩子糟蹋粮食是要遭雷劈的，不能随意丢弃任何物品。在生产力水平低下、物质贫乏的农业社会，这样的道德品质教育对维护社会经济基础、保持社会稳定有重大意义。

（三）复杂性

复杂性主要是指广西少数民族聚居地区德育环境中各种交互作用的外在因素的总和表现出的特征。这些复杂因素是交织在一起，

---

① 覃圣敏主编：《壮泰民族传统文化比较研究》，第4卷，2166～2173页，南宁，广西人民出版社，2003。

② 覃圣敏主编：《壮泰民族传统文化比较研究》，第5卷，3168～2905页，南宁，广西人民出版社，2003。

共同发挥作用的，同时这些复杂的因素又随着时代的变迁发生不可避免的变化，这些复杂因素的出现和消退都会在广西少数民族心理上留下或深或浅的印记，积淀为民族共同的心理，形成民族共同的价值观。

在自然环境方面，广西少数民族地区地处岭南，气候炎热多雨，溪、河、湖、泊星罗棋布，崇山峻岭交错纵横。这些自然生态条件也在发生不可逆转的变化，广西民族地区的气候就发生了变化，而且这些变化对农业生产和人们的生活产生了影响。《广西壮族自治区人民政府关于印发广西壮族自治区应对气候变化方案的通知（桂政发〔2009〕74号）》发布了广西气候变化的事实及其对广西的影响：

广西气候变化的基本事实与趋势表现为：①平均气温明显上升。1986—2007年的22年间，广西共经历了15个暖冬。②降水呈微弱增多趋势。③极端气候事件趋于频繁和严重。气候变化对广西的农业、森林和其他生态系统、水资源、海岸、海洋渔业、旅游业等都产生了较大的影响。

这些变化不是一朝一夕，而是日积月累，步步推进的，人们的心理状态也随之发生变化。日益严重的生态危机，迫使广西少数民族有了初步的比较理性的环境保护意识。政府采取的应对措施也对广西少数民族环境保护的意识产生一定的影响："进一步提高各级政府和企事业单位领导和决策者的气候变化意识，逐步建立一支具有较高气候变化意识的干部队伍；利用大众传播媒介，对社会公众进行气候变化的宣传，鼓励和倡导可持续的生活方式，倡导节约用电、用水，促进垃圾循环利用的自觉意识；在各类教育中纳入有关气候变化的内容，普及气候变化的相关知识。"①

---

① 覃圣敏主编：《壮泰民族传统文化比较研究》，第5卷，3168～2905页，南宁，广西人民出版社，2003。

在社会环境方面，广西少数民族地区的聚居区虽然是一个相对独立的单位，但是那些天然的屏障并不能阻止外族的武力征伐，也不能不受随着外族的统治带来的伦理道德观念的深刻影响。自秦始皇统一岭南之后，尽管历代中央王朝采取“以夷制夷”的政策，但也时刻不忘“以中国之法教化之”。在汉代，中原的私学教育已经在广西出现。在魏晋南北朝时期，北方战乱，中原士族和大批汉人南迁，私学教育有了较大发展。隋唐以后出现了官学教育，到宋元明清，广西少数民族地区的学校教育逐渐兴盛，汉族的封建伦理道德观念逐渐被注入少数民族文化的机体之中，变成少数民族伦理道德内容的组成部分。而改革开放以后，西方文化透过汉族文化，经由学校教育和社会文化交往的途径渗透到广西少数民族文化生活中，西方文化中的一部分伦理道德观念逐渐被少数民族接收，也变成当代广西少数民族伦理道德观念的一个组成部分。虽然其中可能与少数民族原有的传统道德观念有矛盾和冲突，但随着少数民族地区经济文化的现代化程度的加深，在现代社会生活中，它的普世性和实用性会增强其渗透的力度，变成少数民族伦理道德观念的一个组成部分。

这样，从历时态要素看，广西少数民族的德育比历朝历代面临更为复杂的外部因素，包括自然环境的变化、社会环境的变化、文化环境的变化都更为复杂，变化的速度也更快，人们的生活习俗、思想观念的变化也是前所未有的；从共时态要素看，少数民族的德育环境比汉族的德育环境更复杂，它要面对自身的伦理道德传统及新旧更替的问题，要面对汉族变化了的伦理道德观念，解决涵化中不能回避的种种问题，还要面对附着在汉文化中的西方伦理道德体系的认识和批判。因此，充分认识广西少数民族德育环境的复杂性特点，有助于我们整合环境中的各种环境德育资源，更有针对性地进行伦理道德教育，提高少数民族的伦理道德素质。

（四）生态性

生态性是指广西少数民族聚居区的德育是在一个相互联系、相互影响的生态环境系统中生存和发展的。这些环境因素不是一个个孤立地存在，而是相互联系地存在，它们之间的相互作用构成了变化的复杂的生态环境系统。这个生态环境系统一旦形成，就具有塑造人、感染人的力量。如果生态环境遭到破坏，它也能扭曲人、毁灭人。

广西民族地区德育生态系统不是一个静态的结构，它是在历史的发展过程中不断建构生成的。在新石器时代中期，它的要素是自然界的一切生物和非生物，包括植物和动物、原始族群和他们的居所等，它们构成一个相互联系的关系链条，他们是相互依存的关系。在新石器时代晚期，它的要素有所增加，在采集的过程中发明了根块农业，开始种植水稻，发明了稻作农业，产生了与稻作农业有关的生计方式，生态系统内容更为丰富，关系更为复杂。在春秋战国时期，它的要素中又增加了能促进农业发展的青铜器，社会生态系统的制度化、结构化倾向明显，生态要素多样化。秦汉时期，社会生态系统的自主发展被外力所中断，但其内在的脉络仍然在延续，自然生态系统仍然按照自身的逻辑在发展。在以后的朝代更迭中，社会生态系统的各个因素随之变换，仍然会受到自然生态系统的制约，生成与自然生态系统相对应的伦理道德观念。

广西民族地区德育环境的生态系统还是一个多种因素相互制约、相互作用、相互依赖，达到系统内的相对平衡的系统。“壮族之所以重‘理’轻‘欲’，不但与农业民族有关，更与壮族社会中氏族血缘组织未充分解体有关。农业民族安土重迁的特点使壮族人民长期处于不变的地理环境和人文环境之中，必须非常注意与周围的自然和人们的关系。而氏族血缘组织将个体束缚在一个群体之中，因某种欲望而破坏与这个小群体的关系，其后果是不堪设想的，也是不允许的。因此，‘节欲’、‘去欲’是保持个体与群体关系的需要。”[①] 广西民族地区的生态链条可以描述为：崇山峻岭、河网密布的地理环境，产生丰富的动植物资源，发展出最初的根块农业，继而产生了稻作农业，稻作农业把广西少数民族留居在这片土地上，为了能在这片土地上世世代代生存发展下去，聚居在这片土地上的广西少数民族形成了相应的伦理道德规范，让聚居在一起的族群能够和睦相处。处在这个生态链条上端的是广西少数民族社会，这个社会的和平稳定反过来影响农业生产，农业生产的效率和水平又影响到土地资源的开发和利用，土地资源的开发与利用必然影响到地理环境，地理环境的变化又影响到动植物的生长繁殖，动植物的生长繁殖又影响到农业生产。如此循环往复，形成一个相对独立的自足的生态德育环境系统。

这个生态德育环境系统有一套自己的运行机制。运行机制是指在人类社会有规律的运动中，影响这种运动的各因素的结构、功能、相互关系以及这些因素产生影响、发挥功能的作用过程和作用原理及其运行方式。[②] 广西民族地区的自然环境为广西少数民族的生存和发展提供了基本的生存条件和物质基础，他们的生产生活是建立在这个物质基础上的，没有这个物质基础，他们就没法生存和发展，其生存和发展的前提条件是广西民族地区的自然环境。生存在这片热土上的广西少数民族对这块土地的热爱和膜拜，在他们的宗教信仰中就有表现，“壮族先民在原始社会时期形成的原始宗教信仰，经过几千年的社会发展变化，而且受崇拜的神灵很多，数不胜数，大致可分为自然崇拜、鬼魂崇拜和灵物崇拜三大类”。[③] 其中，自然崇拜和灵物崇拜，就表达了少数民族对其所处的自然环境

① 覃圣敏主编：《壮泰民族传统文化比较研究》，第4卷，2176页，南宁，广西人民出版社，2003。

② 参见 http：//baike. baidu. com/view/2068791. htm。

③ 覃圣敏主编：《壮泰民族传统文化比较研究》，第4卷，1979页，南宁，广西人民出版社，2003。

的热爱和崇拜。这种万物有灵的宗教观念使他们在农业生产和日常生活中能够敬畏自然，节制欲望，维护自然的生态平衡，而自然的生态平衡又为少数民族的可持续发展提供了新的物质基础，在新的物质基础上，仍然需要广西少数民族自觉维护自然的生态系统，否则，自然环境就会通过各种极端天气和自然灾害的形式警示人类。不敬畏自然，不爱护自己生存的自然环境，等于把自己推向绝境。从德育环境保护的角度来说，广西少数民族的宗教信仰事实上变成了德育环境系统运行的动力，它启动德育环境系统，并为它提供持久的动力。有了它，德育系统的各个要素才能在各自的位置上发挥应有的作用。因此，在改革开放的社会历史背景中，对待少数民族传统的宗教信仰，不能采取全盘否定的态度，封建迷信的成分固然不可取，但是敬畏自然、保护环境的思想是应该继承发扬的。

综上所述，我们认为，广西民族地区德育环境具有兼容性的特点，这主要是从广西民族地区地域文化发展的历史总结出来的，强调的是少数民族传统德育文化的特点；广西民族地区德育环境的场域性，是从广西民族地区所处的特殊的地理环境和由这种地理环境产生的文化氛围得出的，主要是说明德育环境的地域文化特色；广西民族地区德育环境具有复杂性的特点，主要是从少数民族德育环境的构成因素及其相互关系的角度归纳的，阐述的是少数民族传统德育环境资源的丰富多样性；广西民族地区德育环境的生态性，是把少数民族德育环境作为一个生态系统来认识，把各个德育因素放在系统的网络上，当成网络上的一个节点进行分析研究，建立德育环境生态系统的全局观念。我们认为探究广西民族地区德育及其环境，目的在于寻找广西民族地区德育和德育环境发展的内在规律，为建设广西民族地区德育和德育环境奠定理论和现实基础。

第四章　广西民族地区学校语文德育体系构建

在前文，我们论述了德育、学校德育、广西民族地区学校德育在内容和存在形式上的相同和不同的特点。我们认为，德育是上位概念，它指对人的政治思想道德品质有影响的所有活动，包括社会德育、学校德育、家庭德育；学校德育是它的下位概念，是指学校有目的、有计划进行的对学生的政治思想道德品质有影响的活动，包括学校的显性课程与隐性课程，学科课程与学科渗透课程。广西民族地区的学校德育则是学校德育的下位概念，指的是在广西民族地区地域范围内的学校德育，包括国家课程中的德育内容、地方课程中的德育内容、学校课程中的德育内容以及怎样对三级课程体系的德育内容进行必要的整合，使之更适合国家民族整体格局的发展，更有利于少数民族地区自身的发展，更有助于少数民族下一代的社会化发展，培养具有自主性、民族认同意识、国家认同意识的现代公民。广西民族地区学校语文德育是广西民族地区学校德育的下位概念，指的是在广西民族地区学校的语文课程中如何进行德育渗透，是学科德育渗透课程，包括语文德育目标、语文德育内容、语文德育方法、语文德育途径、课堂语文德育渗透。

历史上，在广西民族地区学校教育的历史上所进行的学校语文德育与非民族地区所进行的学校语文德育基本上没有区别，即在汉语言文化的教育中灌输汉族统治者认可的传统的伦理道德观念，其实质就是为了维护封建统治秩序，对上层少数民族子弟进行同化和奴化的封建文化教育。语文教育未从文史哲的综合教育中分离出来，语文德育和德育在内容和形式上是合一的，是两位一体的关系。19世纪30年代，西方教育理论和教育思想传入中国，当时的新桂系凭借军事实力聘请了新派人物来广西办教育，雷沛鸿创办的“特种部族教育”是面向少数民族的，其学校语文教育照顾到了少数民族的语言差异，采用了不同的教学方法，语文德育的内容发生了变化，除了传统的儒家思想外，增加了从西方引进的资产阶级的一些伦理道德观念，其教育的目的是为了同化少数民族，把少数民族教育当成取代武力征服的一种工具，和当年王守仁在广西创办敷文书院的动机是一样的，为了让少数民族接受汉文化教育，做安分守己的臣民，即“广西地处边地，民族杂居，民风尤称强悍。王守仁认为，叛乱之起，‘由学不明，人失其心’”①。中华人民共和国成立后，中国共产党才从少数民族自身的需要出发发展民族教育，民族地区语文德育允许有少数民族传统语文德育内容，少数民族可以用自己的民族语言进行文化科学知识的学习，这是历史的进步，它意味着少数民族语文德育内容进入学校语文课程是合法的。但是，广西民族地区学校语文德育内容仍然基本上复制汉族地区语文德育的内容，跟着汉族地区的语文德育方向走，没有自己的民族特色。21世纪开始的基础教育课程改革，倡导尊重多样文化，并建立了三级课程体系，试图把地方文化纳入学校的课程体系。九年义务教育语文课程标准在总目标中提出尊重多样文化的教育目标：“认识中华文化的丰厚博大，吸收民族文化智慧。关心当代文化生

① 孙先英、覃明：《敷文书院与王守仁的书院教育思想在广西的传播及影响》，载《广西社会科学》，2010（3）。

活，尊重多样文化，吸取人类优秀文化的营养。”① 在普通高中语文课程标准中同样提出尊重多样文化的目标：“增强文化意识，重视优秀文化遗产的传承，尊重和理解多元文化，关注当代文化生活，学习对文化现象的剖析，积极参与先进文化的传播和交流。”②广西民族地区学校语文德育首先就应该尊重本民族的传统文化，以传承本民族的优秀文化为己任，立足于本民族的传统文化，以开放的心态、宽阔的胸怀、长远的目光积极参与先进文化的传播和交流。

第一节　广西民族地区学校语文德育体系的总体构想

广西民族地区语文德育体系的构建要考虑三个要件：第一，广西民族地区学校语文德育环境的建设；第二，广西民族地区学校语文德育生态系统的建设；第三，广西民族地区学校传统语文德育的继承与创新。我们在第一、第二、第三章，对广西民族地区、广西民族地区的教育、广西民族地区德育进行概要式的分析介绍，目的就是介绍广西民族地区学校语文德育的地理环境特点，即广西民族地区学校语文德育体系赖以生存的物质基础及它可以凭借的经济基础和文化氛围。我们认为，沿袭广西民族地区历史以来的文化教育传统，只对广西民族地区的少数民族子弟进行汉文化的教育，对学校和教师而言，可以省时省力；但对少数民族子弟自身的健康发展是不利的，因为学校进行的语文德育与他们在社会、家庭中受到的

① 中华人民共和国教育部：《全日制义务教育语文课程标准（实验稿）》，4 页，北京，北京师范大学出版社，2001。

② 中华人民共和国教育部：《普通高中语文课程标准（实验）》，7 页，北京，人民教育出版社，2003。

语文德育的影响是脱节的，学校语文德育把学生从他们生存的社会文化背景中剥离出来，让他们接受抽象的陌生的书本知识式的语文德育，这种外在于少数民族子弟的语文德育仅仅是语文德育知识的传授，这样的语文德育不能激发学生学习的积极性，更不能达成审美的、育人的语文德育目标。我们认为，广西民族地区学生学业成绩低下、语文素养不高的原因有很多，其中重要的原因之一，就是不能根据广西民族地区的地域文化特点建构合理的学校语文德育体系，立足于广西民族地区的经济、政治、文化发展的基础，根据少数民族学生自身发展的需要，设置语文德育目标，选择语文德育内容，因地制宜探索合适的语文教学方法和途径，实施富有广西民族地区地域文化特色的有活力的语文德育。

一、广西民族地区学校语文德育环境建设

在前文，我们分析讨论了广西民族地区德育环境的内涵、影响德育的环境因素以及广西民族地区德育环境的特点。在这个基础上，我们再来讨论广西民族地区学校语文德育环境建设的问题，目的是把广西民族地区学校语文德育环境的建设放在广阔的社会历史发展的背景上，使它有深厚的历史积淀作为基础，又跟当代社会的政治、经济、文化发展息息相关，既是整个社会发展变化的一个缩影，又是一个相对独立的文化现象，涉及民族教育、德育、语文学科教育。如何整合这三种要素，形成合理的广西民族地区学校语文德育环境架构，对提高民族地区学生的语文素养是有意义的。

（一）广西民族地区生态学校语文德育环境建设

广西民族地区学校语文德育环境是一个相对独立的生态系统。生态是指有机体或有机群体与周围环境相互共存、共生的关系状态。生态一词源自希腊语 oicos，有住所、环境等意思，指在一个

生物群落及其生存发展的系统中，各种因素通过相互关联、相互制约而达到相对的平衡。生态系统的概念意味着一个小的生态环境内部所有要素相互作用和相互依赖，从而构成了一个有机的整体。[①]在这里，我们把广西民族地区学生作为学校语文德育环境的有机体，研究学生在语文德育的过程中与周围环境的共存、共生的关系。就是说，学生语文德育素养的形成和发展与学校的语文德育环境有千丝万缕的联系，为了提高学生的语文素养，就有必要创设一个适宜于学生语文素养发展的教育的生态系统环境。

广西民族地区学校语文德育环境是一个教育生态系统。“教育生态系统有自己的结构和功能，它不同于一般的生态系统，它是环绕在三种生态系统（规范环境、社会环境和自然环境）的圈层内以教育及其结构层次作为主体、以人才培养为中心而形成多因子综合系统。”[②] 我们把广西民族地区学校语文德育环境当成一个教育生态系统，是要强调它与环绕着它的广西民族地区的自然环境、社会环境、德育环境之间的内在联系，它内在于三种生态系统，是三种生态系统中的子系统。广西民族地区学校语文德育以培养学生的语文素养为核心，由近到远把各个生态系统圈层的语文德育因子综合起来，构成影响学生政治道德品质的语文德育生态环境。

广西民族地区学校语文德育环境是一个学校道德教育生态环境系统。“学校道德教育生态环境系指以学校道德教育为中心而展开的对于思想品德的个体存在和社会存在的转化所产生的制约和调控作用的多维空间及其内部各因子的有序组合。”[③] 我们把广西民族地区学校语文德育环境当成学校道德教育生态环境系统中的子系统，是强调系统内部和外部各种因素对学生语文德育素养的形成与

---

① 郑葳：《学习共同体——文化生态学习环境的理想架构》，26 页，北京，教育科学出版社，2007。

② 鲁洁：《教育社会学》，289 ~ 291 页，北京，人民教育出版社，1990。

③ 易连云：《重建学校精神家园》，222 页，北京，教育科学出版社，2003。

发展的制约和调控作用。另一方面，为了让外层空间和内层空间的各个因子能发挥语文德育的功能，必须强调相互联系、互为表里的各个环境系统因子是一个有序的组合，只有把多维空间中的语文德育因子有序组合起来，才能构成一个功能强大的学校语文德育环境系统。

广西民族地区学校语文德育环境建设是一个生态化的过程。“所谓生态化思想意指这个思想把任何事件、信息或知识放置于它们与其环境的不可分离的联系之中，这个环境是文化的、社会的、经济的、政治的，当然也是自然的。它不仅把一个事件定位于其背景，它也促使看到这个事件怎样或者改变这个背景，或者另外说明这个背景。”① 按照生态化思想的路径，广西民族地区语文德育环境建设由内到外，层层拓展，每一个圈层都不只是单纯的一个方面，而是包含作为环境背景的所有因素，这些因素以语文教育为中心形成相互影响、相互作用的场域，而环境建设，就是通过改变这个场域，或者是对这个场域进行有利于语文德育发展的改造。这种改造，可以由外层空间到内层空间，从改变广西民族地区的自然、政治、经济、文化环境开始，到改变广西民族地区学校语文德育实施的教室、教师、学生、教材；也可以从内层空间到外层空间，从广西民族地区学校课堂语文德育的教学环境，包括教师、学生、教材、教室，到外层的社会环境、家庭环境。可以从外层空间向内层空间渗透，也可以由内层空间向外层空间辐射。每一个圈层空间都包含了所有的环境生态要素，这些要素之间要保持相对的平衡，形成一定的制约关系，而圈层与圈层之间相同和不同的生态要素，也要保持一定的平衡，形成相应的制约关系。广西民族地区学校语文德育环境建设的要义就是保持各个圈层内部、外部、内部和外部之

① ［法］莫兰著，陈一壮译：《复杂性理论与教育问题》，13 页，北京，北京大学出版社，2004。

间各个环境因素之间的动态平衡。

广西民族地区学校语文德育环境的生态化建设，需要从最基础的自然生态环境建设开始，进而进行类生态环境的建设，再进行内生态环境的建设，使三者在价值取向上一致，在相互影响中建立动态平衡，实现广西民族地区学校语文德育环境生态化建设的终极目标，促进学生语文素养的形成和发展。自然生态环境建设是广西民族地区学校语文德育环境生态化建设的基础，即从自然的层面赋予环境以语文德育内涵，让自然环境发挥语文德育的功能，使自然环境成为语文德育的潜在课程，把自然环境中的语文德育因子唤醒。类生态环境建设是广西民族地区学校语文德育环境建设的主体工程，“学校整体发展的类生态是学校在道德意义上的公共生态环境，这种主导环境在整体上是维护教育的目标和价值的，是有利于师生健康发展的。同时每一所学校的环境都应该有自身独特的个性，因为学校个性是促使学校类生态保持活力和生命力的一个重要前提”①。类生态环境的建设有两层意思。第一层意思，是建设在道德意义上的公共生态环境，把学校教育的目标和价值落实在学校公共生态环境的建设中。把自然环境中语文德育的生态要素和人造环境中语文德育的生态要素合二为一，在学校的基础设施建设中尊重自然、尊重人的价值诉求，营造一个符合学校价值定位的校园环境，置身其中能感受到学校的价值观和教育目标，能受到其中蕴含的道德意义的影响。第二层意思，是建设有个性有生命力的学校公共生态环境，把学校独特的道德个性镌刻在学校的自然环境和人造环境之中，使学校的自然环境、人造环境、人际环境都体现学校发展的特色。这种特色虽然有自然环境的因素，但单纯的自然环境因素只是学校环境生态化的物质基础，特色是需要在学校教育哲学的

---

① 靖国平：《价值多元背景下学校德育环境建设》，144 页，南京，江苏教育出版社，2009。

基础上，结合时代发展的需要去提炼的。特色有稳定性的一面，学校生态环境的建设是在自然环境的基础上进行的，自然环境本身就有地理环境的特点，这些特点是不能复制的，但是可以在尊重自然特色的基础上进行符合学校道德要求的加工改造。广西民族地区学校的自然环境独具特色，在学校基础设施建设和学校文化的建设上必须尊重这些特色，在这些特色的基础上，结合民族地区文化建设的需要，进行生态化的语文德育环境建设，使之兼具民族地区的自然环境特点、社会文化环境特点、学校教育哲学的特点。如广西藤县中学，依山而建，楼房和树木相映成趣，励志名言和学生匆匆的身影交相辉映，琅琅读书声和简朴实用的教学设施融为一体，是学校教育哲学——“敬业奉献，团结奋进”的精神，“德以立身，学以立业”的校训，“严谨求实，团结进取”的校风，“爱生敬业，善教协和”的教风，“尊师守纪，勤奋善学”的学风的形象表达。① “学生整体发展的内生态是学生在道德意义上的自主、自决和自由发展，是学生基于自我道德取向或内部道德动机的个体道德环境的营造。”② 内生态系统的建设，就是广西民族地区学生发展出与其所处的道德环境一致的道德面貌，同时学生整体发展的道德面貌又是学校整个类生态建设的一个特别重要的组成部分，处于生态环境建设的核心部分，它的形成和发展既受自然生态环境和类生态环境的影响，同时又主导自然生态环境和类生态环境的发展。没有学生整体的内生态环境的发展，学校自然生态环境和学校类生态环境就没有了目标和意义。从这个意义上来说，内生态环境的建设是学校教育的价值和目的，而自然生态环境和学校类生态环境的建设是不可或缺的物质基础和文化背景，三者是共生、共存的关系，各以对

① 广西藤县中学编：《藤中魂》（内部资料），10页，2011。

② 靖国平：《价值多元背景下学校德育环境建设》，144～145页，南京，江苏教育出版社，2009。

方的存在和发展为自身存在和发展的条件。所以，广西民族地区学校语文德育生态化环境的建设，就不仅仅是学生个体道德环境的营造，而是各个圈层生态环境系统的建设，启动的不仅仅是内生态环境系统，连带的还有类生态环境系统和自然生态系统。这意味着，广西民族地区学校语文德育生态化建设不能局限在学校学生道德发展的层面，更不能局限在小小的语文课程范围，而要与整个学校和班级的道德发展联系在一起，更不能脱离在特定的经济基础条件下形成的特定的历史文化背景，使广西民族地区学校语文德育环境的生态化建设带有大语文的眼光和气魄，立足于学校现有的物质条件和现实基础，培育学校的道德哲学和个性气质，培养具有道德自律能力的现代社会公民。

（二）广西民族地区学校生活语文德育环境建设

在前文，我们谈到吸收现代德育思想，建构具有地方民族特色的学校德育内容时，简要介绍了高德胜博士倡导的生活德育论的基本观点，即通过有道德的生活来学习道德。而有道德的生活不是纯粹的道德生活，人的生活是综合的，无法过专门的道德生活，有道德的生活不一定是道德成为焦点的生活，道德就在生活之中，在过好生活的同时也就学习了道德，成就了德性。有道德的生活是可以在道德上作肯定评价的生活，我们不但可以对整体生活作价值上的评价，即这种生活有没有意义，还可以对生活的领域和环节作道德上的善恶正邪的评价，这种评价可以由一定生活之外的别人作出，也可以由生活者自己作出。有道德的生活是整体的生活，日常生活是尚未分化的生活，在这种生活中，人享受着生活整体性的含糊和美好，但人又不能完全沉浸于日常生活，有时要从日常生活中苏醒过来，思考哲学、艺术、科学的问题。有道德的生活是自主的生活，人是自己生活的主人，他有否决权、选择权、创造权，但是人的自由存在是相对的，不可避免地受到外在的自然条件和自身自然条件的限制。有道德的生活是有意义的生活，儿童生活是否有意义，在于他们有没有生活的感觉：对自己的生活是否有文化自立感、生活投入感、自我效能感和人际悦纳感。[①] 总之，生活德育论主张德育与生活两位一体，在生活中生成德育，在德育中过上美好的生活，这种美好的生活是自由选择的生活，是有意义的生活。为了过上有意义的道德生活，成为德性之人，必须进行学校生活德育环境的建设，没有学校生活德育环境，就无法让青少年感受到生活的意义，就不能有效培养青少年的德性人格，生活德育就是一句空话，学校生活德育环境的建设是生活德育实施的物质基础和前提条件。“学校德育环境建设需要基于生活、关注生活、联系生活、指向生活。学校德育环境建设的生活化取向，既是当代社会发展的必然要求，也是当代青少年身心发展的客观需要。”[②]

广西民族地区学生的道德需要产生于广西民族地区的生活世界，广西民族地区的道德教育和广西民族地区的生活是融为一体的。“马克思主义认为，道德起源于人类的生产劳动，亦即人类最基本的生活活动。在这种活动中，人与人之间发生各种关系，也产生各种矛盾和冲突。为协调各种关系，解决各种矛盾，才有道德的产生。最初的道德表现为与生活融为一体的风俗习惯，在风俗习惯中人们感受到好的生活应当是怎么样的。最初的道德教育也是以生活来示人以德，以生活自身来规范人的行为，而不是进行道德说教，灌输道德戒律。”[③] 例如，广西壮族的“满月仪式”，在广西壮族地区人民的生活中比较常见，就是把生活与道德教育融为一体。“在我国一些壮族地区的民间信仰中，世间所有的人都是花婆后花园里的一朵朵花，花的枯荣与人的生死健康息息相关，即‘花为

---

① 高德胜：《生活德育论》，74 ~78 页，北京，人民出版社，2005。

② 靖国平：《价值多元背景下学校德育环境建设》，159 页，南京，江苏教育出版社，2009。

③ 鲁洁：《道德教育的当代论域》，299 页，北京，人民教育出版社，2005。

人魂观’。他们认为灵魂能够影响人的疾病与健康，尤其对于婴儿来说，其灵魂是游魂，不容易固定在躯体上，容易飞走，因而需要借助麽婆的神力为婴儿叫魂，否则婴儿就会短命。为婴儿叫魂源于婴儿出生时的‘八字’，其龙村壮族人认为‘八字’决定着婴儿命中是否有关煞，在请道公为婴儿看关、解关之后，就要选择一个吉日请麽婆为婴儿招魂，以便使游魂顺利过关，回到婴儿身上。……在壮族的满月仪式中体现出了一种积极向上，不屈不挠的生活态度。……在满月仪式中都伴随着一系列大小宴席，通过宴席体现了人们相互关系的融洽、和谐，体现了一种互帮互助的美德。对女性的贬斥与褒扬共同构筑了壮族的性别观念，在满月礼仪中虽有对女性婴儿的区别对待，但始终没有将女性置于一旁，婴儿的母亲往往成为保护的重点对象，体现了一种善良的人文关怀。……满月仪式把以婴儿为核心的亲戚聚集在一起，有助于家庭的和睦与团结，形成共渡难关的氛围。……满月仪式中的各式馈赠不仅仅是一般财物的相赠，也是一种特殊的情感交流方式。……送礼与受礼的往来循环，更在一定程度上加固了彼此之间的人际关系。同时，礼与情的结合使人们增加了亲密感，这对于小至家庭，大至社会的凝聚、安定、团结和延续都颇有益处。……满月仪式构成的文化图式，使仪式的参与者共享一种价值交流体系，在此过程中，满月仪式已经成为化解家中不幸事件的一种手段，成为保佑全家幸福的载体，在这种仪式化的生活方式中，他们发现了自己存在的日常生活世界。”①广西少数民族地区的学生就生活在这样的风俗习惯氛围中，他们的生命意识、家族意识、人伦道德意识就是在这样的环境中产生的，也依赖于这样的环境赋予他们的生活以价值和意义。

---

① 张小娟：《花与子——广西靖西县其龙村壮族人的满月仪式研究》，1～84页，广西民族大学硕士学位论文，2008。

（三）广西民族地区学校审美语文德育环境建设

靖国平先生认为，道德不仅有真和善的价值追求，还有美的价值追求。道德和审美有区别，也有不可分割的联系。自康德哲学建立起“真（知）美（情）善（意）”的统一性法则以来，美与善的关联性和交互性便被确定下来。在现实生活中，道德总带有一定的审美色彩，而审美总蕴涵着一定的道德价值倾向。审美在道德评价领域中，总是或多或少地使道德更加高尚起来，把它提高到比当时的社会实际所奉行的要求更高的水平。因此，道德具有审美性格，学校德育应该审美化，“审美人格”是人的发展的最高目标，审美教育是“全人生教育”，人生的过程实际上是一个不断寻求完美性的过程。德育审美化就是以德育为目的、德育为本体、德育为形式，运用美育的规律、美育的方式方法，通过审美心理和审美能力的培养，影响品德心理，从而实现德育目标。德育审美化在实施过程中要求将德育与美育有机组合起来，在德育中注入审美机制，促成德育审美化，做到“以美立德，以美储德，以美扬德”，让人的道德观念、情感、意志和行为都具有审美价值与情趣。德育审美化需要建设相应的审美德育环境，必须遵循审美原则。愉悦性原则将思想品德的理与情、学与艺有机结合起来，要求德育通过“典型化”、“形象化”、“情趣化”的艺术创造，使受教育者在德育的美的观念的满足中感到愉悦、得到享受、受到教益。潜隐性原则要求寓教育于不知不觉、自然而然之中。交流性原则是审美主体与审美对象之间情意相通、“心心相印”的重要机制，寓教育于心理沟通与心灵交融之中。[1]

德育审美化是当代教育的一种价值追求，也体现在广西少数民

---

① 靖国平：《价值多元背景下学校德育环境建设》，180～191页，南京，江苏教育出版社，2009。

族的风俗习惯中，有些风俗习惯的形成与发展充分体现了德育的审美原则。例如，壮族的山歌是用来表现壮族人民的生活、抒发壮族人民的思想感情的，也是用来进行情与理的教育的。他们一生都在唱歌中度过，用歌来进行审美道德教育。婴儿时听母亲的摇篮曲，进行壮族音乐的审美感知教育。壮族摇篮曲多种多样，曲调缓慢抒情，亲切甜美。广西那坡的摇篮曲唱到：妈去田未来，爸去田未到，妈去地要蚱蚱，爸去田要蜢蜢，要只蚱嘴紫紫，要只蜢嘴红红。开始懂事了学唱儿歌和童谣，接受壮族社会的人伦道德教育。壮族儿歌音域不宽，旋律起伏不大，近似口语化，曲调简单，节奏轻快。广西东兰县的儿歌唱到：小妹小弟乖，同坐小竹排，竹排慢慢摆，看看小螃蟹。长大了赶歌圩找对象，要唱情歌，即遵循壮族社会的伦理规范，反映爱情生活的排歌，“排歌”意思是不停地唱下去，歌较长，也较自由，重内容、重意境，是壮族民歌里的自由体。广西田东县的排歌这样唱道：乖了妹哎乖了娘，那样歌不懂，为家穷怄气，因为没有伴，哥怄气不吹，如哥喜来到，唱歌过塘边，塘中鱼也跳，唱歌过篱边，母鸡把仔离，唱歌过房边，七仔妈离房。死后有哭丧歌，是教育下一代不忘先人的恩德，要有感恩之心。①

壮族的民间舞蹈也是寓教于乐的，充分体现了德育的审美原则。“壮族舞蹈活动往往在壮族人民的节假日、歌节、歌圩以及喜庆婚丧的日子里进行，集宗教、政治、娱乐、教育、庆典、生产、交流等诸多活动为一体。……壮族舞蹈也经历了从娱神、娱鬼、娱祖到娱人、自娱的转化，现在它更侧重于自娱性。……如壮族舞蹈中的铜鼓舞、板鞋舞、扁担舞等，目前趋向广场舞蹈，具有更多的观众。……如板鞋舞就带有强烈的竞技色彩，不论输赢，观众都会

① 覃圣敏主编：《壮泰民族传统文化比较研究》，第5卷，2568～2569页，南宁，广西人民出版社，2003。

发出会心的欢笑，舞者也从中感受到愉悦，体验到自身本质力量、价值和生命的力度、强度、韧度。……壮族人民通过舞蹈来进行娱乐，来愉悦身心，表达他们的兴趣、爱好和对美好事物、美好理想的追求，表现了乐观主义精神。”① 这种寓教于乐的审美德育活动，满足了审美德育的愉悦性、潜隐性、交流性原则，使壮族人民在健康的自娱活动中既锻炼了身体，也满足了个体和群体发展的精神需要。因此，广西民族地区审美语文德育环境的建设离不开广西民族地区传统的风俗习惯，尤其是广西民族地区广泛流传的民间文学作品、民间艺术等大众文化。激活其中蕴含的审美语文德育因子，是建设广西民族地区审美语文德育环境的重要任务。

（四）广西民族地区关怀语文德育环境建设

前文在谈到吸收现代德育思想，建构具有地方民族特色的学校德育内容时，介绍了侯晶晶博士译介的美国教育家内尔·诺丁斯的关怀道德教育理论。“关怀”有两个含义：一是关怀与责任感相似，如果一个人操心某事或感到自己应该为之做点什么，她就是在关怀这件事；二是如果一个人对某人有所期望或关注，她就是在关怀这个人。人具有关怀的本能需要，自然关怀又是发出需要诉诸努力的伦理关怀的基础，那些需要作出较大努力的关怀行为尤其离不开道德理想的发动和支撑作用，而道德理想的孕育和发展又有赖于生活中被关怀的体验和记忆，前面的关怀行为中被关怀者的积极回应会对关怀关系起到维持和促进的作用，成为导致后继关怀行为的动机的一部分。关怀的第一个环节是接受对方，接受的前提是搁置不同意见、去除控制的努力，与之交流、共同努力；关怀的第二个环节是动机移植——关怀者的动机能量流向被关怀者，但未必致力

① 覃圣敏主编：《壮泰民族传统文化比较研究》，第5卷，2568～2581页，南宁，广西人民出版社，2003。

于满足后者既有的目的。关怀者发出的关怀行为完成于被关怀者的接受。关怀者与被关怀者构成远近不同的同心圆，其共有的圆心是关怀者“我”，在靠近这个圆心的内圈，我们因爱而关怀，在较外圈层，被关怀者是与“我”有个人联系的人，更外圈层中有“我”尚未与之相遇者。我们在圈层中既是自由的，又受到约束。自由，是因为关怀行为出于我们的自愿；约束，是受制于我们的道德自我，而关怀者道德自我的完善及其关怀行为都部分地取决于道德环境，特别是被关怀者的回应。① 内尔·诺丁斯的关怀道德教育理论与一般意义上的“爱”的教育不一样，强调了师生关系中教师的“爱”是与众不同的，这种“爱”，基于天性，但不完全是天性，它包含有责任，因此它是感性与理性的统一，它的完善既取决于自身的努力，也取决于外在的道德环境，尤其取决于被关怀者的回应。这个外在的道德环境，就是我们前面所说的学校的内生态系统。内生态系统的关键因素就是教师、学生之间的关系模式。关怀理论认为，在内生态系统中，人与人之间应该是关怀与被关怀的关系，你是关怀者，你也是被关怀者，你要有关怀被关怀者的动机和能力，也要回应别人对你的关怀，而你的回应在完善被关怀者的自我道德的同时，也实现了道德的自我完善，道德教育实际上就是在创造这种彼此关怀的道德环境。在广西民族地区学校尤其要倡导这种基于人性“善”的关怀道德教育，由于广西民族地区在经济、政治、文化等方面的滞后，“民族学生多数来自山区、农村，尤其是来自边远山区和贫困地区，其心理状态既有自卑感，自认为比别人‘低一等’，性格比较内向、孤独，不善交朋友，但也有强烈的民族自尊心，一旦有人对他们有某种歧视或者受到欺侮，可能会产生两种后果：一是害怕，不安心学习，甚至厌恶学校，造成大面积的辍学现象；二是产生强烈的狭隘的民族主义思想，引起严重的抵

① 侯晶晶：《关怀德育论》，65～74页，北京，人民教育出版社，2005。

抗情绪，甚至产生极不良后果。”① 这种后果影响少数民族学生的健康成长，而关怀道德教育理论倡导人与人之间的平等关系，这种平等关系，不仅仅是一种责任，还基于自然的“爱”，是人与人之间互相帮助、相互交流、相互理解、相互尊重、相互促进的关系，基于“爱”，但不完全是“爱”，还有期望和要求，还有长远的目标，还有善良的愿望和伟大的理想。对于由于各种原因处于弱势地位的个体和群体来说，关怀德育环境的重要性不言而喻。

二、广西民族地区学校语文德育生态系统建设

上文论述了广西民族地区生态学校语文德育环境建设的构想，在这个构想的基础上，我们进一步讨论广西民族地区学校语文德育生态系统建设的问题。广西民族地区学校语文德育是语文教育的一个组成部分，它是语文教育这个生态系统的一个子系统，相对独立于语文知识教育、语文能力教育；广西民族地区学校语文德育是学校德育的一个组成部分，但它又区别于学校思想政治教育、其他学科的德育；广西民族地区学校语文德育是广西民族地区教育的一个组成部分，但它不同于民族语言教育、民族艺术教育。广西民族地区语文德育生态系统的构成要素相当复杂，作为语文教育生态系统的子系统，要遵循语文教育的客观规律，依照语文教育的法则运行；作为学校德育生态系统的子系统，则要在学校德育系统的框架内运行，参照学校德育基本法则；作为民族地区教育的子系统，承担民族地区教育的一部分任务，按民族教育政策行事。因此，广西民族地区学校语文德育生态系统具有语文课程的属性，对应的是语文课程的人文性，在语文课程标准中表述为“情感态度价值观”，

---

① 广西壮族自治区教育厅：《广西教育改革志》，320 页，桂林，广西师范大学出版社，2003。

在语文教材内容中是思想内容；广西民族地区学校语文德育具有德育课程的属性，要透过听说读写的训练培育学生的健康人格，对应的是语文素养的形成，正确的人生观、价值观、世界观的确立；广西民族地区学校语文德育具有民族教育的属性，要尊重民族地区风俗习惯，尊重学生的历史文化背景，进行多元文化的整合教育，对应的是民族地区的语文德育资源开发和利用，民族优秀传统文化的传承。“学校德育生态这一概念聚焦的是学校德育生活的复杂状态，是指在具体的学校生活中作为复杂系统而存在的学校德育系统。学校德育生态不是以零散的、支离破碎的状态存在着，它是一个关系网络、活动网络，存在于其中的是多主体、多维度、多层面的综合活动。”① 广西民族地区学校语文德育生态也有普通学校德育生态的一般属性，由于增加了语文学科的特点、民族地区德育的特点，因而增加了内部因素及其相互关系的复杂性。

（一）广西民族地区学校语文德育生态系统的语文课程属性

广西民族地区学校语文德育生态系统的语文课程属性是指在语文课程实施中所进行的影响学生政治思想道德素质的活动，这样的活动能够形成和发展学生的情感态度价值观，提升学生的审美情趣，培育学生的健康人格。换句话说，广西民族地区学校语文德育生态系统运行的最终目的就是为了实现语文课程目标，即形成和发展学生的语文素养。为了让这个生态系统能够正常运行，必须处理好生态系统内部各种因素之间的关系。

1. 语文课程的工具性和人文性的关系

对语文课程性质，语文课程标准是这样界定的：“语文是最重要的交际工具，是人类文化的重要组成部分。工具性和人文性的统

---

① 李家成：《重建学校德育生态：“新基础教育”研究的启示》，载《中国教育学刊》，2007（4）。

一，是语文课程的基本特点。”①

关于语文课程的工具性，可以理解为三层含义：第一层，语文课程的工具性是以语言的工具性为基础和前提的。第二层，语文教育的基本意义是学会母语，掌握母语，运用母语。第三层，语文课程的工具性综合起来就是：语文本身是表情达意的工具，是人脑思维的工具，是学习其他学科的工具；同时也是传承文明、传载人类社会的价值观的工具，是社会正常运转的不可缺少的工具。

关于语文课程的人文性，我们可以从它提出的历史背景理解其内在含义。1993 年，王晓明教授等人在《上海文学》发表《旷野上的废墟》一文，引发有关人文精神的讨论。1995 年，人文精神成了中国思想文化界的热点问题，受到学术界的广泛关注。华中理工大学举办的 400 期“人文讲座”，场场爆满，表现出大学师生的热情。之后由华中理工大学结集出版的丛书《中国大学人文启思录》，展示了中国大学人文教育的成果，引起社会轰动。1997 年 11 月开始的“中国语文忧思”讨论，其中的“文学教育”、“人文教育”的主题，就是由此引发的。

由此看来，语文课程人文性的内涵是十分丰富的：首先要理解人文精神中的“人文”是什么。人文是一个人、一个民族、一种文化的内在灵魂和生命。汉语中的“人文”和“天文”相对，人文和区别于自然现象及其规律的人与社会相关，其核心贯穿于人们的思维与信仰、理想、价值取向、人格模式、审美趣味。

其次要理解语文教育界倡导的人文精神是指什么。其是指汉语言文字中所包含的民族文化以及在教学实践中发挥民族文化的作用来发展学生的思想感情，培养健全的人格和完美的个性。语文教育人文性的内涵是培育健全人格，体现对人的终极关怀。

① 中华人民共和国教育部：《全日制义务教育语文课程标准（实验稿）》，1 页，北京，北京师范大学出版社，2001。

工具性和人文性是语文教育中互相联系的两个方面，没有人文性，语文课程的工具性价值不能完全充分地体现出来；相反，没有工具性，语文课程的人文性就没有了依托。所以，在语文课程实施中工具性与人文性应该是辩证统一的关系，这是因为，①如果只重视人文性，语文学科不免陷入人文主义的虚幻世界；如果只强调工具性语文教学又陷于科学主义的泥潭。二者必须统一。②语文课程的工具性解决的是学生该学习什么，如何学习的问题；语文课程的人文性则着重解决为什么而学的问题。③工具性偏重于理性；人文性偏重于非理性。理性与非理性的统一才能体现人的完整性。

语文课程工具性与人文性的统一可以理解为：语文课程面向全体学生，使学生通过语文的学习，切实掌握阅读、写作和口语交际的基本技能，从而获得基本的语文素养，为今后的学习生活服务。同时，语文课程要关注学生在语文学习过程中的情感、态度和生活的亲身体验，在整个学习过程中，培养他们自主、合作、探究性的良好学习行为习惯和学习方式，形成正确的人生观、价值观，完善健康的心理品质和高尚的人格，为他们的终身发展奠定基础。

2. 语文知识教育、语文能力教育和语文情感态度价值观教育的关系

语文课程标准对语文素养是这样界定的：“九年义务教育阶段的语文课程，必须面向全体学生，使学生获得基本的语文素养。语文课程应培育学生热爱祖国语文的思想感情，指导学生正确地理解和运用祖国语文，丰富语言的积累，培养语感，发展思维，使他们具有适应实际需要的识字写字能力、阅读能力、写作能力、口语交际能力。语文课程还应重视提高学生的品德修养和审美情趣，使他们逐步形成良好的个性和健全的人格，促进德、智、体、美的和谐

发展。”① 从这个界定来看，语文素养应该包括语文知识、语文能力、语文德育。认识和理解语文素养的构成要素和它们之间的关系，能够更好地理解语文知识教育、语文能力教育、语文情感态度价值观教育之间的内在联系。

语文素养的构成要素及其相互关系，倪文锦教授主编的《初中语文新课程教学法》用“冰山模型”来阐释：

“语文素养”首先是一个复合性概念，它的内涵和构成要素是十分丰富的。在这一点上，它有别于过去中小学《语文教学大纲》的提法。过去，小学《语文教学大纲》在教学目的中规定，语文课要“指导学生正确地理解和运用祖国的语言文字，使学生具有初步的听说读写能力”；初中《语文教学大纲》规定要使学生“具有基本的阅读、写作、听话、说话的能力”；高中《语文教学大纲》规定要使学生“具有适应实际需要的现代文阅读能力、写作能力和听说能力，具有初步的文学鉴赏能力和阅读浅易文言文的能力”。显然，过去大纲更注重具体的“能力”，而“课程标准”则更关注学生语文素养的整体形成和发展。

“课程标准”对“语文素养”的内容要素的解说来看，显然“能力”仅仅是“素养”的一个重要组成部分。从中还可以看出的是：这些要素不处于一个层面之中，不是相互平行并列的，它们在构筑一个人的语文素养中的职能也不是等同的。这里大致可以将其分为四个层级：听、说、读、写。这是形诸于外的显性言语行为；支配这些行为的知能因素是语文知识、言语技能、语文感悟和语文思维；参与和支配这些行为的直接心理因素是语文的动机、情感和态度及语文的习惯和语文行为的意志。言语行为的背景要素则涉及言语主体的思想品德修养、文化知识积累、智力水平、人格个性以

① 中华人民共和国教育部：《全日制义务教育语文课程标准（实验稿）》，1～2页，北京，北京师范大学出版社，2001。

及具体的语言环境等。因此，又可以说："语文素养"是一个分层级的、成系统的整体装置。

其次，语文素养还是一个动态实施过程。当言语主体面临一项具体的语文任务时，主体对这项任务是否具有积极的态度和热烈的情感，在投入这项任务时，能否调动起既有的认知结构和良好的学习习惯；在碰到意料之外的困难时，能不能以坚强的意志坚持完成任务等，这不仅是主体能否完成一项言语任务的动力源泉，而且关系到一个人立足社会的根本态度。在完成这项言语任务的过程中，主体对于这项任务的具体感悟和思维水平，是能否顺利完成这项任务的前提；主体是否具备与任务相关的语文知识和技能，是能否顺利完成任务的基础。这些因素构成了主体实施言语运作的具体机制。只有这些隐性的因素都调动起来了，都发挥作用了，人们才能看到形诸于外，千姿百态，主体的听、说、读、写的言语行为。这样，我们就可以把语文素养的动态实施过程大致划分为：启动—执行—操作这样三个阶段。

再次，语文素养是一个逐渐养成和持续作用的过程。上述语文素养诸要素的形成都不是一蹴而就的事情，需要经由一个逐渐培育、逐渐养成的过程。另外，各个要素之间又是相互浸润、互为营养的。例如，开拓了知识视野，有助于语言的积累和提高文化品位。一般智力的发展，有助于语文思维的发展；语文知识可以为语文技能定向，有助于形成熟练的言语技能。再者，语文素养的形成和发展还是一个无止境的过程。它既不以入学之时为起点，也不以毕业之时为终结。语文素养的不断提升将伴随一个人的终身学习过程；它作为一个可持续发展的、有"后劲"的学习动力，将在一个人的终身学习中发挥作用。

为了进一步阐述语文素养内部要素及其相互关系，倪文锦教授主编的《初中语文新课程教学法》描绘了语文素养冰山模型示意图，说明语文素养内部要素是怎样相互作用形成语文素养的：

第一，语文素养是一个由多种因素组成的运动系统。对这一系统的形象描绘可分为两个部分：一是以平行四边形表示的语文素养的基础层面，包括言语主体的思想水平、道德品质、审美情趣、文化品位、语言积累、智力发展、个性人格等。这一层面的各种要素具有相对稳定的状态，但在主体面临某一具体的语文任务时，其会立即进入启动状态，成为完成这一语文任务的心理特征。二是以三个椭圆形表示的连续运作系统。其中动力层包含语文学习动机、语文学习态度、语文学习习惯和语文行为意志，这些要素标示出言语主体在言语实践活动中的个性心理特征。实施层是完成言语任务的核心和关键，其主要因素是语文感悟、语文思维、语文知识和语文技能。这个运作系统的顶部是言语操作层，是显露于外的听、说、读、写言语实践活动。

第二，语文素养的养成过程是一个各种要素相互作用、相长互生的过程。言语主体在完成各种不同情境中的具体的言语任务时，都会不断地作用于语文素养的基础层面，使其间的各个要素不断地得以改善和重组；基础层面的各个要素的增生和提高又不断地推动语文素养的运作过程，提高语文素养运作的质量和功能。

第三，语文素养的结构和运作总是存在于一定的语文环境之中。我们用一个虚线方框来表示这个语文环境。虚线说明语文环境是开放的，是延伸深广的，因为语文是母语教育课程，学习资源和实践机会无处不在，无时不有。语文素养各个要素的形成和发展都是以学生对社会生活的感受和认识为前提的，是以最终适应社会生活对语文能力的需求为目的。因此，努力开发和利用丰富的语文课程资源是形成和发展学生语文素养的一个重要前提。①

要形成学生的语文素养，语文知识教育、语文能力教育、语文

① 倪文锦主编：《初中语文新课程教学法》，16～19页，北京，高等教育出版社，2003。

情感态度价值观教育都是不可或缺的重要组成部分，三者是一种互相依存、互相促进的关系。因此，语文情感态度价值观的教育、语文知识教育、语文能力教育在这个意义上是三位一体的关系，合则互补共生，分则残缺失衡。

（二）广西民族地区学校语文德育具有民族教育的属性

广西民族地区学校语文德育具有民族教育的属性，主要是指广西民族地区学校语文德育要尊重当地少数民族的语言，尊重他们的文化传统，尊重他们的风俗习惯，允许他们选择有利于自身发展的教育内容、教育途径、教育方法，在多元文化整合教育的背景下，在帮助他们传承自己的民族文化的同时，吸收外来的文化，吐故纳新，实现民族教育的可持续发展。

广西民族地区是欠发达地区，在政治经济文化全球化的背景下，在发达国家和地区丰富的物质文化生活的诱导下，容易激发高速发展的迫切需要。同时，发达国家和地区在社会经济快速发展的过程中面临的诸多现代化问题也日益突出，有目共睹。全世界和广西民族地区都会面临一个悖论：经济发展可以提高人们的生活水平，同时也对环境和人类造成损害，被破坏了的环境会使高速运行的经济列车走进绝境。怎样才能既获得跨越式发展又能减少或者是避免类似的问题？即怎样实现民族地区的可持续发展？

对可持续发展，不同的国家有不同的认识，不同的流派有不同的见解，不同的领域有不同的内容，不同的国家和地区有不同的解决方案。可持续发展可以涵盖全球所有的领域，关涉地球上的每一个人，不同的社会阶层以一定的哲学理论为依据阐发自己的主张，所以对可持续发展的理解是多种多样的。英国学者认为：可持续发展是一个充满矛盾的概念，矛盾的核心是可持续发展在其弱与强模式之间的矛盾。弱可持续发展模式是一种管理模式，包括技术管理形式，借助这种技术管理模式保证持续地提供生产手段和生产条件，从而维持大多数支持者的需要。强可持续发展模式是一种修订过的自主的社会发展模式，用适当的技术维持人们的生存。自由的意识形态支持弱可持续发展，认为它与自由市场、个人的财产权和最低限度的国家管理共同存在。社会主义政治意识形态支持社会拥有生产方式和生产资料，民主地有计划地发展，他们还认为只有国家和政府才能促进社会公平，用提高人民的福利和生活质量的方式来实现可持续性。[①] 这一研究把可持续发展分为特点鲜明的两派——主张弱可持续发展模式和主张强可持续发展模式。两者都赞同社会应该维持人们的生存，满足人们的生存需要，社会变革的根本目的是一致的。但是达到目的的方式和手段不同，弱可持续发展借助技术管理手段达到目的，强可持续发展通过修订过的自主的社会发展达到目的。自由意识形态强调的是对市场规则的修订和遵守，是小范围的修正；社会主义意识形态重视国家和政府的运作和干预，是大范围的变革。就中国社会的可持续发展而言，既有强可持续发展模式的一些特征，也有弱可持续发展模式的特征。在改革开放的过程中，我们吸收自由意识形态中技术管理模式的优点，同时也保持了社会主义意识形态的本质特征，那就是国家的宏观调控。具体到广西民族地区，可持续发展模式仍然要吸收两种模式的长处，发现其中的合理内核。如通过像绿色消费、绿色商业和教育创造一个洁净的环境来改善资源短缺的问题，对于发达国家这个问题已经十分突出，解决起来难度也很大，但如果我们在现代化建设的过程中就意识到并尽量避免，就可以少走很多弯路。

采用弱或强可持续发展模式，或者是吸收两者的长处，都要有一个前提，那就是当地社会的具体情况和面临的发展问题，只有在这个基础上才能谈可持续发展。

---

① ［英］赫克尔·斯特林主编，王民等译：《可持续发展教育》，12页，北京，中国轻工业出版社，2002。

作为中国的欠发达地区，广西民族地区的经济基础十分薄弱，人均年收入比较低，生活困难的人群在民族地区的人口中占一定的比重。立足于这样的现实条件，政府和国家以及民间组织都应该给予足够的关注。目前中国政府采取的政策措施是民族区域自治，鼓励发展地方经济，带动地方经济的发展。这些优惠政策的确在一定程度上促进了民族地区经济的发展。但是相对于人数众多，居于边远山区的少数民族贫困县、贫困乡而言，仍是鞭长莫及。民间组织给予的救助有时候也能解燃眉之急，但终归是杯水车薪。困扰中国政府，人大代表不断提出议案，有良心的地方官员为之叹息流泪的“三农”问题在广西民族地区普遍存在。由于农产品价格低廉，丰收却不能增收的现象并不少见，政府为此减免了农业税，减轻了农民的一部分负担。但是对比城镇其他从业人员的收入，农民依然是低收入人群。事实证明，要在这样贫弱的基础上获得我们所希望的可持续发展，单方面的努力收效都不明显。需要强可持续发展模式中政府的政策倾斜和专项建设资金投入，有步骤、有计划地解决“三农”问题。同时，广西民族地区政府也要强化弱可持续发展模式中农民的自主意识，借助技术管理模式提高其市场意识和商品意识，增强自身的竞争能力。广西民族地区农民自主意识的形成也是一个值得重视的系统工程，如果把政府的政策倾斜和资金支持、民间组织的慈善救助看成是输血的话，那么农民自主意识的形成就是建立自身的造血功能。教育是可持续发展的关键，对广西民族地区的经济建设来说，教育的作用同样是举足轻重的。我们在语文教育中强化人文精神的教育，主张自主、合作、探究式的学习，就是要强化学习者的自主意识，增强他们的精神力量，在面对困难和问题的时候仍然有昂扬的斗志和解决问题的能力。民族地区的语文德育需要从纯意识形态的灌输中解脱出来，摆脱想当然的实用主义价值观的限制，追求超越现实、超越自我，富于理想主义和英雄主义的价值观。广西民族地区贫弱的现状、生活水平低下的现实不是一朝一夕就能解决，没有革命乐观主义精神，是很难坚持和奋斗下去的。民族地区的语文德育教育学生不仅要有面对严酷现实的勇气和毅力，更要有脚踏实地的实干精神，培养学生从小事做起，一点一滴改变自己、改变环境，像愚公移山一样，改变民族地区落后的面貌。

广西民族地区在经济生活中的落后地位使他们在社会层级中处在较低的等级，人微言轻，在看重实际利益的商品经济社会里，没有多少人愿意倾听他们的声音，他们自己有时候也不太愿意表达自己的心声。这里有封建思想的影响，在封建社会，要维持封建统治的秩序，就得把人分成不同的等级，每个等级的人都要守住自己的本分，否则就有犯上作乱的嫌疑，就会惹来杀身之祸。“劳心者治人，劳力者治于人”、“万般皆下品，唯有读书高”，都在告诉那些用劳力养活别人的劳动人民，你们是地位低下的卑贱者，国家大事自有聪明的读书人去操心。所以曹刿要去为国家的军事活动出谋献策的时候，才会有人劝他说“肉食者谋之，又何间焉”。曹刿的计策虽然使国家大获全胜，但是平头百姓的政治地位并没有多少改善，而像齐王一样纳谏如流的君王也屈指可数，因此，即使是在明君治理天下的太平盛世，也很少能在政治舞台上听到普通老百姓的声音。封建王朝被推翻，并不意味着它的思想和影响不存在，从官员训斥下级的态度中，从下级溜须拍马的举动中，都能嗅到旧时的衙门习气。虽然“五四”运动的启蒙者早就在传播公民、民主、平等的观念，也是当今可持续发展社会追求的社会价值，但普通百姓参政议政的习惯和能力在广西民族地区还需要培养。这一任务历史性地落在可持续发展的教育身上，民族地区语文德育应该自觉承担起这样的使命，关注民族地区学生国家、社会观念意识的培养。爱国主义教育是语文德育的重要内容，但要与民族地区人民的政治生活联系在一起，跟一个公民的责任和义务联系在一起。要有“位卑不敢忘忧国”、“天下兴亡，匹夫有责”的责任心，又要培养他们参加团体活动的意识和能力。不少民族地区学生的特点之一是不善言辞，不喜交际，这不是他们的本性，而是长期的乡村生活形成的习惯，语文德育的任务就是要战胜这种不利于形成良好政治素质的习惯，培养他们对自己表达能力和交际能力的自信，这是将来参政议政的基础。

广西民族地区虽然地处偏僻的山区，但是人的心态是开放的，他们不但尊重和接纳汉族，也尊重和接受其他少数民族。这里的汉族并不歧视少数民族，少数民族也不排斥汉族，汉族和少数民族之间可以很正常地交流，甚至嫁到少数民族家庭的汉族女子很快就学会他们的语言，融入少数民族家庭和群落，不存在心理落差和文化背景障碍；互相杂居的少数民族之间，在交际交流的语言上采取的是少数服从多数的原则，但在家庭内部和同民族的亲友之间用的是本民族的语言，在节庆和集体活动中使用的是居住地民族的语言，过共同的节日，遵守相同的风俗习惯，但认祖归宗的时候是一定要和本民族一起参加活动的。少数民族学生接受的是汉语教育，学校的所有课程都以汉语的形式呈现，教师的课堂教学语言基本上都是汉语。在学校，他们用汉语阅读和写作，接受汉语听说读写的训练，少数民族学生是在汉文化的熏陶下成长的，但是他们在课外活动中使用当地民族的语言，包括师生之间、学生之间的交流，因为当地的民族语言具有浓烈的地域文化色彩，更容易生动、形象地传达民族地区师生的思想感情。在广西民族地区，汉族和少数民族就这样世世代代在相互交流和融合中过着平静和睦的田园生活，享受良辰美景和彼此的关爱。他们能够彼此包容，和平共处，形成大杂居、小聚居的格局。这样的居住格局和得天独厚的自然风光孕育了丰富多彩的民间文化，虽然这些民间文化只是口耳相传，没有文字记载，有些可能已经失传，有些可能正在消失，有些仍在少数民族群众的生活中传承。这是自然现象，如同潮起潮落，如同草木枯荣。一种文化的复兴和消亡，必定有内外因素的协同作用，而且通常是不可逆转的。民间文化研究者所做的拯救少数民族传统文化遗产的努力对历史而言，是值得称道的；对现实而言，就不如教育有意义。在少数民族文化的传承、创新、发展的进程中教育可以发挥积极的作用。语文德育可以把老奶奶哼唱的古老的歌谣改编成儿歌，让它活在学生的游戏生活中；可以把当地少数民族的传说故事改编成小说或者剧本，变成语文教材的内容，进入学生的学习生活；语文德育实践活动可以请当地歌手把现代家庭和学校的生活编成山歌，让学生知道，在少数民族的文化生活中，山歌和生活有时候是两位一体的，而且不比其他民族的诗歌逊色；语文德育综合实践课程还可以让学生去做少数民族教育格言的收集整理工作，让他们认识自己民族的教育智慧，同时又可以自我教育。广西民族地区的文化形态是丰富多样的，民族地区群众的文化生活是绚丽多彩的，为语文德育的内容和形式的变革提供了切实有效的参照。

广西民族地区的教育基础也是独特的。从教育的外部条件来看，民族地区的教育历来受国家民族政策的扶持，民族学校和民族班享受国家的民族补助，帮助少数民族培养能服务于国家和民族的骨干和精英。但是我们也看到，由于我国幅员辽阔，人口众多，学生人均享受的教育经费是非常有限的，其后果是民族地区学校的办学条件极其艰苦，不少学生是在危房里接受义务教育。在发达国家和地区，国家投入不足，还有地方政府、社区组织、企业老板、慈善机构给本地教育注入资金，改善当地的办学条件。而少数民族地区经济基础薄弱，地方政府自身“难保”，企业很少，有钱的老板不多，很少有资金进入民族地区的教育领域，学校的办学条件得不到改善。这是值得特别关注的一个教育问题，也是一个事关可持续发展教育的严峻问题。基础教育课程改革纲要明确写着：为了每一位学生的发展。每一位学生都应该享有同等的受教育的权利，不能因为地区经济发展的差异而造成教育事实上的不平等。民族地区的教育要获得可持续发展，改善办学条件理应放在首位，是当务之急。民族地区学校的办学条件虽然简陋，但自然环境优越，社区民风淳朴，这是可持续发展教育的优越条件，学生可以随时随地亲近大自然，陶冶身心，提高审美能力；良好的社区环境对教育的影响也是不可低估的，长期在淳朴的民风中生活，人性更倾向善良。这是语文德育最宝贵的资源之一，民族地区的语文教师需要有不断发现和创造性运用本地此类课程资源的能力，使语文德育变成学生生活的一部分。民族地区学生家长受教育的程度也是有限的，而且家长通常只能照顾到学生的生活，对他们学业和情感的发展很少过问，学生学业不良、厌学、情感障碍、暴力倾向等问题容易出现，语文德育的作用就是鉴别和发现这些问题，争取学生和家长的配合，把负面影响降到最低限度。

从民族地区教育的内部结构因素看，学校是一个育人机构，它的任何组成部分都打上教育的印记。学校同时也是一个小社会，有社会的组织结构和运行规则。这个社会发展是否正常，其育人功能能否得以发挥，取决于其组织结构是否合理，运行规则是否有利于调动行为主体的积极性。在学校的社会分层中，处于对立统一位置上的教师和学生是学校社会中最活跃的因素，学校的风气和品牌主要是由他们创造的，其他部门只处在服务的地位。在学校的生存发展过程中，运行规则就是可持续发展社会中的技术管理模式，维持学校生态系统的运转。中国学校的组织结构大同小异，趋于合理。但是教学质量和校园文化却有很大的差异，重要的原因就是教师和学生不同，教育管理的范式有异。广西民族地区教师是教师队伍中的优秀群体，他们在艰苦的办学条件下依然坚守岗位，为民族地区的教育事业贡献力量，使少数民族的子女能够享受义务教育，支撑民族地区义务教育的大厦，他们付出的心血和汗水跟他们微薄的收入极不相称，在这一点上，不但民族地区，全国人民都应该向他们致敬，他们工作的意义已经超出了民族地区教育的范畴，具有教育平等的价值和意义。民族地区教师的专业水平亟待提高，这是民族地区教师自己的呼声。他们的学历不高，接受的正规教师职业训练不足，没有时间读书自学，学校也没有过多经费购置图书，他们没有机会去与同行和专家交流，获得更多基础教育改革发展的信息。发达地区和民族地区学校一对一的教师培养计划，师范院校的民族地区骨干教师培训班都是行之有效的扶持方式，但是帮助的面还需扩大，援助的期限还要延长，才会有整体的效果。另一方面，民族地区教师自己还需有可持续发展的眼光，从改变自己的教育观念开始，结合当地丰富的民间文化教育资源，闯出一条有特色的民族地区教师专业发展之路。

民族地区学生的特点是诚实善良、艰苦朴素、学习刻苦。他们是待雕刻的璞玉，有良好的品德基础，引导得法，教育得当，是人才，有益社会，有丰满充实的人生，这就是民族地区语文德育的目标，它最后是要落在学生的身上。民族地区学生因为单纯、轻信，也容易受到不良社会风气的影响，丢失善良的本性，尤其是在社会转型期，新的道德规范正在建立，旧的一些道德规范失去约束力，他们可能会陷入道德两难的困境，需要可持续发展教育的引导和帮助，语文德育任重而道远。

民族地区学校的管理思路可能更接近后现代教育的色彩，是一种柔性的粗放型的管理，有规章制度，但在一般情况下，起的只是劝谏和威慑作用，人情、人性的作用更大一些。过于刚性和制度化的科学管理正在向后现代的人性化管理回归，说明民族地区的学校管理系统与乡村的人情社会是和谐一致的，有合理性的因素。但是科学化管理的效率是应该追求的，只有效益与人性的统一，才能迈向可持续发展的教育。①

① 韦美日：《广西民族地区可持续发展与语文德育》，载《现代高教改革与研究》，2006（9）。

（三）广西民族地区学校语文德育具有德育课程的属性

广西民族地区学校语文德育具有德育课程的属性，是指广西民族地区学校语文德育和学校德育课程共处于学校德育生态环境中，具有同样的价值追求，达成同样的育人目标，为了实现同样的育人目标，确定了同样的德育内容。因此，德育课程理论同样适用于广西民族地区学校语文德育，换言之，可以从现代德育理论的视角审视语文德育现象，探究语文德育发展规律，改进语文德育实践。

1. 学校德育回归生活世界和语文教育回归生活

靖国平先生认为，学校德育应该回归到这样的生活：从主体而言，回归到成人与儿童的共同生活；从时限而言，回归到过去、当下、未来生活共在的生活；从内容而言，回归到事实与价值统一的生活；从意义而言，回归到丰富、有趣、有德性和智慧的美好生活。① 学校德育回归这样的生活是为了矫正学校德育过去远离生活的弊端：过去，学校德育强调的是成人社会的伦理道德规范，无视儿童的年龄特点和心理需要，所以应该考虑儿童和成人共同生活应该遵守的社会伦理道德规范；学校德育关照的是未来的理想的道德生活，忽视过去、当下生活的道德含义，所以学校德育应该考虑道德生活的共时性；学校德育一般注重有价值的生活和贬斥事实生活，忽视事实生活重视道德价值，所以学校德育应该追求价值生活和事实生活的统一；学校德育对纯粹德性生活的片面追求，使生活缺乏吸引人的丰富、有趣的内容，所以学校德育应该追求蕴含丰富、有趣内容的德性生活。让学校道德教育从布道的圣坛上走到人间，满足普通人追求美好生活的愿望，这是当代学校道德教育的价值追求。

---

① 靖国平：《价值多元背景下学校德育环境建设》，164 页，南京，江苏教育出版社，2009。

语文课程改革表达了同样的价值追求。语文课程标准认为："努力建设开放而有活力的语文课程：语文课程应植根于现实，面向世界，面向未来。应拓宽语文学习和运用的领域，注重跨学科的学习和现代科技手段的运用，使学生在不同内容和方法的相互交叉、渗透和整合中开阔视野，提高学习效率，初步获得现代社会所需要的语文实践能力。语文课程应该是开放而富有创新活力的，应尽可能满足不同地区、不同学校、不同学生的需求，并能够根据社会的需要不断自我调节、更新发展。应当密切关注当代社会信息化的进程，推动语文课程的变革和发展。"① 语文教育回归生活也是为了纠正过去语文教育脱离社会生活的毛病：过去，语文课程内容繁难偏旧，滞后于时代，所以要根植现实，面向世界，面向未来，获得更大的发展空间和更丰富的课程内容；语文学习画地为牢，领域越来越狭窄，局限于语文课堂的狭小空间，所以要拓宽语文学习的空间和范围；语文学习手段保守有余而创新性不足，所以要通过跨学科学习和现代科技手段的应用激活语文教育，借用其他学科的教学方法，运用科技手段，逐步走出自我封闭的误区；语文课程封闭、保守，共性多于个性，所以要求语文课程要有地区差异、学校特色，尊重学生的个体需要，能够因地制宜、因时制宜、因人制宜进行自我调节、更新发展；语文课程内容更新的速度太慢，反映当代现实生活内容的信息量太少，所以要通过语文课程内容的辞旧迎新，推动语文课程的发展。总之，开放而有活力的语文课程，是回归生活的语文课程，和学校德育一样，回归到成人与儿童的共同生活，回归到过去、当下、未来生活共在的生活，回归到事实与价值统一的生活，回归到丰富、有趣、有德性和智慧的美好生活。这同样是语文课程的价值追求。

---

① 中华人民共和国教育部：《全日制义务教育语文课程标准（实验稿）》，3 页，北京，北京师范大学出版社，2001。

2. 学校德育审美化和语文课程的审美教育

学校德育为什么要审美化，是因为“美学和伦理学都是价值哲学，审美价值与道德价值彼此认同，相互适应，即‘美适应善’，而‘丑适应恶’。当人类社会把美的概念从物质领域推广到精神领域去的时候，首先推广到道德关系之中。审美在道德评价领域中，总是或多或少地使道德更加高尚起来，把它提高到比当时的社会实际所奉行的要求更高的水平”①。“德育审美化的基本含义是‘像美育那样进行德育’，是以德育为目的、德育为本体、德育为形式，运用美育的规律、美育的方式方法，通过审美心理和审美能力的培养，影响品德心理，从而实现德育目标。……德育审美化的基本操作策略包括：以情感培育为中心的策略、潜在生活与生活叙事策略、以活动为中心的策略。”② 总之，美育和德育有天然的联系，利用这种天然的关系，可以运用美育的方法进行德育，通过提高学生的审美能力来提高学生的道德素质。这就是学校德育审美化的目的。

语文课程为什么要进行审美教育？是因为“审美教育有助于促进人的知、情、意全面发展。文学艺术的鉴赏和创作是重要的审美活动，科学技术的创造发明以及社会生活的许多方面也都贯穿着审美追求。未来社会更崇尚对美的发现、追求和创造。语文具有重要的审美教育功能，高中语文课程应关注学生情感的发展，让学生受到美的熏陶，培养自觉的审美意识和高尚的审美情趣，培养审美感知和审美创造的能力。”③ 审美能力主要是关注学生情感的发展，让学生受到美的熏陶，培养自觉的审美意识和高尚的审美情趣，培

---

① 靖国平：《价值多元背景下学校德育环境建设》，181 页，南京，江苏教育出版社，2009。

② 戴锐：《德育美育化之价值多维寻思》，载《教育科学研究》，2008（10）。

③ 中华人民共和国教育部：《普通高中语文课程标准（实验）》，2 页，北京，人民教育出版社，2003。

养审美感知和审美创造的能力。审美跟情感有关，情感是一个复杂的领域，在这一领域中美是唯一的规则，所以必然涉及审美，对美的含义和标准的不同认识和理解产生不同的审美意识，不同的审美意识在审美活动中就能产生不同的审美情趣，审美情趣有高下之别，教育要培养的是一种高尚的审美情趣，是能引发人的健康的情感体验的审美感知，能激发人去创造新生活的审美创造能力。可见，与学校德育审美化一样，语文教育中的审美教育，也是利用美育的方法进行语文教育，通过提高学生的审美能力来提高学生的语文素养。

3. 学校生命德育和语文课程的育人功能

20 世纪下半叶以来一些国家开始明确提出“生命教育”和“敬畏生命教育”。台湾地区把 2001 年定为“生命教育年”。20 世纪末香港对生命教育予以极大关注，内容涉及宗教教育、德育、伦理、公民教育等二十几个科目。上海市 2004 年开始制定《上海市中小学生生命教育指导纲要》。20 世纪 90 年代以来，我国教育界开始对传统教育中忽视师生生命质量的问题进行反思。有研究者基于当代社会背景提出了“生命德育论”，认为生命道德教育就是关于生命道德的教育，是回到生命之中、遵循生命之道、关爱生命、生命有爱的教育。从个体生命生存与发展的角度看，生命道德教育主要有这样几个层次：生存教育，关爱生命的教育，追求生命意义的教育。从生命载体的维度看，生命道德教育的一级命题是珍惜人、动物、植物等的生命及感恩自然；二级命题是关爱人的个体生命。生命道德教育的基本理念主要体现为：以人的生命为本，回归个体生命的境遇、经验和体验，关注个体生命的当下需要，以生命叙事作为它的主要存在方式。生命道德教育的基本特征可以概括为五个方面：生命性、开放性、感动性、促进性和叙事性。[1] 总之，

[1] 靖国平：《价值多元背景下学校德育环境建设》，120～121 页，南京，江苏教育出版社，2009。

学校生命德育就是进行以生命为主题的、追求生命的价值和意义的教育。它要唤起的是学生作为人的生命意识，由此而派生对生命的敬畏之心，进而寻求生命的意义；是让学生站在生命伦理的角度去观察和处理人与自然、人与人、人与社会、人与自我的关系。

在语文课程领域，生命教育的主题融入了语文课程的育人功能。“高中语文课程必须充分发挥自身的优势，弘扬和培育民族精神，使学生受到优秀文化的熏陶，塑造热爱祖国和中华文明、献身人类进步事业的精神品格，形成健康美好的情感和奋发向上的人生态度；应增进课程内容与学生成长的联系，引导学生积极参与实践活动，学习认识自然、认识社会、认识自我、规划人生，实现本课程在促进人的全面发展方面的价值追求。”① 这里把生命教育与语文课程内容结合起来，让学生在语文课程的学习中学会关爱生命，规划人生，追求生命的意义。

三、广西民族地区学校传统语文德育的继承与创新

广西民族地区学校传统语文德育主要是汉族伦理道德教育。在古代，广西民族地区学校使用的语文教材与汉族地区一样。私塾教育阶段，一般用《三字经》《百家姓》《千字文》《幼学琼林》等；到社学、义学阶段，就开始读《孝经》、《大学》、《论语》、《孟子》等；在府学、州学、县学、书院里，一般以儒家经典诗、书、礼、乐为主要内容。这一时期的语文教育和道德教育是合为一体的。不同的只是在私塾阶段，学生年幼，对汉语比较陌生，教师用壮语来讲解，便于学生理解，民族语言只是作为工具在使用。到近代，废科举、兴学堂，语文教育和德育在中小学堂中被分成两门学

---

① 中华人民共和国教育部：《普通高中语文课程标准（实验）》，2页，北京，人民教育出版社，2003。

科：语文教育对应中国文学，德育对应修身。相应的有了自己的学科范围、学科内容。以后，语文学科、政治思想教育学科随着时代的变化，被赋予不同的内容，学科的名称也几经变化，比如语文学科，清末叫中国文字、中国文学，民国时候叫国语、国文，中华人民共和国成立后叫语文。各个不同时期的课程标准或教学大纲所规定的语文德育目标也不一样，反映的是不同历史时期统治阶级的利益和要求。政治思想教育学科与统治阶级有更为密切的联系，名称和内容的变化更为迅速，有时候甚至变成现实政治宣传的舞台，很直接地反映统治阶级的政治思想观点和伦理道德要求。过去，广西民族地区虽然偏在远郡，政治的敏感度不那么高，但在强大的中央集权的国家中，他们必须依附于当权者，才能找到生存的空间，因此，在学校教育中接受统治者的教化就是顺理成章的事情，在少数民族聚居区的学校里用汉语传授知识和伦理道德观念，本民族的语言和文化被排除在学校教育之外的积习也延续下来。因此，广西民族地区学校语文德育的发展演变离不开当时的文教政策，最直观地反映在国家的培养目标以及语文课程标准当中；又因为学校语文德育的主体主要是少数民族子弟，他们是在具有广西地域文化特色的环境中成长起来的，因而一定程度上带有少数民族的民族特色，学校语文德育就不能脱离社会和家庭的生态环境，也必须具有与少数民族子弟相一致的价值认同体系，才能促进民族地区语文德育的健康发展，建设与少数民族心理结构相容的学校语文德育生态系统。

（一）国家课程中语文德育目标的演变

语文德育目标与课程标准中的德育目标在内容上有同一性。课程标准中的德育目标也可以理解为语文德育目标，语文德育目标的特性在于它隐藏在语言形式的背后，是语言形式所表达的思想的精华，是民族文化的积淀，是语文素养。语文素养的获得，不仅是语文知识的积累，更是民族文化的熏陶，这是单纯的语文知识教育做不到的。语文德育目标的实现依赖于语文知识的教学和语文能力的培养，在语文教育中它不具有独立性，却处于最重要的核心地位，是语文教学的灵魂。因此，有道德教育传统的中国一直重视在语文教学中进行语文德育。

中国的传统教育在一定意义上是道德教育，其德育内容固然有不少封建思想糟粕，因而受到近代知识分子的猛烈抨击，西方文明的强行登陆又使情况变得更为复杂，全盘西化和保存国粹之争成为当然，文学和教育成了最理想的争论阵地。在清末制定的课程标准中我们可以看到语文德育目标的演进过程。

我国的第一个课程标准《钦定蒙学堂章程》（1902 年），在第一章“蒙学纲领”中这样描述教育的总目标：“蒙学堂之宗旨，在培养儿童使有浅近之知识，并调护其身体。”只提了智育和体育的目标，在如此重视道德教育的传统背景下虽是一个例外，却也曲折地反映了在列强的欺压下富国强兵的愿望。但封建王朝不可能不维护它的统治地位，在第三章的“各种规则”中提到必须遵守的礼仪规则，如“每岁恭逢皇太后皇上万寿圣节，皇后千秋节，至圣先师诞日春秋丁祭日，均由教习率学生行跪拜礼。”因为是蒙童，从训练其符合封建道德规范的行为开始，符合儿童的年龄特点。

在《钦定小学堂章程》中德育就列在首位：“小学堂之宗旨，在授以道德知识及有益身体之事。”在《钦定中学堂章程》中又不直接提德育，而通过设置的德育科目落实德育目标。蒙学堂的课程是课程标准的载体，具体体现课程标准的要求，如字课和习字是语文知识教学，读经则属于阅读教学，不过目的不在训练阅读技能，更偏重于语文德育。经书里有《论语》、《孟子》，都是语文课的内容，主要是通过经书的阅读，认识儒家的伦理道德观念，达到语文德育的目的。小学堂的课程增加了作文，中学堂的课程增加读古文词，都不同程度地强化了语文教养的内容。

两年之后，《奏定初等小学堂章程》（1904 年）“立学总义章第一”对德、智、体三育要求更全面，“设初等小学堂，令凡国民七岁以上者入焉，以启其人生应有之知识，立其明伦理爱国家之根基，并调护儿童身体，令其发育为宗旨；以识字之民日多为成效。每星期不得过三十点钟，五年毕业”。另有“各科目教育要义”。“读经讲经”科的德育目标是：“讲解经文宜从浅显，使儿童易解，令圣贤正理深入人心，以端儿童知识初开之本。”为保证教学效果，还从教学原则、方法方面提出要求，规定必读篇目和每年每天阅读的字数，便于操作和检查。再开“中国文字”课专讲语文知识，“供谋生应世之要需”。此类格局类似于汉语、文学分科，汉语课遵循科学原则，文学课遵循艺术原则。既掌握语文知识，又培育语文修养。

《奏定高等小学堂章程》根据学生的发展和社会的需要，提出较高的德育目标：“以培养国民之善性，扩充国民之知识，强壮国民之气体为宗旨；以童年皆知做人之正理，皆有谋生之计虑为成效。”“国民之善性”和“做人之正理”范围大而且抽象，只得通过上述的“各科目教育要义”来落实。“中国文字”课变成了“中国文学”课，非常接近于现在的语文课，有阅读教学和作文教学。其德育目标是：“期于全国语言统一，民志因之团结。”

《奏定中学堂章程》在“立学总义章第一”不提总的德育目标，在“学科程度章第二”中对“中国文学”提出要求，其中对作文的要求为“以清真雅正为主”，隐含了作文教学的价值判断。

以上是清王朝制定的两个章程，其语文德育目标的总取向是封建伦理道德，在德育内容上有封建糟粕，也有一些积极因素，其特点为：①根据儿童的年龄特点确定语文德育目标层次和实施方案；②设置了“讲经读经”课，确保语文德育目标的落实；③把抽象的德育目标落实到各个科目去落实；④把语文德育目标的内容转化为对语文教学各个部分内容的要求，把道德判断隐含其中。

1912 年制定的《小学校令》这样描述教育的总目标：“小学校

教育以留意儿童身心之发育，培养国民道德之基础，并授以生活所必须之知识技能为宗旨。”“国民道德”与前述的“国民之善性”有共同的地方，“宜就孝悌、亲爱、信实、义勇、恭俭、清洁诸德，择其易行者授之”，“孝悌”、“亲爱”、“信实”等可以称之为个人道德修养，或者是中华民族的传统美德。其不同之处是：“渐及于对社会对国家之责任，以激发进取之志气，养成爱群爱国之精神。”“爱群爱国”而没有“爱君”，封建社会道德律令的最高主宰者已经走进历史，资产阶级的价值观开始登场。

“中国文学”变成“国文”，有了明确的教学目标：“国文要旨，在使儿童学习普通语言文字，养成发表思想之能力，兼以启发智德。”取消了讲经读经，把语文德育放到学习语言和写作的过程中，专门列出一条：“教授各科时，常宜指示本国固有之特色，启发儿童之爱国心、自觉心，并引起其审美观念。”提示语文德育的途径和方法。

1912 年制定的《中学校令》的德育目标是“造成健全的国民”，国文的德育目标除了“兼以启发智德”之外，还提到“涵养文学之兴趣”，培育语文教养。但是没有类似于讲经读经课的正强化，又没有其他的辅助手段，语文德育目标很容易架空。

1915 年《国民学校令》公布，“总纲”规定：“国民学校施行国家根本教育，以注意儿童身心之发育，施以适当的陶冶，并授以国民道德之基础及国民生活所必须之普通知识技能为本旨。”这个总目标把国家的需要放在首位，注意到儿童身心发展的特点。不管是知识、技能还是道德，都强调其基础性。在 1916 年的施行细则中，国文的教育目标不变。

1922 年制定的《学校系统改革令》，在改革的标准里，有几点值得注意：①“适应社会进化之需要”，标志着德育的内容和形式都要有重大的变化，德育目标要与时俱进，它是课程体系中变化最大的内容之一。②“发挥平民教育精神”，其中包含了教育民主、教育平等的德育思想。当时许多有识之士痛感国民素质低下，有普及教育的迫切需要，致力于平民教育运动。③“谋个性发展”，这意味着德育目标不但要考虑社会发展对青少年的要求，还要考虑到作为发展主体的学生个性发展的需要，尤其是其道德需要。在德育实践中要考虑个别差异，了解教育对象的德育状况，有针对性地进行德育。以上三点表明了教育要适应社会发展的需要，教育要面向全体国民，教育要使个性充分发展，这至今仍然是教育改革追求的目标。

1923 年制定的《新学制课程标准纲要小学国语课程纲要》中有“涵养性情”的语文德育目标，强调在国语教学过程中的个体修养。中学的国语课程纲要没有单独列出语文德育目标，也许是因为在课程标准的总目标中已有阐述，或者是认为德育目标应该由“公民”课去落实。

在 1932 年制定的《小学课程标准总纲》的“小学教育总目标”中，列出德育目标的具体内容：陶冶儿童良好的品性，培养儿童互助团结的精神，养成儿童爱国爱群的观念，使儿童成长为知礼知义的国民。同年，《初级中学国文课程标准》在“目标”的第一项就提出了语文德育目标，提高了语文德育目标在目标体系中的地位。其德育目标是：“使学生从本国语言文字上，了解固有文化，以培养其民族精神。”《高级中学国文课程标准》也把语文德育放在首位，“使学生能应用本国语言文字，深切了解固有文化，以期达到民族振兴之目的”，这一德育目标充分体现了上述三点标准，试图将社会需要和儿童自身发展的需要统一起来，与语文课的特点结合起来。在“教学通则”中，强调儿童的“手脑并用”和“身体力行”，显然受了杜威学生中心说的影响，更注重儿童的道德体验，注重在社会生活中、在人与人的交往中感受和认识道德规范，注重道德规范的内化，培养道德情感，对加强德育工作的有效性而言，这种理论是有价值的。在道德口号、道德认识、道德情感、道德行为、道德习惯、道德品质中，道德口号是最廉价的，道德品质最珍贵。道德口号之所以廉价，是因为它仅仅是外在的道德规范的表征，与个体的道德经验无关；道德品质之所以珍贵，是因为它体现了道德行为的两大特质：自由选择和始终如一。

1936 年制定的《小学课程标准总纲》“小学教育总目标”中，保持上述大纲的基本精神，增加培养民族意识的内容：“养成爱护国家复兴民族的意志与信念；培养爱护人群利益大众的情绪。”强化了教育要适应社会发展需要的内容。大敌当前，最需要的就是“国家兴亡，匹夫有责”的社会责任感。在《小学国语课程标准》中具体落实了这一德育目标：“指导儿童从阅读有关国家民族等文艺中，激发其救国生存的意识和情绪。”《初级中学国文课程标准》“目标”的第二条确定了同样含义的德育目标：“使学生从代表民族人物之传记及其作品中，唤起民族意识并发扬民族精神。”《高级中学国文课程标准》提高了语文德育的要求：“使学生能应用本国语言文字，深切了解固有文化，并增强其民族意识。”

1940 年制定的《修订初级中学国语课程标准》和《修订高级中学国语课程标准》与 1936 年的语文课程标准的德育目标相同，但位置放在语文知识和能力目标之后，语文德育目标地位下降。语文德育目标在语文课程标准中地位的变迁隐含着后来我们争论不休的问题，即语文教学究竟要不要进行德育，德育在语文教学中究竟处于什么地位才恰当。1941 年制定的《小学国语课程标准》继续培养民族意识，同时又增加了个体修养的内容：“培养儿童修己善群爱护国家民族的意识和情绪。”1942 年制定的《小学课程标准第二次修订经过》把小学课程归类，“将‘公民训练’、‘音乐’等科，尽量设法使之联系，以谋求儿童身心之陶冶，并培养其国民道德之基础”，通过学科之间的相互联系，发挥德育系统的功能，类似于综合课程。把国语归到知识技能方面，弱化了其德育功能。

1948 年制定的《中学课程标准总纲》规定的德育目标与 1936

年制定的德育目标保持了内容上的一致性。同年制定的《国语课程标准》不再提民族意识的培养，换成了写字习惯的培养。不知是否是因为1941年的语文德育目标层次太高，脱离小学生的实际才做些修改。《修订初级中学国文课程标准》对1936年的语文德育目标进行修订："从民族辉煌事迹及有助国际了解之优美文字中，唤起爱国思想与民族意识，发挥大同精神。"《修订高级中学国文课程标准》与《修订初级中学国文课程标准》同。这里提到的语文德育目标就不仅是民族意识，还包括了解世界的"大同精神"，这又是与时俱进的语文德育内容。个体的语文德育修养这个内核却又不提。国民语文素养的低下，与语文德育地位的起落不定，语文德育目标内容的频繁变换缺乏一贯性，语文德育目标的过于急功近利，不无关系。①

以上是民国时期课程标准中的德育目标，总的价值取向是资产阶级的民主思想，它试图完成对封建伦理道德的超越：①培养爱群爱国的公民道德，以完成对封建等级制的伦理超越；②谋求儿童身心之陶冶，以完成对封建社会忽略人的基本需要造成礼教杀人恶果的人性超越；③把本民族的价值观放到世界民族之林去观照，培养民族意识，以完成对封建社会故步自封、视野狭小的时空跨越；④以平民教育的精神，完成以对封建社会只有少数人可以享有受教育的权利的制度超越。在超越过程中出现许多断层：民族意识与人类最高价值的矛盾；社会需求与个性培养的矛盾；先进的思想与落后的生产力之间的矛盾；理论构想与教育实际之间的矛盾等，任何方面的问题都可能使这些超越显得不彻底。②

1950年制定的《小学语文课程标准（草案）》的语文德育目

① 课程教材研究所编：《20世纪中国中小学课程教学大纲汇编课程（教学）计划卷》，北京，人民教育出版社，2001。

② 韦美日：《清末至建国前课程标准中语文德育目标述评》，载《广西社会科学》，2004（2）。

标是："使儿童通过普通话和语体文并联系各科的学习，能获得初步的自然史常识，并具有爱国主义思想和国民公德。"时代改变了，这里说的"爱国主义"与上述的"国民意识"虽是同一范畴，但由于意识形态的改变，其内涵已大不相同。

1952年，中华人民共和国教育部颁发试行《小学暂行规程（草案）》，在"第一章总则"中把小学的教育宗旨定为："根据新民主主义的教育方针和理论与实际一致的教育方法，给儿童以全面的基础教育，使他们成为新民主主义社会热爱祖国和人民的、自觉的、积极的成员。"总则以教育方针的形式确立了语文德育目标的理论基础，它的主要作用是正本清源，避免道德选择的困惑与混乱。

在这一宗旨下，确定了智育、德育、体育、美育的主要目标。德育目标是："使儿童具有爱国思想、国民公德和诚实、勇敢、团结、互助、遵守纪律等优良品质。"这一德育目标可分两方面来理解：一方面是公德，即维护国家和公共秩序；另一方面是私德，即个人的道德修养。公德的内容和形式随社会意识形态的变化而变化；私德与民族意识有关，具有相对的稳定性。公德体现的是主流社会的价值标准；私德是主体对人性的道德期待。在儿童社会化的过程中，培育其公德与私德是学校教育的主要任务之一。语文德育由于其与文学的血缘关系，更关注个体的私德培育，通过语言媒体的情感熏陶，提升个体的道德人格。

同年的《中学暂行规程》的"总则"里，对中学教育的总目标进行了表述："用马克思列宁的理论与中国革命实践相结合的毛泽东思想和普通文化知识教育青年一代，使他们的身心获得全面发展。"这一目标显然在目标层次上比上述小学阶段的总目标更高，更接近主流社会的直白语境，政治思想的色彩更鲜明。

"总则"之下有"主要目标"，即"发展学生为祖国效忠、为人民服务的思想，养成其爱祖国、爱人民、爱劳动、爱科学、爱护公共财物的国民公德和刚毅勇敢、自觉遵守纪律的优良品质”。在私德方面提出道德意志方面的要求是符合逻辑的，它显然需要主体付出更大的努力，有更成熟的心理承受能力。

上述德育目标在语文课程标准中得到具体落实。1954 年制定的《改进小学语文教学的初步意见》规定语文德育目标是：“通过文学作品、科学知识等教学，培养儿童的社会主义政治方向、辩证唯物主义世界观的基础和共产主义的道德。”这一语文德育目标在德育内容的三个级态：日常行为规范、伦理道德原则、信仰价值追求中属于最高级别的信仰价值追求。它的确定实施必须依赖相对单纯的社会环境和坚定的道德信念，20 世纪 50 年代正好就是这样的时代。

1955 年制定的《小学语文教学大纲（初稿）》把语文德育称为“语文科的教育任务”，其内容如下：“树立社会主义的政治方向，树立辩证唯物主义世界观基础，培养共产主义道德，培养对本族语言的热爱。”与 1954 年制定的语文德育目标一样属于信仰价值追求，带有明显的理想化色彩。

1956 年制定的《小学语文教学大纲（草案）》的语文德育目标与前一年的相比没有改变。中学试行汉语文学分科教学，分别制定汉语文学教学大纲，两个大纲都列出语文德育目标。《初级中学汉语教学大纲（草案）》规定：“应该结合初级中学汉语教学进行爱国主义思想教育，培养学生的民族自豪感和爱国主义热情。”内容属于伦理道德原则层面。《初级中学文学教学大纲（草案）》和《高级中学文学教学大纲（草案）》规定的语文德育目标是：“帮助学生树立社会主义政治方向；培养辩证唯物主义世界观；培养共产主义道德，特别是爱国主义精神，共产主义劳动态度，集体主义精神，自觉地遵守纪律的精神，爱护公共财物和坚韧、勇敢、谦逊、诚实、俭朴等品德，热爱语言和文学的感情，提高认识能力，发展想象能力；培养正确的审美观点，特别是对社会生活的明确是非、善恶观念和热烈的爱憎感情。”这一目标包含了德育内容的三个级态，兼顾了私德公德两个方面，结合文学教学的实际，应该说内容是比较完备的。

1963年制定的《中共中央关于讨论试行全日制中小学工作条例草案和对当前中小学教育工作几个问题的指示》，强调要重视德育，强化了公德方面的现实政治色彩，跟政治气候的明显升温有关。其后附录的《全日制小学暂行工作条例（草案）》规定的培养目标是：“使学生具有爱祖国、爱人民、爱劳动、爱科学、爱护公共财物等品德，拥护社会主义，拥护共产党。”同年制定的《全日制小学语文教学大纲（草案）》强调了语文的重要性，在语文教学目的中没有单独列出语文德育目标，而且在教学目的中还提到“一般不要把语文课讲成文学课或者政治课”。也就是说，1956年前后语文课经常出现这两个偏向，这个大纲是为了纠正这两个偏向而修订的。但是采取不提语文德育目标的方法，似乎又走向另一个极端，还是要确定语文德育目标在语文教学目标中的地位，确定它的内涵，保持它的内核的连续性。从1956年确定的语文德育目标来看，它排在文学知识与能力之后，它的内涵包括下列要素：①共产主义道德；②辩证唯物主义世界观和爱国主义精神；③个性品德。其内核是共产主义道德。《全日制中学暂行工作条例（草案）》规定的培养目标是：“使学生具有爱国主义和国际主义精神，具有共产主义道德品质，拥护共产党的领导，拥护社会主义，愿意为社会主义事业服务，为人民服务；逐步培养学生的工人阶级的阶级观点、劳动观点、群众观点、辩证唯物主义观点。”《全日制中学语文教学大纲（草案）》采取与小学语文教学大纲一致的处理办法，不再列出语文德育目标，只对“文”与“道”的关系进行分析，认为两者是不可分割的。这一认识是符合实际的，但是拿这个认识去取代语文德育目标本身是不恰当的。语文德育被置于不适当的地位，终会使语文知识教学和语文德育两败俱伤。培养目标是对学校所有的课程提出的德育目标，每个学科都应该落实。语文学科本身的思想性使它承担了比别的学科更多的德育任务，这也是事实，因而在语文教学目标中，没有语文德育目标是不正常的；当然把语文德育目标当成语文教学的唯一目标，取代政治课的地位同样是不适当的。

1978 年制定的《全日制中学暂行工作条例（试行草案）》、《全日制小学暂行工作条例（试行草案）》与 1963 年制定的《全日制中学暂行工作条例（草案）》、《全日制小学暂行工作条例（草案）》大同小异，仅增加了与当时时事政治有关的公德内容。同年制定的《全日制小学语文教学大纲（试行草案）》规定的语文德育目标为："必须高举毛主席的伟大旗帜，完整地准确地贯彻毛主席的思想体系，重视从小培养学生的无产阶级世界观。"这一目标属于信仰教育的范畴，有明显的成人化倾向，又没有伦理规范的德育内容作基础，往往容易被架空，变成没有血肉的德育口号。《全日制十年制学校语文教学大纲（试行草案）》规定的语文德育目标是："用马克思主义的立场、观点和方法指导学生学习课文和必要的语文知识，进行严格的读写训练，使学生在思想上受到教育，不断提高社会主义觉悟，增强无产阶级感情，逐步树立无产阶级世界观；在读写能力上得到提高，能够正确理解和运用祖国的语言文字，具有现代语文的读写能力和阅读浅易文言文的能力，逐步树立马克思主义的文风。"这一语文德育目标的特点是鲜明地体现了语文德育目标的特色，既渗透了培养目标的德育内容，又表现了语文教学的特色。

1980 年制定的《全日制十年制学校语文教学大纲（试行草案）》提到："小学语文教学必须重视从小培养学生的无产阶级世界观。"此外，在前言部分分析了思想教育和语文教学的关系，列出了对入选课文思想内容上的要求。其主要目的是摆正二者的关系，使语文教学的知识目标和德育目标得以落实。但是如果语文德育目标本身就很模糊，没有相对的稳定性和一贯性，又不注意学生的年龄特点，语文教学的成效也难以保证。同年制定的《全日制十年制学校中学语文教学大纲（试行草案）》对语文德育目标的处理方式与小学的大纲大抵相同，内容则基本沿用1978年大纲的语文德育目标。

1981年制定的《全日制六年制重点中学教学计划试行草案》规定的培养目标是："要使学生具有爱国主义精神，培养共产主义道德品质，逐步树立无产阶级世界观和人生观，立志为人民服务，为实现祖国的现代化服务。"这一目标与社会主义初级阶段理论有相通之处，比较实事求是。

1986年制定的《全日制小学语文教学大纲》在教学目的和要求里又把语言文字训练和思想品德教育的目标分开表述。思想品德教育目标如下："语文学科的重要特点是语言文字训练和思想教育的辩证统一。因此，语文教学要在进行语言文字训练的同时，使学生潜移默化地受到爱祖国、爱人民、爱劳动、爱科学、爱社会主义的教育，培养学生良好的意志、品格和爱美的情趣。"分开表述的优点是内容较为完备，层次分明，体系较清楚，但在教学中如处理不好，则容易变成不相干的两张皮，用语文训练代替语文德育。《全日制中学语文教学大纲》对1980年大纲的语文德育目标进行了提炼综合，内容精简为："在语文教学中，要开拓学生的视野，发展学生的智力，培养学生的社会主义道德情操、健康高尚的审美观和爱国主义精神。"与20世纪50、60、70年代的语文德育目标相比，这个德育目标是切合实际的，它已经没有多少信仰教育的成分，注意到学生年龄心理特点，是世俗化的德育目标。

1988年制定的《义务教育全日制小学、初级中学教学计划（试行草案）》规定的小学阶段的培养目标是："要培养学生爱祖国、爱人民、爱劳动、爱科学、爱社会主义等思想品德，良好的行为习惯和初步分辨是非的能力。"中学阶段的目标则是："要使学生热爱社会主义祖国，热爱社会主义事业，热爱中国共产党，初步树立为人民服务的思想，培养为社会主义现代化建设献身的责任感，培养学生具有社会主义的思想品德和讲文明礼貌的良好习惯，使学生具有一定的分辨是非和抵制不良影响的能力。”这两项德育目标的明显特征是：①它基本符合学生的年龄、心理、认知、情意水平。②公德私德兼顾，内容比较全面。③两个学段的衔接恰当，目标层次分明。④不任意强化或弱化时事政治的因素，分寸感较好。但也有不周全的地方，如初中部分的“讲文明礼貌的良好习惯”移到小学部分更恰当。这样的德育目标放在多元化的教育环境中去实施是比较恰当的。同年制定的《九年制义务教育全日制小学语文教学大纲（初审稿）》单独列出语文德育目标：“在语文教学的过程中，使学生受到辩证唯物主义的启蒙教育和社会主义道德品质的教育；逐步加深爱祖国、爱人民、爱劳动、爱科学、爱社会主义的思想感情，陶冶爱美的情趣；锻炼观察、思维、想象、记忆的能力；养成良好的意志品格和学习习惯。”《九年制义务教育全日制初级中学语文教学大纲（初审稿）》的语文德育目标与1986年大纲的语文德育目标基本相同。在这样的德育目标指导下，语文教学会偏重于主体的感悟，培养语感，在加强人文性的过程中完善学生的私德，为公德的形成奠基。

1990年制定的《全日制中学语文教学大纲（修订本）》的语文德育目标与1988年的大纲的语文德育目标基本相同。

1991年制定的《中小学语文学科思想教育纲要（试用）》确定中小学语文教学的德育目标是：“通过语文教学，弘扬中华民族优秀的传统美德和伟大的民族精神，激发学生的爱国主义情感，增强学生的民族自尊心、自信心和自豪感；培养学生热爱共产党和社会主义的感情，树立社会主义信念，增强建设社会主义的使命感、紧迫感；提高学生的思想文化素质，培养学生高尚的道德情操，增强学生抵制腐朽思想文化侵蚀的能力。”之后又提出5个方面的教育目的：①认识祖国的历史和文化；②认识中国共产党的丰功伟绩；③认识腐朽的旧社会；④了解我国的光荣传统；⑤认识优良的伦理道德传统。明确规定了语文德育目标的内涵和范畴，注意贴近学生的生活，体现语文教学的特点，集中体现现阶段德育理论研究的成果，从德育效果、学生的发展、社会的需要、民族的未来、多元的文化环境等多方面、多角度来考虑语文德育目标体系的构架。

1992 年制定的《义务教育全日制小学、初级中学课程计划（试行）》全部继承了 1988 年《义务教育全日制小学、初级中学教学计划（试行草案）》的优点，把私德的内容具体化，更具操作性，体现了人的全面发展的要求。同年制定的《九年义务教育全日制小学语文教学大纲（试用）》规定的德育目标与 1988 年大纲的小学语文德育目标基本相同。《九年义务教育全日制初级中学语文教学大纲（试用）》基本保持 1986 年大纲的语文德育目标内容。

1996 年制定的《全日制普通高级中学语文教学大纲（供实验用）》除了保持 1986 年大纲语文德育目标的基本内容之外，还增加了一些新的内容，如“发展个性和特长”，“培养热爱祖国语言文字、热爱中华民族优良传统文化的感情”，显然吸收了 1991 年语文思想教育纲要的精神和世界教育改革中个别化教育的理论，主要从学生道德情感的培养入手，构筑学生的道德人格。这也正是新中国成立以来的语文德育目标的薄弱环节。

2000 年制定的《全日制普通中学课程计划（试验修订稿）》规定的高中的德育目标为：“热爱社会主义祖国，拥护中国共产党，了解中国历史和国情，对国家和民族具有责任感，形成初步正确的世界观、人生观和价值观；具有民主和法制精神，学习行使公民权利和履行公民义务；积极参与社会公益活动；具有自觉保护环境的意识和行为；具有集体意识和合作精神；具有参与国际活动和国际竞争的意识；具有独立生活的能力；形成健全人格。”同年的《九年义务教育全日制小学语文教学大纲（试用修订版）》采用了中学大纲的表达方式，在内容上保持与中学语文德育目标的一致性，“在教学过程中，使学生受到爱国主义教育、社会主义思想品德教育和科学思想方法的启蒙教育，培育学生的创造力，培养爱美的情趣，发展健康个性，养成良好的意志品格”。用“启蒙教育”来表征年龄特征虽然有简单化的倾向，但它提出的“创造力的培育”和“良好意志品质的教育”是符合时代发展要求的，也考虑到了儿童的可塑性，虽然“创造力的培育”并不包含道德判断。《全日制普通高级中学语文教学大纲（实验修订版）》保持了1986年以来大纲语文德育目标的基本内容，也进行了一些修改，如“发展健康个性，形成健康人格”这个修改，比1996年大纲的“发展个性和特长”进了一步，一般的个性没有道德意义，健康的个性则是有道德意义的，从健康个性发展为健康人格体现了一个德性形成的过程，这正是语文德育可以施加积极影响的过程。其中包含的对健康个性和健康人格概念的界定就是道德判断，反映社会的道德发展水平和人类的道德预期和期待。这是最符合当今时代精神的德育目标，其特点是：①与当代丰富复杂的物质、精神生活相一致，其德育目标的内容是丰富的，涉及高中学生生活的方方面面。②从高中学生的角度来阐述德育目标，有尊重主体的意识倾向。③德育平民化的趋势明显，划定德育的达标底线，力避高大全的德育目标。这样构架的初衷是为了更贴近德育主体，但事物往往都有两面性，偏重低层次的世俗化的德育目标不太可能把学生引领到信仰的较高层次，正如檀传宝博士所说：“我们的德育由于德育目标实际上的节节后退而没有对目前的以信仰危机为内核的精神危机引起足够的重视，其重要表现就在于重视‘规范’而忽视‘关怀’。”因此他呼吁：“实现信仰教育与道德教育的正确连接，建立道德学习主体的价值内核。”① 优秀文学作品包含了丰富的信仰教育的资

---

① 檀传宝：《信仰教育与道德教育》，5～14页，北京，教育科学出版社，1999。

源，语文德育是最应该在这方面有作为的。

2001 年制定的《基础教育课程改革纲要（试行）》提出的培养目标是："要使学生具有爱国主义、集体主义精神，热爱社会主义，继承和发扬中华民族的优秀传统和革命传统；具有社会主义法制意识，遵守国家法律和社会公德；逐步形成正确的世界观、人生观、价值观；具有社会责任感，努力为人民服务；具有初步的创新精神、实践能力、科学和人文素养以及环境意识；具有适应终身学习的基础知识、基本技能和方法；具有健壮的体魄和良好的心理素质，养成健康的审美情趣和生活方式，成为有理想、有道德、有文化、有纪律的一代新人。"这个纲要除了保持 20 世纪 50 年代以来德育目标的精神实质之外，还增加了新内容：①法制意识的培养，这是与"以法治国"相对应的举措，也是面对青少年法律意识相对淡薄的现实而采取的应对措施，与道德体系构成互补关系。②实践能力和环境意识的培养，这是为了纠正过于注重书本知识的传统倾向和以人为中心对自然环境缺乏关怀的偏向。这是对人本身和人与自然的关系进行反思之后的理性思考，以人的需要和人际交往为中心的伦理道德体系需要改造和更新。③终身学习的概念，这是学习化社会必需的能力，适应世界教育发展的需要。④养成健康的生活方式，体现教育的人文关怀，人需要高级的终极关怀作为生活意义的支柱，也需要此岸的幸福生活的关怀。健康的生活方式的养成虽然不是世俗幸福生活本身，也给它指引了方向。

2001 年制定的《全日制义务教育语文课程标准（实验稿）》在前言中提出：语文课程"在培养学生思想道德素质、科学文化素质等方面发挥应有的作用"。在课程基本理念中又提出了"语文素养"的概念，语文素养里包括了"热爱祖国语文的思想感情"在内的语文德育内容。在第二部分的课程目标中，语文德育又作为三维目标中的情感态度价值观目标置于总目标的首位，分四条着重表述，在阶段目标中具体落实。在课程标准形态下，语文德育得到了全方位的体现，延伸于语文教育的方方面面。

2003 年制定的《普通高中语文课程标准（实验）》在前言中对语文德育提出适应高中生心理发展需要的要求：语文课程在“弘扬和培育民族精神，增强民族创造力和凝聚力中发挥应有的作用”。在基本理念中提到：“塑造热爱祖国和中华文明、献身人类进步事业的精神品格，形成健康美好的情感和奋发向上的人生态度。”在课程目标的五个方面都渗透了语文德育目标，如“感受·鉴赏”中提到“通过阅读和鉴赏，深化热爱祖国语言的感情，体会中华文化的博大精深、源远流长，陶冶性情，追求高尚情趣，提高道德修养”，突出了语文教育中的德育的特点，把人文关怀渗透到语文课程标准的各个部分，这才是语文德育的实质。①

以上是新中国成立后课程标准中的语文德育目标，其总的价值取向是有中国特色的社会主义理论。在以下方面进行了有益的探索：①公德与私德的内涵与外延及其相互关系。②个性发展与社会需要之间的关系。③传统德育观念与创新的关系。④德育的阶段性与连续性的关系。⑤德育理论与德育实践的关系。⑥语文德育如何渗透到语文教育的方方面面等等。②

（二）广西民族地区语文德育的特点

在大致相同的国家课程语文德育目标背景下，广西民族地区的语文德育也表现出一些民族特色。

从广西大地上的考古发现来看，广西少数民族是广西大地上的世居民族，他们创造了优秀的民族文化，这种优秀民族文化的传承过程，就是其民族教育发展的过程。在民族教育发展的过程中，他

---

① 课程教材研究所编：《20 世纪中国中小学课程教学大纲汇编课程（教学）计划卷》，北京，人民教育出版社，2001。

② 韦美日：《建国以后课程标准中语文德育目标述评》，载《中外比较教育》，2004（3）。

们的教育目标、教育内容、教育方法以及蕴涵其中的教育思想的发展变化，只能从其留存下来的物质文化遗产和精神文化遗产中进行分析和推断。至于广西古代少数民族怎样进行语文德育，有文字记载的史料不多，在汉族的文字记载中，往往记录的是汉族官员如何教化少数民族的措施和事例，如“汉初，赵佗在岭南建立南越国，‘稍以诗礼化其民’”[①]。从严格的意义上说，广西的学校教育过程是广西少数民族接受汉文化影响的过程，从民族心理结构来说，也是广西少数民族在心理上逐渐认可汉文化的优势地位，并在意识和行为上不断调适自身的价值标准，以期在汉文化主导的社会中获得生存空间的进化过程。与汉文化教育相似，其语文德育的内容主要是儒家的伦理道德观念，语文德育的主要方法是行为训练法和德育观念的直接灌输。

汉文化的影响，从秦在广西设桂林、象郡开始。秦王朝派遣号称“五十万”的军卒、贾人、逋逃者到岭南与百越人杂居。在杂居的过程中，汉人虽然只是少数，但凭借其作为统治者的优势，通过有利于汉文化传播的各种文教政策的颁布实施，确保了汉文化的强势地位。广西少数民族要在汉族统治的社会中获得地位和利益，就必须接受汉文化，走读书做官的道路。

汉朝统一岭南，拆秦三郡地为九郡，其中苍梧、郁林、合浦等郡在广西，其行政设置较秦代缜密，到广西的汉族人也增多了，影响有所扩大。在广西的汉族官吏和文人开始在他们的辖区内设立官学和私学，系统地传播汉族文化。东汉广西可能已有地方官学的证据有二：①“邓让，南阳人，建武（东汉光武帝年号）初为交趾牧。……治绩尤著，其在交趾，教导民僚，渐以礼仪，治化大行。”[②] ②“黄豪，字子微，南海人。……弱冠，诣交趾部刺史，

① 黎崱：《安南志略》。
② 清邓玉鳞：《广东通志》卷三十八《名臣》

举茂才。因寓广信，教授生徒。”① 《广西教育史》的编者认为：“两汉、三国时期，广西的私学教育有两种形式，一是家学，一是学者收徒讲学。”② 例如，“在汉末三国时期，苍梧郡豪强士燮家族的家学也很负盛名”；“谢启昆《广西通志》据清代汪森编《粤西文载》记刘熙‘……往来苍梧、南海。授生徒数百人。尝即物名以释义，作《释名》20 篇’”。③ 通过官学和私学系统传播的汉文化，在影响的程度和范围上应该强于汉越杂居时的自然状态。这种影响延续到三国，如“虞翻，《三国志》有传，‘虽处罪放，而讲学不倦，门徒常数百人。又为《老子》《论语》《国语》训注，皆传于世’”④。

6 世纪以后的唐、宋时期，汉族统治者在经济文化上鼓励生产、设立学校。这一时期，大批王朝官吏、军卒、商旅、流民从中原各地南来广西，而且开始深入到桂西的一些地方，如宜州、邕州等地，与这里的俚、僚、土等“蛮夷”杂居，把汉族的文化和生产技术传授给当地人民。汉文化的影响程度和范围进一步扩大。

明、清时代有大规模的屯田，屯田的军士有了土地，于是定居下来，成为稳定的居民，汉族的经济和文化逐渐居于支配的地位。不仅桂东地区，在桂西也已普遍有汉族居住，与当地居民共同开发山区，汉族在经济和文化上也居优势地位。近代以后，桂东的壮族大部分已同化于汉族中，在桂西的部分山区也有少数汉族被少数民族同化。

---

① 清阮元：《广东通志·列传》。

② 杨新益、梁精华、赵纯心编著：《广西教育史》，6 页，桂林，广西师范大学出版社，1997。

③ 杨新益、梁精华、赵纯心编著：《广西教育史》，10 页，桂林，广西师范大学出版社，1997。

④ 杨新益、梁精华、赵纯心编著：《广西教育史》，10 页，桂林，广西师范大学出版社，1997。

但广西少数民族在外来强势文化的影响下仍然部分地保持了自己的民族特性，原因有二：一是外在文化的影响力受到客观条件的限制。各个封建王朝派驻广西的官员和迁居广西的军卒、商旅、流民的数量是有限的，况且除了史书上记载的有代表性的积极传播汉文化的少数官吏之外，不见于史书记载的那些官吏在汉文化传播中所起的作用还有待于证实。同时，“秦朝统一岭南后，在交通便利的地区推行郡县制，在交通不便的边远山区实行土官世袭制，采用‘以夷制夷’的羁縻政策。汉朝在岭南地区沿袭秦朝的政策，仍然用原来的土官世袭，令其自保。秦汉时期的这种土官世袭制度是广西土司制度的起源，后来历代中央政府对这些地区都实行土官世袭制度”①。“以夷制夷”的羁縻政策是汉族统治者在许多官员害怕广西的恶劣自然环境，不愿到广西做官而不得不采取的统治手段，在一定程度上保护了少数民族传统文化。二是少数民族在长期的历史过程中逐渐形成的民族心理结构是相对稳定的，广西少数民族的价值取向、思维方式、民族精神是他们在协调自己和环境的关系、自己内部的人际关系、自己和外民族的关系中形成的，是一种带有遗传特征的集体无意识，因此它是不容易被抹杀和改变的。在汉文化占据主导地位的官学或私学体系中，语文德育的汉文化痕迹是特别浓厚的，但是在少数民族社会生活和家庭生活中，语文德育的少数民族文化成分也非常鲜明，其重要内容之一是对宗族文化的皈依和对祖先的崇拜，其中既有汉文化的烙印，也有少数民族地域文化的鲜明个性。

古代广西少数民族的语文德育内容主要是孝敬尊长，这种孝与孔子所主张的孝内容略有不同。孔子主张的孝，包含建立封建等级制度的性质，也是后来儒家所发挥的三纲五常的根本。广西古代少

① 杨新益、梁精华、赵纯心编著：《广西教育史》，275页，桂林，广西师范大学出版社，1997。

数民族所提倡的孝，是基于对先于自己掌握知识经验的长者的敬仰，带有朴素的祖先崇拜的因素。孔子主张的孝，不但依赖于人先天的善质，还依仗制度文化的约束，形成通行于社会的人伦道德规范。少数民族所奉行的孝，实际上是老有所养的生存需求，依仗古老的宗法制度来维持，形成约定俗成的通例。

古代广西少数民族的语文德育内容还有讲究信义的内容，这里的信义和汉文化中儒家的信义有别。儒家伦理道德观念“仁、义、礼、智、信”中的“义”，是为人处世的义务；其中的“信”，是朋友之间交往的行为准则，是群体内部人际交往过程中个体的责任与义务。儒家的伦理道德体系的主要功能是维护整个社会的秩序，让各个社会阶层的人安于自己的身份和地位，不去犯上作乱，从而达到治的目的，其社会功能取向是显而易见的。广西少数民族的信义观念是基于人类童年时期的相互依赖而自然产生的心理需求，这种心理倾向因为地理环境的限制、农业社会的特点而得以保持和延续。

从广西少数民族语文德育发展过程的一些特性，我们可以透析当今广西少数民族语文德育现象的流变过程。需要说明的是，这里所说的语文德育是广义的语文德育，在教育的地位和作用日益受到重视的现实环境中，虽然学校的语文德育在学校德育中的分量日益增强，但是还是要充分认识到，语文德育的根基在社会，其起点在家庭，作为专门的教育机构，学校可以而且应该发挥更大的作用。

从古代广西语文德育的运行过程来看，广西少数民族学校的语文德育，在内容和方式上尽量复制汉文化语文德育的结构体系和运作方式，但是因为语文德育的受众是少数民族学生，他们的主观能动性决定了广西语文德育体系的异质性特征。广西少数民族社会生活中的语文德育，主要表现在风俗习惯、节日禁忌、婚丧礼仪等方面。广西少数民族的社会生活虽然也不同程度地受到外界习俗的影响，但这种影响与根深蒂固的传统习惯相比还是有限的、表面化的，真正构成少数民族学生语文德育内核价值观的土壤，是少数民族社会生活中息息相关的集体活动以及由此产生的民族心理结构。广西少数民族家庭生活中的语文德育，首先表现为少数民族心理的遗传特质，与考古发现的广西少数民族先民特有的体貌特征一样，少数民族的心理特征也应该是独特的；其次，少数民族家庭的文化环境对学生人生观、价值观、情感取向的影响也是不容忽视的。

我们可以从三个方面来理解广西少数民族语文德育。

首先，观察广西少数民族学校语文德育的现状。从广西少数民族学校的办学指导思想，到少数民族学校的人才培养目标，主要是汉文化价值观的产物，其中只有比较少的部分会联系当地社会发展的实际情况作相应的调整，出发点一般不在培育必要的民族个性，而在促进地方经济的发展，类似于“文化搭台，经济唱戏”。广西壮族传统的“三月三”歌节，原来是民间自发的歌圩，利用集市贸易的机会交朋会友，谈情说爱，劝人向善，针砭时弊，宣传政策，形成特有的文化景观，是广西少数民族地域文化中较有活力的重要组成部分，是广西少数民族地区学校教育优质的语文德育资源。在尊重多元文化的教育价值观的前提下，理应纳入当地学校的语文德育资源库，作为强化本民族意识的校本课程进入学校的课程体系。但事实上，学校对当地的地域文化资源缺乏开发利用的意识，仅仅是配合当地政府行为，在当地政府策划和导演下，教育行政部门指挥学校的教师和学生参加“三月三”歌节的民族歌舞表演，虽然参加表演的少数师生对壮族传统的“三月三”歌节会有一定的感性认识，但当地政府和学校的主要目的还是在促进当地经济的发展上，学校师生也是奉命行事，当地政府、学校、师生欠缺的恰恰就是民族文化的自觉。在大多数广西少数民族地区教育系统中，对多元文化的理解往往指向外族文化，甚至窄化为西方文化，表现为对西方文化的向往和好奇，在西方强势文化及其文化价值观的影响下，有意无意地忽略本民族的文化，造成少数民族师生中相当程度的对本民族的历史及其文化传统的无知，这种无知在大规模的统考中表现得特别突出，在学生的应试作文所运用的材料中，鲜有本民族传统文化和本民族日常生活内容，很大程度上说明在学校课程体系中，本民族传统文化是缺位的。

其次，考察广西少数民族社会生活中的语文德育。在广西少数民族的社会生活中，我们看到了不变中的变化：山川和河流依旧，但山上的树少了，河水变小了，变浑浊了。农民赖以生存的田地还在，但化肥代替了农家肥，土质在改变。村镇的格局不变，但民居建筑的砖混结构逐渐取代了土木结构的干栏建筑。农忙季节在田野上依然可以看到青壮年农民的身影，但数量已经大减，老弱病残成了主要劳动力。许多家庭，只有在春节这样的重大节日，老人和小孩才盼到家庭经济“支柱”的回归。在商品经济的大潮中，广西民族地区离乡打工的农民不断增多，打工收益大于农耕收益的故事广为传播，带动了更多的青壮年农民加入打工者的行列。这些悄悄发生的变化，说明广西少数民族传统的农耕生活正在发生不可逆转的现代转型，安土重迁的观念在淡化，社会价值体系在变化，曾经维系农村社会结构的宗法制度也在弱化，不能约束开放了的农村社会中的家族成员，对祖先的崇拜蜕变为求祖先保佑获得更多的财富。在这样的社会文化氛围中，语文德育在隐退，退到古老的山歌里，退到乡村老人的记忆中，也退到对善的渴求的心灵深处。经济发展和精神满足的悖论在广西少数民族地区不同程度地演绎着，对广西少数民族地区而言，社会主义新农村建设本质上也是要寻求一种平衡，物质与精神的平衡，保护与发展的平衡，经济与文化的平衡。

最后，聚焦广西少数民族家庭中的语文德育。家庭对未成年子女的影响主要来自观念和行为两个方面。观念的影响有些来自父母的灌输，更多的来自家庭文化的氛围，不管是积极还是消极的影响都会在子女身上打下深刻的烙印。在未具有思维和分辨能力的子女眼里，父母是效法的榜样，在子女身上，处处可以看到其父母的影子，不仅仅是遗传的作用，更深层的因素来自观念尤其是思维方式的影响。因此考察广西少数民族家庭语文德育的状况，可以从家庭成员的人际关系和他们的行为习惯入手。在实行家庭联产承包责任制之后，家庭成员的生产效率观发生了极大的变化，快速致富的愿望促使传统大家庭结构逐渐解体，取而代之的是现代的核心家庭结构，祖父一辈对孙子的影响在减少。而老一辈身上负载更多的民族传统文化的成分，这是家庭潜在的语文德育资源，曾经在三代同堂的大家庭中起着维护家庭伦理道德的重要作用。家庭成员之间的安全边际在消失，对利害关系的关注度在提升，对维持家庭正常运行的伦理道德观念的漠视，正在毒害家庭中的弱势群体，危及和谐的家庭结构。

从广西少数民族语文德育的现状分析中，不难发现广西少数民族语文德育面临的历史和现实难题。一方面，广西少数民族一直是在汉文化的强大影响中生存和发展的，怎样有效传承本民族的文化传统，这是一个生态历史的难题。另一方面，广西少数民族要在中华民族大家庭的经济发展大格局中发挥应有的作用，缩短与经济发达地区之间的距离，不能只依赖民族优惠政策，主要还要发动他们自己的主体意识和主观能动性，这是广西少数民族现代化进程中必然要面对的主要问题。而这两个问题有时却是一个问题的两个方面，就是在广西少数民族的教育振兴计划中坚守民族文化的特色，发挥民族地区的资源优势，促进地域经济的持续健康发展。

首先，我们要充分认识广西少数民族语文德育的地域特色。广西少数民族生活在山清水秀的南方，有优美的自然景观，长年累月身处其中，淳朴、善良的品性会自然产生，所以法国有浪漫主义情怀的教育家卢梭要把爱弥尔的童年少年时代安排在乡村，让大自然去教育他，希望他长成一个自然人，具备更多自然赋予的人类天性。相信单纯美好的自然环境可以塑造人的优秀品格的教育家还有裴斯泰洛齐、苏霍姆林斯基，他们的教育实践经验也告诉他们，亲近自然是人格陶冶的最佳路径。广西少数民族子弟自小就生活在山乡田野之间，吸收更多山水自然的灵气，保留更多的人类自然天性，这是广西少数民族语文德育得天独厚的自然环境优势。孔子说，仁者爱山，智者爱水，广西少数民族子弟生活在山水之间，在田间地头，亲近仁者、智者所爱的山水，对自然与人类的关系有切身的认识和了解，更懂得珍爱自然，懂得劳动果实的珍贵，懂得暴殄天物的可耻。他们因此会养成节俭的习惯，勤劳的习惯，这是广西民族地区语文德育良好的环境基础。

其次，我们要重新认识广西少数民族语文德育的文化特色。广西少数民族创造的稻作文明为当地的语文德育提供了丰富的养料。稻作文明是一种与水稻的种植和食用相联系的文化现象，它培育了与水稻的种植相关的生产生活知识和与水稻的食用相关的生活百科知识，这些知识以口耳相传的形式在广西少数民族中世代延续。在种植和食用水稻中成长的广西少数民族后代对水稻赖以生存的田野和水源有特别的感情，因此他们热爱自己的家园，固守自己的家园，认为自己的家园是世界上最好的地方，不是万不得已的原因不会轻易离开。水稻的种植虽然辛劳，但对依赖水稻生存的他们来说那是天经地义，丰收带来的自足让生活具有希望和色彩。于是在祭祀中，在节日里，在集市中，在庆典中，我们看到了这种生活的喜怒哀乐的各种表达，更为集中地表达在少数民族的民间创作中，包括用汉语记载下来的神话传说、民间故事、歌谣、师公唱本等。在这种文化氛围中，他们的德育更看重的是以故事传说的形式教化子弟，田间地头、灶边或晒场边，都是民间故事传播的场所，也是民族价值观传递的场所，对本民族文化的认同感往往在这些活动中得到加强并进一步内化。

第三，对广西少数民族语文德育的民族特色也要有理性的认识。广西少数民族语文德育的民族特色是历史的产物，是他们在长期的生产生活过程中不断形成发展和完善的。其中的核心内容是建立在广西少数民族心理结构基础上的民族精神。民族精神的形成与广西少数民族的生活经历相关。广西少数民族在汉族的历史文化典籍中经常被描绘成未开化的野蛮人，是粗俗和愚昧的代名词。这与当时广西少数民族地区农业生产技术的落后和物质生活的匮乏有关，涉及少数民族的精神生活，尤其是用平等的态度和眼光去了解少数民族的生活态度和价值体系的文人比较少，经常是用汉文化的有色眼镜去衡量和评价少数民族的精神世界，得到的结论对少数民族来说是不公正的。至少广西少数民族在中原汉族认为不宜人居的“瘴疠之地”建立家园，世代繁衍，就表现出与环境共生的智慧和勇气。正是这种适应环境、主动构建灵活的价值体系以应变的民族性格使广西少数民族能在恶劣的环境中生存下来，这种顽强的生存本能蕴涵着智慧，是人类天性中善的基础，积极主动、满怀善意地包容和理解生存的环境，即使环境所给予的回报很少也不离不弃。当然，在市场经济环境中，这样的不讲经济效益的生产生活方式是落后的，不值得提倡的，但是在强调人文精神的背景中，在伦理道德的范围里，是有价值的，其意义是深远的。

由此看来，广西少数民族语文德育要在民族地区的经济发展中发挥作用，首先要普及和推广广西少数民族社会的历史文化知识，使教师和学生对本民族的历史文化有比较全面客观的认识。在汉文化主导的学校语文德育中，广西少数民族的历史和文化占有的比例是很少的，不利于少数民族师生了解本民族的历史和文化，因此，在地方课程和校本课程的设置中，就特别需要确立广西少数民族历史文化教育的地位。在广西少数民族的社会生活中，民族文化的影响力要进一步得到加强，提高了解民族历史传统的老人的社会地位，给民间的与民族历史文化活动有关的文艺活动必要的技术指导和经济援助，形成对本民族传统文化的社会需求效应。倡导具有本民族特色的生活方式，过本民族的传统节日，鼓励广西少数民族立足于本乡本土，逐步优化环境，改善生活，保持传统农耕生活中的环境保护意识。在广西少数民族的家庭生活中，作为家庭的中坚力量，父母的民族精神意识对子女的影响是不言而喻的。家庭文化氛围主要是由父母营造的，不管物质生活条件如何，在精神生活方面能够保持民族特色也是家庭语文德育的重要内容，当然，这里指的不仅是民族地区家庭语文德育具有先天的遗传基础，还包括后天的民族优良品质的继承和发扬。

广西少数民族语文德育在价值多元的市场经济社会中，必然要发生一些根本性的变化。语文德育的内容会发生相应的变化，特别是反映现代价值观的内容，会越来越多地进入少数民族语文德育的内容体系，使他们的语文德育内容呈现复杂的多元化的格局。稻作文明亲近自然淳朴的天性，是少数民族语文德育的基石，工业文明追求效益、追求公平公正的愿望，是少数民族语文德育生存发展的必然要求。少数民族地区人民的生活在改革开放以后发生了比较大的变化，其中最大的变化就是进城打工的农民日益增多，他们在城市生活中的经历和体会使他们的人生观发生了变化，进一步认识到金钱在社会生活中的价值和力量，因此他们会比上一代农民具备更活络的思维，不会死守家里的几分田地过日子，平时在家种田，但一有增加收入的机会，即使是冒险的，他们大多数都勇于去尝试。外出打工增加的收入变成了新建的房子，混凝土结构的小楼房取代了原来富有地方民族特色的干栏式建筑。越来越多新建的房子改变了少数民族的居住条件，居住条件改善的同时一些传统观念也随着干栏建筑一起消失了。在少数民族农村我们会看到，在保存互助传统的同时，也开始用打工的收入雇佣别人代为收割，养牛的农民开始利用农忙季节收费耕田，明码标价。种稻谷收入不高，就可以种经济作物以获利。做小买卖可以谋生，就把田留给别人去种，专职去练摊，生活也过得不错，运气好的还发了大财，引得众邻居羡慕不已。这些在以前的少数民族生活中是不可思议的。商品经济的观念已经悄悄渗透到少数民族生活的各个领域，逐步改变着他们的价值观念，很多农民已经不把田间劳动当成是谋生的唯一手段，也不再坚守老一辈信仰的土地是农民的命根子，唯有在田间辛勤劳作才能衣食无忧的观念，因为他们已经看到在工业化社会中，其他的途径其实比种田报酬更高。这样的观念也渗透到少数民族的家庭德育中来。在家庭德育的内容中，原来占主导地位的是培养子女勤劳的品质，要求子女孝敬父母、尊敬老人。而现在，谈论比较多的是谁家起了新房子，谁在哪里打工又寄给家里多少钱，更看重劳动的经济效益和现实利益，而孝敬父母也有了更为现实的标准，用能给父母多少钱来衡量。更值得警惕的变化是在打工收益大于种田收益的现实面前，少数民族地区农民往往选择打工挣钱，为了争取收益的最大化，又允许他们在校读书的子女也加入打工者队伍，放弃了接受教育的机会，使他们在现在和将来竞争激烈的市场中处于劣势地位。在这样的社会潮流和家庭德育观念面前，学校的语文德育也面临挑战，学校所倡导的正面价值观往往显得软弱无力，因为它们不能与少数民族的现实利益挂钩，更不能解决少数民族地区经济发展过程中面临的实际问题。该是调整学校的语文德育内容体系的时候了。少数民族传统价值观中的合理成分不管是否能带来眼前的经济利益，都要坚守，因为那是他们的精神家园，是最后的一块净土；另一方面，一些不合时宜的观念也要尽量抛弃，因为它会阻碍人们去追求更有质量的美好生活。对现代价值体系的内容，更应该根据本民族社会发展的不同阶段有选择地吸收，而不是不加辨别地拥抱一切新东西。在商品经济意识觉醒的过程中，建立正确的金钱观在少数民族地区显得格外重要，至少在目前，对少数民族语文德育来说，最为紧迫的任务是要让少数民族地区的适龄儿童继续他们的学业，那对一个家庭和少数民族来说是更长远的利益。建立这样一个语文德育内容体系也许不是很困难，但要取得少数民族的认可却是十分艰难的过程，它不仅是一个舆论导向的问题，还关涉到社会的经济结构，影响到少数民族的社会生活，因此我们不能只从教育本身去观察语文德育的内容和途径，还要从社会的经济基础和少数民族的实际生活状况去综合考虑。也只有站在社会、家庭、学校交互作用的立场上，我们才能明白语文德育可为的空间有多大，也才能真正发挥出语文德育的作用。

虽然我们主张民族地区的语文德育应该具有广西少数民族的特色，应该坚守少数民族传统价值观念中有价值的合理的部分，但并不是主张标新立异，另搞一套，而是在顺应时代发展的潮流中保持自己的民族风格和特色。少数民族的民族特色其实并不仅是具有符号意义的民族传统服装，最主要的是建立在民族心理结构基础上的民族精神。广西少数民族的淳朴好客、勤劳简朴、诚实守信等特点在大多数少数民族农民身上表现得非常充分，这是遗传、环境共同作用的结果，身处山区的广西少数民族的好客，是民族一贯的传统习俗，这一习俗的形成与环境不无关系，因为山区交通不便，往来客人不多，当然都是贵客，自然受到最热烈的欢迎，这种欢迎未尝没有主人对外部世界的向往在里面。现在交通发达了，少数民族接触外界的机会明显增多，见识了各种民族的各种各样的人，这种好客的习俗可能就会发生变异。如果因为好客得到对方的尊敬和理解，好客的习俗就会延续下去；如果被人利用遭受损失，也许好客就会受到怀疑，好客的习俗可能就被淡化。保持少数民族的优良传统，弘扬民族精神并不是建几个民族风情园，在政府举办的民族活动中穿一下民族服装，表演几个民族歌舞那么简单，更基础的工作是形成对少数民族优良传统的尊重和理解的社会风气和行为习惯，少数民族的精神特质只有在宽容和鼓励中才会持续健康地发展下去。所以真正的民族特色应该隐到后台，是少数民族持续前行的内在动力，是少数民族精神力量的源泉。①

---

① 韦美日：《广西少数民族地区语文德育的特点》，载《广西师范学院学报》，2008（1）。

第二节　广西民族地区学校语文德育的内容

广西民族地区学校语文德育内容体系的建构要考虑四个因素：第一，社会发展的需要。确认代表社会发展方向的核心价值体系，它们能让广西民族地区学生在社会化的过程中认同国家民族观念，认识中华民族文化的博大精深，认识少数民族的地域文化也是其中不可或缺的组成部分，为自己的民族文化作为中华民族文化的一部分而感到自豪，并愿意为民族文化的传承承担责任。第二，少数民族学生身心发展的需要。少数民族学生进入汉文化为主导的学校中生活，要有一个适应的过程，需要耐心的等待和温暖的关照，需要在充满关怀的环境中找到族群认同，消除自己作为“闯入者”的陌生感。第三，民族地区经济发展的需要。关注少数民族的生产、生活状态以及在多元文化发展的格局中遇到的各种现实问题，尤其是在保存自己特色的基础上改善目前的生活状态。第四，民族地区学校语文学习的特殊需要。少数民族学生学校语文学习的最大障碍来自语言，他们在家庭使用的语言是少数民族的语言，而学校语文教育使用的是汉语，他们必须学会在两种语言中转换，这个转换需要时间，需要毅力，需要兴趣，也即需要一个支持转换的动力系统。而精通某种语言一定程度上是熟悉和认同这种语言代表的文化。少数民族学生对汉文化的熟悉程度是有限的，学好语文的动力系统还不能很好建立起来。

按照三级课程管理模式的构想，国家课程承担的是满足社会发展需要的语文德育内容，在少数民族地区学校中占主导地位；地方课程必须开发满足民族地区经济发展需要的语文德育内容；学校课程必须开发满足民族地区学生语文学习特殊需要的语文德育内容。但是三者也不能截然分开。国家课程里也可以适当加入少数民族语文德育的内容，使少数民族能感受到自己民族文化在中华民族文化中的地位和作用，增强民族自豪感；同时也能让非少数民族地区的学生认识和了解少数民族文化，消除文化偏见，增进民族文化间的交流与合作。地方课程也可以加进其他民族文化的内容，开阔视野，使学生能比较客观地认识到地域文化在中华民族多元一体格局中的地位和作用，培养对待民族文化的理性态度和开阔的文化视野。学校课程也需要引进不同文化背景的语文德育内容，使学生不但认同自己学校的文化，对其他学校的文化也能采取包容的态度，培养积极开放的文化心态。

一、国家课程的学校语文德育内容建构

国家课程学校语文德育内容建构的依据是语文课程标准，它确定了语文德育的目标体系，对语文教材的编写提出了指导性的编写建议，对语文教师的课堂教学提出了教学建议。语文课程在实施过程中形成了三个运行层次，第一个是语文课程标准层面的语文德育内容；第二个是语文教材层面的语文德育内容；第三个是语文课堂教学层面的语文德育内容。

（一）语文课程标准层面的语文德育内容

语文课程标准层面的语文德育内容的主要特点是它代表国家的利益对语文德育提出要求，规范语文教学内容和教学行为。德是“一定社会对人的思想、政治、法纪和道德等品质的标准和要求。……德作为国家提出的做人的标准，尽管它也调节人与人之间的关系，可它根本的是调节个人与国家之间的关系，通过调节个人与国家的关系而使国家代表的统治阶级巩固统治。国家需要把自己的意志变成人的行为标准，用这些标准来约束人，使人们的行为符合自己的意志。德和法都是国家实现统治的工具，都是统治阶级意

志的反映，国家需要法也需要德。社会越是发展进步，国家越能代表多数人的意志，因而德也就越能代表多数人的意志，这既是人类社会发展的一个趋势，也是人类社会发展的规律”①。这里所说的语文德育，是广义的德育，不但包括道德，还包括政治、法律、思想。

语文课程标准在前言里就开宗明义，提出了代表国家利益的要求：“现代社会要求公民具备良好的人文素养和科学素养，具备创新精神、合作意识和开放的视野，具备包括阅读理解与表达交流在内的多方面的基本能力，以及运用现代技术搜集和处理信息的能力。语文教育应该而且能够为培养和造就一代新人发挥重要作用。”② 要求语文教育培养和造就符合现代社会要求的现代公民。在语文课程的基本理念中也提出了代表国家利益的要求：“语文课程应培育学生热爱祖国语文的思想感情，引导学生正确地理解和运用祖国语文。”③ 在语文课程目标中又提出了代表国家利益的要求：“在语文学习过程中，培养爱国主义感情、社会主义的道德品质。”④ 在教材编写建议中再次提出代表国家利益的要求：“教科书编写要以马克思主义为指导，坚持面向现代化，面向世界，面向未来。”⑤

语文课程标准层面的语文德育内容的另一个特点是重视学生的思想道德素质，明确“道德是用来调节人与人以及社会与个人之

---

① 王立仁：《德育价值论》，17～23页，北京，中国社会科学出版社，2004。

② 中华人民共和国教育部：《全日制义务教育语文课程标准（实验稿）》，1页，北京，北京师范大学出版社，2001。

③ 中华人民共和国教育部：《全日制义务教育语文课程标准（实验稿）》，1～2页，北京，北京师范大学出版社，2001。

④ 中华人民共和国教育部：《全日制义务教育语文课程标准（实验稿）》，4页，北京，北京师范大学出版社，2001。

⑤ 中华人民共和国教育部：《全日制义务教育语文课程标准（实验稿）》，14页，北京，北京师范大学出版社，2001。

间关系的准则，只有在社会生活中具有明确的人与人之间关系的现实，道德的存在才会成为可能。同时，也只有人的意识发展到能够意识到这些关系存在的时候，道德的产生才有可能，这二者是统一的。……从纵向说，道德与人类相伴，有人类社会生活，就有道德的存在。从横向说，现在各国都有自己的道德。就道德的角度说，由于它是社会生活的要求，因而人类的道德也有某些共性"①。这里所说的语文德育，是指道德教育，是针对教学生在现代社会中必须遵守的行为准则和必须具备的个人修养方面的教育。

语文课程标准在前言中提出了对学生思想道德素质的要求："九年义务教育语文课程的改革，应以马克思主义和教育科学理论为指导，总结我国语文教育的成败得失，借鉴国外母语教育改革的经验，遵循语文教育的规律，努力建设与现代社会发展相适应的语文课程，在培养学生的思想道德素质、科学文化素质等方面发挥积极的作用。"② 在语文课程理念中也提出了思想道德素质的要求："语文课程还应重视提高学生的思想道德修养和审美情趣，使他们逐步形成良好的个性和健全的人格，促进德、智、体、美的和谐发展。"③ 在语文课程目标中也提出了思想道德素质的要求："逐步形成积极的人生态度和正确的价值观，提高文化品位和审美情趣。"④ 在教材编写建议中也提出了思想道德素质的要求："教材应体现时代特点和现代意识，关注人类，关注自然，理解和尊重多样文化，有助于学生树立正确的世界观、人生观、价值观。" 在教学建议中

① 王立仁：《德育价值论》，11～24 页，北京，中国社会科学出版社，2004。

② 中华人民共和国教育部：《全日制义务教育语文课程标准（实验稿）》，1 页，北京，北京师范大学出版社，2001。

③ 中华人民共和国教育部：《全日制义务教育语文课程标准（实验稿）》，2 页，北京，北京师范大学出版社，2001。

④ 中华人民共和国教育部：《全日制义务教育语文课程标准（实验稿）》，4 页，北京，北京师范大学出版社，2001。

专门提出思想道德素质的要求："培养学生高尚的道德情操和健康的审美情趣，形成正确的价值观和积极的人生态度，是语文教学的重要内容，与语文能力的提高、语文学习过程和方法的形成是融为一体的，不应把它们当做外在的附加任务。应该根据语文学科的特点，注重熏陶感染，潜移默化，把这些内容渗透于日常的教学过程之中。"①

语文课程标准层面的语文德育内容的特点体现了语文教育的特点。语文课程的基本理念指出："语文课程丰富的人文内涵对学生精神领域的影响是深广的，学生对语文材料的感受和理解又往往是多元的。因此，应该重视语文的熏陶感染作用，注意教学内容的价值取向，同时也应尊重学生在学习过程中的独特体验。语文是实践性很强的课程，应着重培养学生的语文实践能力，而培养这种能力的主要途径也应是语文实践。语文又是母语教育课程，学习资源和实践机会无处不在，无时不有。因而，应该让学生更多地直接接触语文材料，在大量的语文实践中体会、掌握运用语文的规律，而不宜刻意追求语文知识的系统和完整。语文课程还应考虑汉语言文字的特点对识字写字、阅读、写作、口语交际和学生思维发展等方面的影响，在教学中尤其要重视培养良好的语感和整体把握的能力。"② 揭示了语文教育的三个特点：①语文教育有丰富的人文内涵；②语文教育有很强的实践性；③语文教育要体现汉语言文字的特点。

在语文课程性质与地位方面，语文德育内容体现了语文教育的特点。"语文是最重要的交际工具，是人类文化的重要组成部分。工具性与人文性的统一，是语文课程的基本特点。语文课程应致力

---

① 中华人民共和国教育部：《全日制义务教育语文课程标准（实验稿）》，16页，北京，北京师范大学出版社，2001。

② 中华人民共和国教育部：《全日制义务教育语文课程标准（实验稿）》，2页，北京，北京师范大学出版社，2001。

于学生语文素养的形成与发展。语文素养是学生学好其他课程的基础，也是学生全面发展和终身发展的基础。语文课程的多重功能和奠基作用，决定了它在九年义务教育阶段的重要地位。”① 在内涵上，工具性与实践性呼应，人文性与人文内涵相连，语文素养与汉语言文字密不可分。在语文课程目标中，语文德育内容、语文知识内容、语文能力内容交叉在一起，“培植热爱祖国语言文字的情感，养成语文学习的自信心和良好习惯，掌握最基本的语文学习方法”②。在语文教材编写建议中，语文德育内容也体现了语文教育的特点：“教材要注重继承弘扬中华民族优秀文化，有助于增强学生的民族自尊心和爱国主义感情。”③

综上所述，语文课程标准层面的语文德育内容主要包括三个方面：①维护多民族国家利益的行为规范、道德观念、思想情感、理想信仰。②指导个体在社会生活中的行为规范准则、道德素质。③语文学习的指导思想和行为习惯，包括回应国家与社会对语文教育提出的要求；对应学生个体发展对语文教育提出的要求；语文教育自身的发展规律对语文教育提出的要求。

这些德育内容反映了语文课程的价值追求。以高中语文课程的价值追求为例，在语文学习中提升学生思想道德素质的意图十分明显。

高中语文课程和九年义务教育语文课程一样要全面提高学生的语文素养，把语文素养的提高作为语文课程的终极价值，作为终身学习和个性发展的前提和基础。但高中语文课程与九年义务教育语

① 中华人民共和国教育部：《全日制义务教育语文课程标准（实验稿）》，1 页，北京，北京师范大学出版社，2001。

② 中华人民共和国教育部：《全日制义务教育语文课程标准（实验稿）》，4 页，北京，北京师范大学出版社，2001。

③ 中华人民共和国教育部：《全日制义务教育语文课程标准（实验稿）》，14 页，北京，北京师范大学出版社，2001。

文课程毕竟处在基础教育的两个阶段，同是语文素养，在深度和广度上是有区别的。九年义务教育语文课程对语文素养的要求侧重在基础层面，高中语文课程对语文素养的要求是在此基础上的进一步提高，侧重在应用和鉴赏层面。所以在普通高中语文课程标准中，对语文课程性质的界定中就提出要培养学生的三种能力，即语文应用能力、一定的审美能力、探究能力。

这三种能力仍旧是以听说读写能力的提高为核心。语文应用实际上就是在社会生活和学习活动中进行听说读写，语文课程中的审美活动也是听说读写活动，语文学习上的探究活动也是听说读写活动。听说读写四种能力虽然是语文能力的核心，也是广大语文教师常提到的说法，但是语文课程实施中，却会产生理解上的偏移和行为上的偏差。

最为常见的理解上的歧义就是把四种能力区分开来，根据需要重点训练其中的读写能力，认为读写能力的形成比较困难，需要特别加以训练，而听说能力是可以在母语环境中自然形成的，不必花费太多时间加以训练。结果在语文课堂上，师生的语文教学行为集中在读写训练上，听说训练不受重视。由于听说是社会生活中使用频率最高的语文能力，而一些学校的语文教育却不在这一方面有所作为，造成了学校语文和社会语文的隔离。学校语文精选了名家名篇作为教学内容，名家名篇是经过时间检验的有定论的作品，虽然经典规范但却滞后。而社会语文是社会大众鲜活的口语，虽然时代感强但却不规范。学校语文脱离社会语文的代价是语文的实用价值受到怀疑，其表现是学校学到的语文知识到社会生活中没有用武之地，而社会语文所需要的知识在学校中却学不到。学校语文学习的语文知识是经过专家组织的，具有系统性和规范性的特点，它虽然源于生活但是已经高于生活，而社会语文学习所接触的语文知识是原生态的、杂乱的，它就是生活的一个组成部分。前者强调逻辑性，而后者更具情境性。学校语文如果仍旧只重读写而轻听说，就等于继续排斥社会语文，追求语文的逻辑性而牺牲语文的情境性，得到了语文规范的表达，失去的是语文内在的生活。这显然不是语文教学的初衷。学生学习经典作品的用意是为了提高语文的读写能力，而提高语文的读写能力是为了让学生在社会生活中更有效地发挥自己的潜能，过上更有质量的美好生活，这才是终极目的，否则纯粹的提高读写能力对学生来说是没有意义的。

听说读写能力的提高，其实也是语文应用能力、审美能力、探究能力的提高。听说读写能力仍是最有语文课程特点的表达方式，但是由于听说读写能力的这种表达没有把四种能力之间的内在联系反映出来，没有把四种能力形成过程中伴随的情感、意志、信仰等非智力性因素的作用及其作用方式表达出来，在语文课程的实施环节中出现理解和行为的差异就不可避免。

事实上，对语文课程性质的不同理解所表达的是对语文课程的价值追求。从培养学生的听说读写能力这样的智力目标到培养以听说读写能力为核心的语文应用能力、审美能力、探究能力，进一步提高学生的语文素养这样的养成目标，反映的是社会发展对语文教育提出的要求以及由此引发的对语文教育价值的反思。

语文教育从来就不是价值中立的。中国古代的语文教育内容是“四书”、“五经”，核心价值观是儒家的“仁义道德”，用儒家的道德理想和道德责任来“修身齐家治国平天下”。这是劳心者的价值追求，以“劳心者治人，劳力者治于人”的原则让少数受教育的统治者为多数被统治者建立社会秩序，让不同等级的人安于自己的位置。语文教育要培养的是“士”，是“君子”，就是维护这种社会秩序的劳心者。他们读书学习的目的非常明确，就是为了具备“士”和“君子”应该有的知识、能力以及相应的修养，为将来的“出仕”作准备。近代语文教育接受了西方民主教育的思想，但不同时期统治者的意志仍然渗透到语文教育的目标和内容中，为统治阶级服务的价值取向还是比较明显的。新中国成立以后，语文教育延续了解放区的传统，坚持了为人民大众服务的价值取向，特别强调语文课程的思想政治意义，目的是为了统一思想，维护新生的国家政权。在以后的“文化大革命”中，语文课程的思想性被无限夸大，变成了政治运动的工具，语文课程的工具性被边缘化，语文课程被政治课程同化，没有了独立存在的价值和意义。改革开放以后，语文课程的性质得以重新认定，语文课程的独立价值才得以体现。社会生产力的发展使语文课程的工具性价值在语文课程中得以确认，在工具性价值观主导下的语文课程发挥了它在认知功能上的优势，语文课程的科学性追求，正是这种优势的充分体现。偏重工具性的语文课程价值取向必然走向学科基本结构的建立，包括建立类似于理科的语文知识体系，便于学生用最少的时间掌握必要的语文知识；类似于理论学科的独立、完整的语文教学研究理论，便于指导语文教育实践。这种价值追求以及作出的努力使我们对语文工具性的社会价值和实用价值有了深刻的认识和体会，同时也看到了语文课程工具性本身在语文教育过程中的缺陷。由于过分强化语文教育的理性成分，压缩了情感因素，抽掉了语文课程的精神内涵，语文教育因此变成了技术活动，失去了生命的活力。语文教育要找回曾经遗忘的价值追求，比思想性范围更广、内涵更丰富的人文性顺利进入语文课程，纠正工具性主导下语文课程的偏差，人们认识到，工具性和人文性的统一才是语文课程的根本属性。这种认识基于对语文教育的育人功能的认识，语文教育的根本目的是为了学生的发展，这也是基础教育课程改革的目标。

高中语文课程改革是基础教育课程改革的组成部分，承担着基础教育课程改革的一部分任务。这部分任务的完成建立在对高中阶段学生身心发展的特点的把握、社会发展对高中生成长的要求、目前的社会大环境为高中生提供的学习条件的基础上。高中语文课程的价值追求也要从学生的发展出发，面向未来，考虑社会发展对高中生的要求，同时又要面对现实，在现有的条件下力争取得最好的效果。

从高中生身心发展的特点来看，他们已经进入青年期，这一阶段不仅是人生观、世界观形成的重要时期，同时又是增长知识和才干的重要时期。在这一时期，高中生的生理发展迅速走向成熟，而心理发展却相对滞后于生理发展，他们的生理与心理、心理与社会关系的发展是不同步的，具有较大的不平衡性。高中生不论是在个人生活的安排上，还是在对人生与社会的看法上，开始有了自己的见解，有了自己活动的空间。青年时代是学生个性形成的时期，也是身体发育趋向成熟的时期。自我意识进一步增强，要求别人了解、理解和尊重自己。自我评价比初中充实、客观，有自我发展、自我实现的要求。高中学生的个性出现不同的发展方向。独立生活能力和社会适应能力较初中增强，对职业的选择出现较为理性的思考，由幻想期进入预备期，能结合自己的兴趣、能力、社会价值取向以及切身利益的需求，选择具体职业和层次。注意具有一定的稳定性，能较长时间地注意与自己兴趣有关的事物，并能分配注意。观察具有一定的目的性、系统性、全面性，但欠精确。初步完成从具体思维为主到抽象思维为主的过渡，开始理智地思考问题。思维活跃，经常提出问题，能独立地判断是非善恶，不轻信别人的结论，爱评论和争论，希望独立地解决问题。情绪体验较初中阶段强烈，情绪内容广泛，具有一定的连续性，形成各种心境。由于思维的独立性和自我意识的进一步发展，内心世界活跃。意志动机的主动性、目的性增强，能掌握自己的行为。在处事的信心度、果断性、自制性方面有发展，调节力较初中有提高。

总之，高中生在生理、心理发展上已经相当成熟，已经基本上能自己面对人生的选择，自己解决遇到的问题。因此高中阶段的语文课程不能只停留在认知的层面，更应该体现在行为的层面上，体现在对语文知识的实际运用上面。不能只关心学生的情感状态，更要培养他们控制情绪的理智态度；不能只需要他们动手就行了，更要他们知道思考动手的价值和意义。运用的领域也不能限于书本知识的学习，应该向更宽阔的生活领域延伸。语文课程应该为高中生提供和创造这样的环境和条件，提供选择的条件和可能性，促进学生的个性的健康发展。

高中语文课程标准在课程的基本理念中就提到，语文课程应该充分发挥它的“育人功能”，指的就是语文课程作为人文学科具有天然优势，它是文化的组成部分。从历史发生学的角度说，文化是民族精神的载体，依托文化的传承来培育民族精神是中外教育的一大传统。语文既是一种文化，它就要承担这一历史使命，从国家的兴盛、民族的复兴的角度培育学生的民族文化意识，培育学生的民族精神。然而民族文化仅仅是文化中的一个部分，尽管对学生而言是特别重要的一个部分，但是也不能忽略还有别的民族的文化存在，作为人类共同体的成员，要有尊重别的民族和他们的文化的胸襟和气魄，以免陷入貌似爱国的狭隘的民族主义的泥潭。所以，高中语文课程的基本理念在强调培育民族精神的同时，要学生“献身人类进步事业”，而不只是民族国家的进步事业。这是社会多元文化价值观在高中语文课程理念中的反映。它传达了一种信息，即共同生活在这个蓝色星球上的人类应该有共同的价值追求，有共同的目标和共同的未来，教育应该为这个共同的未来培养合格的公民。从共时性角度来说，文化是当下生活的反映，学生生活在一定的文化环境中，在受到这种文化影响的同时也参与这种文化的构建。语文教师的使命是让学生认识其周围的文化符号，主动参与到这种文化的建设中，在建设的实践活动中认识自己周围的世界，进而认识整个社会，找到自己的存在价值和人生定位，从而规划自己的人生。如果没有对自己生存环境的认识和把握，人就只能是环境的动物，被动接受环境的影响，丧失作为人的主观能动性，就谈不上人的全面发展。高中语文课程的基本理念要求语文课程内容与学生的成长相联系，就是要教师通过语文课程引领学生参与当下的现实生活，在生活实践中提高认识和能力，充分发挥自己的主观能动性，成为自己生活环境的主人。

学生主体意识的觉醒和将来的发展需要相应的能力支撑，这种能力在语文课程领域就是语言的应用能力、审美能力和探究能力。按照高中语文课程基本理念的说明，语言应用的第一个含义是加强与社会发展、科技进步的联系，加强与其他课程的沟通。语文应用能力离不开语文实践，语文实践的大量机会和场合是在学生的社会性活动当中，特别是以科技进步为核心的社会经济活动中。语文又是其他学科的基础，也是学习其他学科的工具，因此它与其他学科有天然的联系。应用的第二个含义是让学生掌握语言交际的规范和基本能力。第一个含义是手段，第二个含义是目的。学生不但在语文课堂上学习语言，在日常生活中也在使用中学习语言，在使用中掌握语言交际的规范和基本能力。九年义务教育要求学生能够正确理解和运用祖国的语文，更多的是指能够理解语文课本中的语文，立足于课本，辐射到自己的社会实践活动中，因此初中语文偏重的是识记和理解。普通高中则要求学生能应用语文，把语文课本的知识转化为自己的语文能力，并应用这种能力去解决社会生活中的问题，应用这种能力去学习其他课程，所以高中语文偏重的是内化和应用。

审美能力主要是关注学生情感的发展，让学生受到美的熏陶，培养自觉的审美意识和高尚的审美情趣，培养审美感知和审美创造的能力。审美跟情感有关，情感是一个复杂的领域，在这一领域中美是唯一的规则，所以必然涉及审美。对美的含义和标准的不同认识及理解产生不同的审美意识，不同的审美意识在审美活动中产生不同的审美情趣，审美情趣有高下之别，教育要培养的是一种高尚的审美情趣，是能引发人健康的情感体验的审美感知，能激发人去创造新生活的审美创造能力。

探究能力是关注学生思考问题的深度和广度，使学生增强探究意识和兴趣，学习探究的方法，积极探究未知领域。如前所述，高中学生身心发展渐趋成熟，具有一定的阅读表达能力和知识文化积累，逻辑思维能力比较强，思想比较敏锐，具有一定的探索精神和创新能力，对自然、社会、人生开始进行比较理性的思考，因此他们思考问题的深度和广度是要重点培养的。

语文应用能力、审美能力、探究能力的培养需要一定的环境和前提条件，最重要的条件就是构建开放而有序的语文学习环境。所谓开放，是指语文课程内部留有足够的弹性空间，可以让教师和学生有充分发挥的余地，也就是高中语文课程结构中设计的选修课部分，是为了给“每个学生创设更好的学习条件和更广阔的成长空间”，也是为了更充分地挖掘语文教师的特长和潜能。开放的另一个含义是开发和利用各方面的课程资源，建立互补互动的资源网络。这是语文课程对外部环境的开放。在空间上，语文课程要走出教室，走出学校，走出家庭，走出社区，走出国门，让语文课程的田地更加开阔，更有大家气象和国际视野。在时间上，语文课程与学生的生命相伴，不仅仅是小学语文、中学语文、大学语文，还是生活语文，是大语文，是一生的功课，是生活的一个不可缺少的内容。

有序是指相对稳定的课程结构，是为了奠定共同的基础，在语文课程结构中主要是通过必修课部分来落实的。必修课部分的两个方面分别对应了传统语文课程中的两大内容——阅读和作文。在继承传统语文课程在阅读和作文上的价值追求的同时，增加了时代精神和个性色彩，体现高中语文课程的基础性、时代性和选择性的特点。高中语文课程的开放保证了课程的活力，高中语文课程的有序保证了课程的正常运行，两者的统一能够形成富有弹性的课程实施机制，有利于教师充分发挥聪明才智，有利于课堂教学内容的更新，有利于学生个性的发展。

高中语文课程的价值追求如果仅仅停留在理念和课程设计的思

路上，虽然看起来很美，对高中学生的发展来说却意义不大。要让高中语文课程的价值追求转化为高中语文教师的教学理念和教学行为，就要依赖于高中语文课程的实施环节。

在语文课程的实施环节，作为起主导作用的语文教师是举足轻重的关键因素。所有的美好设想没有语文教师的积极参与都会落空，所以实现高中语文课程价值追求的第一要义是让语文教师接受高中语文课程的基本理念并内化为自己的教学信条。基础教育课程改革是一场自上而下的改革，语文课程的基本理念是在参考了世界各国普通高中课程体系的基础上形成的，它的先进性和前瞻性是不容置疑的，但是它的适应性却有待时间的考验。其中，语文教师对高中语文课程价值追求的认可程度就属于这种适应性的问题。对这一问题不是一两场短期的培训就可以解决的，还需要语文教师在语文教学实践中不断学习，不断解决语文教学过程中遇到的实际问题，不断完善语文课程，以适应自己的学生个性发展的需要。反过来说，在教学实践中不断完善的语文课程，就是学生需要的语文课程，就能反映我们的价值追求，因为学生的发展是当代教育的终极目标。①

（二）语文教材层面的语文德育内容建构

按照语文课程标准的基本理念和教材编写建议编写的教材，其语文德育内容应该与课程标准保持一致，在指导思想和方向上不能偏离语文课程标准的要求。作为语文课程标准理念和教材编写建议的形象展示，语文教材层面的语文德育内容更加具体、更加复杂、更加丰富、更有情境性。这是因为语文教材在编写的过程中涉及古今中外的优秀文化，这些文化蕴含丰富的德育内涵，又因为时代和意识形态的差异，这些语文德育内容在编者、教师、学生的理解中

① 韦美日：《高中语文课程的价值追求》，载《高中语文教与学》，2010（8）。

又会产生不同的内容，所以，语文教材的语文德育内容不会像语文课程标准的语文德育内容一样，有明确的纲领和清晰的逻辑思路，而是带有一定的隐蔽性、多义性。虽然如此，我们还是可以从语文教材选文的思想内容偏向、教材编者的编写意图中总结出语文教材层面的语文德育内容及其特点。

我们以人民教育出版社出版的语文教材为例，观察语文德育内容在语文教材中的呈现方式及其内容特点。

初中教材完全是按照课文的思想内容来编排的，从“人与自然”、“人与社会”、“人与自我”三大母题中，选取一些基本的生命命题和精神命题来组织单元。如下表所示：

表 4—1　人教版初中语文各册单元表

	第一单元	第二单元	第三单元	第四单元	第五单元	第六单元
七年级上	感悟人生	理想信念	自然景物	科学世界	人间亲情	想象世界
七年级下	成长足迹	热爱祖国	名人伟人	文化艺术	探险传奇	动物世界
八年级上	战争生活	凡人小事	建筑园林	科学世界	古代生活	古代生活
八年级下	人生轨迹	心灵之声	关爱自然	民风民俗	古代生活	古代生活
九年级上	自然诗情	思想风采	少年生活	求知与读书	古代生活	古代生活
九年级下	祖国情深	人物画廊	生命之歌	戏剧人生	古代生活	古代生活

这就有利于学生在学习语文的过程中，主动参与社会实践，增强公民意识和道德感，对社会、对他人富有爱心；让学生亲近自然、关爱自然，懂得与自然和谐相处；促进学生自我了解，肯定自我价值，发展自己的兴趣与特长。总之，使学生在三大关系中学习语文，发展个性，促使学生从整体上得到提高。

高中教材的课文是按照体裁兼顾内容来编排的，与初中教材一样重视思想道德教育功能。

这套实验教材的课文以经典为主，使学生打破时空的界限，与文学、思想大师进行心灵的沟通、生命的对话，以便他们在生命与语文学习的起点就占据思想道德与语文的制高点，为终身发展奠定牢固的基础。这套教科书选用了许多我国古代、现当代和外国著名作家的著名作品。从这些作品中，学生可以领略中华民族悠久的传统文化和灿烂的现代文明风采，放眼国际多元文化的天光云影，感受伟大心灵的搏动，领悟言语世界的奥秘，从而使自己的心灵逐渐变得开阔，变得丰富多彩，以至变成一个大的心灵宇宙。

这套实验教材及其教师教学用书，在对课文的解读上，也注重对学生进行思想道德教育。对课文进行解读，当然不能局限于结构、布局和语句，应该穿过语义的表层，挖掘其蕴涵着的思想观念。解读课文，必然涉及对民族思想道德观念和世界思想道德观念的再认识。教科书中课文的提示和练习，教师用书中对课文的解读，都力图通过解读课文来提高学生的精神境界。初中教材《〈论语〉十则》有这样一道练习："'己所不欲，勿施于人'是最早由儒家提倡的待人接物的处世之道，对此，曾经有过不同看法。联系自己的生活体验，全班讨论：怎样看待'己所不欲，勿施于人'?"这就使学生既学了一条古代格言，又在道德上受了熏陶。

根据语文课程标准的精神，这套实验教材的写作部分，在理念上就比过去前进了一步。它把写作看做是一种学生和世界对话、沟通的方式，也是灵魂的表述方式和挖掘方式。学生通过写作，不断挖掘、塑造自己的个性，校正精神的航向，提升精神境界。作文和做人是紧紧结合在一起的，不可分割的。以高中写作教材（必修）为例：

第一册

心音共鸣　写触动心灵的人和事

亲近自然　写景要抓住特征

人性光辉　写人要凸显个性

黄河九曲　写事要有点波澜

第二册

直面挫折　学习描写

美的发现　学习抒情

园丁赞歌　学习选取记叙的角度

想象世界　学习虚构

第三册

多思善想　学习选取立论的角度

学会宽容　学习选择和使用论据

善待生命　学习论证

爱的奉献　学习议论中的记叙

第四册

解读时间　学习横向展开议论

发现幸福　学习纵向展开议论

确立自信　学习反驳

善于思辨　学习辩证分析

第五册

缘事析理　学习写得深刻

讴歌亲情　学习写得充实

锤炼思想　学习写得有文采

注重创新　学习写得新颖

上述写作教材每一单元标题的前半部分是话题，后半部分是写法。20个单元的写作中，除少数话题涉及思想方法、思维品质外，多数话题是关于思想道德观念的。在教材的引导下，学生不仅要与同学一起探讨这些思想道德话题，还要就这些话题练习写作。使用这样的教材，似乎可以祈盼学生在写作和做人两方面都得到提高。

这套课程标准实验教材，为了提高思想道德教育的成效，根据语文的特点，坚持在阅读、写作、口语交际和综合性学习的实践活动中，更多地以渗透涵泳、熏陶渐染、潜移默化等方式达到教育目标。以下以初中语文教材中的“综合性学习·写作·口语交际”内容为例。

表 4—2 人教版初中语文教材“综合性学习写作、口语交际”各册各单元主题表

	第一单元	第二单元	第三单元	第四单元	第五单元	第六单元
七册上	这就是我	漫游语文世界	感受自然	探索月球奥秘	我爱我家	追寻人类起源
七册下	成长的烦恼	黄河，母亲河	我也追“星”	戏曲大舞台	漫话探险	马的世界
八册上	世界何时铸剑为犁	让世界充满爱	说不尽的桥	走上辩论台	莲文化的魅力	怎样搜集资料
八册下	献给母亲的歌	寻觅春天的踪迹	科海泛舟	到民间采风去	古诗苑漫步	背起行囊走四方
九册上	雨的诉说	演讲：微笑着面对生活	青春随想	好读书，读好书	金钱，共同面对的话题	话说千古风流人物
九册下	脚踏一方土	走进小说天地	关注我们的社区	乘着音乐的翅膀	我所了解的孔子和孟子	岁月如歌——我的初中生活

上表中的 36 次“综合性学习·写作·口语交际”，就是 36 次活动。这些活动的主题，都是与学生的“学习和生活相关的问题”，是学生“学习和生活中感兴趣的问题”，学生“自己身边的、大家共同关注的问题”以及社会生产生活问题。这些主题，使学生的语文学习与生活全方位地结合起来。学生在这些综合实践活动中，学会关心家庭、学校和社会，关心国内外大事，参与公益活

动，学习与人相处、与人合作，懂得分辨是非善恶，爱所应爱、恨所应恨，与同学一起体验成功的喜悦、接受失败的教训，总之，既学了语文，又在潜移默化中提升了思想道德境界。

以下以高中语文教材（必修）中的“梳理探究”部分为例。

表 4—3　人教版高中语文教材“梳理探究”各册主题表

第一册	第二册	第三册	第四册	第五册
优美的汉字	成语：中华文化的微缩景观	交际中的语言运用	逻辑和语文学习	文言词语和句式
奇妙的对联	修辞无处不在	文学作品的个性化解读	走近文学大师	古代文化常识
新词语与流行文化	姓氏源流与文化寻根	语文学习的自我评析	影视文化	有趣的语言翻译

这 15 次“梳理探究”是 15 次专题实践活动，既是学习语文的活动，也是思想道德教育活动。学生在梳理以前学过的语言、文学、文化等方面内容的过程中，重新整合、建构了自己的语文知识、能力体系，同时在潜移默化中更加热爱我国民族语言和传统文化，更加理解和尊重世界多元文化。至于一些语文专题探究活动，既培养学生语文方面的创新精神和实践能力，也培养学生思想道德方面的自立意识、自信力、合作精神和直面挫折、力争成功的性格。①

综观人民教育出版社编写的语文教材，其包含的语文德育内容，可以总结为三个方面：①热爱祖国语言文字，热爱传统文化，尊重多元文化的情感态度价值观教育；②珍惜生命、认识自我、规划人生的人生观、价值观、世界观教育；③独立自主、善于合作、乐于助人、明辨是非、爱憎分明的社会主义核心价值观教育。

---

① 钟雨：《坚持正确方向　不断深化改革——谈中学语文教材的思想道德教育》，载《课程·教材·教法》，2005（2）。

（三）语文课堂教学层面的语文德育内容构建

语文课程标准中的语文德育内容是纲要式的，提示的是语文德育的方向，是课堂语文德育的指导思想；而语文教材中的语文德育是语文课程标准语文德育内容的具体化，是纲要式的语文德育内容的载体；语文课堂教学中的语文德育内容是语文教材德育的实施环节，是语文教材编者、语文教师、学生对话的过程，这一过程所生成的语文德育内容是不确定的、多元的、情景化的、个性化的。正因为如此，统一的语文课程标准、统一的语文教材，可以产生内容各异、千姿百态的语文德育内容，但不是没有底线，没有边界，它必须是在语文课程标准语文德育内容的框架以内，以语文教材作为依托，以涵养人的德性为最终目的的语文教学活动。

语文课堂教学层面的语文德育内容的构建，第一个决定因素是语文教师对语文学科的性质是怎样理解的，他的语文教学理念是什么，这决定了语文德育内容在语文课堂教学中的分量和处理方式。心中有语文教育蓝图，认为语文课程是人文性与工具性的统一，这样的语文教师会尽量兼顾语文知识、语文能力、语文德育，使三者各得其所，相得益彰；心中装着学生的语文成绩，认为提高学生的语文成绩才是硬道理，这样的语文教师会把语文知识、语文能力放到重要的位置上，忽略语文德育；在特定的政治气候影响下，或者是在呼声很高的人文精神思潮的推动下，一些语文教师不假思索、跟风操作，语文德育一枝独秀，语文知识、语文能力就会成为无足轻重的配角。

语文课堂教学层面的语文德育内容的构建，第二个决定因素是语文教师处理教材的能力、教育教学水平及其人格魅力，这决定了语文德育内容在语文课堂教学中的完整性、有效性、深刻性，决定了语文德育内容的质量。在上述人民教育出版社出版的教材中，我们看到，教材编者把语文德育的内容都融入到具体的课文和能力训练的过程中，这些语文德育内容能不能在课堂教学的情境中得到恰当的呈现，就取决于语文教师的能力问题，尤其是语文教师对语文教材的理解、分析、评价的能力。语文教师在课堂上对教材中的语文德育内容的处理集中体现其语文教学理念和语文教学水平，而其在课堂教学过程中恰到好处的语文德育渗透反映的不仅是他的教育教学水平，还是他的人生态度、人格魅力。

二、地方课程的学校语文德育内容建构

中华民族多元一体的格局，决定了地方课程的学校语文德育内容与国家课程的语文德育内容之间具有必然联系，它不是完全独立于国家课程学校语文德育内容之外的内容体系，两者在内容上有交叉，你中有我、我中有你，但你还是你、我还是我，相对的独立性和个性特色还是不容抹杀的。正如壮族人说的“你是汉人，我是壮人”，这是无法改变的事实，两种语言在一起没法交流，它们代表了两种文化，是不同的符号系统。两者的核心价值体系是不一样的，广西民族地区地方课程的学校语文德育内容要反映自己的价值体系，鉴别其历史价值和现实意义，让学生对自己民族传统文化的核心价值观有正确的认识，在这个基础上建立民族国家认同意识，敢于面对社会化过程中的现实问题，作出有利于自己、有利于自己的民族、有利于国家的价值选择。

广西民族地区地方课程学校语文德育内容来自广西少数民族的传统文化，内容包括：广西少数民族社会生活的法则和规范；广西少数民族人与人、人与家庭、人与群体之间的伦理道德规范。这些伦理规范的教育一般是在家庭教育和社会教育中潜移默化进行的，作为一种生态文化环境的组成部分，对广西少数民族学生的政治思想道德素质产生深远的影响，学校语文德育不能无视它的存在而硬性强加国家课程的语文德育内容，这就好像是在板结的土壤上灌

水，不能有效渗透到少数民族学生的精神世界里。但是如果先下工夫松一松土，整理一下少数民族社会的伦理道德规范的内容，选择合适的内容、时机、机会，适当地、充满爱心地浇灌，少数民族学生的精神世界可能就是另一番景象了。

（一）吸收广西少数民族家庭道德教育的内容

广西各少数民族地区家庭道德教育的内容大抵相近，下面以壮族的家庭道德教育内容为例，大致包括如下几个方面：

（1）勤劳的品德。这是壮族人认为最重要的品德，勤劳、工作认真负责的人被认为是有价值的人，相反，那些懒惰的人会被社会指责和轻视。所以家庭中从小孩到大人，甚至老年人都有自己的职责，大家一起干活，勤劳成为习惯。壮族人对勤劳品德的尊崇反映了小农经济的明显特点，有朴素的民主社会的思想，与儒家以“孝”为核心的价值体系明显不同，孝的作用是区分等级，维护社会秩序，而勤劳的作用是鼓励生产，满足自给自足社会的物质需要。

（2）节俭。节俭是壮族视为与勤劳一样重要的品德，其目的是建立和保持社会和家庭在经济上的稳定。勤劳是鼓励生产的，生产劳动的成果是来之不易的，是家庭成员合作劳动的结果，是不能随意浪费的，所以节俭也成为重要的品德，是因为它关乎家庭的生存，是家庭物质生活的保障机制。

（3）诚实。这种品德包括对自己和对社会的忠实，其目的是教育人忠诚老实，不欺骗、不要猾、不抢不偷东西。壮族人教育孩子时常说“小时偷针，大时偷牛”，培养孩子不随意拿别人任何东西的行为习惯，形成诚实的个性心理品格。

（4）对父母、长辈的孝顺和对孩子的爱心。教育人要懂得父母和给予自己帮助的人的恩德，认识长辈在家庭中的重要性，对比自己年纪小的人要宽容，同时还传授对待父母、长辈的礼貌行为。

这与儒家的“长幼有序”的“孝”、“悌”观念相同。

（5）兄弟、妯娌之间的团结。按照壮族的风俗，弟弟结婚后不马上分家，每个人都有义务赡养父母。儿子结婚后，要与公婆住在一起，因此，团结一致的品德是家庭教育中必须传授的内容。

（6）对朋友的真心和情义。教育人要懂得结交好人，懂得有良友的重要性，同时还传授对待朋友的方式。壮族人相信“在家靠父母，出门靠朋友”，他们对朋友的价值和意义寄予厚望，所以才主张对朋友要真心实意，以换来对方的真诚回报。这与儒家的“朋友有信”有类似的地方，不过壮族更看重双方的情感联系，而儒家更看重双方的信用。

（7）团结村人，与村人之间互相合作、互相帮助。这种品德用在家庭教育中，是为了让人们共同发展社会，共同解决来自自然界的问题，让人们共同充分地利用资源、劳动力，也为了族群的利益共同对外。

（8）礼仪、礼貌方面的教育。家庭教育的另一个内容是教会孩子在各种场合中的行为规范，也就是在各种场合中对待不同年纪的人的礼仪。例如饮食中的礼仪，在各种场合走、坐的礼仪，对待长辈的礼仪，与不同年龄的人见面、打招呼和道别时的礼仪，在各种场合符合风俗习惯的礼仪等。①

总而言之，广西民族地区家庭道德教育的内容是生产、生活中规范人与人、人与家庭、人与社会的准则，要求人们共同遵守，以维持家庭、社会正常的秩序，保持社会的稳定。这些内容通过讲故事、唱山歌等形式以及家长和社会其他成员的言传身教来传授。从语文德育的角度来看，少数民族民间故事中的语文德育内容不容忽视。

---

①　覃圣敏主编：《壮泰民族传统文化比较研究》，第5卷，2927～2928页，南宁，广西人民出版社，2003。

目前，语文德育在语文教育过程中的意义和作用得到越来越多的语文教师的认可，教师在语文教学实践中自觉关注语文德育的内容，课堂教学内容中语文德育的比重有所增加，质量有所提高。但是，语文德育资源开发中也存在一些亟待解决的问题。

（1）完整的目标体系和可操作性差的矛盾。九年义务教育语文课程目标包括“知识和能力、过程和方法、情感态度和价值观三个维度”。情感态度价值观目标即语文德育目标。阶段目标中的第一条就是德育目标：“在语文学习过程中，培养爱国主义感情、社会主义道德品质，逐步形成积极的人生态度和正确的价值观，提高文化品位和审美情趣。”“语文课程还应重视提高学生的品德修养和审美情趣，使他们逐步形成良好的个性和健全的人格，促进德、智、体、美的和谐发展。”①

但是，为什么在语文德育实践中会出现可操作性差的问题呢？笔者认为，这主要是因为语文德育目标在现实的语文评价体系中被虚化，即目标仅仅是目标，与学生的真实道德体验隔离，与真实的语文德育实践疏离。语文教师不主动去利用现实生活中的语文课程资源，语文课堂也就缺乏生动感人的语文德育内容，语文德育目标就无法实现。

（2）抽象的道德概念与具体的现实生活的矛盾。高中语文课程标准要求学生：“通过对语文知识、能力、学习方法和情感、态度、价值观等方面要素的融汇整合，切实提高语文素养。”“通过阅读和鉴赏，深化热爱祖国语文的感情，体会中华文化的博大精深、源远流长，陶冶性情，追求高尚情趣，提高道德修养。”“通过阅读和思考，领悟其丰富内涵，探讨人生价值和时代精神，以利于逐步形成自己的思想、行为准则，树立积极向上的人生理想，增

① 中华人民共和国教育部：《全日制义务教育语文课程标准（实验稿）》，2页，北京，北京师范大学出版社，2001。

强为民族振兴而努力的使命感和社会责任感。”①

语文课程标准的语文德育目标和内容是建立在逻辑思维基础上的，是一套抽象道德概念，它不但与学生具体的生活经验有距离，在表达方式上，与体现语文德育目标的课文思想内容也有很大的差异。语文德育的实施不像课程理论家想象的那么顺理成章，它需要一个中介，能够打通抽象的道德概念与具体现实生活之间的藩篱，把道德概念的生活内涵和生活途径还原为文学作品的形象和学生的生活经验，这样的语文德育内容才具有亲和力，才能进入学生的感情世界，才能发挥熏陶感染的作用。这个中介就是语文教师。然而，并非所有的语文教师都具备语文德育资源开发的意识和能力。如果语文德育缺乏具体的道德情境、生动的生活细节，只是概念和词语理解的游戏，就无法深入学生敏感的道德情感领域，其后果是学生对语文德育内容缺乏兴趣，敬而远之，语文德育目标无法实现。

（3）大一统的道德理想与独特的道德意识的矛盾。在广西民族地区，体现国家意识形态的国家课程具有强大的支持系统和运行惯性，而体现地方意识形态和学校意识形态的地方课程和校本课程，则缺乏必要的支持系统和运行机制，虽然取得了合法的地位，可以在不违反国家意识形态的前提下，正常表达地方和学校的意识形态，却依然处于清静无为的状态。

在这样的课程意识形态中进行语文德育，地方课程、学校课程意识形态进入学校的渠道很狭窄，教师没有动力去开发语文德育资源，不利于学生认识自己和自己的民族，构成理性的社会自我概念，也不利于建立学生的民族国家意识，形成民族国家认同，这样造就出来的学生进入社会，后果是相当严重的。“现在六巷村有一

① 中华人民共和国教育部：《普通高中语文课程标准（实验稿）》，6页，北京，人民教育出版社，2003。

大批初中毕业之后无事可做的孩子，上学多年，不会干农活，也懒得去干，整天不务正业，在街上游荡，吸烟，喝酒，聚众赌博。”六巷村是费孝通先生1935年调查过的瑶族村落，当时在石牌的约束下还是一个路不拾遗的淳朴社会，“现在花篮瑶社会的青年人在某种程度上是处于一种‘失范’状态。……长此以往，染上不良习好，不会种地的农民将如何继承传统的家业？这一代人将怎样在大山中生存？这确实需要引起更多人的关注”[①]。

（4）高尚的道德信念与实用的现实原则的矛盾。在体现国家课程意识形态的语文课程标准、语文教材、教师用书中，推崇和倡导的是高尚的品德修养和审美情趣，按照取法乎上、仅得其中的教育常识，这是有道理的。赞可夫“教学与发展”教学理论也认为，教学要有一定的难度。[②] 但是在语文德育实践中会发现，高尚的道德信念总是与政治上层建筑的宏大叙事联系在一起，与学生平凡琐碎的尘世生活有比较大的距离。

学生在语文课堂上习得的语文德育观念，与他们在现实生活中体验到的道德情境很多时候是相对、相反的。更要命的是，学生发现，他们的首属群体（对学生影响最大的群体）所奉行的道德法则，有时候与语文课堂习得的道德观念是相反的，语文教学文本和教学用语中高尚的道德信念，与生活实践和日常交流用语的实用原则，各司其职，通行于不同的场合。道德上的双重标准塑造的不是言行一致的君子，而是语言上的巨人和行动上的矮子。这不仅仅是语文德育自身的问题，语文德育的外部社会道德环境要负一半的责任。语文德育资源的开发就不能回避这样的现实问题。

综上所述，语文德育目标的可操作性，要求语文德育目标在层层分解的过程中，步步贴近民族地区的社会生活及其文化传统；语

---

① 徐平等：《大瑶山七十年变迁》，76页，北京，中央民族大学出版社，2006。

② 参见 http：//baike. baidu. com/view/1355599. htm？ fr = ala0_ 1。

文德育目标中的抽象概念的解读和深入理解，需要民族地区现实生活的场景和体验的介入；语文德育中，大一统的道德理想和独特的道德意识要在解决学生实际生活问题的情景下，才能进入学生的道德意识。语文德育中，高尚的道德信念，要与民族地区学生熟悉的社会生活联系起来才具有持久的活力，才能从抽象文本世界进入学生生活的真实世界。因此，解决民族地区语文德育问题的关键在于发现语文德育资源并发挥语文德育资源的功能，使语文德育的目标落到实处，语文德育内容变得具体生动，从而改变语文德育空疏无用的面貌。

高中语文课程标准要求学生“在阅读与鉴赏活动中，不断充实精神生活，完善自我人格，提升人生境界，逐步加深对个人与国家、个人与社会、个人与自然关系的思考和认识”[①]。广西民族地区的各少数民族大多没有自己的文字，他们传承民族文化传统的形式是言传身教。言传有许多种形式，其中口头传承形式范围最广，影响也最大。口头传承的民族民间文学就是重要的语文德育资源之一，其中蕴涵的语文德育养分值得语文教师用心挖掘，以丰富语文德育内容，提高语文德育质量。民族民间文学在语文德育中的功能主要有：

（1）民间故事的娱乐教育功能。在广西民族地区的家庭生活、仪式活动、农闲娱乐活动中，当地儿童经常能听到一些本民族和汉族的故事和传说，这些口头讲述的故事和传说生动形象、富于哲理，是很好的语文德育资源，能为学校的语文德育奠定良好的认识和情感基础，学校语文德育应该以此为起点，进一步丰富学生的语文德育知识，提高学生的语文德育认识能力，培育学生的道德情感和道德智慧。

---

① 中华人民共和国教育部：《普通高中语文课程标准（实验）》，7页，北京，人民教育出版社，2003。

民间故事在广西少数民族间广泛流传，内容十分丰富，如广西隆林德峨彝族的民间传说和故事有：《付七姐弟制人烟》、《水牛和老虎比赛》、《老虎与癞蛤蟆》、《富兄难弟》、《癞蛤蟆与三姑娘》、《草寇王》、《老变婆》等。[①] 融水苗族自治县安太区寨怀乡、洞安乡侗族地区"流传着姜良姜妹在洪水之后'兄妹成婚'繁殖人类的奇谈，有侗族英雄'吴勉起兵'的故事，有对当地农民暴动领袖老保的歌颂，也有反映古代爱情生活'秦娘美'的传说等"[②]。流传于京族三岛的神话故事有：《蜈蚣精的故事》、《樵夫与公主》、《田头公的故事》、《宋珍和陈菊花》等。[③] 流传于罗城仫佬族自治县的传说与神话有：《兄妹结婚》、《罗大庙的传说》、《土主庙（地神庙）的来历》、《真武神的故事》等。[④] 广西大瑶山的传说和故事有：《会唱歌的野猫》、《鬼朋友》等，"另外还有一些是从汉区或壮区流传进来的，例如'鬼谷先生''包文拯''梁山伯与祝英台''董永与七仙姑''蔡伯阶'等，在瑶族人民口头也很流行"[⑤]。

教师进行语文德育时若能借助这类民间故事和传说，寓教于乐，其语文德育的内容会生动得多，语文德育目标也容易落实。

（2）民间文学的潜移默化功能。语文德育最忌讲抽象的德育概念，没有生活内容的道德说教往往令人生厌，扼杀学生的语文学

---

① 广西壮族自治区编辑组、《中国少数民族社会历史调查资料丛刊》修订编辑委员会：《广西彝族仫佬族社会历史调查》，28页，北京，民族出版社，2009。

② 广西壮族自治区编辑组、《中国少数民族社会历史调查资料丛刊》修订编辑委员会：《广西侗族社会历史调查》，174页，北京，民族出版社，2009。

③ 广西壮族自治区编辑组、《中国少数民族社会历史调查资料丛刊》修订编辑委员会：《广西京族社会历史调查》，32～36页，北京，民族出版社，2009。

④ 广西壮族自治区编辑组、《中国少数民族社会历史调查资料丛刊》修订编辑委员会：《广西仫佬族毛南族社会历史调查》，174～176页，北京，民族出版社，2009。

⑤ 广西壮族自治区编辑组、《中国少数民族社会历史调查资料丛刊》修订编辑委员会：《广西瑶族社会历史调查》，336～337页，北京，民族出版社，2009。

习兴趣。语文德育概念要转化为生动形象的生活故事和生动感人的人物形象，才能打动学生，深入学生的内心世界，达到潜移默化的教育效果。

广西民族地区的民间文学常常巧妙地把本民族的生产、生活常识及伦理道德观念蕴涵在民间故事中。如笔者小时候听过的“牙变婆”的故事讲“牙变婆”是一个专门吃小孩的恶魔，她会伪装成妇人把小孩吃掉，类似于汉族的狼外婆的故事，在不同的壮族地区也有不同的版本，广西隆林德峨彝族流传的这类故事则是《老变婆》。①

教师进行语文德育时，可以收集民间故事，与学生一起讨论故事内容和人物形象的意义，从故事的场景和情节了解民族的历史和社会，从故事的人物形象体会民族的审美情趣。也可以根据民族地区现实生活的内容，模仿民间故事的形式自编故事，或改编故事，表达自己对生活现象的理解，在训练学生观察能力和写作能力的同时，培养他们对生活世界的认识批判能力。

（3）民间文学的人格培育功能。高中语文课程标准要求“努力探索作品中蕴涵的民族心理和时代精神，了解人类丰富的社会生活和情感世界”②。但作者生活的世界和学生生活的世界是不同的，要让学生认识和理解作者的思想感情，必须从学生自己的生活世界入手，嫁接理解的桥梁。这个桥梁就是各民族民间传说中的人物形象，它来自学生的生活世界，能够接通抵达学生心灵世界的密码，唤醒学生人性中的善，抑制学生人性中的恶，培育学生的健康人格。

民间文学常常把本民族认可的人格品质对象化于故事中的主要

① 广西壮族自治区编辑组、《中国少数民族社会历史调查资料丛刊》修订编辑委员会：《广西彝族仡佬族社会历史调查》，28 页，北京，民族出版社，2009。

② 中华人民共和国教育部：《普通高中语文课程标准（实验）》，7 页，北京，人民教育出版社，2003。

人物身上，赋予其内外统一的美，让其在经历磨难之后有幸福美好的结局，而人格品质恶劣之人则作为其对立面，受到应有的惩罚。这样的故事在广西少数民族的民间故事和传说中为数不少，如广西京族的《樵夫与公主》中的樵夫石生，他是心地善良的好人，历经磨难，最后与公主结婚；结拜兄弟李通则是个贪婪而诡计多端的人，阴谋败露后被皇帝杀死。①

民间文学的语文德育方式不采取严肃的政治教育的形式，也不是厉声训斥，逼儿童就范，而是通过讲述一个个儿童喜闻乐见的童话故事，塑造一个个美丽的善良的人物形象，让其历尽艰辛，过上世人羡慕的幸福生活；再创造一个丑恶的形象，让其伤天害理，坏事做尽，最后自取灭亡。故事告诉儿童，面对生活中的不幸，仍然要有勇气、有智慧做个人人敬爱的好人，不要做自私自利、陷害忠良的坏人。鲜明的人物形象容易被儿童所内化，积淀为学校语文德育的养料。

教师进行语文德育时可以从中得到启发，引导学生分析评价熟悉的传说故事中的人物形象，分析不同的生活环境中人物形象的不同特点和品质，理解社会生活环境对人物形象的影响，不同社会、不同历史阶段对人物精神品质的不同态度，提高学生认识社会、认识生活、认识人生的能力，能比较客观地看待自己和自己生活的现实世界。

总之，广西民族地区语文德育的种种问题可以归结为一句话，即脱离民族地区的社会生活实践。要解决这些问题，语文教师要立足于民族地区的文化传统，发掘语文德育资源，发挥少数民族民间文学的娱乐教育功能、潜移默化功能和培育人格功能，努力提高语

---

① 广西壮族自治区编辑组、《中国少数民族社会历史调查资料丛刊》修订编辑委员会：《广西京族社会历史调查》，32～36页，北京，民族出版社，2009。

文德育的品质。[1]

（二）吸收少数民族社会道德教育的内容

广西各少数民族地区社会道德教育的内容大抵相近，下面以壮族的社会道德教育内容为例进行说明。

壮族社会道德教育在强调遵守社会的法则、规范方面也有许多要求，要求人们自觉遵守，否则就会受到习惯法的制裁。

（1）关于使用和管理公共财产，如树林、牧场、水源、公共用地乃至公共钱物的使用的规定。如广西大新县榄圩乡康合村壮族规定“未分配落实的山林地和未封山育林的地，其天然山林、果树（包括木棉树、苦楝树、桐树、樟树、香椿树、龙眼树、橄榄树、柠檬树、蕃桃树等）任何人不得乱砍滥伐，违者按木材市场价赔偿”[2]，明确了公共财产管理的对象和管理的责任，引导农户约束自己的自利行为，共同维护公共财产的安全，保护自己的生存环境。

（2）关于共同修建公用物，例如修路、搭桥、建水坝、挖井、挖公用水池、造林、防止村庄树林受火灾、募捐建造或增加公共楼房、雇请人来做公共事务等的规定，包括劳动力和钱财的支付。如广西南丹县拉易乡壮族不成文的习惯法规定：每年春汛之前，各村屯的公共沟渠均要统一疏修一次，所有受益的农户，不论每户占田多少，都必须派一人参加，否则便取消该户的用水权利。如果遇着天旱或水沟崩漏断流，某户或几户派人修复后，这几户可以优先享有三天的田水使用权。三天后，其他未出人力的农户才可以使

---

① 韦美日：《广西民族地区民间文学的语文德育功能》，载《广西师范学院学报》，2011（4）。

② 覃圣敏主编：《壮泰民族传统文化比较研究》，第4卷，2293页，南宁，广西人民出版社，2003。

用。[1] 这些规定把利益和责任连在一起，有引导农户养成关心公共事务的功能。

（3）有关裁决对社会产生消极影响的错误行为的规定，例如嫖娼、赌博、偷窃行为以及制定防盗和围捉小偷的措施等。广西环江县水龙乡壮族地区规定：如果发生失盗，每个人都能找到保证人，偷盗案便可不了了之，但如果日后查出某人为盗者，而作为该人的保证人，则要受到加倍的处罚，偷盗者反而无罪。凡是偷盗，都要罚款，所罚款额一律分为三等份，失主得一份，检举人得一份，另一份归公。只要偷盗者是屡犯，一律处以极刑。[2] 这是为了维护乡村社会中人与人之间的信任关系而采取的措施，它明确告诉社会成员哪些行为是不能容忍的，哪些行为是应该受到严惩的，引导人们不但要洁身自好，而且监督其他人，共同维护社会治安。

综上所述，地方课程学校语文德育内容要借鉴和吸收广西民族地区家庭道德教育和社会道德教育的内容，对学生进行有针对性的语文德育，使学生在丰富民族文化知识的同时，吸收本民族语文德育的营养，成为多元文化时代有民族文化自觉的现代公民。

三、学校课程层面的学校语文德育内容建构

学校课程层面涉及的空间范围在缩小，是学校本位的设计思路。所谓学校本位，是指把学校的特色和学校的价值体系放在中心的位置上设置课程目标、课程内容。学校课程层面的学校语文德育内容也是如此，要关注的是学校的办学特色，即校训、校风、校纪，要与学校的生活、学习联系在一起，解决学生在学校生活中遇

① 覃圣敏主编：《壮泰民族传统文化比较研究》，第4卷，2292页，南宁，广西人民出版社，2003。

② 覃圣敏主编：《壮泰民族传统文化比较研究》，第4卷，2295页，南宁，广西人民出版社，2003。

到的各种问题，在处理问题的过程中渗透现代语文德育观念，体现语文德育的人性关怀功能。从学校生活的空间划分，我们可以把学校语文德育划分为三个部分：第一，教室里的语文德育，是师生在自己学习的教室这个小空间里特别要遵循的行为规范；第二，在宿舍里的语文德育，是学生在自己生活的这个小空间里要遵循的行为规范；第三，食堂里的语文德育，是学生在学校人数相对较多的公共场所里应该恪守的行为规范。

（一）教室里的语文德育内容构建

教室是一个微型的语文德育生态系统，要实现它的系统功能，首先要营造一个良好的育人氛围，其次要明确选择教室里的语文德育内容，第三要规范教室里的语文德育行为。

良好的育人氛围的营造就是布置一个与教室语文德育内容相呼应的环境，包括硬件设施和软件设施。什么样的育人环境更有利于学生的发展，更符合语文德育生态系统的建设？进行“新教育实验”的干国祥老师，用诗意的语言表达了完美的教室的理念：“它无需豪华，也可以没有多少现代化设备，它可以在这片大地的任何角落，只要它有那样一个老师，有一群孩子，有一个叫做新教育的课程，那么，它就具备了创造奇迹的所有条件。在这个教室里，就像远古的人们围坐在篝火前，老师和孩子们，汇聚在知识——这一伟大的事物周围。没有爱，一切皆无可能，有母性之爱，有父性之爱，自由与纪律，是爱的两个元素，但仅以爱心汇聚的共同体极可能是平庸的。为了朝向卓越，我们必须引入伟大事物，我们必须学习向着伟大与神性俯首。不是为了更快乐更轻松，而是为了更强大更卓越。幸福完整的含义里，身体的快乐是最初的基础，但不是最后与最高的境界。在最高处，它栖息于一切伟大故事曾经讲述过的结尾处。”[①] 在新教育实验的理想境界里，教室的硬件设施并不是创造奇迹的充分必要条件，创造奇迹的重要条件是软件设施，是教室里的人文环境，是教室里的老师和学生以及他们实施的新教育课程。当然，好的硬件设施可以营造让人身心愉悦的环境，人在优越的环境条件下学习又可能取得更优异的成绩，但并不必然取得优异的成绩。由此推断，条件优越的教室比条件简陋的教室更能培养优秀人才，那就片面了，至少从人格完善的角度来说，硬件设施的优劣并非决定性的外在因素，决定性的外在因素是软件设施，尤其是师生关系的和谐、积极向上的班风，才是决定性的因素。广西民族地区学校的硬件设施在短时间内无法得到很大的改善，我们只能在软件设施的建设上多下工夫，靠广西民族地区学生的勤劳和互助精神去超越并不优越的外在条件。在现有条件下，我们可以使简陋的教室整洁、干净、温馨，可以用师生的爱心使教室变成一个和谐的、温暖的居所。

教室语文德育内容的选择就是建立有个性的教室文化，一种带有人文气息的教室文化，一种带有民族传统文化元素的教室文化。这种班级文化把学生凝聚在一起，让学生感到安全，让学生找到归宿感，拥有可以静下心来学习和修炼的意志。这个教室文化的核心是师生之间的相互关怀，教师意识到聚集在教室里的有少数民族的学生，他们有自己的民族语言和风俗习惯，有自己的思维方式和生活习惯，不是用学校刚性的德育和纪律去压服他们，而是设身处地，为他们的心理和生理的健康着想，从他们熟悉的生活现象和文化知识入手，进入语文学习的广阔天地，引领他们去认识自己和自己文化的魅力，进而认识中华民族文化的博大精深，开阔他们的视野。另一方面，少数民族学生也要意识到自己肩负的民族文化使命，

---

① 干国祥：《新教育实验——完美的教室和卓越的教师》，参见教育在线论坛 http://bbs.eduol.cn/post_65_385916_1.html。

对教师的关怀给予回应，更主动地与教师交流自己内心的想法，在接受教师关怀的同时，让教师意识到自己的关怀是有回报的，使教师更愿意与学生一起创造奇迹。在这样的教室文化环境中，学生会要求老师“请教我们热情，请教我们发现惊奇，请不要只给我们答案，请启发我们去发现问题，请接受我们的疑问，请教我们尊重生命，请教我们在生活中长大，请教我们找到最好的自己”①。

教室里的语文德育行为也是语文德育的内容，师生之间的交往方式、课堂教学中的活动方式，都构成语文德育的内容，因为教师的语言和他们的言语方式对学生产生潜移默化的影响，它们在告诉学生教师的期待、教师的信心、教师的喜怒哀乐，所以教师在课堂上不可不谨言慎行，要通过自己的言行传达更多的德性信息，而不是纯理性的、职业性的冷冰冰的知识和技能，即使这些知识和技能对学生特别有价值，也不能采用这样的言说方式和态度，它无助于学生掌握知识，反而会使学生厌恶知识、远离知识。言说方式包含着教师的职业道德和课程理念，因此，用充满德性光辉的言说方式来传达知识，可以让知识具有迷人的力量，变成吸引学生的伟大事物。另一方面，学生的语言和言说方式也对教师产生影响，它们在用自己的方式告诉老师，学生的七情六欲，学生对教师和教师言说方式的喜爱或者是厌恶，所以，学生尽管是未成年人，但是他们必须知道在教室里自己的言行是受到约束的，必须按照教室德育的伦理来要求自己，即使在感觉上不喜欢教师的教学风格，也不能违反教室伦理，不尊重教师的劳动，不与教师一起去寻求解决问题的办法。教室里的语文德育行为不是单方面的对教师言说方式的要求，也是对学生言说方式的要求，双方在尊重、平等的前提下，德性的言说方式才会出现，师生才能在德性的言说中进行思想的交流，才

---

① 干国祥：《新教育实验——完美的教室和卓越的教师》，参见教育在线论坛 http：//bbs. eduol. cn/post_ 65_ 385916_ 1. html。

能达成相互的理解，才能走进彼此的世界，才能建设一个充满人性的生态化的教室文化。

（二）宿舍里的语文德育内容构建

学校课程的语文德育不仅体现在课堂教学中，也要体现在学生生活的环境中。宿舍就是学生生活的重要场所，学生的课余时间大多数是在宿舍里度过的，在宿舍里他们要阅读、写作、交谈、谈论、谈心，都在运用语文，可以说，他们在宿舍过的也是语文生活，没有语文的宿舍生活是不可思议的，所以，宿舍里的语文也是学校语文教育的重要组成部分，而语文德育是语文教育的最高目标和核心内容，因此，宿舍里的语文德育内容的建构对学校课程层面的语文德育来说，其重要性不言而喻。

宿舍里的语文德育内容与课堂教学中的语文德育内容有区别也有联系。它们之间的相同点是都是学校文化的组成部分，反映的是特定学校学生的基本素养和精神面貌。它们之间也有明显的个性差异，表现在：①两者处于不同的空间和时间环境，课堂教学中的语文德育内容占用的空间大、时间长，对学生的影响也大；宿舍中的语文德育内容占用的空间小、时间短，相对来说，对学生的影响会小一些。②两者涉及的活动主体不同，课堂教学中语文德育内容的活动主体是教师和学生，而宿舍里的语文德育大多数情况下只涉及学生。③两者的活动方式有差异，课堂里的语文德育内容是由教师组织的，教师是语文德育活动的组织者、引导者、管理者；而宿舍里的语文德育内容是由学生自发形成的，学生是语文德育活动的发动者、参与者。④两者在学校课程体系中的地位是不一样的，课堂里的语文德育内容是显性课程，受到学校制度文化和纪律的约束，显出更多的规范性的特征；而宿舍里的语文德育内容是隐性课程，虽然也受到学校制度文化和纪律的约束，但由于宿舍空间的相对私密性，规范性的影响减弱，感性和自由度明显增加，呈现弥散的状态。⑤两者的心理期待不一样，我们期待课堂里的语文德育内容可以引领学生通过语文学习提升自己的语文素养，所以我们会强调课堂教学的组织性、计划性、效率性、教育性等社会化的价值目标；而我们期待宿舍里的语文德育可以让学生在运用语文的过程中认识到语文素养的价值和意义，从而自觉强化语文学习的动机，所以我们会把宿舍生活的空间完全让给学生，让他们在随机的、自由的、自我的状态下自悟和自觉。总之，教室里的语文德育和宿舍里的语文德育由于空间和参与主体的不同，表现出不一样的内容特色，这些内容特色可以归结为教室文化和宿舍文化的差异，语文德育实施必须尊重这些差异，探索其中的规律，使语文德育内容更能满足民族地区社会发展的需要、少数民族学生自主发展的需要。

这样看起来，宿舍里的语文德育内容要体现宿舍文化的特色，就是说由宿舍文化的特色确定宿舍里的语文德育内容。宿舍文化有什么特点？这些特点可以引申出哪些语文德育的内容？这是宿舍里的语文德育内容建构要解决的首要问题。

1. 宿舍文化的自主性和学生个体的自律

宿舍文化的自主性特点表现在它是一个学生自主活动的空间，在这个空间里，学生可以释放自己的个性，自由发表见解，不必过于顾忌自己的学生身份。但是这个自由空间也是有限度的，因为这不是学生个体的自由空间，学生必须要顾忌在同一生存空间活动的其他主体的感受，所以这种自主并非随心所欲，而是相对制度化的教室空间来说的自由，学生有行动和言语的自由，但前提是不能伤害这个空间里的其他主体。自主性的意思是在照顾到同一生存空间其他主体需要的前提下的自主，在这个特定的空间中，学生意识到自己是这一自由空间中的一员，愿意维护这个空间的共同利益，在言语和行动上都不会触犯这个自由空间的游戏规则，这样的空间就有了社会的属性，就有了德性需要，那就是自律。自主与自律表面看起来是对立的，但在宿舍文化空间里，它们是对立的统一，个别主体的自主如果变成无所顾忌的言语和行为，就会侵害其他主体的利益，侵占其他主体的权利和自由，那么这个自主空间的平衡就会被打破，冲突就不可避免，自主空间就会被破坏，自主性就不存在了。宿舍文化的自主性不但倡导“我的地盘我做主”的主体意识，更应该倡导“我们的地盘我们做主”的集体意识，让学生在宿舍这个生活共同体中，既能放松身心，恢复体力和精力，又能和而不同，在自由交往中畅所欲言，体验共同体生活的丰富多彩。

2. 宿舍文化的原创性和学生个体的自觉

宿舍文化的原创性主要是指学生在宿舍里可以按照自己的意愿来布置环境、摆放物品、安排活动，可以充分表达自己的兴趣爱好，而不必受到学校和其他非宿舍成员的过多约束，因此，宿舍文化就比教室文化体现出更多原创性的成分。但是，也并非所有的原创性都具有积极的正面的德性价值，这就需要学生具有一定的道德自觉，在参与这种原创性文化的活动中，能够运用正确的价值观进行分析批判，从而采取相应的行为，使宿舍的原创性文化不偏离正常的道德轨道，更不会走到反人类、反社会的邪路上去。宿舍是学校原创性文化的发源地之一，因为宿舍是具有强烈好奇心的青少年学生汇聚的场所，在空间上，这个场所离开了教师和家长的视野，学生潜在的创造热情得以释放，各种想法和做法都会粉墨登场，既有理想化的、崇高的，也有现实性的、低俗的；既有合理合法的，也可能有不合理、合法的；既有常见的、平庸的，也有不常见的、新颖的。而形成发展哪一种文化，追求怎样的境界，是需要通过语文德育来引导的，需要靠学生个体的自觉。

3. 宿舍文化的开放性和学生个体的自省

宿舍文化的开放性，一方面是开放性社会的特征在宿舍生活中的反映，另一方面是宿舍主体文化背景的多元性决定的。宿舍里的学生可能来自同样的少数民族地区，但是家庭生活的背景会有差异，家长的文化水平会有差异，这些差异形成了学生特定的生活方式和行为习惯。宿舍这个空间虽然狭小，因为是小集体的生活，必然要包容这些差异，必须要保持某种程度上开放性的特征，才能兼顾到小团体成员的个体差异。要在这个开放性的小空间里生活，在保持个性的同时，就不能不包容别人的个性，不能不反思自己的个性在这个开放的文化环境中的被接纳程度，从而进行适当的调节，以适应这个开放的、不同个性的文化环境。由于宿舍空间环境的狭小，不同个性的张扬就受到一定程度的限制，所以个体在适应开放文化环境中的自省，有助于在开放的文化环境中形成和谐的人际关系，有利于学生在保持个性的同时，接纳和容忍别人的个性。

4. 宿舍文化的随意性和学生个体的自爱

宿舍文化的随意性是指学生在宿舍里可以随意安排自己的时间，在同一个时间里，宿舍里的学生可以做不同的事情，谈论不同的话题。可以加入小集体的活动，也可以不加入，而选择单独行动；可以跟所有的宿舍同学交朋友，与大家融为一体，也可以只与其中的一两个同学特别要好，其他同学维持一般的关系。这种随意性使学生的个性找到了生存的空间，同时这种随意性如果没有学生个体的自爱来约束，也会走向不和谐。学生在宿舍里享受宿舍文化的随意性，是建立在个体自爱的基础上，自爱就是知道随意的边界在哪里，只在不破坏宿舍安定团结的情况下随意行动，自爱知道不成文的规则是什么，只在规则允许的范围内随意。宿舍文化的随意性是制度文化严肃的纪律性的一个缓冲地带，设定这一个缓冲地带是为了让学生知道，只要是有人群的地方，就一定有规则，就一定要遵守规则，不管是强制性还是非强制性，而遵守规则的结果是利他的，同时也是利己的。利他是在自己随意的同时不影响别人的生活，利己是在自爱的环境中每个个体都可以享受随意带来的轻松时光。

（三）食堂里的语文德育内容构建

教室主要是学生学习的场所，有严格的制度规约来规范学生的行为和言语；宿舍主要是学生休息的空间，有共同的利益规则来约束学生的言论和行动；而食堂主要是学生饮食的地方，也有特定的行为规范和语言规则，需要共同遵守，以维持必要的秩序，否则这个人数众多的公共场所就会陷于无序的、混乱的状态。

学生在教室和宿舍里，交流的对象相处的时间相对比较多，比较固定，除了制度和规则的约束以外，还有情感的联系，有熟人社会的特征，因此其言语行为有所顾忌，不希望把自己认为不完善的、不道德的一面暴露在熟人面前。而在食堂这样的公共场所，交流的对象不断更换，交流是随机，只有制度和规则的约束，不容易建立感情联系，具有陌生人社会的特征，因此其言语行为就容易失控，在不熟悉的人面前，人的自私和自利的本性就暴露得比较充分。食堂的功能衍生出特有的学校食堂文化，它满足学生的饮食需求，也规范学生的饮食行为，使学生的饮食行为更为文明，更接近人的本质属性，区别于仅仅满足口腹之欲的动物属性。

食堂文化是学校生态链条上的一个重要组成部分，在语文校本课程的建设中，食堂里的语文德育内容不容忽视。而确定食堂里的语文德育内容，也要从学校食堂文化的特点出发，让学生在食堂这样的公共场所消费时，能意识到自己是一个文明的消费者，即使是在陌生人面前，也要遵守起码的公共道德准则，不破坏公共场所的秩序，当有人破坏公共场所的秩序时，有勇气站出来维护公共秩序。这是公民道德修养中最基础的部分，如果这一部分根基不稳，学生的德性大厦就有崩塌的危险。

食堂文化具有现代社会文化的一些特征，现代社会的主体是多元的，需求是多元的，现代社会的文化是多元的。创造食堂文化的主体是多元的，需求也是多元。学校食堂的主体包括管理学校食堂、给学校食堂建立规则并管理食堂工作人员的学校后勤部门，到学校食堂消费的学校的学生和少部分教职工。不同部门、不同文化程度、不同年龄的人员在这里瞬间汇集，短暂交流，然后分散。他们来这里的目的不同，管理者要维护管理的秩序和经营的效益；食堂工作人员关心的是自己在食堂的劳动是否有更高的回报；学生希望用比较少的资金获得比较好的饮食服务，花较少的钱，可以吃得好，吃得舒服，吃得开心；少数教职工到食堂就餐，是为了节省时间，节约生活开支。这个场所的每一个主体如果只强调自己的需要，不愿意承担相应的义务，不顾及整体的利益，那么食堂是无法生存的。要满足大家的需要，食堂必须制定相应的规则，遵守这些规则，各方的需要才能得到满足。学生是食堂文化的主体之一，让他们认识食堂文化的现代社会特征，认同食堂的规则，参与制定学校食堂的规章，从而约束自己的言语行为，这就是食堂里的语文德育内容。

食堂文化具有民族文化的某些特征，民族文化主要体现在民族的语言和各民族的饮食习惯中，民族地区的食堂文化某种程度上也能体现少数民族文化的特征，如回民的清真餐厅，反映的就是少数民族的饮食习惯和宗教信仰。广西民族地区学校食堂文化也反映了少数民族的某些特征，如食堂的主食是米饭，这是稻作民族的主食，下饭的主菜是南方的各种当季的蔬菜，早餐一般是米粉和稀饭，也是少数民族的饮食习惯。由于食堂工作人员大多是当地人，因而学生在食堂打饭的时候，是用民族语言与工作人员交流的，虽然只是短暂的交流，但这是交易的需要，也是民族情感认同的需要。在学校这个汉文化主导的文化环境中，少数民族通过食堂这个特定的场合，和特定的对象（同样是少数民族的工作人员）使用自己的民族语言，“自己人”的观念使得一个简单的交易行为具有了文化认同的内在含义。因此，让少数民族学生在学校食堂里选择符合自己民族习惯的食品，尊重他们的民族语言，是食堂里语文德育的内容。

对学生个体来说，食堂里的语文德育内容包括两个方面，一个方面是言语，另一个方面是行为。食堂里学生必须使用言语的场合，如售饭菜的窗口和售饭卡的窗口，这个时候的言语道德规则是简洁、清楚表达自己的消费需求，在尽可能短的时间里完成交易。食堂里有能够体现学生道德行为的场合，如排队打饭、打水，按先后顺序，不插队，不喧哗。这两个方面是联系在一起的，在言语交际的场合必定也跟着行为，文明的言语和文明的行为是一个人内在语文素养的外在表现，因此，食堂语文德育内容的建构过程也是语文素养的培育过程，它首先体现在学生外在的言语行为中，但根子是在学生道德素质里，而一个人道德素质的养成，既需要道德知识的养育，更需要道德知识的内化，没有道德知识的内化，道德知识就不能转换为学生的德性，就不会在食堂里表现出相应的德性行为。

第三节　广西民族地区学校语文德育的主体

广西民族地区学校语文德育的主体主要是语文教师和学生，他们是语文德育的实施者，他们的语文德育水平和能力代表了学校语文德育的水平和能力，因此，要提高学校的德育水平，就要重视教师和学生作为德育主体的地位和作用。

一、广西民族地区语文教师是广西民族地区学校语文德育的主体

语文教育是教师和学生双边活动的过程，在这个过程中，教师和学生都是活动的主体，都要发挥各自的主体作用。在语文教育活动中，语文教师是否能发挥主导作用，与语文教师的伦理道德意

识、学生意识有密切的关系。以下是广西师范学院语文课程与教学论专业2008级硕士研究生王丽和李小玲，在2010年9—11月间对广西少数民族地区的双定中学进行了语文教师伦理道德意识、学生意识调查的结果分析。

（一）王丽对广西民族地区语文教师伦理道德意识调查结果分析①

1. 语文教师在阅读课堂教学中的态度意识调查结果分析

态度是指个体对某一对象稳定的心理倾向，即个体对某一对象的认知评价系统、情绪反应及行为倾向，也就是指人们判断事物和言行的是和非、善和恶、美与丑以及以何种方式和内容予以表达的心理状态。② 态度是一种心理状态，而不是行为表现。这种心理状态包含着人们的立场、观念、看法这些意识形态方面的内容，也即人们对事物和言行的判断。

王丽对双定中学语文教师课堂上的态度意识做了调查，选择态度和蔼可亲"较多"选项的有32.4%，态度经常和蔼可亲的有35.3%，也就是说有67.7%的语文教师上课时态度是和蔼可亲。选择态度和蔼可亲"较少"选项的有25.7%，态度从不和蔼可亲的有6.5%，也就是说有32.2%的语文老师态度不是和蔼可亲。这说明双定中学语文老师在阅读课堂中的态度意识比较好。（见表4—4）

表4—4　语文教师阅读课堂教学中的态度意识表

选项	从不	较少	较多	经常
语文老师上课时和蔼可亲吗	6.5%	25.7%	32.4%	35.3%

---

① 参见王丽：《语文教师在阅读课堂教学中的伦理道德意识研究》，广西师范学院硕士研究生毕业论文，2008。

② 李红：《教育心理学》，229页，武汉，武汉大学出版社，2007。

2. 语文教师在阅读课堂教学中的语言意识调查结果分析

苏霍姆林斯基说："教师高度的语言修养，在极大的程度上决定着学生在课堂上的脑力劳动的效率。"① 教师的语言修养不仅直接影响着学生的学习效率，还间接影响着学生的文明礼貌用语。初中生正处在语言习得的重要阶段，他们的语言模仿能力和接受能力都很强，而辨别是非的能力相对较弱。如果他们在语文课堂上一开始就习得文明的语言，当在现实生活中遇到不文明的语言时，他们就会不自觉地维护文明语言而抵制不文明语言。语文教师在课堂上说礼貌文明用语是很有必要的。

从对双定中学语文教师在阅读课堂上的礼貌语言意识进行的调查结果来看，选择语文教师上课时较少用"请"、"谢谢"等礼貌语言的学生最多，也就是说有 41.7% 的学生认为语文老师在上课时是较少用礼貌语言的。另外，从调查结果中，我们还可以看出不常用礼貌语言的语文老师占总数的 53.2%，而常用礼貌语言的语文老师只占 46.8%，这说明双定中学语文教师的语言意识较差，有待提高。（见表 4—5）

表 4—5　语文教师阅读课堂教学中的语言意识表

选项	从不	较少	较多	经常
语文老师上课时用"请"、"谢谢"等礼貌语言吗	11.5%	41.7%	19.4%	27.4%

3. 语文教师在阅读课堂教学中的举止意识调查结果分析

举止指人的动作和表情。日常生活中人的一抬手一投足、一颦一笑，都可概括为举止。在语文阅读课堂上，教师的举止指的是教师在整堂课中所表现的一系列动作和表情。

① ［苏］苏霍姆林斯基著，杜殿坤编译：《给教师的建议》（上），261 页，北京，教育科学出版社，1984。

从对双定中学语文教师在阅读课堂上的举止意识进行调查得到的调查结果中可以看出，语文教师上课时经常点头或微笑的有43.9%，语文教师上课时经常板书工整的有49.6%，其次，语文教师上课时较多的点头或微笑的有26.6%，语文教师上课时较多的板书工整的有28.3%，而后，语文教师上课时较少点头或微笑的有22.6%，语文教师上课时较少板书工整的有18.4%，最后，语文老师上课时从不点头或微笑的有6.9%，语文老师上课时从不板书工整的有3.8%。由此可见，双定中学语文教师的举止意识较好。（见表4—6、4—7）

表4—6　语文教师在阅读课堂教学中的举止意识表一

选项	从不	较少	较多	经常
语文老师上课时点头或微笑吗	6.9%	22.6%	26.6%	43.9%

表4—7　语文教师在阅读课堂教学中的举止意识表二

选项	从不	较少	较多	经常
语文老师上课时板书工整吗	3.8%	18.4%	28.3%	49.6%

4. 语文教师在阅读课堂教学中的尊重意识调查结果分析

尊重，就是要重视人、理解人、信任人，指个体对客体现实具有生命意义的心理反映，具体是指要尊重人的尊严，尊重人的基本权利和责任，尊重人的价值，尊重人在自我发展中的主体地位。① 在语文课堂教学上，教师主要是要尊重学生学习的主体地位，给学生自主学习的权利，充分信任学生。

对双定中学语文教师在阅读课堂上的尊重意识进行调查，结果显示语文教师上课时较少让同学们讨论交流的占49.4%，较多和

① 陈钱林：《尊重教育理念》，107页，北京，人民教育出版社，2005。

经常让同学们讨论交流的相差不大，分别占 19.9%、19.4%，不让同学们讨论交流的占 11.3%。由此说明双定中学语文老师的在阅读课堂中的尊重意识偏差，有待改善。（见表 4—8）

表 4—8　语文教师在阅读课堂教学中的尊重意识表

选项	从不	较少	较多	经常
语文老师上课时让同学们之间讨论交流吗	11.3%	49.4%	19.9%	19.4%

5. 语文教师在阅读课堂教学中的关怀意识调查结果分析

赏识，就是通过表扬和赞扬，以调动人的积极性。它使被赞扬的对象产生积极的情感体验。[①] 在语文阅读课堂上，教师要学会在表扬和鼓励中去赏识学生，以达到关怀学生的目的。

对双定中学语文教师在阅读课堂上的关怀意识进行调查，结果显示语文教师上课时较少对学生进行表扬和鼓励的占 43.2%，不对学生进行表扬和鼓励的占 60.0%。由此说明双定中学语文老师上课时的关怀意识欠缺，需要改善。（见表 4—9）

表 4—9　语文老师在阅读课堂教学中的关怀意识表

选项	从不	较少	较多	经常
语文老师上课时对你进行表扬和鼓励吗	16.8%	43.2%	17.8%	22.1%

6. 语文教师在阅读课堂教学中的体谅意识调查结果分析

在语文阅读课堂上，教师在尊重学生学习主体地位的基础上，还应尊重学生的人格，把学生当做与自己地位平等的人来看待。在语文阅读课堂上，当学生提出不同意见时，或当学生说错话、做错事时，教师训斥、讽刺和挖苦学生，这样会严重伤害学生做人的自尊。所以，在语文阅读课堂上，教师要有一种体谅意识，能够宽容

---

① 陈钱林：《尊重教育理念》，48 页，北京，人民教育出版社，2005。

和理解学生所犯的错误，学会接纳学生的错误，学会把错误当做教育学生的良机，而不是打击和讽刺挖苦。

对双定中学语文教师在阅读课堂上的体谅意识进行调查，结果显示语文老师上课时较少批评或讽刺犯错同学的占44.3%，从不批评或讽刺犯错同学的占28.1%，较多批评和讽刺犯错同学的仅占13.0%，经常批评和讽刺犯错同学的占14.6%。由此说明双定中学语文老师在阅读课堂上的体谅意识很好，基本上都能做到很少批评和讽刺犯错的同学。（见表4—10）

表4—10　语文老师在阅读课堂教学中的体谅意识表

选项	从不	较少	较多	经常
语文老师上课时批评或讽刺犯错的同学吗	28.1%	44.3%	13.0%	14.6%

7. 语文教师在阅读课堂教学中的行为习惯意识调查结果分析

在语文阅读课堂上，教师对学生良好行为习惯的培养发挥着重要的作用，而教师对学生在课堂上行为习惯的养成教育主要表现在对他们良好学习习惯的培养上。教师要培养学生认真听课的习惯、善于倾听的习惯、善于思考的习惯、敢于提问的习惯、合作学习的习惯、书写工整的习惯、勤于记笔记的习惯、查阅工具书和资料的习惯、自查和自改的习惯。

对双定中学语文教师在阅读课堂上的行为习惯意识进行调查，结果显示语文老师上课时经常要求学生认真听课或做笔记的有64.7%，较多要求学生认真听课或做笔记的有26.9%，较少或从不要求学生认真听课或做笔记的分别有6.5%和1.9%。由此说明语文老师在阅读课堂上的行为习惯意识强。（见表4—11）

表 4—11　语文老师在阅读课堂教学中的行为习惯意识表

选项	从不	较少	较多	经常
语文老师上课时要求你们认真听课或做笔记吗	1.9%	6.5%	26.9%	64.7%

8. 语文教师在阅读课堂教学中的审美情感意识调查结果分析

审美作为一种心理活动，是现实中美的事物在个体头脑中的认知反映、情感体验和行为反应。① 人们在接触到审美对象后，通过感知、思维、判断、分析等心理活动，从而在认识审美对象的同时，产生最初的审美体验，产生愉快、喜悦、厌恶、爱憎等情感活动。② 在语文阅读课堂上，一方面，语文老师要通过分析文章的语言美、形象美、结构美等，使学生感知文章的这些美，获得自己的情感体验；另一方面，语文教师要帮助学生分析自己体验到的感情色彩。

对双定中学语文教师在阅读课堂上的审美情感意识进行调查，结果显示语文老师上课时经常给学生分析文章的语言美或形象美有50.9%，经常给学生分析文章内容的感情色彩有51.3%，而以上两项从不的分别有3.9%和6.0%。由此可见，双定中学语文教师的审美情感意识很强。（见表4—12、4—13）

表 4—12　语文教师在阅读课堂教学中的审美情感意识表

选项	从不	较少	较多	经常
语文老师上课时给你们分析文章的语言美或形象美吗	3.9%	15.4%	29.7%	50.9%

① 李红：《教育心理学》，230页，武汉，武汉大学出版社，2007。

② 李红：《教育心理学》，230页，武汉，武汉大学出版社，2007。

表 4—13　语文教师在阅读课堂教学中的审美情感意识表

选项	从不	较少	较多	经常
语文老师上课时给你们分析文章内容的感情色彩吗	6.0%	13.6%	29.2%	51.3%

9. 语文教师在阅读课堂教学中的民族文化意识调查结果分析

双定中学坐落在一个壮族聚居的乡镇。在语文阅读课堂中，教师的伦理道德意识里是否有民族文化意识呢？为此，笔者对双定中学语文教师在阅读课堂中的民族文化意识进行调查，结果显示，认为语文老师上课时较少讲有关壮族的内容有 57.7%，从不讲有关壮族的内容有 28.3%，而较多地和经常地讲有关壮族的内容分别为 8.2 和 6.0%。由此可见，双定中学语文教师的民族文化意识欠缺，需要加大力度改善。（见表 4—14）

表 4—14　语文教师在阅读课堂教学中的民族文化意识表

选项	从不	较少	较多	经常
语文老师上课时讲有关壮族的内容吗	28.3%	57.5%	8.2%	6.0%

（二）李小玲对广西民族地区语文教师学生意识调查结果分析[①]

1. 语文教师的学生知识目标意识调查情况

语文知识主要是字、词、句、语法、修辞、文学常识等，教师在课堂上对学生传授这些内容，反映了教师的学生知识目标意识。问卷设计了这样的问题对学生进行调查："语文老师上课时给你们讲授字、词、句、语法、文学常识等语文知识吗？"问题的调查结果如下：

---

① 参见李小玲：《语文课堂阅读教学中教师的学生意识研究》，广西师范学院硕士研究生毕业论文，2008。

表 4—15 语文教师的学生知识目标意识的调查情况（%）

内容	从不	较少	较多	经常
语文老师上课时给你们讲授字、词、句、语法、文学常识等语文知识吗	1.7%	13.7%	26.4%	58.2%

2. 语文教师的学生能力目标意识的调查情况

语文能力首先表现为读、写、听、说等基本能力，在课堂上语文老师让学生读书、写字、用自己的话表达交流等，都是对学生语文能力的训练，问卷设计了这样的问题："语文老师上课时对你们进行读、写、听、说等各种语文能力的训练吗?"对学生进行了调查，结果见下表：

表 4—16 语文教师的学生能力目标意识的调查情况（%）

内容	从不	较少	较多	经常
语文老师上课时对你们进行读、写、听、说等各种语文能力的训练吗	2.0%	10.4%	35.3%	52.3%

语文能力还表现为阅读理解能力，在课堂上老师要培养学生的阅读理解能力，问卷这样设计："语文老师上课时引导你们理解课文吗?"调查结果如下：

表 4—17 语文老师的学生阅读理解能力意识的调查情况（%）

内容	从不	较少	较多	经常
语文老师上课时引导你们理解课文吗	1.2%	9.7%	33.4%	55.7%

3. 语文教师的学生情感态度与价值观目标意识的调查情况

情感态度与价值观在实际的语文课堂阅读教学中，主要反映在课文所蕴含的哲理、所表达的思想感情等思想内容方面，在课堂上语文老师引导学生对课文的哲理或思想感情进行领悟或体会，就反映了语文教师的学生情感态度与价值观目标意识，问卷这样对学生进行了调查："语文老师上课时给你们讲授课文含有的思想感情或哲理等思想内容吗？"结果如下：

表 4—18　语文教师的学生情感态度与价值观目标意识的调查情况（%）

内容	从不	较少	较多	经常
语文老师上课时给你们讲授课文含有的思想感情或哲理等思想内容吗？	2.3%	12.1%	31.8%	53.8%

4. 语文教师的学生少数民族文化目标意识的调查情况

少数民族文化，是我国除了汉族以外的其他民族的文化，由于我们的研究对象96.5%的民族是壮族，3.3%是汉族，其他民族只有0.2%，在这所学校中只有2个人，所以这里的少数民族文化我们要考查的是壮族文化。教师在上课时对学生进行壮族文化的教育，就表明了他的壮族文化意识，问卷设计了一个这样的问题对教师的这种意识进行了考查："语文老师上课时讲有关壮族方面的内容吗？"情况如下：

表 4—19　语文教师的学生少数民族文化目标意识的调查情况（%）

内容	从不	较少	较多	经常
语文老师上课时讲有关壮族方面的内容吗	28.5%	59.5%	6.8%	5.2%

5. 语文教师的学生参与意识的调查情况

学生参与意识，在语文教学中，就是教师让学生参与课堂的情况，通过课堂观察和对一些老师的访谈，得知教师让学生参与课堂大部分的途径是让他们回答问题，教师让学生回答问题的多少，就反映了他的学生参与意识的情况，因此，这里这样设计问卷来对学生进行调查："语文老师上课时让你们回答问题吗？"调查结果如下：

表 4—20　语文教师的学生互动参与意识的调查情况（%）

内容	从不	较少	较多	经常
语文老师上课时让你们回答问题吗	3.5%	17.8%	31.6%	47.1%

6. 语文教师的学生主动参与意识的调查情况

学生主动参与意识，也就是在课堂上教师让学生主动参与课堂，在语文课堂上参与最主要的是通过回答问题这种方法，所以要看教师的学生主动参与意识，就是看教师让学生主动回答问题的情况，通过听课时观察得知，教师让学生主动参与，通常是让他们举手回答问题，因此我们设计了这样的问题："语文老师上课时让你们举手回答问题吗?"具体调查情况如下：

表 4—21　语文教师的学生互动主动参与意识的调查情况（%）

内容	从不	较少	较多	经常
语文老师上课时让你们举手回答问题吗	12.0%	42.5%	19.5%	26.0%

7. 语文教师的生生互动参与意识的调查情况

生生互动参与，通过我们的课堂观察以及从老师的交谈中得知，教师基本都是通过让同桌交流讨论这种方法，所以看教师的生生互动参与意识的情况，就是看学生同桌之间交流探讨的情况，问卷设计了这样的问题对学生进行调查："语文老师上课时让你们同学之间讨论问题吗?"调查结果如下：

表 4—22　语文教师的生生互动参与意识的调查情况（%）

内容	从不	较少	较多	经常
语文老师上课时让你们同学之间讨论问题吗	11.0%	50.8%	21.0%	17.2%

8. 语文教师的学生思维发展需要意识的调查情况

如前所述，在语文课堂中，学生的思维发展主要是通过教师让学生思考问题或者问他们问题让他们回答，因此这道题这样设计："语文老师上课时让你们思考问题吗?"调查情况见下表：

表 4—23　语文教师的学生思维发展需要意识的调查情况（%）

内容	从不	较少	较多	经常
语文老师上课时让你们思考问题吗	1.5%	14.5%	35.3%	48.7%

9. 语文教师的学生激励需要意识的调查情况

学生激励需要意识，在语文课堂阅读教学中，主要表现为教师对学生的表扬、称赞、夸奖、鼓励，所以教师对学生进行这些行为的频率如何，就是教师的学生激励需要意识程度的反映，因此这道题这样设计："语文老师上课时对你们进行表扬或鼓励吗?"通过对学生进行调查，结果如下：

表 4—24　语文教师的学生激励需要意识的调查情况（%）

内容	从不	较少	较多	经常
语文老师上课时对你进行表扬或鼓励吗?	15.8%	44.8%	18.9%	20.5%

10. 语文教师的学生宽松和谐氛围需要意识的调查情况

教师的学生宽松和谐氛围意识的程度，只有学生才能体会到，因此这里设计了这样的问题"语文老师上课时课堂气氛是宽松和谐的吗?"对学生进行调查，调查情况如下：

表 4—25　语文教师的学生宽松和谐氛围需要意识的调查情况（%）

内容	从不	较少	较多	经常
语文老师上课时课堂气氛是宽松和谐的吗?	7.9%	23.6%	32.6%	35.9%

11. 调查结果分析

（1）学生三维学习目标意识程度高。表4—15、表4—16、表4—17、表4—18是对教师的学生三维目标意识情况进行调查的数据结果。表4—15中有84.6%的学生觉得老师较多或经常地讲授语文知识，而只有15.4%的学生觉得老师从不或较少给他们传授语文知识，可见，教师的学生知识目标意识程度很高，达到良的状况。表4—16显示，有87.6%的学生对老师对他们语文能力的训练作出了很高的评价，只有12.4%的学生对教师作出了较少或从不的语文能力训练的评价。教师的学生理解能力意识从表4—17可以看出，有89.1%的学生觉得语文老师经常或较多地培养他们的阅读理解能力，只有10.9%的学生觉得老师不引导他们理解课文，因此，我们可以得出结论，教师的学生理解能力目标意识状况同样能满足学生语文能力训练的需要。表4—18中只有14.4%的学生觉得老师上课时从不或较少给他们讲授课文的思想感情或者哲理，有85.6%的学生对老师给他们讲授课文的思想感情或蕴含的哲理作出了较高或经常的评价，表明教师的学生情感态度与价值观目标意识同样程度很高。

（2）教师的学生思维发展需要意识良好。表4—23是对教师的学生思维发展需要意识的情况进行调查的结果。表4—24中有84.0%的学生对老师让他们思考问题作出了较多或经常的评价，只有16.0%的学生对老师的学生思维发展需要意识作出了从不或较少的评价，可见，教师的学生思维发展需要意识状况程度高。前面我们知道，为培养学生的思维，教师还通过问他们问题让他们回答的途径，表4—20是对教师问学生问题进行的调查，调查结果显示教师让学生回答问题较多或经常的概率为78.7%，这进一步证明了教师具有的学生思维发展需要意识程度很高，因此，我们可以说教师的学生思维发展需要意识良好。

（3）教师的学生宽松和谐氛围需要意识一般。表4—25是对教师的学生宽松和谐氛围意识的现状进行调查所得到的数据。数据显示，有31.5%的学生觉得他们语文课堂的氛围是从不或较少和谐宽松的，有68.5%的学生觉得他们的语文课堂氛围是较多或经常宽松和谐的。可见，学生对教师这方面的意识评价程度一般，这表明教师的学生和谐宽松氛围需要意识程度一般。

（4）教师有较好的学生互动参与意识。表4—20是对语文教师的学生互动参与意识的情况进行调查的结果。调查数据显示，有21.3%的学生觉得老师从不或较少让他们回答问题，有78.7%的学生觉得教师较多或经常让他们回答问题，这表明教师的学生互动参与意识程度较高，教师的学生互动参与意识状况较好。

（5）学生少数民族文化目标意识欠缺。表4—19是对教师的学生少数民族文化目标意识的情况进行调查的结果。数据显示，有12.0%的学生对老师上课时讲授壮族文化的内容给予了较多或经常的评价，有59.5%的学生给予较少讲授壮族内容的评价，甚至有28.5%的学生对教师这个方面的意识作出了从不的评价，可见，教师的学生少数民族文化目标意识程度很低，反映了教师缺少这方面的意识。

（6）学生互动主动参与意识、生生互动参与意识的欠缺。表4—21是对教师的学生互动主动参与意识进行的调查，调查数据显示，有54.5%的学生感觉到教师从不或较少让他们主动参与，有45.5%的学生感觉老师较多或经常让他们主动参与课堂，因此教师的学生主动参与意识情况不是很好。表4—22是对教师的学生生生互动参与意识的状况的调查结果，数据显示，有61.8%的学生认为教师从不或较少让他们进行生生互动，只有38.2%的学生对老师让他们进行生生互动作出了较多或经常的评价，可见，教师的学生生生互动参与意识的程度较低。

（7）学生激励需要意识的不足。表4—24是对教师的学生激励需要意识进行的调查。数据显示，有39.4%的学生认为教师对他激励较多或经常激励，有60.6%的学生觉得老师从不或较少对他们进行激励，可见，教师的学生激励需要意识程度较低，不能满足学生的激励需要。

从两位研究生个案研究的结果来看，广西民族地区学校语文德育的主体之一——语文教师本身的伦理道德意识和学生意识，总体是让学生满意的，就是说，学生在语文课堂教学活动过程中，能感受和认识到教师的语文德育行为，教师自己对要在语文课堂教学活动中落实必要的语文德育目标认识是清楚的，行动也是有效的。但是教师在语文课堂上的一些行为和语言，并不完全符合语文德育目标的要求，还有所欠缺，主要表现在对如何发动学生参与教学活动、激发学生的学习兴趣、培养学生的主动学习精神方面意识和能力还有欠缺，这与语文教师对学生生活环境的认识和理解有关，与当地的生活习俗与地域文化有关。在调查中还发现，语文教师普遍缺乏民族文化意识，基本上很少在语文课堂上讲授或者引导学生关注自己民族的生活习惯和传统文化，让语文课具有地域文化的气息，让学生感觉到语文与自己的生活是有联系的，从而激发学生语文学习的动机和兴趣。

民族地区的语文教师，总想通过教学技术和教学方法的改进，快速提高学生的语文学习成绩，这一点学生是体会得到的，也会在课堂教学活动中予以配合，学生知道这也是社会加在他们身上的压力。但是学生学习成绩的稳步提高，还得看学生原来的学习基础，最终还得靠学生自己的主观能动性，学生学习的持续动力来源于他们正确的世界观、人生观、价值观，就是语文德育，就是学生语文素养的基础部分，那是一个逐渐养成、不断提升、持续作用的过程，不可能一蹴而就，需要教师把目标放长远一些，教学内容切实一些，态度科学一些，方法灵活一些，以人的发展为终极目标。

二、广西民族地区学生也是广西民族地区学校语文德育的主体

广西民族地区由于地理环境和历史发展等各种外在和内在的原因，经济、文化、教育发展不如东部发达地区，学困生的面积也比较大。要发挥学生的主体作用，如何看待和转化学困生是困扰语文教师的突出问题。

广西师范学院2008级语文课程与教学论专业硕士研究生李小玲的实地调查数据显示，南宁市西乡塘区双定中学八年级学生语文段考的成绩不容乐观，整个八年级及格率是56.33%，优秀率为3.59%，平均分为59.0，全体学生平均成绩中等偏下。除了重点班之外，普通班大部分都是学困生，与优秀生相比，学困生群体相当庞大。学困生的教育已经成为摆在民族地区语文教师面前的严峻问题。

面对渐趋扩大的学困生群体，民族地区的语文教师也采取了一些办法，如在常规教学中渗透道德教育，培养学困生健康人格；优化课堂教学方法，为学困生创造和谐愉快的课堂情境；挖掘语文教材中的德育素材，进行心理健康教育等。虽然一些一线教师根据自己的教学经验，或者根据心理学、教育学等不同学科的原理，从语文教学内容、方法方面提出了不少具体的策略和方法，但由于学困生的情况千变万化，学困生是一个动态发展的群体，要转化学困生群体，并没有包打天下的“武林秘籍”。在民族地区学困生的语文德育中，困扰语文教师的不仅是教育方法问题，更是教育观念的问题，表现在以下几个方面。

（一）民族地区学困生语文德育存在的问题

广西民族地区学困生语文德育的重要性被众多语文教师所认

识，他们逐渐认识到只有重视学困生的语文德育，才能从根本上激发学生的学习积极性，让学生主动学习，改变被动学习的局面，学生语文学习成绩的提高才是可持续的。要采取科学的态度，实事求是地分析民族地区学困生语文德育存在的问题，以便采取针对性的教学策略，帮助学困生走出“学困”的洼地，充满自信地走向人生的高地。当前，广西民族地区学困生语文德育存在的问题主要有：

（1）把学困生的语文学科成绩低下简单归因于语文课程资源的缺乏。在大多数广西民族地区教师和学生的心目中，课程资源一般是指外源性、物质性的课程资源，与图书资料联系在一起，与电子技术和网络技术联系在一起。对语文教育而言，在民族地区，语文课程资源缺乏也是事实，如学校图书馆的藏书量很少，电子阅览室不健全，网络资源无法利用，社区的文化氛围淡薄等，这些影响学困生发展的外源性课程资源不可能在短时间内得到妥善解决，因此这些因素就成了民族地区师生解释学困生语文学科成绩低下的正当理由。

（2）把学困生等同于差生挫伤了学困生的语文学习积极性。在对学困生概念的界定上，广西民族地区师生一般认为，学困生不仅是学习困难、成绩落后的学生，还是调皮捣乱的学生，不遵守纪律的学生，不懂礼貌缺乏家庭教育的学生。总之是一般意义上的差生，只是在现代教育理念的影响下，为了不伤害这类学生的自尊心而换成的一个中性词。他们在以智育为中心的教育评价体系中处于劣势，除各学科学习能力之外，其他方面的能力也不足以让他们在学校得到应有的成功体验。而语文学科是基础学科，是各学科学习的基础，语文成绩在学生学业成绩中举足轻重，语文学科的学困生被师生当成差生的可能性是很大的，而学困生一旦产生了差生心理，学习语文的积极性就受到很大的打击，不管语文教师在课堂上怎样改进教学方法，想提高学生学习成绩的愿望如何强烈，对他们而言，并没有多大的实际意义，不能从根本上改变他们的差生状态。

（3）学非所用使学困生缺乏语文学习的动力。广西民族地区学困生的难题不仅是语文学习能力上的困难，更重要的是语文学习的动力不足。动力不足与广西民族地区的教育环境有关，由于地理环境、经济条件、文化习俗等原因，他们看不到学校学习的课程与现代生活之间的必然联系，感觉不到学习成绩优良与民族地区生产生活之间的联系，学非所用，用非所学，因而学习的内驱力不足。

（4）抽象的语文德育内容无法滋润学困生的心灵。语文德育因为其内容被抽象为纯粹的主流意识形态，在语文课堂上常被讥为“光明的尾巴”，变成语文教学思想性或人文性的一个标签。具体表现为，语文教师设计的语文教学目标中，语文德育目标通常是依据语文课程标准和语文教材内容来制定的，这些语文德育内容首先被课文选文的作者理想化，再被教材的编者赋予特定的教育意义，又被教师解读为语文学科教学的术语，这三重的抽象，使原本来自生活的语文德育内容抽象化、理性化，与学生现实、感性、生动的语文生活有了相当大的距离。语文教学的任务就是要缩小这种距离，而大多数民族地区语文教师所做的，是带着语文德育走近学生，甚至是硬塞给学生，而不是从学生的元认知出发，联系学生的生活经验，不断接近语文德育目标，达到视界融合。

（5）统一的语文德育内容无法满足学困生的心理需要。广西民族地区语文教材缺乏语文德育个性主要表现为，为了适应全国性的统一考试，民族地区一般都选择了使用广泛的权威教材，那样的教材能反映民族地区文化生活内容的选文数量非常有限，语文教师不敢拿学生的语文考试成绩开玩笑，用正常上课的时间去讲解与统考无关的地域文化知识，因此，民族地区的学校语文德育基本上没有民族特色。本来语文德育的个性还可以通过地方课程和校本课程来体现，但是民族地区的外源性文化资源有限，内源性的课程资源没有被充分开发利用，语文德育的个性与活力就发挥不出来。

（二）民族地区学困生语文德育的功能

广西民族地区学困生语文德育存在的问题，一定程度上是社会、学校、教师如何看待学困生的问题。基础教育课程改革的目标是为了每一位学生的发展，因此，学困生同样是语文学习的主体，民族地区的语文德育要让学困生在语文学习的过程中，充分发挥主观能动性，形成健全人格。在多元智能理论和课程资源理论指导下，不仅把学困生当成语文德育的对象，更要把学困生当成独特的语文德育资源，重新认识和评价学困生在语文德育中的价值和意义，发挥学困生的语文德育功能。

1. 民族地区学困生的语文德育资源功能

课程资源这一概念的提出，除了强调外源性物质性课程资源的开发以外，更强调内源性、精神性的课程资源。前者强调物质条件，凭借外部环境得以发展；后者强调精神内涵，挖掘内在的本质力量源泉。强调外源性物质性课程资源的开发利用是着眼于学校的基本设施建设，强调当地的经济基础。现代学校的发展对基本设施的依赖程度不断增加，当地经济基础对教育基本设施的投入为学校的长足发展奠定了良好的基础。对我国东部经济发达地区来说，强调外源性物质性课程资源的开发，意味着鼓励学校和当地社会加大对学校基本设施的投入，为当地学校的发展提供优良的物质保障。从这个意义上来说，强调外源性物质性课程资源的开发对广西民族贫困地区来说意义不大，主要原因是学校和当地社会连维持基本的办学条件所需要的设施都无法保证，学校发展欠缺基本的物质保障，在这样的现实条件下，过于强调外源性物质性课程资源开发对广西民族地区学校的发展作用不大，甚至还可能产生负面影响，引导广西民族地区学校关注发达地区学校的基本设施建设，以为那是唯一的课程资源开发途径，而当地社会的发展又不可能提供这样的物质条件，课程资源的开发利用只能悬置起来，变成悬置课程，对实施三级课程体系、发挥各级课程在学校文化建设中的作用产生不利影响。这些不利影响表现在三个方面：在民族地区学校方面，依赖上级教育行政部门的经费支持，把课程资源的开发利用和学校的基本设施建设挂钩，等待外援来进行课程资源的开发，没有把课程资源的开发利用和学校现有的物质生活条件、教职员工素质条件联系起来，忽略了课程开发的精神性因素。在民族地区教师方面，依赖所在学校提供的物质条件，把课程资源的开发等同于现代教育技术，等待学校配置多媒体教室进行课程资源的开发，无视自身的经验作为重要课程资源的天然优势。在民族地区学生方面，依赖课本和教师，仍然把课本和教师当成唯一的课程资源，对自身独特的经验和文化积淀没有自觉意识。这三方面的不利影响有可能使课程资源的开发利用变成一句空话，因为学校能等到的外援是有限的，而且不具有可持续性；教师能在多媒体教室上课的机会也不多；学生能从课本和教师身上吸收的养分也是不足的。

我们面临的是这样的问题，外源性物质性课程资源无法在短时间内满足民族地区现代学校发展的要求，但是我们又不能以此为理由拒绝课程资源的开发，因为民族地区教育的发展本来就滞后，课程资源的开发利用可以为民族地区教育的发展打开一片新天地，它意味着开放的课程体系和富有活力的教育活动，意味着民族地区的教育有了好的外部环境和发展的机遇。因此，我们必须立足于现实，在民族地区现有的物质条件下进行有针对性的课程资源开发，这种针对性包括对自身已有的课程资源的认识和评价，对自身所欠缺的课程资源的估算和投入规划。最关键的还是对自身已有的课程资源的认定，强化外源性课程资源与强化内源性课程资源对学校课程开发的内容和效果有不同的影响。如果强化的是外源性课程资源，那么学校课程资源的开发重点在依靠教育行政部门和社会力量为学校提供优良的物质、生活、学习条件上，它可以最大限度地发挥外部教育环境的促进作用，调动教育系统外部的积极因素为学校课程资源的开发利用提供可能是最好的条件。民族地区虽然经济发展滞后，如果学校强化外源性课程资源的开发，也有可能有一定的效果，因为它提醒教育行政部门关注民族地区外源性课程资源严重不足的现状，在经费允许的情况下就可能获得一定的支持，可以部分改善民族地区外源性课程资源短缺的状况，有利于课程资源的开发和利用。如果强化的是内源性精神性课程资源，那么学校课程资源开发的重点就会集中到学校自身的制度建设、文化建设上，就会关注如何发挥教职员工的积极性上面。虽然教职员工依旧，但在不同的制度下、不同的文化氛围中其潜能的发挥是不一样的。靠潜能的发挥，有限的外源性课程资源可以发挥无限的作用，因为如果没有教育主体的创造性劳动，即使最完备的外源性课程资源也会成为一种摆设，作用有限。所以，在外源性课程资源不足的情况下，与其坐等配齐外源性课程资源，或者埋怨没有必要的课程资源可以利用，还不如换一个思路，经由内源性课程资源的开发利用，提高自身的能力和素质，开创外源性课程资源开发利用的新途径，依靠自身的力量创造适合自身教育发展的外源性课程资源。

可以说，在民族地区现有的条件下，强化内源性课程资源意识是发展民族地区教育的必由之路，这不是说外源性课程资源不重要，相反，外源性课程资源开发和利用的效果和教育质量的内在联系是被发达地区的教育实践证明了的。在欠发达地区，我们之所以强调内源性课程资源的开发与利用，是因为我们必须经过自身素质的提升来创造属于自己的外源性课程资源。创造的重要主体是教育者和受教育者，是少数民族地区的教师和学生。教师和学生本身就是活生生的课程资源，他们在生活、学习实践中的经验就是课程资源。

2. 民族地区学困生的语文德育内容功能

广西民族地区学困生作为内源性的课程资源，其复杂性和两面性对丰富语文德育的内容有重要意义。从多元文化整合教育的视角来看，语文德育应该展示主流与非主流的不同思维形态，呈现其原初的道德两极面貌，以培养学困生的道德判断力。语文德育的引领和导向作用是老师们一直重视并落实到语文课堂教学活动中的，对学困生而言无可厚非，只是在语文德育的内容选择上过于强调现实政治的因素。事实上，意识形态的政治和经济基础的物质生活是分不开的，人生有各种境界，人的需要有不同的层次，可以允许学困生处于层次不同的认知层面上，朝着崇高的理想目标努力就可以了。在这个前提下，语文教师就不会用主流意识形态去框住学困生的思维，也不会因为学困生的问题“出格”或稚拙而限制他们表达的自由。语文德育不仅是一个布道的讲坛，传承主流社会的世界观，它同时也是道德判断的训练场所，让学生在其中直面生活中的种种问题，作出自己的价值判断，对自己的决定负责，这就是语文德育的人性化功能。在学困生可以理解的范围内，呈现不同层次不同角度的语文德育内容，引导学困生进行分辨，允许他们为自己的价值观辩护，包容他们的片面和偏激，打开通往人类精神的视窗，磨砺他们的感官，让他们对这个世界形成自己的情感态度价值观，并且用自己的眼光去判断事物，品评人物，选择人生道路。失去了导向引领作用的语文德育，是道德相对主义，其结果是混乱、无序，学困生会无所适从；没有语文德育的人性化功能，是脱离实际的乌托邦，其结果是空疏、无用，学困生遥不可及。因此，在语文教育活动中要兼顾学困生的复杂性和两面性。语文德育的前瞻性和包容性是相互依赖的，互为存在的前提条件。语文德育的前瞻性与语文课程标准的目标一致，让学困生达到国家所要求的目标，体现时代性，面向未来，发挥语文德育的引领导向作用；语文德育的包容性与学困生的实际情况相联系，让学困生在原有的基础上有所提高，体现基础性，面向生活世界，发挥语文德育的人性化功能。另外，学困生语文德育的内容也要与时俱进，因为学困生的人生际遇因时而易，而语文教科书上的德育内容不可避免有些滞后，学困生对教科书上的语文德育内容有更多样的理解和反应，给语文德育训练预留了更多的探讨空间。

3. 民族地区学困生的语文德育传承功能

学困生群体携带了更多的民族地区地域文化的密码，与原始形态的地域文化有更多的内在联系，所以，解决民族地区学困生的问题要深入到民族文化的心理层面，涉及宗教信仰和生活习俗等方面。在语文教学活动中，语文德育资源的主要载体是语文教科书，要活用教科书，就要把学困生作为语文德育资源的另一载体。学困生作为语文德育资源的载体，与语文教科书不同的地方是它的潜在性，其处于意识流状态，而语文教科书是显在的载体，处于物化状态，因此，作为潜在载体的学困生常常被忽视，而作为显在载体的语文教科书则得到重视。原因是作为语文德育资源的载体，学困生携带的语文德育信息是无序的、不规则的、不系统的，而作为语文德育载体的语文教科书却是有序的、规则的、系统的。作为课堂教学内容，以语文教科书为载体的语文德育资源的开发和利用是便利的，可操作性很强，有积累起来的众多实践经验可以参照；而作为语文德育资源的学困生自身的经验，由于它的实时性、情景性、随机性，作为教学内容，操作起来就困难得多，更依赖于语文教师的教学艺术，需要语文教师在教学活动中激活它、发现它，赋予它语文德育的价值和意义，然后才能发挥它的作用。作为语文德育资源的载体，语文教科书携带了社会主流文化的价值观，代表国家民族的意志，而作为语文德育的载体，学困生携带了少数民族社会文化的价值观，部分地反映了少数民族的诉求。在统一的多民族的国家中，在多元文化的时代背景中，两种载体的价值和意义都要重新认识。语文教科书载体作为传统的经典的语文德育载体，它的选材、取材、编排、出版、发行，都有专业人员审查把关，保证其规格和质量标准，因此，在语文德育资源中，语文教科书的主导地位是理所当然的。但一定要破除对语文教科书的迷信，把语文教科书当成语文德育唯一的资源也是不合时宜的，更不能把语文教科书传达的价值观当成永恒的真理。另一方面，也不能像一些语文老师所做的那样，完全抛开语文教科书，用其他学科的内容和活动充斥语文课堂，替换语文德育。维护语文教科书载体在语文德育资源中的主导地位，不意味着排斥以民族地区的学困生为载体的非主流文化在语文德育资源中的能动作用。语文教科书中的语文德育资源只有跟学困生相遇，或者说，语文教科书中的主流意识只有得到学困生的体认，才能发挥其主导作用；学困生作为语文德育资源要有语文教科书的引领和导向，或者说，学困生要完成在语文德育上的自我完善，离不开语文教科书内涵的精神营养。

（三）民族地区学困生语文德育功能的发挥方式

认识民族地区学困生的语文德育功能，有助于解决民族地区学困生语文德育实践中存在的问题，探讨语文德育功能的发挥方式，帮助语文教师创造性地解决民族地区学困生语文德育中的具体问题。

1. 引导民族地区学困生作积极的学业成绩归因

有目的、有策略地淡化外源性课程资源短缺造成的困难，引导民族地区学困生正确认识自己作为语文德育内源性课程资源的价值和意义，增强民族地区学困生的主体意识，让学困生认识自己的优点和长处，在语文学习中发挥自己的特殊才能。同时，创造条件让学困生看到自己努力的结果，必要的时候，可以降低语文学习的难度，让学困生在逐步克服学习困难的过程中建立自信。

2. 改变民族地区学困生的差生心理

在语文课程实施过程中，有意淡化学困生之间学习能力上的差别，强化学困生不同个性特色，让不同的能力倾向在语文学习活动中都获得成功，帮助学生发现潜藏在自己内心深处的“超我”。为此，语文教师的课堂教学设计更要强调学生的元认知，创设让不同的学生都能发挥作用的情境，让学困生摆脱不光彩的差生心理，获得精神解放，在愉快学习中建立自尊。

3. 增强民族地区学困生语文学习的内驱力

在语文教学内容上，向学困生的生活经验拓展，向学困生生活的具体场景延伸，使语文课堂生活化，鼓励学困生变成语文课堂的主人，在语文课堂上，在语文教师的精心指导下，可以无所顾忌，畅所欲言。还可以把语文课堂教学的内容带到社区、家庭中去，在他们社区活动中有意识地学习语文、运用语文。架接课堂语文学习与社会语文运用的桥梁，让语文学习变成学困生的一种生活常态、生活习惯，欲罢不能。

4. 打好民族地区学困生的精神底子

学困生作为语文德育内容的价值就在于他们丰富的精神世界，这是语文教育成功的基础。语文教材、语文教学方法很重要，但都是教育的手段，打好学困生的精神底子才是语文教育的目的。明白这一点，在处理语文课程内容和形式的关系的时候，就不会本末倒置，把民族地区的学困生视同语文考试的工具，忽视学困生的精神世界。

5. 满足民族地区学困生语文学习的心理需要

民族地区学困生的语文学习心理有历史的积淀，这是任何阶段语文学习必须正视的基础。由于这一基础的存在，民族地区学困生语文学习心理就具有一定的特殊性，满足这种心理需求，并引导它向高级的心理需要发展，是成功的语文教育的必由之路。满足这种心理需要的前提是尊重它，给它发展的空间和时间，不能因为它有别于主流文化的心理而采取否定和歧视的态度，那样只能导致语文教育的失败。①

① 韦美日：《民族地区学困生的语文德育功能》，载《广西师范大学学报》（哲学社会科学版），2011（4）。

第四节　广西民族地区学校语文德育的途径

学校德育途径有以下几个方面：①课堂教学，这是学校向学生进行德育最经常、最基本的途径，特别是小学思想品德课和中学政治课居于特殊的重要地位。②班主任工作、年级活动、班级活动是进行日常思想品德教育和指导学生成长的重要途径。③共青团、学生会活动是德育工作最有生气、最能发挥学生主动性、积极性的途径。④课外活动是促进学生全面发展和身心健康的重要途径。⑤生活劳动和其他社会实践是提高学生素质不可缺少的途径。⑥学校管理和校园文化环境是德育工作不可忽视的潜形途径。[①] 广西民族地区学校语文德育的途径也可以从这六个方面去思考和探索。

一、课堂教学途径

为什么课堂教学是学校向学生进行道德教育最经常、最基本的途径？理由如下：

（1）学校以教学为主。教学是学校的中心工作和主要任务，它是学校教育工作中一项最经常、最基本的工作。学校工作以教学为主，其根本目的是为了教书育人，由此可以得出这样一个结论，即教学，特别是课堂教学是育人的主要渠道，是德育的主要途径。

（2）教学所用时间最多。德育目标的实施受一定时间、空间的限制，我们的学生特别是高中生，每周 30 多节课，占学生在校时间的 80% 以上，其中政治课、校会、班会、团会活动只有 4～5

① 普布卓嘎：《德育的主要途径——课堂教学》，载《西藏日报》，2001 年 10 月 10 日第 5 版。

节，德育课与文化课的时间比例是1∶7。同时，从教师人数上分析，班主任、政治教师、德育干部与其他任课教师的比例是1∶4左右。语文学科是文化课中课时最多的学科之一，而且语文学科是所有学科的基础。

（3）学科教材中蕴含着丰富的德育因素。我们现行的教材，是根据各学科特点和不同年龄段学生心理特征编写的，其中蕴含着相当多的直接或间接的德育因素。[①] 语文课程的人文性要求语文学科教材要有丰富的德育内容，培育学生的道德品质。

二、班主任工作、年级活动、班级活动途径

广西民族地区学校语文德育要取得实效，绝不能仅仅在语文课堂教学上下工夫，还要让学生过一种健康的语文生活，把学校语文德育和学生的日常生活密切联系起来。

教育部2009年8月颁布的《中小学班主任工作规定》第三章“职责与任务”规定班主任应：全面了解班级内每一个学生，深入分析学生思想、心理、学习、生活状况。关心爱护全体学生，平等对待每一个学生，尊重学生人格。采取多种方式与学生沟通，有针对性地进行思想道德教育，促进学生德智体美全面发展。认真做好班级的日常管理工作，维护班级良好秩序，培养学生的规则意识、责任意识和集体荣誉感，营造民主和谐、团结互助、健康向上的集体氛围。指导班委会和团队工作。组织、指导开展班会、团队会（日）、文体娱乐、社会实践、春（秋）游等形式多样的班级活动，注重调动学生的积极性和主动性，并做好安全防护工作。组织做好学生的综合素质评价工作，指导学生认真记载成长记录，实事求是地评定学

---

① 普布卓嘎：《德育的主要途径——课堂教学》，载《西藏日报》，2001年10月10日第5版。

生操行，向学校提出奖惩建议。经常与任课教师和其他教职员工沟通，主动与学生家长、学生所在社区联系，努力形成教育合力。[①]

从班主任的职责和任务看，班主任的工作实质上就是日常德育工作，班主任组织学生参加班级活动和年级活动都是有教育意义的活动，也是广义的德育活动，而日常德育工作和班级活动、年级活动一般都要涉及基本的语文活动听说读写，在听说读写活动中教育学生，都在进行语文德育。所以，许多出色的语文教师，同时也是优秀班主任，就是因为班主任工作与语文德育在价值取向上是一致的。而且从大语文教育的含义来说，班主任工作和语文德育是两位一体的，首先，两者的育人目标高度一致；其次，两者的工作内容基本一致；第三，两者的工作对象相同；第四，两者的工作方法也有许多共同的地方。所以，语文教师当班主任有天然的学科优势，他们可以把班主任的日常德育工作和语文学科的德育结合在一起，使两者相辅相成，相得益彰。

三、共青团、学生会活动途径

共青团的活动内容，应该既符合改革开放时期共青团工作的要求，又适应青年的特点。为了达到这一目的，团支部在确立活动内容时应注意把握好三个结合：一是把党的要求和照顾青年特点结合起来；二是把受教育和起作用结合起来；三是把必要性和可行性结合起来。一般而言，团的活动内容大致可以分为以下六类：一是教育活动；二是生产活动；三是科技活动；四是公益活动；五是文娱活动；六是体育活动。[②]

---

① 教育部：《中小学班主任工作规定》2009 年 8 月，参见 http：//baike. baidu. com/view/29316. htm。

② 参见 http：//wenwen. soso. com/z/q231398988. htm？ sp = 2002。

小学的学生会组织就是每个学校的大队委，是少先队组织，在少先队辅导员的带领下完成各项活动任务，如组织升旗仪式、校园广播、运动会、艺术节，组织少先队入队仪式，进行卫生记录检查并进行评比投票，参与组织庆典活动、宣传活动等。初中的学生会仍以检查、评比班级为主，负责升旗仪式、校园广播，组织运动会、艺术节等。①

共青团和学生会的这些活动，导向性十分明显，主要是通过组织活动的方式进行德育，培养学生符合主流社会价值观的思想道德素质和相应的社会工作能力，这也是语文综合性学习的德育目标。语文综合性学习如果与共青团活动、学生会活动有机结合起来，可以节省学生的时间，还可以在语文教师的指导下进行，既提高活动的水平，又提升语文素养。这是完全可能的，因为这些活动得到学校领导的支持，得到学生的配合，有学校的制度保障，语文教师参与其中合理合法。更重要的，语文教师可以使这些活动具有语文德育的审美内涵，提升活动的道德感化水平，这是学校发展和语文综合性学习都期望的效果。

四、课外活动途径

课外活动是指在课堂教学之外，由学校组织指导或由校外教育机关组织指导的，用以补充课堂教学，实现教育方针要求的一种教育活动，是根据受教育者的需要和自己的努力以及教育教学的需要，在教育者的直接或间接指导下来实现教育目的的一种活动。课外活动与课堂教学虽然都是实现教育目的的重要途径，但由于课外活动在活动内容、组织形式、活动方式上等不同于课堂教学，因此，又具备了它自身的特点。

---

① 参见 http：//baike. baidu. com/view/21025. htm。

课外活动具有很高的自主性；其形式具有很大的灵活性；其内容具有很强的伸缩性：活动内容可由学校或校外教育机关根据实际需要自行决定，内容可深可浅，可多可少，还可以不断变动，具有很强的伸缩性。课外活动与课堂教学相比，具有很强的实践性，在课外活动中，受教育者有直接动手的机会，在其亲自参与、组织、设计的各项实践中，获得了实际知识，提高了思想品德和身体素质，各方面的能力都在实践活动中获得了发展。①

从课外活动的定义、内容、特点来看，作为与课内活动相对的一种教育活动，虽然它形式丰富多样，但教育的目的，尤其是德育目标与课内活动是一致的。就是说，是通过课外的渠道来培养学生的道德素质和生活能力。从其明显的实践性特点来看，更有利于实施行为习惯的养成教育，适合于开展语文德育活动。

五、生活劳动和其他社会实践途径

劳动是以学生获得积极劳动体验，以操作性学习为主要特征的国家指定性学习领域。在我国基础教育课程体系中，它与信息技术教育、研究性学习、社区服务与社会实践共同构成综合实践活动，自小学三年级起开设。劳动教育是我国基础教育的优秀传统，是素质教育中一个极其重要的方面，对培养学生的劳动观念、磨炼意志品质、树立艰苦创业的精神以及促进学生多方面的发展具有重要作用。《劳动与技术教育实施指南》（国家制定的《综合实践活动指导纲要》的一个组成部分，以下简称《指南》）立足于时代的发展，强调劳动教育中学生丰富的情感体验，强调学生劳动观念、劳动态度、劳动习惯的养成，以关注学生发展为本，以劳树德、以劳增智、以劳健体、以劳益美、以劳促创新的多方面的功能实现和劳

① 参见 http：//baike. baidu. com/view/296060. htm。

动教育的多途径实施与多学科渗透。

社会实践是指学生在教师的指导下，走出教室，参与社区和社会实践活动，以获得直接经验、发展实践能力、增强社会责任感为主旨的学习领域。它的基本目标是拓展知识，增长经验，增进学生的社会适应与创新能力；融入生活，获得感受，使学生形成健康、进取的生活态度；主动参与社会实践，增强学生的公民意识和责任感；使学生自觉服务社会，对他人、对社会富有爱心；让学生亲近、关爱自然，懂得与自然和谐相处；促进学生自我了解，肯定自我价值，发展兴趣与专长。社会实践的内容是开放的、灵活的、多样化的，各地可结合自己的实际选择。为了方便教师操作，一般来讲，可从以下五个方面组织课程内容。①服务社区：通过服务社区的活动，使学生熟悉社区在地理环境、人文景观、物产特色、民间风俗等方面的特点，继而萌生亲切感、自豪感，并懂得爱惜、保护它们。②走进社会：通过进入社会情境，接触社会现实，参与各种社会活动等，使学生理解社会基本运作方式、人类生活的基本活动，积累社会生活经验。③珍惜环境：通过和自然的接触，领悟自然的神奇与博大，懂得欣赏自然的美，对自然充满热爱之情。④关爱他人：通过和他人的接触、交流，学会理解他人的生活习惯、个性特点、职业情况，懂得尊重人、体谅人。⑤善待自己：通过各种活动感悟生命的奥秘、意义与价值。[①]

对广西民族地区的语文德育来说，赋予生活劳动和社会实践活动以语文德育意义是符合广西民族地区的实际情况的。广西民族地区学生的生活离不开劳动，劳动是他们的生存需要，满足他们的物质生活需求。同时，劳动也培养了他们良好的道德品质，让他们自觉认识到劳动的精神、道德价值，是语文德育的任务之一，让他们

① 朱慕菊主编：《走进新课程——与课程实施者对话》，64～67页，北京，北京师范大学出版社，2002。

不只是为了生活而投入劳动，而是把劳动当成一种生活态度，热爱劳动，在劳动中得到愉快的体验。广西民族地区的社会实践活动可以与广西民族地区地域文化知识的学习和体验联系在一起，让学生认识自己生活环境的特点，知道它的发展历史，懂得它的发展现状，激发学生热爱自己生存环境的热情。通过深入到少数民族的社会生活中，收集少数民族不同于汉族的风俗习惯和民间文学作品，认识这些文化所包含的民族精神，吸取其中的精华。

六、学校管理和校园文化环境途径

学校管理是学校管理者通过一定的机构和制度，采用一定的手段和措施，带领和引导师生员工，充分利用校内外的资源和条件，整体优化学校教育工作，有效实现学校工作目标的组织活动。①

现代学校管理制度有三大系统：全面目标计划体系、质量管理体系、全员业绩考核体系。全面目标计划体系将学校近期、中期、长期发展规划，分解转化为学校各学年的目标任务。据此学校制定学期工作计划，各部门根据学校工作计划制订部门工作计划，直到具体岗位与个人。各层面的目标具体全面，定性与定量相结合。工作计划分层制订，分层审批，分层管理。质量管理体系建立起“教育是服务”的管理机制，在全面关注学生与家长的需求，并使其确保得到落实的同时，注重发挥教职工的积极性，鼓励教职工积极参与学校管理，在要求教职工努力达到体系中基本标准的同时，以制度鼓励全员进行创造性工作，不断超越体系的要求。坚持全面、全员、全程管理，规范对制度本身的管理，管理职责明确，流程清晰，规范具体，指导性与可操作性强，充分发挥纠正与预防的功能，强化监督机制。全员业绩考核体系，用联系的方法使团队、

① 参见 http：//baike. baidu. com/view/1493442. htm。

个人、业绩成为整体，用评价链贯通目标、过程、结果，保障目标的实现，用工作行为的过程，职能素质、能力表现，业绩的统一，促进教职工综合素质的增值、创值，使学校目标的可持续性提升更具保障，用激励的机制，引导教职工发挥潜能，超越现行管理制度，不断创新、创造。用整合的思维，使考核的资源最大化共享，实现人力资源的综合管理。考核的结果成为教职工奖金、升降、培训、评优、福利分配、去留的基本依据，用开放考核资讯的办法，创造公开、公平的考核环境。①

校园文化包括物质文化、制度文化及精神文化。物质文化是校园文化的表层结构，是学校精神文化必需的物质载体；制度文化是校园文化的中层结构，是对校园文化某种价值观的具体化、规范化；精神文化则是校园文化的深层结构，是被大多数师生认可、遵循的共同的思想意识和价值观念等，是以校风为核心的一种集体精神。建设物质文化，创建绿色校园环境，使校园环境像一部立体的、多彩的、富有吸引力的教科书，有利于陶冶情操、美化心灵，激发师生的开拓进取精神，约束师生的不良行为，有利于素质的提高，促进身心的健康发展。制度文化包括学校的传统和规章制度，是校园主体各种行为的辨别模式，是对校园文化某种价值观的具体化、规范化，是学校正常秩序、建设绿色校园文化必不可少的保障机制。“没有规矩，不成方圆”，只有建立起完整的规章制度，规范了师生的行为，才有可能建立起良好的校风，从而形成自我激励、自我约束、自我管理的制度环境。人文环境的核心是校园精神文化，构建和谐的人文环境是校园文化建设的核心内容，也是校园文化建设的最高层次。它主要包括学校传承的历史传统和被全体师生员工认同的文化观念、价值观念、可持续发展观念，是学校精神

① 现代学校管理制度三个体系的主要内容，参见中国教育和科研计算机网 http://www.eol.cn/20031110/3094116.shtml。

面貌的集中反映。和谐的人文环境，具有催人奋发、开拓创新的教育力量，能对全体师生产生巨大的感召力与凝聚力。校园精神文化具体体现在校风、教风、学风、班风和校园人际关系等方面。[①]

广西民族地区的学校管理和校园文化环境正在经历由传统到现代的转型，在探索学校管理新模式、校园文化环境建设新理念的过程中，需要教师和学生的积极参与，以提高师生的思想政治文化素质为旨归。从本质上说，是通过学校的人性化管理来达到管理育人的最终目的，可以称为管理德育，而管理德育都要涉及师生的听说读写活动，或者说管理德育要凭借语文学习的手段达到育人的目的，这本身就是语文德育。校园文化环境建设的高层境界是精神文化，校园精神文化环境更离不开语文学习的内容和形式，是语文内容和形式在课外的延伸，是语文知识、能力、语文情感活动的课外表现形态。校风、教风、学风、班风和校园人际关系必然包含主体的语文生活，其内核就是语文德育。

第五节　广西民族地区学校课堂语文德育渗透

《中小学德育大纲》规定："学科教学是德育的主载体，也是对学生进行思想政治工作的主渠道。寓德育于各科教学内容和教学过程之中，是每一个教师的职责。"语文学科的教学内容有丰富的德育元素，语文教学过程中教师必须利用这些元素进行德育。《全日制义务教育语文课程标准（实验稿）》明确规定，语文课程的性质是"工具性和人文性的统一"。

语文学科人文性的特征要求在语文课堂上必须进行德育渗透。

---

① 王浩：《提升校园文化环境育人效能》，参见世界大学城 http：//www. worlduc. com/blog. aspx？ bid = 1660850。

语文学科的德育渗透和其他学科的德育渗透不一样，因为语文学科的教学内容与别的学科不一样，语文学科选择的教学内容是古今中外的文化经典，它们不仅在语言文字的表达上经得起时间的检验，堪称经典，而且在思想内容上符合人类社会普世价值观，在社会历史的发展过程既有进步意义，又有代表性，代表社会发展的方向。

语文教材的选文要求文质兼美，外在的语言表达形式的美和内在的思想内容的美合为一体，才能成为语文教材。这一特点，使语文学科德育既区别于思想政治教育课以政治思想标准选择教材，也区别于历史学科在辩证唯物主义世界观的指导下选择历史事实，更区别于数学学科以学科知识结构和学生认知结构选择教材内容。

语文科学教学是“文道统一”的，“道”是语文教材选文中的“质”，是选文的思想内容，与思想政治课的思想内容在价值追求上是一致的；“文”是语文教材选文中的“文”，是选文的语言表达形式，与数学学科一样要求符合学科发展的逻辑和学生的认知发展逻辑。正因为语文学科要兼顾“文”与“道”两个方面，有时候就免不了顾此失彼，在“文”与“道”之间摇摆。这种状况也说明，在理论上要阐明工具性与人文性的关系并不难理解，在语文教材的编订中尽量做到选文的“文质兼美”也能够做到，难的是在语文课堂教学过程中进行恰当的、有质量的语文德育渗透，使其区别于思想政治课，区别于单纯的文学课、文字课、语文知识课、语文训练课，而是旨在提升学生语文素养的“正宗”的“语文课”，是语文教师一望而知，并且首肯的有“语文味”的语文课。

这样的语文课，要求语文教师要尊重语文文字教学的基本规律和学生身心发展的规律，根据具体的教学目标和学生的认知水平，从“文质兼美”的课文中定向、定度地择取、破译和转换有关信息，通过具有启发性的编排，有计划地向学生传输，在师生双向互动中，培养学生的思想道德素质。

具体地说，在备课时，教师要认真钻研教材，深入挖掘教材中的育人因素，选定具有较高教育价值的典型材料，或增加、重组原有的材料，或对已熟知的材料变化角度重新审视。创造性地理解教材，是创造性使用教材的前提，为课堂教学中的语文德育有机渗透奠定材料和思想基础。

在课堂教学中，教师要有意识地把道德教育内容隐含在语文知识教学、语文能力训练中，使教学过程既是语言文字规律习得和运用过程，也是学生认识生活、认识社会、体验人生的过程，使教学的每一个环节对学生政治思想品德的形成、语文素质的培养、良好的语文学习习惯的养成起到促进作用。

一、在语文教学过程中渗透语文德育

学科德育渗透是一个知易行难的概念，不难理解，难在如何渗透上，即渗透的途径和方法，尤其难在恰当的时机选择、合适的方法以及达成预期的教学效果。

（一）在课堂交往中渗透

主要是以教师为主导，引领学生体会群体生活的乐趣，包括合作、互助、碰撞、宽容、和解。课堂讨论中语文教师既是主持人，又是积极的参与者；角色扮演中教师是导演，又可以是演员；学生阅读课文时，教师是观察者、倾听者，他与学生个别交流，又把个别学生的问题和建议拿出来和大家讨论，共同分享、互相启发；在争论和辩论中，教师的加入或提示可以把争论引导到更有利于达成共识的轨道上。特级教师李镇西在与学生互动的过程中，把自己回答不了的问题“阿弥陀佛生日是哪一天”拿出来问学生和听课的其他语文教师，在大家还没有反应过来的时候，学生却自己在文中找到答案，从而掀起课堂互动的高潮，赢得热烈的掌声，师生之间的民主关系、教学相长的教学原理在这里得到完美的阐释，学生的自尊、自信得到教师的肯定和尊重，有助于学生健康人格的形成。

（二）在课文分析中渗透

主要是对课文的主题和与主题相关的句子进行分析。契诃夫《装在套子里的人》中，别里科夫总是说“可是千万别闹出什么乱子”，就把沙皇专制统治下，一个自觉维护专制统治、胆小怕事的人物形象刻画得入木三分。可以引入对某一主题的不同理解来启发思考，也可以故意曲解作者原意，引出对主题的正确理解，这种正确理解是文本理解的需要，更是道德教育的需要。《装在套子里的人》课文后面的练习这样设计：“对于别里科夫这个人物，有人说他很可憎；也有人说他作为旧秩序、旧传统的自觉维护者，本身也是一个可悲可怜的受害者。讨论一下，应该怎样看待别里科夫这个人物。”这样的练习就在引导学生把人物及其性格特征放到当时的社会环境中，运用辩证唯物主义的世界观和方法论，全面认识和评价。

（三）在课外延伸上渗透

有两类引申，一类是书本知识的引申，通过同类作品或对某一观点加以引证的材料，引导学生去接触和分析更多的现象和事实，通过分析和引导建立自己的基本观点，这些基本观点构成学生世界观、人生观、价值观的基础；一类是直接经验的引申，可以是教师自己的经历，也可以是学生本人的经历，或者是身边的人的经历，从中提炼观点和意义，引导学生思考现实生活的各种现象，看到现象后面的本质，进一步思考人生的价值和意义。特级教师李镇西在教学《在马克思墓前的讲话》时，学生问怎样理解马克思的共产主义事业“永垂不朽”，他说“我可以谈谈我的看法”，然后回顾了共产主义运动的历史和中国改革开放以后取得的伟大成绩，坚定了学生对马克思主义和共产主义的信念。

（四）在词语理解中渗透

某些词语是文眼，通过它的理解可以理解全文的主题思想，理解作者表达的美好愿望和思想感情。课文《荷塘月色》里说“这几天心里颇不宁静”，为什么“不宁静”？到哪里去寻求“宁静”？最后找到“宁静”没有？为什么没有找到？“不宁静”就是作者埋在文中的感情变化的线索，理解了它，就能体会弥漫在文中的“淡淡的喜悦，淡淡的哀伤。”某些词语内涵丰富，解读它可以找到作者行文的感情线索，在体会作者丰富细腻的情感的过程中，培养高尚、纯正的审美情绪，在课文《为了忘却的纪念》中，鲁迅先生知道柔石在龙华警备司令部被枪毙时，单独用一段写到“原来如此！……”表达自己满腔悲愤之情。老师可根据“原来如此”，引导学生去认识和体会这种强烈的情感，培育学生对光明和正义的信心，对践踏生命的残暴统治的憎恨。

（五）在朗读训练中渗透

主要是通过情感性强的示范性朗读，达到感染学生的目的，教师对文本的深入理解和切身体会是朗读能够感染学生的情感基础。特级教师韩军在朗读《大堰河，我的保姆》的时候，把自己对父亲的情感都融入其中，在朗读的过程中几度哽咽，泪流满面，学生受到感染，对大堰河境遇的同情氛围油然而生。当然韩军如果没有一定的朗诵技巧，要想打动学生也不容易，韩军曾经想当播音员，对自己的朗诵技巧和朗诵能力有足够的自信，这才可以通过朗读技巧的传授达到传达感情的效果。

（六）通过身体语言渗透

教师外在形象的端庄大方，亲切、幽默、风趣的态度，都会对学生产生影响，从而改变学生为人处世的态度，产生对美好人性的向往。某些自然的但是有意义的小动作，是教师和学生之间的联络暗号和情感密码，能使双方的思想感情交流更为直接流畅。特级教师于漪的微笑就很有感染力，它是一种让人感到鼓舞的、温暖的笑，是内心善意的自然流露，让学生如沐春风，亲其师而信其教，那是道德的感召力。

二、在多元解读中渗透语文德育

文学教育中强调多元解读，基于以下理念：文学反映生活，反映世界，生活与世界都是丰富多彩的，解读文学作品的语文教学应该允许多角度理解。同时，文学是作家主体意识的产物，作家的精神世界也是复杂多样的，解读作家的作品仅定于一尊是荒谬的，因为没有人可以完全走进作家的内心世界。阅读文学作品的读者有不同的成长背景，对生活与世界有不同的看法，阅读文本就会有不同的体验和感悟，用权威的解释来取代读者的阅读体验是没有意义的，因为在读者未理解文本的意义之前，知识的真理性是不存在的。如此看来，作者作为独立的个体，他所创造的文本对他而言是有意义的、有价值的，其内含的意义在作者的心目中也是确定的。一旦文本进入读者的阅读领域，有读者的期待参与，文本就获得了不确定的意义。读者在阅读过程中融入个人的体验和理解，使文本转化为作品，变成作者与读者之间不谋面的交流。因为作者的不在场，这种交流就增加了不确定的因素。读者用自己的智力和情感发展去解读文本，或许能悟出作者的创作意图，或许是误读，或许是超越，或许理解与不理解并存，这与读者的阅历和欣赏水平有关。课堂上学生是特殊的读者，他们是在教师的引导下解读文学作品的，他们可以与教师交流，也可以互相讨论，与课外的独自阅读是有区别的，区别在于时间的限定影响阅读的数量和质量，教师的导向影响阅读的深度和广度，同学的交流可以启发理解和思维。由于教科书编者、文学作品、教师、学生的相互作用，课堂教学内容必然存在多元化的格局，教师在选择和实施教学内容时如何渗透语文德育，进而提高学生的文学素养，就是一个现实难题。

在多元解读中渗透语文德育是一个不需争论的问题，但在语文教师的教学实践中却不同程度地存在问题。在多元化的语境下，最突出的问题是不管学生怎样回答，回答得怎么样，一概肯定，美其名曰表扬为主。常见的场面是，学生发言之后，教师不对其发言的内容作具体点拨、评价，而是以“好”、“非常好”、“很好”、“太棒了”作结，然后抛出自己准备好的答案，或者干脆不了了之，转到另外的问题上。特别是在解读内涵丰富的散文时，更易出现这种情况。这种貌似尊重学生的多元理解，实际上仍是一元解读，或者是放任自流，因为如果对学生的发言不作任何点拨、评价，就马上抛出教师的正确答案，学生仍是只接受教师的唯一答案，不知道自己的意见和教师所认定的答案之间有什么联系，这样的答案的合理性在什么地方。结果是学生只不过是在老师设计的课堂上跑跑龙套，走走过场，并非真正的主人，有违多元解读的初衷，不利于保持学生参与课堂教学的热情。如果对所讨论的问题不了了之，学生在讨论中得到的收获就更可疑，因为问题可以没有唯一答案，但见解总有高下之分，切题与否之别，教师的作用正在于带领学生去分辨高下，判断切题与否，让学生学会分析解决问题，否则多元解读就跟胡说没有分别了。

真正的以学生为主体的多元解读，是教师在解读过程中发挥组织者、引导者、参与者、教育者的作用，学生的阅读活动在教师的引导下进入积极的思维状态，他们乐意表达自己的见解，也善于倾听老师和同学的意见，在愉快的交流中学习更多的知识，思维更为开阔，解决问题的能力得到提高，与此同时，鉴赏能力、情意水平都有不同程度的发展，由此获得交往的乐趣、审美的愉悦，这才是多元解读的终极目标。绝不能满足于课堂上热闹的气氛，让学生象征性地发言就完事，如果是这样，语文教育改革的成效就无法体现出来，结果学生既没有像过去那样在课堂上学到足以应付语文考试的语文基础知识（因为课堂活动是需要时间的，它必定要占用以前用于传授语文基础知识的时间），又没有在课堂教学活动中得到所期望的能力和其他方面的进步和提高，这样的改革就不能算是成功的。

多元解读的成功操作依赖于语文教师的引导，语文德育的渗透需要语文教师的德育意识，二者在语文课堂上的表现形式就是如何选择语文德育的渗透点，然后步步设疑，逐步解疑。以川端康成的《花未眠》为例，其中有一句“它盛放，含有一种哀伤的美。”如果教师直接告诉学生：“1. 它的哀伤来自无人欣赏，凌晨四点的海棠美丽芬芳，却少人喝彩。2. 海棠本是无情物，作者移情寄哀伤。作者深悟到，人类感受美的能力是极有限的，而自然美是无限的。‘哀伤’是作者彻悟后的心绪流露。按理说，大自然总是有美可寻的，只要人活着，就该毫无阻碍地享受它，可遗憾的是生命发现美的机会并不常在。”① 学生会仍不知道这样解读的根据是什么，更无法理解作者深藏其中的关于生命和美的思考。如果分几步来引导，就能引发学生的思考。

第一步：“哀伤”一般用来描述什么？——人的情绪。一种怎样的情绪？——负面的情绪，不愉快的情绪。这种情绪通常可以与什么颜色相配？——灰色、暗的、冷色的。作者当时是孤身一人住在旅馆里，而且是在夜间醒来，四周都是黑暗，也是灰色调的。

第二步：“盛放”的海棠花如果放在百花争艳的花园里，在明媚的春光中，会给你什么印象？——热烈奔放。如果用颜色来配，用什么颜色最合适？——红色、明亮的、暖色的。

第三步：盛放的海棠花离开了明亮的环境，被放在黑暗的背景

① 冯小兵：《〈花未眠〉教案》，参见 http://gaozhong.28xl.com/bencandy-71-17467-1.htm。

中，它也会绽放它的美丽，但给人的感觉已经不是春暖花开时的明亮色调，而是什么感觉呢？——寒光四射，高不可攀的美，美得不近人情，美得超凡脱俗。

第四步：为什么作者欣赏这样的一种美呢？——与作者的经历和性格有关。1. 少年时代接二连三失去亲人，留给作者的心灵创伤是无法愈合的；2. 战败后的日本作为“战败国的悲哀，民族的失败，国家的毁灭，使他苦闷、惆怅，产生了一种空漠感，一种对整个社会和人生的厌倦和伤感。”①；3. 佛教禅宗的影响，使他产生了一种对死亡的亲密感。4. 日本民族传统的死亡观也对作者的世界观产生了深刻的影响。

第五步：对这一句话还可以有另外的解读，但有个界限，要以作者和他创作的文本为依据，要合情合理。

对像《花未眠》的这样含义丰富的散文的解读要避免三种倾向：一是过于简单，二是过于繁复，三是牵强附会。

过于简单的理解通常是只从字面的意义上去理解，如果这样，“它盛放，含有一种哀伤的美”就可以解释为开放的海棠花有一种哀伤的美感。如果不引导学生去推究哀伤的美的来历，那么学生在这样的解释中什么也学不到，讲了和没有讲根本没有区别，学生的思考能力和鉴赏能力没有得到训练。

过于繁复的解释是去追究什么是美，列出古今中外的美学家关于美的定义，美有多少种类型，什么是审美，人的审美观是怎样形成的，作者的审美情趣是什么，为什么作者会欣赏这种哀伤的美，盛放的花是一种什么意象，这种意象和作者的创作风格有什么联系等等，这些问题虽然也是与文本和作者有关，而且有探究的性质，但却脱离学生的认知水平，难度太大，也会打击学生的积极性，因

① 左莉、何效明：《川端康成的“要活下去”——兼〈花未眠〉写作背景深层解读》，载《起跑线》（高一版），2004（8）。

而认为联系课外的内容越多越好的观点也是片面的。对课堂教学内容的选择，学生的需要永远是第一位的。

过于繁复就容易包含牵强附会的内容。还有一种常见的牵强附会跟繁复无关，跟语文德育有关，或生硬联系学生的生活，或加上思想教育的尾巴，或有意抹掉其中悲观的内容等，目的是为了落实语文德育，但有时效果适得其反。比如，在《花未眠》的教学中有意隐去弥漫在作者所有作品中的“死亡”阴影，增加我们的意识形态所需要的亮色。人民教育出版社出版的《教师教学用书》解释文中的一句话“如果说，一朵花很美；那么我有时就会不由自主地自语道：‘要活下去！’”时认为：“从一朵花想到人的生命，想到人生的璀璨，具有强烈的珍爱生命的意识。”其实正如左莉、何效明在解读本文的背景中所说，“综观作者一生的经历、思想及创作观念，笔者认为川端写作《花未眠》时，其身心浸润在孤独、忧郁的氛围中而不得自拔，‘选择死亡’的意识应当更为强烈。”[①]川端康成由一朵花的美想到的不是“珍爱生命”，而是在说服那个被死亡缠住的自己，就为了哪怕是短暂的与美邂逅，也应该活下去，他只不过是在人生的苦海里说服自己要忍耐而已。这样的理解更符合于作者的本真，可以让学生从人性的角度认识生命的意义，而不是根据某种需要任意去拔高。语文德育不只是告诉学生这个世界有多么美好，还要让学生认识到它的不完美和缺陷，正是不完美和缺陷，才使生活显出其价值和意义。从人的可持续发展的目标来看，培养学生追求真理的目标高于追求近期的意识形态目标，培养学生的道德判断能力高于灌输给学生某种道德标准。文学素养的过程是追求真、善、美的过程，是回复人的善性的过程，而不是生拉硬扯地把某种教师认为正确的价值观强加给学生。有些教师习惯于

① 左莉、何效明：《川端康成的“要活下去”——兼〈花未眠〉写作背景深层解读》，载《起跑线》（高一版），2004（8）。

道德灌输，是因为自觉不自觉地把自己作德观念的代言人，或者出于社会责任意识，或者仅仅为了有新的课程标准所强调的人文性。这些德育意识的出发点都，也不是学生的发展，因而其作用和效果就很有限。具有穿文德育意识来源于教师对人性的认识，对人性中的善的信心此派生的学生观：一种民主的态度、坦诚相待、课堂上心话的喜悦。①

三、选准语文德育的渗透点

语文课程标准把情感、态度、价值观的目标放在首位，既体现了时代发展对语文教育的要求，又发扬了我国传统语文教育历来重视德育的传统。把语文德育具体化为情感态度价值观教育，一是避免了对语文德育的窄化理解。新中国成立以来的一段时间，或许是在政治运动的冲击下，语文德育单纯理解为政治思想教育，无视语文课程自身的特点，语文课程变成政治课程的附庸。事实上语文课程若失去了自身的特性，只是灌输某种政治观点，就已经失去了其在学科领域的独特地位，因而也就没有存在的价值。二是体现了基础教育课程改革的一个基本追求，即为了每一位学生的发展，重视学生作为一个独立个体的存在价值，把学生个性的健全发展作为教育的根本目的，一反工具论对个体人格的忽视，把培养学生的语文素养作为语文教学的基本目标，而不是单纯追求语文知识的积累和语文技能的提高。三是反映了语文德育的精神实质，语文德育更多作用于个体的情感领域，影响个体的处世态度和价值观的确立，语文德育的内容大多隐含在语文课程内容中，更适合对个体的熏陶感染，潜移默化，需要个体在语文课程的学习中自己体会，因此强调

① 韦美日：《在多元解读中渗透语文德育》，载《教育新发展》，2005（4）。

……特点，使学生在运用语言文字的实践中提高语言
……语文素养，这是符合时代发展要求的。语文教育的
……求语文德育找准渗透点，相机进行语文德育，使语文
……文教育内在的组成部分，自然作用于学生的情感领域，
……成健康高尚的审美情趣和正确的人生观。

……何寻找语文德育的渗透点？语文德育的渗透点要与课时教学……相联系，尤其是情感态度价值观目标。以高中第一册教材选文……铁生的《我与地坛》为例。其情感态度价值观目标是体会作者在人生难以避免的灾难面前选择奋斗，感念于母亲面对苦难的坚韧态度，坚定了活下去的信念。因为第一部分主要是描述“我”双腿瘫痪以后独自到地坛去，对着荒废的园子思考生命的意义，走出死亡的诱惑，决计在生活中闯出一条生路的艰难历程。在生与死的考验面前，“我”选择了活下去，选择了奋斗。第二部分则主要是描述“我”沉浸在自己的痛苦中，忽略了母亲的感受和关爱，在母亲去世之后才深切体会到母爱的深沉和伟大。正是母亲的坚韧支撑了“我”生命的航船，“我”痛悔当初的不觉悟。

情感态度价值观的目标确定之后，就可以沿着作者的情感线索，找寻该文本特有的语文德育的线索了。年轻的史铁生面对突然的瘫痪已经失魂落魄，这个时候他进入了地坛，在荒芜的地坛，坐着轮椅的史铁生开始了漫长的思考和艰难的跋涉。他思考的问题有三个：要不要自杀，为什么要出生，怎样活下去。饱经沧桑的地坛使史铁生的心魂归于宁静，他悟出“一个人出生了，这就不再是一个可以辩论的问题，而只是上帝交给他的一个事实，上帝在交给我们这件事实的时候，就已经顺便保证了它的结果，所以死是一件不必急于求成的事，死是一个必然会降临的节日。”在地坛，史铁生以为是自己独自面对苦难的时候，其实他并不孤单，如影随形跟着他，默默与他一同承受苦难的还有他的母亲，这个毫不张扬的母亲用理解和爱包容了倔强、残疾的儿子，就像地坛接纳了史铁生。

这一德育线索对中学生的启示意义是让他们思考面对生活中的挫折应该采取怎样的态度，引导学生从史铁生的思考中体悟到生命的神圣和博大。史铁生对去世的母亲的疚愧能让学生联想到自己的母亲，从而体会母爱的深厚与无私。

启发学生领悟作者的思想感情，关键是在文本中找准语文德育的渗透点，引导学生进入文本营造的感情世界。在第一部分，渗透点有三处，一是地坛的荒芜景象和“我”的失魂落魄互相映衬；二是荒芜的地坛里仍有生生不息的生命和“我”从这些不起眼的生命运动中受到的震撼；三是对三个问题的思考。第二部分渗透点也有三处，一是“我”去地坛的时候，母亲可能在做些什么；二是“我”在地坛中耽搁很久时，母亲可能是什么心情；三是母亲为什么不愿让“我”知道她在为我担忧。

在具体操作过程中有许多步骤和方法，当然步骤和方法可以因人而异，但必须让学生进入文本的情感氛围，为此要调动学生的生活经验，拓展学生的认知视界。以下提供一种可供参照的方案。

在第一部分的第一处，可以让学生先找出体现地坛从曾经的辉煌到如今的荒芜景象的词语，如“剥蚀”、“淡褪”、“坍圮”、“散落”，体会其在句子和语段中的独特作用。再让学生从课文中找出“我”失魂落魄的原因，直接原因是“我”的残疾，接着“我找不到工作，找不到去路，忽然间几乎什么都找不到了”，生存的困境扑面而来，让“我”措手不及，因此“我”失魂落魄了。最后让学生认识地坛的荒芜景象里有“我”落魄的形象，在“我”的失魂落魄中有地坛荒芜的影子。让学生认识到在命运的打击面前，失魂落魄是很正常的，但“我”并没有在失魂落魄中怨天尤人，消沉下去。把学生引导到第二处作者表现“园子荒芜但不衰败”的句子，让学生带着感情朗读描写园中生命自由坦荡舒展的句子，这些微小的生命的舞蹈让“我”领悟到生命的多姿多彩。也正是这些自由自在的生命运动拨动了“我”生命的琴弦，唤醒了生之欲望，才有了第三处充满哲理的思考。在这里，主要是让学生理解这一句话："死是一件不必急于求成的事，死是一个必然会降临的节日。"这里需要介绍史铁生在另外的文章中表达的意思，给学生提供理解的平台。首先是介绍史铁生的生平和他的近作《病隙碎笔》、《务虚笔记》中与死亡有关的观点，可以帮助学生更好地理解这句话。还有史铁生在接受媒体采访时对死亡的解释和态度，如他在光明网上说了这样一段话，就有助于对课文那一句话的理解，他说，对死亡要有一种幽默的态度，"死对我曾是诱惑，但我为什么迟迟没有去实施呢？那可不是出于什么诱惑，那时候对我最具诱惑的就是死；每天夜里醒来，都想，就这么死了多好！每天早晨醒来，都很沮丧，心说我怎么又活过来了？我所以没有去死，绝不是生的诱惑，而是死的耽搁，是死期的延缓，缓期执行吧。是什么使我要缓期执行呢？是亲情和友情，是爱。"看了这些材料以后，学生才会了解为什么荒芜的地坛成了"我""死期延缓"时温馨的精神家园，为什么园子里生命的律动启示了"我"生命过程的精彩，那是因为在"我"的内心深处有亲情、友情和爱。这就不难理解为什么第二部分把母亲和母爱作为描写对象。其内在的感情线索是"我"在地坛抗拒死亡诱惑的时候，母亲一直在悄悄地关照和支持"我"，而"我"竟然不知回应，等到"我"意识到母爱的伟大的时候，母亲已经不在，所以"我"痛心地告诉天下的儿子，不要等到失去了母爱才知道痛悔，要体谅母亲，珍惜和母亲在一起的岁岁年年。第一部分和第二部分连接的关键是地坛为失魂落魄的"我"提供了思考人生的空间和启示，它不只是一个园子，它还是"我"精神上的另一个母亲。"我"的母亲在"我"苦苦挣扎的时候，一直在全心全意照顾"我"，她或许只是一个平平常常的母亲，但她却用自己的全部生命托起了儿子的重生，所以她也是最伟大的母亲。

为了引导学生理解史铁生对母亲的愧疚之情，在第二部分的第一处，让学生思考“我”去地坛的时候，母亲可能在做些什么。先让学生回顾“我”是在什么情况下去地坛的，即“活到最狂妄的年龄上忽地残废了双腿”的时候。“我”当时的心情会怎样？“我找不到工作，找不到去路，忽然间几乎什么都找不到了”，因此失魂落魄。在这种情况和心情下“我”可能会出现什么问题？有可能自杀。而母亲是爱“我”的，她肯定不想她的儿子出事，她可以阻止“我”去地坛，把“我”看住，她也可以劝“我”好好生活，但母亲没有这样做，为什么呢？因为“她知道我心里的苦闷，知道不该阻止我出去走走，知道我要是老呆在家里结果会更糟”，一句话，她不但爱她的儿子，她更理解她的儿子。让学生想象自己外出的时候母亲可能会做什么，自己的母亲怎样表达她对儿子的爱和理解的，把学生引导到第二处。史铁生的母亲让儿子独自到荒芜的地坛去，把无尽的忧虑留给了自己，所以当“我”在地坛中耽搁很久时，母亲可能是什么心情？作者后来想象“她是怎样心神不定坐卧难宁，兼着痛苦与惊恐与一个母亲最低限度的祈求”。她为什么心神不定坐卧难宁？因为不知道儿子是否能战胜心魔，找到一条属于自己的生活道路。她为什么“兼着痛苦与惊恐”？因为她的儿子年纪轻轻却残疾了，她不知道他是否能挺住。她祈求什么呢？儿子的平安。天下母亲的心情都是一样的呀。让学生想象当自己在外面耽搁，母亲又不知道缘由的时候，她又是什么心情呢，自己有没有为母亲想过。最后让学生思考第三处，母亲为什么不愿让“我”知道她在为“我”担忧。因为儿子被残疾弄得很痛苦，她不想再增加他的心理负担，最主要的，她知道她唯一的儿子很好强，母亲的担忧反而伤害他的自尊心，所以她宁可自己去承受。她的儿子当时理解母亲的心情吗？显然没有，因为“他被命运击昏了头，一心以为自己是世上最不幸的一个，不知道儿子的不幸在母亲那儿总是要加倍的”。在母亲去世以后，“我”再来到地坛，回想有关母亲的往事，心情从此不能平静，因为“多年来我头一次意识到，这园中不单是处处都有过我的车辙，有我的车辙的地方也都有过母亲的脚印”。所以“我”才会对天下的儿子说：“我真想告诫所有长大了的男孩子，千万不要跟母亲来这套倔强，羞涩就更不必，我已经懂了可我已经来不及了。”听了这样真诚的告白，你想对母亲说什么呢？

语文德育渗透要溶解在语文实践活动中才有力量，架空的分析和重复的朗读是无法做到的，因此，因文适宜，找准语文德育的渗透点，联系学生的生活经验进行必要的德育渗透是落实情感态度价值观目标的有效途径之一。①

① 韦美日：《选准语文德育的渗透点》，载《语文教学与研究》，2005（4）。

第五章　广西民族地区语文德育环境

广西民族地区语文德育环境是指语文德育实施的时代大背景和地域小背景。时代大背景是指当代社会的政治、经济、文化环境，这一方面与非民族地区语文德育的背景一致；地域小背景是指当代广西少数民族地区的政治、经济、文化环境，这一方面与非民族地区语文德育的背景不一样。大背景和小背景是从地域的范围来说的，这些大、小背景在内容上可以用人类学领域的“大传统”和“小传统”来指称；从文化主体的社会地位来看，又可以用主流文化和非主流文化来表示。广西民族地区语文德育就是在这样的政治、经济、文化背景下实施的，它们共同构成了学校语文德育的外在环境，对广西民族地区语文德育产生深刻影响。

第一节　影响广西民族地区语文德育的环境因素分析

从生态语文德育环境观来看，广西民族地区语文德育环境是一个各种因素相互作用的整体，整体内部各个部分是互相联系的，共同构成一个生态链条，在这个生态链条上，每一个环节都有自己的功能，都要发挥相应的作用，才能保证整个生态链条的生态平衡，保证生态环境的可持续发展。这个复杂而精细、神奇而脆弱的生态环境系统需要我们去呵护，不顾生态系统的发展规律，粗暴地加以人为干预，后果很严重。为保证语文德育生态环境系统的正常运行，首先就需要对生态环境系统的各个因素有比较清晰的认识，按照社会科学的学科领域来作一个相对的划分。我们把影响广西民族地区语文德育的环境因素区分为政治、经济、文化三个主要因素。

一、当前政治环境因素分析

政治是主要由政府推行的、涉及各个生活领域的、在各种社会活动中占主要地位的活动。政治作为一种社会现象和社会的上层建筑，出现在产生阶级对立和产生国家的时候，并总是直接或间接地同国家相联系。[①] 政治因素在不同的领域有不同的含义，在经济领域中比较常见，如“政治因素泛指那些对股票价格具有一定影响力的国际政治活动、重大经济政策的发展计划以及政府的法令、政治措施等”,[②] 这是从股票价格来看政治因素。我们可以换个角度，从语文德育角度来定义政治因素，即政治因素泛指对语文德育具有一定影响力的国际政治活动、重大经济和文化政策的发展计划以及政府的法令、政治措施等，对广西民族地区而言，还包括地方政府的法令、政治措施等。

（一）当前的国际政治形势

冷战以后形成了“一超多强”的政治格局，美国是当今世界唯一的“超级大国”，“多强”则是欧盟、日本、俄罗斯和中国。美国凭借超强的实力，妄图长期独霸全球，建立美国主导的国际安

---

① 参见 http：//baike. baidu. com/view/5073. htm。

② 参见 http：//www. chaoguba. com/cgb0076. htm。

全秩序，按照美国的“自由民主”改造中东地区，控制石油资源，发动了“打伊倒萨”的战争，美国士兵在阿富汗打死了“基地”组织的头号人物本·拉登，支持利比亚国内反对派推翻卡扎菲政权，美国作为世界警察的形象日趋明显。

“多强”的最大变化是欧盟的第五次扩大，这样一个庞大的“超级国家联盟”虽然内部还在磨合，但是会“用一个声音说话”，必将在世界事务中发挥越来越大的作用。

“多强”的中国日益成为影响国际形势的重要因素，中国的经济总量增大，与世界经济的关联度加大，中国走和平发展的道路，加强与周边国家的互利合作关系，高举和平、发展、合作的旗帜，坚持原则，伸张正义，积极参与国际事务，在力所能及的范围内支持和援助其他国家，充分发挥负责任大国的作用，国际影响日益增大。

国际安全仍然面临严峻威胁，伊拉克问题、巴以问题、阿富汗问题、叙利亚问题以及美国（及其盟友）和强硬反美势力（包括国家和非国家体）之间的持续对抗、反恐和防止大规模杀伤性武器扩散的解决仍然任重而道远。另外，世界还遭受其他类别的安全威胁，2004 年的禽流感、印尼大海啸，2007 年的美国飓风，2008 年的中国汶川地震，2011 年的泰国洪水，造成的人员伤亡和财产损失无法估计。

美国与其他大国之间这种软硬势力的此消彼长，无疑对美国单边主义的行径形成不同程度的遏制，有助于建立更加公平合理的国际政治秩序，也有利于共同解决国际安全问题。①

总之，当前的国际政治形势是“一级”与“多级”又斗争又联合的态势，当多方力量可以互相制衡的时候，世界是太平的；当某一方的势力过于强大，就会打破现有的平衡，引起战争和动乱。

① 《浅谈当今的国际政治形势》，参见 http：//wenku. baidu. com/view/ff4291150b4e767f5acfce16. html。

在这样的政治形势下，语文德育应该首先让学生认识到自己生活的世界是一个既有公平、正义，也有强权、暴力的复杂世界，在这样的世界中生活，首先要具有道德认识能力和道德判断水平，有自己的道德立场，并且能在是非面前有担当的责任和勇气。

（二）当前国内政治形势

我国成功化解了金融危机的冲击，国际地位和影响日趋提升，对外关系全面发展，成果卓著，国际安全局势总体有利，但也面临诸多挑战，如美国全方位施压，周边核扩散问题突出，国际恐怖主义影响不容忽视。2008 年起两岸关系走向和平发展，两岸经济、文化、社会交流不断密切和深化，但解决政治争议问题的条件还欠缺。国内社会形势基本稳定，但政府的社会管理和公共服务职能滞后，社会矛盾较突出，群体性事件保持多发态势。

当前我国经济结构不甚合理，必须进行战略性调整。我国区域经济发展不平衡，国家正在加大对欠发达地区的投资，相应的调整政策正在出台。地方政府不重视资源利用率及环境保护，国家层面的资源利用和环境保护治理机制也有许多亟待完善的地方，廉政体制建设、廉政文化建设、权利监督机制建设持续进行，但效果不显著，所以还要积极稳妥推进政治体制改革。中共中央编译局副局长俞可平认为：改革的中心很可能主要放在社会政治领域，“未来 10 年，生态平衡、社会公正、公共服务、社会和谐、官员廉洁、党内民主和基层民主将是我国政府创新的重大领域”①。

总之，国内政治形势基本面是好的，政府对关系到民生问题的金融危机、三农问题、农民工子女教育问题、少数民族地区发展问题等，作出正确的决策，正在取得成就，维护了政府在人民心中的

① 《政治形势与政策》，参见 http：//wenku. baidu. com/view/df5ce0b665ce050876321323. html。

形象，但官员的腐败问题、贫富差距问题、道德滑坡问题仍然十分严重，考验着政府的公信力。在这样的政治形势下，语文德育在唱响主旋律、宣传社会主义核心价值观的同时，不应该去粉饰太平，那只会让有理智和思考能力的学生反感，降低教育的威信；也不能总像个“愤青”，一味迎合某种悲观的处世态度，眼睛只盯着阴暗面，总在发牢骚。应该采取辩证唯物主义的态度，面对现实，不回避问题，但也绝不夸大问题，告诉学生随时随地都不要忘记自己的民族、国家，不要忘记自己作为社会主义国家的公民应尽的责任和义务，也不要忘记自己作为一个国家公民所享有的权利，在受到任何人、任何部门的不公正待遇的时候，知道并有勇气通过各种合法途径去维护自己的权利。

（三）当前广西区内的政治形势

广西壮族自治区政府主席马飚在广西壮族自治区十一届人民代表大会第四次会议中作了广西壮族自治区政府工作报告，回顾了“十一五”期间广西的工作，并提交《广西壮族自治区国民经济和社会发展第十二个五年规划纲要（草案）》，我们可从中总结出广西壮族自治区当前的政治形势。

广西的经济持续快速发展，财政收入有所增加，固定资产投资大幅增长，基础设施建设得到改善，工业化由初级阶段步入中级阶段，产业结构实现新的调整，农业综合生产能力显著提高，农村经济实现新发展，广西北部湾经济区上升为国家战略，西江黄金水道建设深入推进，城镇化建设快速推进，乡村生产生活条件明显改善，成功承办中国—东盟博览会和商务与投资峰会，参与并推动泛北部湾、大湄公河和中越“两廊一圈”等次区域合作及南宁—新加坡经济走廊建设，全民节能减排意识明显增强，环境质量逐年改善，社会事业全面进步，公共文化服务体系进一步完善。但广西的经济总量小，人均水平低，工业化、城镇化水平不高，产业结构不合理，基础设施不完善，科技支撑能力不强，创新型人才缺乏，市场化、国际化程度低，经济发展形式仍较粗放，资源环境约束压力加大，基本公共服务保障能力不足。

广西要加快发展千亿元产业和战略性新兴产业，保持投资对经济增长的拉动能力，以扩权强县发展中心城市为重点，加快推进城镇化，推动现代农业发展，保障农产品有效供给，加快服务业和文化产业发展，努力扩大消费需求，推动节能减排和生态文明示范区的建设，大力促进全民创业和充分就业，增加城乡居民收入，发展民营经济，激活民间资本，保障和改善民生，维护社会稳定，完善发展体制机制，扩大开放合作。①

总之，广西的政治形势基本上是和谐的，各族人民虽然发展程度上有差异，但能够互通有无，互相支持，在不同的行业发挥不同的作用，共同建设富饶、美丽的家园。但是，广西边远山区还有生活极其困难的农民，仍然有为数不少因为各种原因而失学的儿童，工、农业生产总体水平仍然很低。在这样的形式下进行语文德育，最主要的工作是建立少数民族学生的自信心和自尊感，通过各种实例让学生相信，几千年来，不管面对怎样的艰难险阻，广西各民族顽强地保留着自己的传统文化，这本身就是一个了不起的奇迹，作为创造这种奇迹的民族的后人，没有理由自卑，要尊重自己的民族文化，为民族文化的振兴作出自己的努力。

二、当前的经济环境因素分析

经济是社会生产关系的总和，指人们在物质资料生产过程中结

---

① 马飚：《广西壮族自治区政府工作报告——2011 年 1 月 17 日在广西壮族自治区第十一届人民代表大会第四次会议上》，参见广西壮族自治区人民政府门户网站 http：//www. gxzf. gov. cn/zwgk/gzbg/zfgzbg/201101/t20110124_ 286910. htm。

成的，与一定的社会生产力相适应的生产关系的总和或社会经济制度，是政治、法律、哲学、宗教、文学、艺术等上层建筑得以建立起来的基础。

经济是人类社会的物质基础，与政治是人类社会的上层建筑一样，是构建人类社会并维系人类社会运行的必要条件。其具体含义随语言环境的不同而不同，大到一国的国民经济，小到一家的收入支出，有时候用来表示财政状态，有时候又会用来表示生产状态。① 在这里，经济是指国民经济和区域经济。

（一）当前国际经济形势

北京大学国际关系学院副教授于铁军认为：2011 年世界经济的发展趋势仍然很不乐观。欧元区内，继希腊、爱尔兰的主权债务危机之后，西班牙的情况将更为困难。在德国的压力之下，欧盟现已明确表示，无法提供资金来救助西班牙。日本的国债余额目前已经达到差不多是其国内生产总值的两倍，国内严峻的老龄化、少子化问题，使得日本经济难以摆脱增长乏力的局面。美国为刺激经济复苏而推行的量化宽松政策，会加剧通胀风险、预算赤字及债务的失控，使其经济再次直面银行不良债权问题，也给其他国家造成更大的金融压力。作为世界经济增长的火车头，中国在 2011 年虽然还会保持相对较高的经济增长率，但面对严重的通货膨胀问题和日益上升的借贷成本，中国的经济增长速度将不得不放缓，这肯定也将会对全球经济产生重大影响。

新兴经济体与发达经济体之间在各个领域的博弈一直存在。自从 2008 年爆发全球金融危机以来，新兴经济体与发达经济体之间的博弈体现得更为真切，变得更加激烈。增加南非之后，新兴经济体的代表由“金砖四国”变成了“金砖五国”。无论是在国际金融

---

① 参见 http：//baike. baidu. com/view/20838. htm。

体制还是在国际贸易体制上，新兴经济体与发达经济体之间的协调，都变得越来越迫切，越来越必要。例如，在2010年的首尔“二十国集团”峰会上，各国领导人表明，要将经常项目失衡保持在“可持续的水平”，并共同采取行动，推动建立“稳定、运作良好的国际货币体系”。①

综上所述，国际经济遇到不少难以在短时间内解决的重大问题，形势不容乐观，但是国际经济经历过许多的风风雨雨，积累了丰富的解决问题、摆脱困境的经验和方法，总会找到解决问题的办法的，那只是时间问题。处在这样的国际经济环境中，语文德育要告诉学生要放眼世界，看看整个世界的经济发生了怎样的变化，为什么会发生这样的变化，它会对我们的生活产生怎样的直接和间接影响？

（二）当前国内经济形势

北京大学副校长刘伟认为：2011年将是最有变化的一年，也是最有生机的一年。中国经济保增长历来问题不大，调结构问题很大。主要是两个方面的原因，一个是结构矛盾沉淀得太深。简单概括一下，即内需和外需结构严重失衡。再看投资领域，其中中国产业结构矛盾存在一系列的失衡。再看消费，消费结构里面存在一系列的矛盾。再进一步看，我们的收入分配，其实收入分配里面不仅是水平问题，而且GDP（国内生产总值）的增长速度快于居民的收入增长，城市快于农村，这里面真正的消费者是居民，显然内需不足。再说政府收入，中央财政收入占总财政收入大概超过50%，地方财政收入占收入总盘的45%。但是财政支出里，地方财政支出将近80%，中央是20%。这是严重的财政收入支出不匹配。

① 《2011年国际政治经济形势展望》，载《人民日报》海外版，2011年1月4日，参见 http：//news. xinhuanet. com/world/2011 -01/04/c_ 12942359_ 2. htm。

国家统计局总经济师姚景源认为：2011 年，我们在整个宏观经济当中，要使得经济发展保持平稳较快增长，加大结构调整的力度，管理好通胀预期并稳定物价。这三者之间，显然经济增长速度是关键。“十二五”期间，中国经济处在重要的战略机遇期，也面临着众多的挑战。如果我们把它总结一下，主要有以下几点：第一，中国经济的发展日益受到资源与环境的约束并且日益加剧。第二，投资消费比率失衡。第三，财富分配差距过大。第四，自主创新能力不强。此外还有产业结构不合理、城乡机遇发展不均衡等诸多问题。①

总而言之，在国际金融危机一波未平一波又起的形势下，中国经济要独善其身是不可能的，通胀问题、环境污染问题、食品安全问题、产业结构问题都相当突出。面对这样的经济形势，语文德育要告诉学生中国为什么要加入 WTO，中国经济和世界经济有什么联系，要解决中国目前面临的经济问题需要怎样的经济制度和经济人才，为中国经济的稳步发展，中国人应该具备怎样的经济头脑和经济能力，才能在这样的经济社会中做一个幸福的人。

（三）当前广西经济形势

广西壮族自治区政府主席马飚在广西壮族自治区政府工作报告中总结了广西“十一五”期间经济领域取得的成绩：

经济持续快速发展，综合实力跨上新台阶；固定资产投资大幅增长，基础设施实现新跨越；工业化由初期阶段步入中期阶段，产业结构实现新调整；农业综合生产能力显著提高，农村经济实现新发展；“两区一带”发展格局初步形成，广西北部湾经济区开发建设掀起新热潮。城镇化建设快速推进，城乡面貌发生新变化；重点

① 《2011 年中国宏观经济形势：变局与突破》，载《中国经济》，2011 年 4 月 19 日，参见 http：//finance. jrj. com. cn/opinion/2011/04/1916449773098. shtml。

领域改革不断深化，开放合作实现新突破；组建广西北部湾银行；组建广西有色金属、北部湾国际港务等10多个大型企业集团和交通、铁路、城建、旅游、北部湾投资等10多个大型投融资公司。财税改革扎实推进，在14个县开展自治区直管县财政管理方式改革试点。推行重大项目部门联合审批制度。医药卫生体制五项重点改革全面推进，国家基本药物制度稳步实施。资源性产品价格和环保收费改革有效开展。集体林权制度改革基本完成勘界确权任务。非公有制经济长足发展。①

据广西经济信息中心2010年的分析，广西经济发展仍存在一些问题：投资力度有减弱的趋向，新开工项目难度加大，建设资金趋紧；工业发展后劲不足，工业生产受加大节能减排措施的制约；房地产业支撑经济增长的作用减弱；外贸出口呈下滑态势，形势不容乐观；CPI（物价指数）上涨压力大，特别是农产品上涨预期明显。②

综上所述，在广西官方的报告中，广西的经济形势基本面是好的，从研究机构的分析来看，广西的经济发展还是存在不少问题，这些问题不解决，经济持续发展的可能性会减少。面对这样的地区经济形势，语文德育要告诉学生，广西目前的经济状况和全国发达地区之间的差距，还要告诉学生广西目前的经济发展成就是怎样取得的。横向比较，知道差距在哪里，就有了奋斗目标；纵向比较，知道自己的优势在哪里，就有了前进的勇气和信心。

---

① 马飚：《广西壮族自治区政府工作报告——2011年1月17日在广西壮族自治区第十一届人民代表大会第四次会议上》，参见广西壮族自治区人民政府门户网站 http：//www. gxzf. gov. cn/zwgk/gzbg/zfgzbg/201101/t20110124_ 286910. htm。

② 广西经济信息中心：《2010年广西经济发展形势分析与2011年展望》，参见 http：//wenku. baidu. com/view/99e78c2b4b73f242336c5f9b. html。

三、当前文化环境因素分析

文化是指一个国家或民族的历史、地理、风土人情、传统习俗、生活方式、文学艺术、行为规范、思维方式、价值观念等。[①]文化是上层建筑，受到经济基础的制约，也受到政治环境的影响，它随着经济基础和政治环境的变化而变化。同时长期积淀的文化传统也能对经济基础产生反作用，它能促进经济发展，也可能制约经济发展；它也渗透到政治生活的方面面面，从而影响国家和区域的政治决策和法令制度。

当代广西少数民族地区的文化环境深受汉族文化的影响，而汉族文化深受西方文化的影响，因此要全面、深刻认识广西少数民族地区的文化环境因素，就必须了解当前西方文化、汉族文化发展变化的特点。

（一）当前西方文化环境因素

当代西方文化的主要流派是存在主义、结构主义和西方马克思主义。存在主义从人存在的前提出发，揭示和探寻主观与客观，即人与环境的矛盾以及在这种矛盾中的人的自由本质属性的问题。结构主义用语言结构作为研究各领域问题的出发点。西方马克思主义则试图重新阐释马克思主义，寻求新的发展道路，以求有别于苏联，并能适应西欧的具体环境；强调马克思主义早期与晚期的相互矛盾，强调马克思与恩格斯以及列宁之间的矛盾，特别重视阐述异化学说和人道主义，认为这才是马克思主义的真谛。[②]

自20世纪中叶以来，文化研究的学派纷呈和主题流变已经构

---

① 参见 http：//baike. baidu. com/view/3537. htm。

② 参见 http：//zhidao. baidu. com/question/560041. html。

成当代西方学术的重要现象，在此背后所发生的乃是当代西方文化研究的模式转换。这种模式转换建立在当代西方社会政治结构变化、学术话语转型、研究方法更替，特别是研究者立场转换的基础之上，显在地体现为精英文化批评转向社会文化批评、阶级政治批判转向符号政治批判以及主流文化批评转向边缘文化批评。

1. 精英文化批评转向社会文化批评

阿诺德、利维斯主义等坚决地维护精英主义的文化理念：文化是完美的思想和言论，是理想的人性和谐发展的状态，是人们谋求实现完美的智慧和道德的过程，是对完美的思想的传播；文化只能为少数人所拥有，而一般社会大众是反文化的，是粗俗的群氓，他们根本不可能拥有真理，必须靠文化精英来引导。

精英主义文化观在20世纪50年代受到当代文化研究先驱霍加特、威廉姆斯等人的批判。在《文化与社会》中，威廉姆斯提出了文化的“社会”定义：文化实际上就是生活方式，是对一种特殊生活方式的描述。由这个文化定义，他提出了文化研究的三种方法：第一，文化是对某种生活方式的描述；第二，文化表达某种意义和价值观念；第三，文化分析应该是澄清某种生活方式与某种文化中清晰并含蓄的含义和价值。当代西方文化研究就是从威廉姆斯的第三个文化定义展开的。威廉姆斯认为，应该把文化过程看做是一个整体，对思想和艺术作品的文本分析应当与对它们所处的社会制度、结构的分析结合起来。这种文化研究的方法，实际上就是一种新的文化研究，也就是把文化置于一个宏大的社会文本中去研究，研究一种特定的生活方式，研究文化产生的社会历史状态，从而使文化研究深化为社会分析。

60年代之后，文化研究越来越背离了审美化的研究模式，越来越超越单纯的文化内部分析而向外部的社会分析延伸，从单纯地分析作品的结构、情节、人物、作者灵感等研究向更宽阔的社会视野转变，从直线式的文化内分析转向发散式的社会分析。

70年代伯明翰中心的亚文化研究，实际上不是简单的一般文本研究，而是对一种社会现象、一种社会生活方式的分析，也就是说，文化研究的文本走出了古典的文献范围而进入了社会文本当中。

80年代以后的女权主义文化研究、通俗文化研究、新历史主义文化研究等更是离开了文献限制，进入到广阔的社会性视野中，诸如沙滩、摩天大楼、游戏厅、二手服装、广告、牛仔装等，都成为费斯克、默克罗比等人的文化研究文本。

2. 阶级政治批判转向符号政治批判

发端于20世纪50年代英国伯明翰大学的当代西方文化研究，与西方马克思主义有着直接的理论渊源。威廉姆斯、霍尔、霍加特等本身就是当年英国马克思主义和新左派的领军人物，因而，西方马克思主义的政治批判意识从一开始就成为当代西方文化研究的内在因子。但是，政治批判的内涵和外延随着当代西方文化研究的进展而发生了重大变化，即从现实实践批判向学院理论批判转变，从阶级政治批判向符号政治批判转变。

50年代的早期英国文化研究，具有比较鲜明的马克思主义色彩，它继承了马克思主义的阶级分析方法论，沿着法兰克福学派对资产阶级文化批判的路子继续前进，反对利维斯主义对工人阶级文化的批评，赞同工人阶级文化，形成了比较明显的阶级政治批判指向，把文化分析、政治分析和阶级分析有机结合起来。威廉姆斯“社会”的文化定义在开创新的文化研究领域的同时，也启动了他对文化的阶级分析，既然文化跟生产、做生意、政治、养家糊口一样是一种活动，是一种特定的生活方式，那么不同生活方式中的人所创造的文化就是不一样的，就具有他自己社会实践的特点，资产阶级和工人阶级的文化自然也是不同的。

文化研究之政治批判的嬗变在70年代英国伯明翰文化中心对青年亚文化研究的过程中开始发生。伯明翰文化中心早期亚文化研究的主要特征之一就是强调工人阶级被压迫经验和阶级斗争对解读亚文化的重要性。从70年代末开始，随着结构主义和符号学理论的引入，符号学理论很快成为伯明翰文化中心一些理论家研究亚文化的重要方法论支撑，而方法论的转换也同时带来了政治批判指向本身的变化，强烈的阶级批判转化成为相对微弱的符号批判。赫伯迪格的《亚文化：风格的意义》是这个转变的代表。他改变了伯明翰亚文化研究的阶级方法，更多地从符号学的角度来分析亚文化的颠覆性含义，认为对亚文化意义的分析就是解读亚文化符号并挖掘这些符号所潜含的深层次意义。

进入80年代，符号学方法论开始被更加广泛地运用，符号政治理论更加盛行，费斯克的通俗文化研究成为符号批判的重要代表。在费斯克看来，文化是意义的生产和流通，大众文化是社会大众借助资本主义的各种资源所创造的意义，是社会大众把文本和自己的日常生活结合起来，在二者相关性中所创造的文化，这种文化是属于社会大众自己的。在此基础上，费斯克强调了大众文化的社会政治功能，认为社会大众通过大众文化对资本主义的社会秩序和统治体系进行了规避与抵制；当然，这样的抵抗无论如何不是一种直接的行动上的抵抗，只不过是一种策略，是一种发生在心理层面不可能改变现存社会秩序的策略。

3. 主流文化批评转向边缘文化批评

随着历史的发展，西方文化研究越来越从主流文化批评走向边缘文化批评，从直接对资本主义本身的批评转向了对某些处于边缘领域的个别文化现象的批评，从宏观的总体性的社会文化批评转向了对微观的具体的文化领域和文化现象的批评。

以威廉姆斯、霍加特、汤普森为代表的早期英国文化研究，在对工人阶级文化进行赞扬的同时，对资产阶级主流文化也进行了立场鲜明的批判。20世纪70年代以后，英国文化研究逐步离开了主流文化研究，转向青年亚文化、大众文化以及其他非主流的边缘文化研究。亚文化研究是英国伯明翰大学的当代文化研究中心在70年代工作时的重点之一，它主要研究战后英国国内出现的青年亚文化现象，尤其是工人阶级的青年亚文化，比如特迪青年、摩得族、光头党、嬉皮士等亚文化现象。从70年代末开始，文化研究更加走向非主流化，女权主义、种族理论、性别问题等越来越成为讨论的焦点。

随着福科知识考古学方法论的广泛运用和后现代主义“去中心”理念的扩展，文化研究的非主流化在80年代以来大加盛行。杰姆逊研究了全球化条件下弱势文化的现实境遇问题，对第三世界文化进行了深入分析。后殖民主义文化分析则关注前殖民地国家在独立后的文化心态和文化建构的困难。新历史主义文化研究在这个方面表现得尤其突出，理论家们大都离开现实而回退到文艺复兴时期或19世纪的文献中，对现实意识形态只是作象征性地批评。

当代西方文化研究者在研究对象上的这种变化，同他们的批评策略和批评方法的转变密切相关。他们在研究方法论上逐步脱离了早期文化研究，特别是西方马克思主义文化研究密切关注现实、进行直接阶级斗争的方法论，而采用了符号学、知识考古学和权力话语分析等方法论，并把后现代主义的“去中心”论用到文化研究当中，从边缘入手，以求通过对边缘文化和弱势文化的分析来对主流文化进行象征性的批评。①

总之，西方文化环境因素是复杂而多元的，既相互矛盾，又相互依存，批评与反批评共处于一个统一体中，西方文化长于分析，长于批判，追求创新，追求真理。在这样的国际文化环境因素影响下，语文德育要告诉学生每一种文化都有它自己生长的土壤，西方文化生长于西方的经济、政治环境中，融汇了西方社会的价值观、

① 金民卿：《当代西方文化研究的三个转向》，参见中国社会科学院网 http：//www.cass.net.cn/file/20090414229651.html。

人生观、世界观，渗透了西方的思维和生活习惯，它不是一种孤立的社会现象，是相互联系的西方社会的一个缩影。因此，对美化西方文化和贬低西方文化的言论都要保持警惕，要有自己的文化立场，这个文化立场首先建立在对自己文化传统的相知、相恋、相容的基础上，然后再客观地认识和评价各种文化的特性，从中吸收对自己和自己的民族国家有益的成分。

（二）当代中国文化环境因素

有学者认为，当代中国文化基本上变成了美国的批发文化或亚文化。指的是改革开放以后，我们在向西方文化学习的过程中，不重视民族传统文化的传承，同时由于民族文化心理和民族风俗习惯的积淀，又不可能完全消化西方文化的精神内涵，当代中国文化就是以西方为背景的杂交文化。①

1997年，费孝通先生在《反思·对话·文化自觉》中论述了“文化自觉”的问题。2002年12月17—20日，“21世纪中华文化世界论坛：文化自觉与社会发展学术研讨会”在香港召开，会议的主题就是“文化自觉”。这表明，这一极富前瞻性的概念和命题已得到海内外学者的高度重视与普遍认同。可见，文化自觉应该是全球化背景下当代中国文化建设所持有的一种理性的认识和态度。

“文化自觉”要求研究者有文化自觉意识，站在理性、自觉的立场上，研究中国传统文化问题，实现中国传统文化的现代转换，考察中国传统文化现代性转换的客观必然性、应坚持的基本原则及基本路径等一系列重大问题。在文化交流方面，确立的全球化背景下当代中国文化交流的基本原则是：既要反对文化帝国主义，又要反对文化单边主义；既要避免文化保守主义，又要避免文化割据主

① 《当代中国存在的文化问题有哪些》，参见 http：//zhidao. baidu. com/question/155903158. html。

义；既要弘扬我们的文化主体性，又要尊重他人（国）的文化主体性，形成和谐的世界文化格局。研究者以开放、平等的学术心胸，看待当代中国文化建设的上述一系列重大问题，加强全球化背景下当代中国文化建设的自觉性和责任心。

近年来，发展文化软实力受到国家重视。研究的重点集中在以下这些方面：研究全球化背景下国内文化发展的文化格局，即主导文化、精英文化和大众文化以及他们之间良性互动的方式与路径，从而为增强中国的文化实力提供内在的动力资源支持；研究当代中国文化产业发展的现状以及未来发展的举措，为当代中国文化实力的提升提供经济支持力量；研究传统文化的现代化转换，为提高当代中国的文化实力提供历史文化资源的支持；研究当代中国政治文化的发展，为提高当代中国的文化实力提供政治价值、原则及方向上的支持；研究当代中国的文化安全以及文化交流，为提高当代中国的文化实力提供良好的外部环境。[①]

“文化自觉”是对“杂交文化”的一种深刻反思，这种反思从两个方向进行，一是传统文化的方向，就是传统文化的现代转型问题；二是西方文化的方向，就是文化交流的问题。反思的目的很明确，发展文化软实力，建构社会主义中国的主导文化、精英文化、大众文化。

总之，当前的中国文化是典型的转型期的文化。在民族心理积淀中，几千年的儒家思想影响是一股潜流，仍然有巨大的能量；西方文化以其雄厚的科学技术实力对中国人的心灵产生极大的震撼，引发中国人的文化反思。在这样的文化环境下，语文德育要明确：儒家传统文化是在怎样的历史条件下产生和发展的，它在历史发展的过程中产生过怎样的积极作用；“五四”新文化运动倡导的是一

① 沈壮海：《全球化下当代中国文化何处去》，载《中华读书报》，2010 年 4 月 14 日，参见 http：//www. gmw. cn/01ds/2010 －04/14/content_ 1094060. htm。

种怎样的新文化；现在的社会文化环境与“五四”运动时期有什么相同和不同的地方；我们可以从“五四”新文化对传统文化的批判中吸收怎样的养分，我们现在又应该怎样对待儒家思想；中国在接受西方文化的过程中容易犯怎样的错误；我们从西方文化中吸收什么对自己民族文化的复兴最有价值。

（三）当代广西文化环境因素

广西可挖掘和开发的文化产业资源相当丰富，例如民族文化、边疆文化、海洋文化、山水文化、山歌文化、红色文化、东盟自由贸易区文化。相关数据显示，2010 年，广西文化产业实现增加值 180.21 亿元，占全区国内生产总值的比重为 1.88%，比 2009 年增长 26.9%。这些数据喜忧参半，喜的是广西文化产业发展增速很快，忧的是 1.88% 的比例离支柱型产业目标相差很远，广西文化产业发展规模处于全国中等偏下水平。文化产业比较特殊，需要加大研究力度；广西文化产业资源丰富，我们应当自信；广西文化产业发展相对落后，我们应当迎头赶上。当前，正是文化产业发展“天时地利人和”的机遇期，广西文化产业当崛起。①

近年来，广西少数民族文化创新有所突破，特别是《印象·刘三姐》以经典传说《刘三姐》为素材，颠覆了演出在剧院有限空间进行的传统，以桂林山水最美丽的阳朔风光实景作为舞台和观众席，以十二座山峰为背景，在方圆两公里的漓江水域上，用广袤无际的天穹构成了迄今为止世界上最大的山水剧场。它创新性地利用目前国内最大规模的环境艺术灯光工程及独特的烟雾效果工程支撑这个超级实景舞台，构建了一个空前壮观的舞台灯光艺术圣堂，创造出如诗如梦的视觉效果，为观众带来了全世界第一部全新概念

① 经武：《广西文化产业当崛起》，载《广西日报》，2011 年 11 月 10 日，参见 http：//www.people.com.cn/h/2011/1110/c25408－4007731348.html？navigation＝1。

的“山水实景演出”，使人感受到桂林山水的美再一次与民族艺术之美相结合的升华表现。2004—2009 年，观众人数从 30 万人次增长到 128 万人次，营业额从 2500 多万元增长到 1.22 亿元。该演出项目不仅带动了当地旅游、餐饮、宾馆、土特产品、工艺品、运输等行业的发展，增加了群众的收入，而且让越来越多的壮乡儿女更加激发起传承和创新民族文化的热情，激发他们不断提高传承、创新民族文化的能力。

南宁国际民歌艺术节则把广西传统歌圩从壮乡山野搬上了万人瞩目的殿堂。它既保留歌圩的原始韵味，又对歌圩进行创新发展，借助现代化的音响、绚丽豪华的舞台灯光等手段，在传统文化的基础上注入现代元素，使之与现代社会相适应，使传统文化升华为现代文明，把古朴的歌打造成极具艺术特色的国际性文化盛宴，是一个融文化、旅游、经贸为一体的综合性大型节庆活动。它以浓郁的民族风情、开阔的国际视野和强劲的现代气息，赢得了社会各界人士的赞誉。

近年来，国家对少数民族传统文化加大了保护力度，广西各级党委、政府高度重视少数民族文化的传承和保护，少数民族文化发展正处于历史的最好时期。

群众性的节庆文化空前繁荣。在各级党委、政府多年来的扶持和引导下，河池铜鼓山歌艺术节，田阳敢壮山布洛陀文化节，武鸣“三月三”歌圩，罗城仫佬族依饭节，环江毛南族分龙节，东兴市京族哈节，田林壮剧艺术节，隆林苗族跳坡节、彝族火把节，那坡彝族跳弓节，西林句町文化艺术节，大化、东兰、巴马等地布努瑶祝著节，三江、龙胜、融水等地花炮节、苗族系列坡会、芦笙斗马文化艺术节，钦州、灵山、浦北等地的岭头节，隆林等地的吃新节等民族节庆，纷纷得以成功举办。这些内涵厚重、民族特色明显的节庆活动集中展示少数民族的歌舞、服饰、饮食等文化，寓教于乐，深受广大人民群众喜爱，让观众从中获得包括少数民族传统道德文化教育在内的各种精神享受，少数民族民间的优秀传统文化在新形势下得到充分展现，并产生重大影响。

“歌圩”和“坡会”分别是壮族、苗族等少数民族群众交流思想、传递感情、传播知识、增进友谊的娱乐场所，也是广西壮、苗等民族群众节庆文化的重要载体。改革开放以来，这些“歌圩”和“坡会”空前繁荣。据统计，广西共有 642 个歌圩点，最大的歌圩场是百色田阳县的敢壮山歌圩。每年农历三月三，从百色、田阳、凤山、隆安等十几个县市来到敢壮山参加歌圩的壮族群众多达数十万人以上。他们以歌圩活动来祭祀或纪念人文始祖布洛陀，使敢壮山歌圩成为壮族众多歌圩中文化底蕴最丰厚、最独具特色的歌圩，敢壮山歌越唱越红火。而融水县境内各地有各自的坡会，规模大的有 3 万～4 万人，小的也有 4000～5000 人。这些坡会次第呈现，在时间上排列有序，把农历正月初三至十七这 15 天串结在一起，从而使坡会具备了此起彼伏、连接不断的特点和亮点，使人们观赏到一个独特的文化空间与绝无仅有的民族文化奇观。

少数民族文艺队伍不断发展壮大。20 世纪 80 年代以后，广西大力培养少数民族文学作家，多次举办文学创作讲习班，连续举办全区少数民族文学评奖活动。近年来，广西建立并不断完善民族文化培养体系，实行作家签约制度，促进了少数民族作家的成长，一批具有民族特点的作家相继脱颖而出，实现了民族文化走向全国的目标。壮族作家韦一凡、冯艺、何培嵩、岑隆业、黄佩华等获全国少数民族文学奖；创作《没有语言的生活》的壮族作家东西和创作《被雨淋湿的河》的仫佬族作家鬼子获得了中国文学最高奖——“鲁迅文学奖”，实现了广西文学史上零的突破；仫佬族剧作家常剑钧获曹禺文学奖、曹禺戏剧奖。以壮族画家黄格胜领衔的漓江画派在中国画坛上声名鹊起，三江独峒侗族农民画家也声名远扬。

少数民族文艺创作硕果累累。近年来，广西少数民族作家创作出一大批富于民族特色和地方色彩的作品，为广西民族文艺园地增添了富于个性和魅力的图景，显示了当代广西文化从边缘逐渐走向前沿。《苦楝树开花的季节》荣获国家级“精品工程”大奖；还推出了国家舞台艺术精品《八桂大歌》、《妈勒访天边》。新编历史桂剧《大儒还乡》在入选国家舞台艺术精品工程十大精品剧目之后又获全国地方戏优秀剧目（南北片）展演一等奖、中宣部第10届精神文明建设“五个一工程奖”优秀作品奖和第10届文华奖“文华剧目奖”。①

总之，广西的文化环境突出广西民族地区的特色，广西民族地区文化产业的发展及其取得的成绩，都集中彰显了民族文化特色。没有民族文化的特色，广西文化产业的发展就失去了吸引人的精神内涵。因此，广西民族地区文化发展同样面临“文化自觉”的问题，面对西方文化和汉族文化的冲击，广西少数民族首先必须守住自己民族文化的阵地，保护自己民族文化的精神家园，然后才是实现民族文化的现代转型。除了文化产业的发展，广西民族地区的地域文化资源也应成为广西民族地区学校重要的课程资源，与文化关系最为密切的人文学科课程都应该从传承少数民族传统文化的角度开发地域文化资源。语文课程本身就是一种文化，语文德育的目标之一就是要培养学生热爱自己民族和民族语言的思想感情，就是要培养学生的民族“文化自觉”。

第二节　广西民族地区的“大传统”对语文德育的影响

美国人类学家罗伯特·雷德斐在1956年著的《农民社会与文

① 广西壮族自治区民委办公室：《广西少数民族文化发展空前繁荣》，参见 http：//www. gxmw. gov. cn/ArticleShow. aspx？ id = 4664。

化》一书中提出的"大传统"、"小传统"这一对概念曾经风行一时。在最近的西方史学界，精英文化与通俗文化的概念有取而代之的趋势。名称尽管不同，实质的分别却不甚大。大体来说，大传统或精英文化是属于上层知识阶级的，而小传统或通俗文化则属于没有受过正式教育的一般人民。由于人类学家和历史学家所根据的经验都是农村社会，这两种传统或文化也隐含着城市与乡村之分。大传统的成长和发展比较集中于城市地区；小传统以农民为主体，基本上是在农村中传承。

无论是大传统或小传统都包含着许多复杂的成分。通俗文化的内容尤其不简单，可以更进一步分成好几个层次。例如，欧洲中古以来的通俗文化中便有所谓"俗文学"这个层次，相当于中国的"说唱文学"。主持这种俗文学的人也受过一点教育，不过程度不高，不能精通拉丁文而已。所以，有的史学家甚至把这种"俗文学"看做大、小传统之间的另一文化层。但是大体而言，上述的二分法还是为文化史的研究提供了一个有用的概念架构。

中国文化很早就出现了"雅"和"俗"的两个层次，恰好相当于上述的大、小传统或两种文化的分野。"雅言"是士大夫的标准语，以别于各地的方言。但是"雅言"并不是单纯的语言问题，还涉及一定的文化内容。孔子认为"《诗》、《书》、执礼，皆雅言也"，而礼、乐、诗、书在古代则是完全属于统治阶级的文化。这恰好说明所谓"雅言"便是中国的大传统。中国的"雅言"传统不但起源极早，而且一脉相承，延续不断，因此才能在历史上发挥文化统一的重大效用。这在世界文化史上可以说是独特的。即使在政治分裂的时代，中国的大传统仍然继续维系着一种共同的文化意识。

如果"雅言"传统仅仅保存在"君子"、"士大夫"阶层的手中，和一般下层人民毫无关系，那么它的文化统一的功能仍然是很有限的。以欧洲史为例，它的"雅言"是拉丁文，其传授则在学校，是属于上层贵族的文化。至于各地的人民则都用方言，可以和拉丁文互不相涉。欧洲的大传统和一般人民比较隔阂，成为一种“封闭的传统”，这是不难理解的。一般地说，大传统和小传统之间一方面固然相互独立，另一方面也不断地相互交流。所以，大传统中的伟大思想或优美诗歌往往起于民间；而大传统在形成之后也通过种种管道再回到民间，并且在意义上发生种种始料不及的改变。理论上虽然如此，但在实际的历史经验中这两个传统的关系却不免会因每一个文化之不同而有程度上的差异。和其他源远流长的文化相较，我们可以肯定地说，中国大、小传统之间的交流似乎更为畅通，秦汉时代尤其如此。其中最重要的一点便是上面所提到的“雅言”传统。中国的方言虽多，但文字的演变自商周以来大体上则一脉相承。中国文字远从商周以前起，大体是沿着一个共同的系统而发展的。而且一直到今天，我们还没有考古的证据可以断定它不是起源于本土的。所以有不少中国字，古今的写法仍相去不远。中国的“雅言”传统不能与欧洲拉丁文相提并论，其道理是很自然的。相对于欧洲各国的方言来说，拉丁文不啻为一种外国语文。没有受过教育的人不但不会读，不会写，而且也不会听。中国的“雅言”则是本国语文的标准化或雅化，即使是不识字的人也可以完全听得懂。中国大、小传统之间的相互交流恐怕和这一特殊的语文情况很有关系。①

从以上定义看起来，大体来说，在广西民族地区，大传统就是以汉族文化为主体的中华民族文化传统，而小传统则是以少数民族生产、生活、风俗习惯为主体的广西少数民族文化传统。广西民族地区学校教育的内容自古以来都是汉族文化教育，大传统在学校教育中占据绝对的优势地位，学生在学校学习的不是本民族的语言和

---

① 《中国文化的大传统与小传统》，参见 http：//blog. sina. com. cn/s/blog_4cc99a130100g3fs. html。

历史，而是汉族的语言和历史，与汉族地区学校学习的内容没有根本的区别。从这一点上说，广西民族地区学校教育和非民族地区学校教育都在大传统的历史文化背景下运作，传授的都是统治阶级的文化，他们之间有共同的特点是不足为怪的，把民族地区的语文德育和非民族地区的语文德育看成是完全不同的文化现象是不符合历史事实的。大传统与小传统在历史文化发展过程中的相互吸收与融合，使语文德育也呈现出相似的特征，这一点我们在前述的广西民族地区学校教育的历史中可以窥见一二。延续这个大传统，在当代的基础教育课程改革中，大传统大略可以称之为“国家课程”，反映的是国家的意识形态，是精英文化的价值取向，是国家和社会发展对学校教育的要求。所以，我们在建构广西民族地区语文德育内容体系时，把国家课程中的语文德育内容放在主导地位，就是基于对大传统的认识和理解。我们认为，在一个多民族国家中，如果没有包容各个民族文化的大传统，就没有办法形成一个统一的国家，而一个统一的强大的国家，对弱小民族的保护作用是显而易见的，因此，统一的多民族国家中的各个民族必然依赖于这个国家以求自存，这就是大传统形成发展的社会基础。

一、大传统对德育的影响

在中华民族传统文化大传统的语境中，“德不仅仅是道德，它包括政治思想法纪和道德品质，道德只是德的一部分”。这是王立仁博士从“德”的历史文化发展过程考察“德”的含义和属性的时候得到的结论。他认为，“德”首先和基本上是一个政治概念，作为政治概念，它有三层含义：第一层是指能力，“德”的原初含义是占有，得到了财富，得到了奴隶，就是德，与“得”同义。占有的多少就成了德的多少和大小的标志。德是被统治阶级垄断的，被统治者没有德与无德的问题。第二层是德的方法，就是获得奴隶的方法，即获得奴隶和财富要有一个正当的方法和途径。第三层是治国方略，统治者要想获得稳固的统治，就要实行德政，以德治民，以德治国。德作为政治概念是统治者代表国家提出的集政治和道德品性于一身的要求和行为准则。与德不同，道德不是由统治者提出的，它来自于社会和世俗，是用来调节个人和个人以及社会与个人之间关系的准则。道德产生于社会生活，是调节社会生活的准则，只要人类社会存在道德就会存在，而德由于产生于国家生活，因而必将随着国家的消亡而消亡。道德在人类社会相当长的历史阶段中必然表现为德的一个内容。道德成为德的内容，有一个用德来同化道德和道德皈依德的过程。德同化道德是政治社会化的过程，统治者为了统治的稳固，从统治者自身角度考虑德的问题，由占有获得到如何占有获得，由自身的敬德保民到对人民提出要求，由外在的约束管制到内心世界的控制。统治者为了使自己的意志变成现实，不仅要把自己的意志升华为德让人们遵守，而且为了方便统治，也要顾及被统治者的利益，这样，道德就进入了德的视野。道德皈依德是把风俗习惯提升为德的内容并归入德的过程，人们基于社会共同生活需要形成的社会风俗和习惯具有普世性，只要社会生活存在，这种被称为风俗习惯的道德就会存在。由于它是维系社会生活的道德，而国家生活不能超越于社会，对社会生活的维系必然也会有助于国家生活的维系，因而国家自然会把道德纳入德的范畴之中。德具有社会秩序价值、巩固统治价值、使人获得利益的价值、个体享用价值。德性是人后天获得的，社会教化是德性获得的主要途径。

在完成了对德的价值论证之后，王立仁博士开始论证德育的价值。他认为德育有七种价值：一是解读价值，可以解读社会，解读人，解读人生。二是秩序价值，可以解读规范内容体系，认识规范的根据和意义，在实践中培养规范意识。三是协调价值，可以协调利益，协调人格，协调心理。四是导向价值，可以进行价值引导，动力引导，规范引导。五是指导价值，德育能够进行有针对性的指导，德育有其独到的指导方式。六是发展价值，表现在保护发展、激励发展、引导发展、实现人的全面发展、探索人的全面发展的途径等方面。七是理想价值，就是培养社会需要的思想政治品德，培养社会需要的人，培育德育对象的理想。①

王立仁博士对德和德育价值的论证，旨在说明我国德育传统中的德育不只是道德教育，是包括道德教育在内的思想政治品德教育。这种德育价值导向在语文课程标准中得到进一步体现，我们只要分析语文课程的核心理念——语文素养的内容，就能理解这种价值导向的一致性，即语文德育不仅仅是语文道德教育，而是语文人格教育，是在语文教育中渗透思想政治品德教育。

二、大传统对语文德育的影响

我国有诗教的传统，其代表人物是孔子，在《论语·季氏篇》中有这样一段话——陈亢问于伯鱼曰："子亦有异闻乎?"对曰："未也。尝独立，鲤趋而过庭。曰：'学诗乎?'对曰：'未也'。'不学诗，无以言。'鲤退而学诗。他日，又独立，鲤趋而过庭。曰：'学礼乎?'对曰：'未也'。'不学礼，无以立。'鲤退而学礼。闻斯二者。"陈亢退而喜曰："问一得三。闻诗，闻礼，又闻君子之远其子也。"在孔子眼里，诗教和礼教是相辅相成的，诗教是教人怎么说话，礼教是教人立足社会。诗教和礼教就是教人做一个文质彬彬的君子。

所以孔子才删定六经，以《诗》为语文教材教育学生。司马迁《史记·孔子世家》中道："三百五篇，孔子皆弦歌之。"可见孔子不仅认真研究修订编集了《诗》中的诗，而且还伴着音乐歌

---

① 王立仁：《德育价值论》，17页，北京，中国社会科学出版社，2004。

之。对于《诗》，孔子给予很高的评价："诗三百，一言以蔽之，曰：'思无邪'。"因为《诗》的思想很纯正，有利于培养学生的思想道德品质。《诗》的开篇是《关雎》，孔子说："关雎，乐而不淫，哀而不伤。"《关雎》这诗，快乐而不放荡，悲哀而不痛苦。将这样一首情诗放在《诗》的首篇，而且给予这样高的赞语，可见孔子对《关雎》含蓄而内敛的情感表达方式的赞赏。《诗》被选定为语文教材，还因为它用恰当的语言形式表达了合乎"礼"的纯正的思想。

孔子以《诗》为语文教材是有目的的，诗的教化作用表现在"诗，可以兴，可以观，可以群，可以怨，迩之事父，远之事君；多识于鸟兽草木之名"。孔子把读诗的目的明确告诉学生，读诗可以培养联想力，可以提高观察力，可以培养集体感，可以排遣心中的郁闷。中间浅近的道理，可以事奉父母；深远的道理可以用来侍奉君上；而且可以多多认识鸟兽草木的名称。[①] 由此可见，孔子的诗教目标是：培养学生的联想能力，提高学生的观察能力，培养学生的集体感，培养个体的审美情趣，培育学生的孝心，培养学生的从政能力，积累语文知识。如果我们把诗教目标进行分类，其同样是三维目标体系：情感态度价值观目标包括集体感、审美情趣、孝心；过程与方法包括通过学诗的过程积累语文知识、获得语文能力、获得事父事君的道理和能力；知识与能力目标包括语文知识、联想能力、观察能力、从政能力。

对比国家课程，语文课程标准中提出的三维目标是在大传统的框架里面的，只是世易时移，增加了时代要素而已。例如，从九年义务教育语文课程标准提出的阶段总目标，就可以看出其内容上的这种延续性：

（1）在语文学习过程中，培养爱国主义感情、社会主义思想

① 参见 http：//blog. renren. com/share/224221421/7932886471。

道德品质，逐步形成积极的人生态度和正确的价值观，提高文化品位和审美情趣。

（2）认识中华文化的丰厚博大，吸收民族文化智慧。关心当代文化生活，尊重多样文化，吸取人类优秀文化的营养。

（3）培植热爱祖国语言文字的情感，增强语文学习的自信心和良好习惯，掌握最基本的学习语文的方法。

（4）在发展语言能力的同时，发展思维能力，激发想象力和创造潜能。逐步养成实事求是、崇尚真知的科学态度，初步掌握科学的思想方法。

（5）能主动进行探究性学习，在实践中学习、运用语文。

（6）学会汉语拼音。能说普通话。认识3500个左右的常用汉字。能正确工整地书写汉字，并有一定的速度。

（7）具有独立阅读的能力，注重情感体验，有较丰富的积累，形成良好的语感。学会运用多种阅读方法。能初步理解、鉴赏文学作品，受到高尚情趣与趣味的熏陶，发展个性，丰富自己的精神世界。能借助工具书阅读浅易文言文。九年课外阅读量应在400万字以上。

（8）能具体明确、文从字顺地表述自己的意思。能根据日常生活需要，运用常见的表达方式写作。

（9）具有日常口语交际的基本能力，在各种交际活动中，学会倾听、表达与交流，初步学会文明地进行人际沟通和社会交往，发展合作精神。

（10）学会使用常用的语文工具书。初步具备搜集和处理信息的能力。①

同样是三维目标体系，其中情感态度价值观目标包括爱国、爱

① 中华人民共和国教育部：《全日制义务教育语文课程标准（实验稿）》，4页，北京，北京师范大学出版社，2001。

社会主义、积极的人生态度和正确的价值观、提高文化品位和审美情趣等，可以看出，大传统中孔子诗教中的“群”、“事父”、“事君”这些封建等级色彩比较浓厚的语文德育目标，变成了“爱国”、“爱社会主义”、“积极的人生态度和正确的价值观”这些社会主义的核心价值观。语文德育事实上仍然是强调“德”的传统，仍然是把“德”作为一个政治概念，因而语文德育仍然是包括道德教育在内的思想政治品德教育。“社会政治伦理本位才是那个时代中国主流文化的基本特征，这种文化特性深深影响了我国传统语文教育。”① 因为“精英文化以其高雅的艺术趣味，经典的审美取向，严肃的创作动机，深刻的思想意义，加上流传广远，存续持久的姿态，成就了自身人文课程主角的担当”②。

三、大传统对广西民族地区语文德育的影响

上述语文课程标准同样推行于广西民族地区，也就是说，大传统对语文德育的影响在广西民族地区也应该是一样的。但是，由于广西民族地区的政治、经济、文化发展与非民族地区存在差距，因此，其影响的深度和广度有所不同，呈现一定的地区性差异，这种差异是大传统与小传统对立统一、互相交流的结果。

（一）大传统中的“德”对广西民族地区语文德育的影响

上述王立仁博士认为，从“德”字的汉语起源来看，它是一个政治概念，这个政治概念有三个含义：①占有奴隶和财富的能力，即统治阶级的统治能力；②占有奴隶和财富的方法是正当的，

---

① 《新时期语文课程文化的重塑》，参见 http://club.topsage.com/forum.php?mod = viewthread&tid = 1374030。

② 区培民：《语文课程与教学论》，66 页，杭州，浙江教育出版社，2003。

即统治阶级由此获得合法的权利；③用正当的方法维持已经取得的合法权利，即统治阶级行使合法权利。从这三个含义我们可以看出，“德”是确认统治者合法身份和地位的概念，因为具备德，统治者的身份才比被统治者高贵，地位在被统治阶级之上，他们是贵族，是德的楷模，享有与德相配的特权，“刑不上大夫，礼不下庶人”。可见，大传统默认统治者是有德的，统治者可以以德治国，以德保民。孔子在利用《诗》进行语文德育的时候，强调“事父”和“事君”，就是从“德”的含义上去发挥德育的作用。广西民族地区语文德育也是在“德”上发挥作用的：热爱社会主义祖国，热爱中华民族的传统文化，热爱祖国的语言文字，尊重多样文化，这是多民族的社会主义国家对下一代的要求。对民族地区的子弟来说，这种要求是正当的，因为少数民族是中华民族大家庭中的一员，当然应该维护多民族国家的利益，这是最重要的原因。其次，中国共产党建立的新中国把广西少数民族从半殖民地半封建的奴役状态中解放出来，制定了旨在扶持少数民族的政策，建立民族区域自治制度，让少数民族当家做主，在不长的时间内获得跨越式的发展，少数民族当然会承认其合法性和正当性。例如，当年费孝通先生和新婚妻子王同惠到广西大瑶山进行瑶族社会组织的社会历史调查，进山的道路极为艰险，费先生误入陷阱，妻子王同惠不幸牺牲。但是现在的金秀瑶族自治县，发展民族旅游事业，不仅修筑了进入圣堂山景区（旧称“大瑶山”）的公路，景区公路边的瑶寨都建成了有瑶族建筑风格的小楼，而且修建了瑶族文化博物馆，用实物和图片的形式展示瑶族的传统文化，其中就有专章介绍费孝通先生在大瑶山进行社会历史调查的经过以及建在广西梧州的王同惠墓的图片，可作为大传统被广西少数民族承认其合法性和正当性的证据之一。

（二）大传统凭借教育政策的权威深刻影响广西民族地区语文德育

当前推行的基础教育课程改革对广西民族地区语文德育的影响是深远的。广西教育行政部门官员，特别是各地市教育局的局长和教研员、各中小学的校长，经常到教育发达的非民族地区去学习和考察，带回他们认为最先进的课程改革的新经验，在广西民族地区各地市中小学推广，把正在变革中的大传统的教育改革新理念植入广西民族地区学校教育中。这些教育改革经验携带了大传统的当代信息：首先，在语文德育理念上有一个明确的价值导向，就是社会主义核心价值体系在语文教育中的渗透。在课程目标的设置上，语文德育目标是不可少的，而且在过程与方法、知识与能力目标之前；在教学内容的安排上，课外延伸是不能少的，在让学生开阔视野、提高能力的同时，思想政治觉悟有所提高；在教学评价中，确认学生主体地位的标志是是否有利于学生形成健全人格。广西民族地区的语文德育正在朝着这个路径走，把这些特征作为语文德育得失的指标。其次，在语文德育形式上追求民主和谐的师生关系。在备课的环节，以教师为主导的教案，演变成以学生为主体的学案，教师要准备的不仅是教学方案，为自己怎样教作准备，还要为学生怎样学作准备，因此，教师备课不仅是准备自己在课堂中需要讲授的内容，还要把所有的教学内容变成学生的学习活动，从学生的角度去设计教案。广西农村中学正在推行的参与式教学、有效教学实验、学习“杜郎口”模式，就是要从师生关系的改善中，挖掘学生的创造潜能，改善学生学习的动力结构，端正学生的学习态度，让学生在语文学习上不断体验成功，从而建立积极的自我形象，并愿意为积极进取的自我形象付出艰苦的劳动。

（三）大传统的制度文化优势持续影响着广西民族地区语文德育

教育政策的权威性使得语文德育在理念和形式上发生政策所倡导和要求的变化，这些变化如果没有制度文化的保障，它的可持续性就得不到保证。广西的基础教育课程改革在学校教育的方方面面都留下痕迹，从学校的宣传栏到教学楼墙上的标语，都能够直接感受到基础教育课程改革的理念。这是教育政策的威力。但是，时过境迁，这些理念慢慢会淡化，只有致力于制度文化的建设，这些改变才会在学校生活中留存下来，积淀为一种文化，给教师和学生提供持续不断的营养，成为教师和学生向往的精神家园。

广西采取的措施是在国家中长期教育发展规划纲要颁布之后，结合广西民族地区政治、经济、文化发展的实际情况，制定了在大方向上与国家纲要保持一致，在具体内容和项目安排上突出广西民族地区特点的广西中长期教育发展规划纲要，为学校制度文化建设指明了发展的方向。

广西采取的第二个措施是推进“国培”项目的实施，为广西民族地区培训合格和优秀的语文教师。具体办法是每年根据“国培”项目的安排，遴选在职的语文教师到高校脱产学习培训，内容包括通识教育、学科教育、学科教学观摩等。这种培训常规化、制度化的好处是显而易见的，它让农村中学的语文教师有机会接触教育教学领域的新信息，感受到学科领域正在发生的变化，能有一段时间在同行的启发下反观自己的教学实践，更重要的，它让各自为政的各个学校的语文教师在一个平台上互通有无，可以有效弥补广西农村中学现代化信息渠道不畅通造成的孤陋寡闻、抱残守缺。

（四）大传统的课程文化理念不断影响广西民族地区语文德育

按照布迪厄文化资本理论的思路来理解，课程是文化的制度化，学生对课程文本的学习是个体接受文化产品的过程，是体制规定下的体现权力的合法化接受。课程作为文化资本积累的对象，可以将社会上各种文化资源集中起来，便于将文化资源具体化为受教育者自身的文化资本，需要受到主流社会的体制化保护，以保证实现优秀文化资源的传承并对其再生产。课程话语的生产系统由于各生产主体的相互关系形成了各类主体的区隔，具体表现为生产静态课程话语的主体与对其文化资本传递与接受的主体之间的区隔，作为对文化资本理解的中介——教师——与接受和再制文化资本的实践主体之间的区隔。文化资本的体制化要求与社会优质资源的有限所形成的优胜劣汰的竞争形势加剧了对丰厚文化资本的争夺，主流社会通过文化资本制度化（如考试等形式）来评价个体的文化资本拥有量，并以此确定其社会地位。但如果文化资本的差异较大，通常是教师比学生拥有更多的文化资本，教师也就有更多构建课程话语的权利，在对文本的解读与再制方面比学生有更强的文化能力，处在文本、教师与学生多重对话的领导地位，是实践场域的“统治阶级”。经过教师文化能力过滤后的话语只有在学生经过一段时间的消化后才能内化为学生的文化能力，进而积累文化资本，并才有展开与教师和文本对话的基础。这种不平等的文化能力导致了实践场域中教师和学生的话语区隔，不是在同一文化能力层面的对话，学生对课程的言说也只能是在教师的领导下或者说控制下如何有效掌握文本话语。学生处在文本与教师的双重控制之下。①

在基础教育课程改革的各个发展阶段，大传统的课程理念都在不断发生变化，这种变化又推动实践场域中教师和学生教学行为的变化，于是产生层出不穷的“新模式”，这些新模式得到权力话语的传扬。广西民族地区教育行政部门官员、中小学校长、教师中的骨干首先接触了各种不同的教学改革成果和教学改革明星学校、明

① 《课程作为文化资本的话语建构机制探讨》，参见大家网大家论坛 http：//club. topsage. com/forum. php? mod = viewthread&tid = 1035385&page = 1&authorid = 2132727。

星教师，广西各地中小学出现了阶段性的以学习外地的教学改革经验为主体的教学改革热潮。在追随教育发达地区语文课程改革先进经验的过程中，广西民族地区语文德育内容更为开放，形式更加多样，也面临更多的困惑和挑战，特别是民族传统文化德育内涵与西方文化德育内涵的冲突。例如，广西少数民族世代崇尚的“勤劳”与现代市场经济鼓励的“利益最大化”原则使少数民族师生无所适从；广西少数民族地区“熟人”社会的行为规范与城市生活的“陌生人”社会的行为规范形成冲突，也使少数民族在商品经济社会竞争中处于不利地位。

第三节　广西民族地区的“小传统”对语文德育的影响

人们很早便已自觉到大、小传统之间是一种共同成长、互为影响的关系。根据中国人的一贯观点，大传统是从许多小传统中逐渐提炼出来的，后者是前者的源头活水。大传统（如礼乐）不但源自民间，而且最后又回到民间，并在民间得到较长久的保存，这是孔子以来的共同见解。《诗》、《书》等经典反映了一些民间各阶层人的思想和情感。无论我们是否相信周代有“采诗”之事，《诗经》国风中有不少诗起源于各地的小传统，在今天看来已成定论。至于汉武帝设立乐府之官，有系统地在各地搜集民间歌谣，则更是尽人皆知的历史事实。今天文学史家大概都不否认现存汉代乐府中有许多源出民间的作品，承担大传统的统治阶层对于各地的民间小传统给予这样全面而深切的注意，这在古代世界文化史上真可谓另具一格。[1]

---

① 《中国文化的大传统与小传统》，参见 http：//blog. sina. com. cn/s/blog_4cc99a130100g3fs. html。

在广西民族地区，大小传统的共同成长、互为影响的关系也是客观存在的。利用大小传统的相互关系，正确处理课程文化发展中国家课程与地方课程之间的关系，特别是关注地方课程作为国家课程的有益补充，是国家课程的源头活水，对民族地区语文课程改革有特别重要的意义。在语文课程改革的实践中，广西民族地区的语文教师已经痛切感觉到，总是追随教育发达地区语文教育改革的经验，虽然不能说没有收获，但有时候会陷于“邯郸学步”的尴尬境地，因为发达地区拥有的教育硬件和软件和广西民族地区有很大的差别，实施起来不是无从下手，就是消化不良，困难重重。因此，广西民族地区语文教师不能不把目光重新拉回到自身所处的地域文化背景，意识到语文课程改革不是语文教学模式的简单移植，而是植根于当地经济、政治、文化基础上的课程文化创新运动，别人的经验再好，也只能借鉴。因此，探讨广西民族地区小传统对广西民族地区语文德育的影响是一项基础性的工作，只有正确认识民族文化的小传统对广西民族地区语文德育的价值和意义，才能在课程改革中自觉建构和完善地方课程，通过发挥地方课程的作用，发挥小传统作为大传统的国家课程的源头活水的作用。

一、小传统对广西民族地区语文德育的先在影响

广西民族地区过去一般通行自己的民族语言，有自己的民族风俗习惯，少数民族学生从小生活在这样的语言文化背景中，形成与之相对应的语言文化的感知力和理解力，形成对自己母语的基本情感，这是他们接受学校语文教育的基础，是学校语文教育必须关注的语文德育的先在因素。

民族语言、民族风俗习惯、民族心理、民族思维方式是联系在一起的，它们共同构成了少数民族学生学校语文学习的先在基础，这个先在基础对他们学校的语文学习和未来的人格发展都有不可忽

视的潜在影响。例如，他们在学校学习汉语的过程中，要适应语音系统的变化，比如壮语没有送气与不送气音，而汉语有许多送气与不送气音，以汉语为母语的学生很容易分辨，壮族学生则要花费相当多的时间和精力，才能达到母语为汉语、不需要经过语音转换直接进入汉语语音系统学习的汉族学生的水平。有些学生在情绪上会有抵触，不愿意改变自己母语的发音习惯，不积极训练汉语的发音，他们就可能得为此付出语文学习成绩不良的代价，因为正确的发音是汉语学习成绩评定的一项内容。少数民族学生因为出生于少数民族地区，从小习得的是少数民族的语言，这个先在的语言基础，非但不能为他们的学校语文学习奠定基础，反而有可能妨碍他们的汉语学习，在学校语文学习的起点上他们已经处于不利地位。不止是语音，语义和语法结构上的差异，都可能成为少数民族语文学习中的障碍。少数民族从小习得的少数民族语言是与他们的生活环境密切相关的，用来指称他们熟悉的事物，进行人际交往。但是，一到以汉语为主导的学校环境中，这一套用于思维和表达的系统就失灵了。学校语文学习主要是书本知识的学习，这些书本知识又大部分是以城市文化为背景的，是他们不熟悉的生活，表达的是他们感到陌生的情感，用的是一套需要努力和一定的智力训练才能学会的陌生的语言系统，可以想象，他们语文学习上的负担比汉族学生要大得多，语文学习成绩提高缓慢是正常现象，由此而断定少数民族学生在智力上落后于汉族地区学生也是没有道理的。如果无视少数民族学生在汉语学习中的这种先在基础，用汉族地区的标准来衡量少数民族学生的语文学习成绩，对少数民族学生而言是不公平的。

广西民族地区的语文德育首先要尊重这种先在基础，对少数民族的语言和风俗习惯充分尊重。在此前提下进行语文课程改革，就是研究在这样的现实条件下，怎样让少数民族学生能够在不同的交际场合使用不同的语言，而不会顾此失彼或者厚此薄彼。学习语文的过程不但是学习汉语文的过程，也是学习少数民族语文的过程，让少数民族学生能够自如地运用两种语言。在学校接受教育的少数民族学生，如果选择在本民族聚居地区生活，用本民族的语言交际交流，可以增进彼此之间的情感，融入当地社会，容易找到归宿感。到民族杂居地区生活，用汉语跟别的民族交际交流，可以减少误解，找到共识，与更多的人建立正常的联系，方便工作和生活。在汉族聚居地区，能说纯正汉语的少数民族更容易找到好的工作，有更高的收入。而在一些领域，如学术研究领域，精通少数民族语言文化是一种学术专长，在生活中也有用武之地，容易获得比较高的社会地位。

为了实现这样的语文德育目标，广西民族地区的师生就不必一定要做二取一的语言选择，他们可以而且要尽量两者兼顾。在学校教育中，运用民族语言或者汉语交际交流应出于自愿，体现对少数民族语言的尊重。在语文课堂教学中，如果学生可以接受，用少数民族语言讲解课文，用汉语做笔记，有时候能把课文讲得更加生动，更有地域文化色彩，更引人入胜，这样既不会损害学生对汉语的认知，又保持学生对自己民族语言的兴趣和认知能力。

如果要把地域文化引入语文课堂教学中，可以在相关的内容部分适时插入，让文本上的教学内容和教师随机插入的教学内容形成一个整体，表达相同的主题。如果要进行学生感兴趣的活动，可以让学生收集整理民族的民间故事和神话传说，用汉语写出来，用民族语言来讲解，就能训练学生运用两种不同语言的习惯和能力。总之，在学校教育中，如果硬要学生抛弃自己的民族语文去学习汉语，作为母语的民族语言就是一个学习障碍，干扰学生的汉语学习；如果让学生自由选择在不同的场合运用不同的语言，作为母语的少数民族语言就有可能成为一种凭借，与汉语共同作为学生社会生活的工具。

最重要的，在学校教育中，特别是在语文德育中让少数民族学生自由选择学习和表达的语言，本身就告诉学生，语言和文化是平等的，人人生而有选择语言表达自己意愿的自由，这是最基本的民族精神的教育。相反，强迫少数民族学习汉语，强迫少数民族学习民族语言都是费力不讨好的事情，有违民族平等的精神。

二、小传统在语文德育中的合法性

我国课程改革是在分权基础上进行的，重新建立了文化的合法性，三级课程管理体制的建立产生了新的不同的课程话语生成场域。如地方课程开发体系中，地方对各类或各门课程的规定，对每一类课程形态或课程科目的权利划分实质上是规定了其文化生产的合法性，使课程主体在各自的场域中行使自己的权力，生产文化。文化资本的稀缺性决定了参与课程话语建构主体的有限，只有少量具备一定文化能力和经济能力的个体才能言说课程，也只有这些主体才能得到体制的确认。相对于文本话语生产场域，实践场域中的课程主体由于其文化资本的弱势而处于一种“被统治者”的地位，在“权利”的争斗中处于下风，接受由文本话语生产场域具有合法性的符号暴力，接受其普遍一致和普遍适应的强制性规范。教师和学生是实践场域课程话语的主要生产者，文化资本的身体化形态也即文化能力的相对不足是充分发挥课程话语权的主要障碍，但没有其与文本话语之间的对话，课程话语就只是一个躯壳，只是平常意义上的静态文本，没有血液和灵魂。如何赋予其更多的课程话语权和如何将其所生产的课程话语真正作为课程话语体系中的一个有机部分便是规避区隔的有效策略。[①]

为了让广西少数民族地区教师和学生在实践场域中发挥更大的

① 《课程作为文化资本的话语建构机制探讨》，参见 http：//club. topsage. com/forum. php？ mod = viewthread&tid = 1035385&page = 1&authorid = 2132727。

自主作用，享有更多的课程话语权，就要让他们参与到课程建设中来。限于他们的知识和经验，选择地方性的语文课程内容存在实际困难，也许在初期，他们还没有文化和经济能力组织地方语文课程内容和编写教材，那么可以依靠地方教育行政部门的经济能力和当地高校课程专家的文化能力，进行专项合作，给地方语文课程内容的组织和语文教材的编写给予一对一的指导，建立语文地方课程内容的基本框架，让广西民族地区师生在地方语文课程建设中不断充实框架里的内容，建立一个统一的民族聚居区中小学共享的语文课程资源库，在这个资源库的基础上选编地方语文课程教材，就能体现民族地区教师和学生在地方语文课程建设中的话语权。在这个由广大本地区语文教师和学生建立起来的语文课程资源库的基础上，精选既符合语文课程标准要求，又利于少数民族学生发展的地域文化内容，按照少数民族学生喜闻乐见的形式编成地方语文课程教材，在当地语文教学实践中试用，并根据当地经济、政治、文化发展的需要，不断更新内容，对少数民族学生的吸引力是可以预见的。

三、小传统在语文德育中的先进性

课程必须以先进文化为其内容，才能提升其内在品质，才能使其成长为具备生命力的实体，才能确保课程实现其本原功能。那些具有教育意义，符合教育目的、培养目标和课程目标，适应受教育者身心发展需求的先进文化才能成为课程内容。传承先进文化是指课程研制主体依据判断先进文化的三个标准，在现实社会文化中选择、组织先进文化的活动，也是课程研制主体选择课程内容、依据某种技术组织课程内容、实施课程内容的活动。创造先进文化是指课程研制主体在传承先进文化的过程中，以已存的先进文化为基础，依据判断先进文化的三个标准，结合特定的环境、对象等要素生产先进文化的活动。①

由此看来，三级课程体系即使承认了小传统作为语文课程资源在课程中的合法地位，也不等于说小传统都可以进入语文教材，成为地方语文课程内容。只有先进的小传统，即地域文化中的先进内容才能进入地方语文课程内容。依照判断教学内容先进性的三个指标，即具有教育意义、符合教育目的、培养目标和课程目标，适应受教育者身心发展需求来对小传统进行选择。

（一）具有教育意义的小传统

根据语文学科和德育的特点，我们把以下小传统理解为具有教育意义的小传统：

少数民族的语言。它集中反映了少数民族对世界的认识，是少数民族认识世界的一套符号系统。学生可以通过语言认识生活世界，凭借语言进行交际交流，达成理解和共识。

少数民族的生活习俗。它体现了少数民族的生活理想和生活方式的特点，学生可以通过少数民族的生活习俗了解少数民族的生活方式和生活习惯，对民族文化有更多的认同，有利于培养民族自尊心和责任感。

少数民族的宗教信仰。它体现的是少数民族认识世界的一种方式，尽管被现代科学技术认为是一种不科学的解释世界的方式，但在特定的地理环境和特殊的历史条件下，可以起着安抚人心、稳定社会的作用，学生由此可以获得有关本民族历史的一些知识，也能理解自己民族生活中的一些宗教仪式的教育意义。

少数民族的伦理道德。它综合反映少数民族的经济、政治、文化生活，作为协调少数民族社会人际关系的规范和准则，对少数民

---

① 《课程概念的文化阐释》，参见 http：//club. topsage. com/forum. php？ mod = viewthread&tid = 1044482。

族学生的教育意义是不言而喻的。

少数民族的习惯法规。它是在某一群体内部自然形成，符合全体成员的意愿，并由大家认可的一种传统习惯或约束力量。① 少数民族学生可以由此理解一些社会中常见的社会现象的深层含义，并且自觉维护对少数民族社会的稳定发展仍然具有重要意义的习惯法规。

少数民族的传统社会结构。它是少数民族自身发展形成的社会组织。随着社会的发展进步，传统社会结构发生了巨大的变化，宗族和村落组织职能在衰落，逐渐为现代国家行政机构所代替。让学生了解少数民族社会结构发展变化的历史，对促进少数民族学生的社会化、促成人际关系的改善是有意义的。

少数民族的文化艺术。包括民间文化艺术和文人文学艺术，具有浓郁的地域文化色彩，充分展示了少数民族非凡的艺术创造力。学习这些文化艺术，培育少数民族学生对本民族文化艺术的兴趣和情感，为弘扬少数民族传统文化艺术储备后继人才。

少数民族传统文化教育。包括少数民族的家庭教育、社会教育、学校教育，它凝聚了少数民族传统文化教育的宝贵经验，学生不但可以从中获得少数民族传统教育内容的相关知识，而且能够理解家庭教育和社会教育的意义，从而自觉维护优秀的家庭教育传统，维护社会规范教育的严肃性。

以上列举的具有教育意义的小传统，不过是从语文学科的范围和德育的特点出发界定的几个大类，每一大类都包括丰富的内容，这些内容又互相交叉，有一定的内在联系。要使这些内容形成具有内部逻辑结构的语文地方课程内容体系，能发挥语文德育功能，还需要进一步的收集整理、加工、提炼。

---

① 覃圣敏主编：《壮泰民族传统文化比较研究》，第4卷，2279页，南宁，广西人民出版社，2003。

（二）符合教育目的、培养目标和课程目标的小传统

关于我国的教育目的和培养目标，2001 年启动的《国务院关于基础教育改革与发展的决定》及《基础教育课程改革纲要》指出：实施素质教育，促进学生德智体美等全面发展，应当体现时代要求。要使学生具有爱国主义、集体主义精神，热爱社会主义，继承和发扬中华民族的优秀传统和革命传统；具有社会主义民主法制意识，遵守国家法律和社会公德；逐步形成正确的世界观、人生观和价值观；具有社会责任感，努力为人民服务；具有初步的创新精神、实践能力、科学和人文素养以及环境意识；具有适应终身学习的基础知识、基本技能和方法；具有健壮的体魄和良好的心理素质，养成健康的审美情趣和生活方式，成为有理想、有道德、有文化、有纪律的一代新人。①

前文针对大传统中的“德”对广西民族地区语文德育的影响，已经列举九年义务教育语文课程标准阶段总目标，它是教育目的和培养目标在学科教学层次上的具体化。

符合这教育目标、培养目标、课程标准要求的小传统包括：

少数民族语言中生动反映现实生活，给学生以哲理和启发的部分。例如凝聚了优秀传统文化观念的名言警句，反映居住地域的地理环境、地质、地貌、物产的地名，如“峒”是四面环山、中有平坝的耕作地域。

少数民族的生活习俗中仍有现实意义的部分。例如少数民族的岁时节日，较准确地表达了一年四季寒暑变化，对农业生产有着重要的意义，通过一定的仪式，让家庭、家族、村落成员聚集在一起，集娱乐与教育为一体，起到凝聚人心、加强团结合作的作用。如春节、青蛙节，原来主要是祈求风调雨顺、五谷丰登，但后来都

---

① 参见 http：//manage. eblcu. cn/specls/cls/100993/course/4/sid003. htm。

发展为多功能的综合性节日，除祈求丰年外，还祈求人身体健康长寿、聪明能干、运气佳好、万事如意等。[①]

少数民族的宗教信仰中反映少数民族对自然和万物的敬畏和信仰部分。例如对山神的崇拜，认为山神居住在村前寨后的山洞、崖壁、深潭、泉水处，在其旁边的大石头、老树等，是山神的化身。过往行人，不能喧哗、吵闹，不能讲山神的名字，不能朝山神吐唾沫或在附近大小便；骑马的人路过要下马；不能随意开山。每月农历初一、十五和逢年过节，都要祭拜山神，祈求山神的保护，除灾怯病。平时进山伐木之前，需向山神禀告，得到允许方可进山。允否标志是点燃三炷香，香燃尽，表示山神应允入山；反之，表示不允许入山。入山狩猎也要祭祀山神，出猎方可满载而归，否则会空手而还，或人员有伤亡。狩猎归来，先祭山神，方可分享猎物。[②]

少数民族的伦理道德中与社会主义核心价值观相容的部分。例如对父母长辈的孝顺，他们认为，没有源就没有江河，没有根就长不成树，没有祖先就没有现在的子孙，故非常敬重自己的祖先，把祖先看成是保护神，用大红纸写“祖宗神位”张贴在房屋中的中心位置，表示此地为神圣之地，任何人不可惊动。凡是逢年过节、喜庆日子，必须先供奉祖先，然后全家人才能进餐。孝敬祖先，有两层意思：一是不忘祖先德，求其保佑；二是善待父母，因为父母终要加入祖先之列，敬重父母是一种孝顺，对自己是一种精神上的安慰与满足。人们把孝顺父母看成遵守伦理道德的神圣行为，要一代接一代地流传下去。此外，必须接受父母长辈的社会公德教育，学会辨明是非善恶，学会礼貌待人，听从各方面的劝告，处理好人

---

① 覃圣敏主编：《壮泰民族传统文化比较研究》，第3卷，1716页，南宁，广西人民出版社，2003。

② 覃圣敏主编：《壮泰民族传统文化比较研究》，第3卷，1985页，南宁，广西人民出版社，2003。

际关系，不做辱没祖先和损害他人的事。①

少数民族的习惯法规中对维护社会稳定仍然有现实意义的部分。例如社会治安习惯法规中对损害农作物的处理，广西东兰县东院镇下壅乡壮族的现行乡约规定：畜禽损害农作物，凡抓到的，牛、马每头（匹）罚款10元，代养5天，每头（匹）还要加收代养费5元；若是猪、羊，每头（只）罚款5元，代养5天以内，每天要加收5元；禽类则按猪、羊减半罚款。如果抓到的畜禽在代养5天后仍无人认领，则可作为无主充公处理。②

少数民族的传统社会结构中有助于和谐社会建设的基本结构。例如宗族内各家庭、各成员之间的团结互助，同宗族的各个家庭，虽是各个独立的生产单位，过独立的经济生活，但他们在生产和生活上团结互助。在春种和秋收的农忙季节，宗族内各个家庭，你帮我，我帮你，不计报酬；生产中你缺农具，我缺耕牛，大家互借互换。生活上互助更多，一家缺粮，宗族兄弟绝不会让他挨饿，更不会让他流浪在外乞讨，这既是叔伯兄弟之情，也出于维护宗族的名誉等。③

少数民族的文化艺术中可以陶冶情操、具有美学价值的内容。例如壮族的布洛陀神话，“布”是对男性长者的尊称，“洛”是知道或通晓的意思，“陀”是所有、完全的意思。“布洛陀”就是天下万物全部知道的老人。相传布洛陀嫌天太低，太阳照得大地热辣辣，就用神斧砍倒铁木，抬上洛陀山顶，把重重的天盖往上顶，把沉沉的大地往下压。布洛陀用手把地皮抓起来，做成了很多山坡。

---

① 覃圣敏主编：《壮泰民族传统文化比较研究》，第4卷，2184页，南宁，广西人民出版社，2003。

② 覃圣敏主编：《壮泰民族传统文化比较研究》，第4卷，2294页，南宁，广西人民出版社，2003。

③ 覃圣敏主编：《壮泰民族传统文化比较研究》，第4卷，2420页，南宁，广西人民出版社，2003。

布洛陀还给花草树木、鸟兽鱼虫、人类畜类一一安名定姓，教人用火，开红水河，造田种地，播种五谷，造黄牛水牛，打鱼虾，养鸡鸭，造房屋等。①

少数民族传统文化教育中对今天的教育仍有借鉴价值的部分。例如通过唱歌和吟诗来进行道德教育，歌颂重要历史人物，述说历史故事等。人们通过民间故事、传说和民间戏剧、舞蹈艺术进行道德教育，还通过举办各种节日活动、集市活动来进行道德教育。②

在少数民族的传统文化中，有不少内容对语文德育而言是有价值的，但也不可避免有一些封建等级观念和封建迷信、庸俗低级的东西，如天峨县北定乡壮族过去的习惯法规定：外甥女出嫁，舅父的儿子享有优先迎娶权。即便舅表是跛脚、断臂、耳聋或眼瞎等残疾人，外甥女也必须无条件嫁给他。如有违逆，舅家有权使用暴力将其强行掳去，任何人不能干涉。③ 所以必须根据教育目的、培养目标、课程标准的要求精心挑选。

（三）适应受教育者身心发展需求的小传统

少数民族学生虽然生长在少数民族地域文化环境中，但对自己民族的地域文化在心理上是否认同是一个相当复杂的问题。从前文的论述中可知，广西民族地区的地域文化深受汉文化的影响，西方文化也通过汉文化的传播渗透到其中，在交通和信息发达的当代社会，这种影响更是势不可挡，就是成熟、理性的成年人，能多大程度上坚守自己的文化立场都很成问题，何况是喜欢新鲜事物的、思

---

① 覃圣敏主编：《壮泰民族传统文化比较研究》，第5卷，2539页，南宁，广西人民出版社，2003。

② 覃圣敏主编：《壮泰民族传统文化比较研究》，第5卷，2932页，南宁，广西人民出版社，2003。

③ 覃圣敏主编：《壮泰民族传统文化比较研究》，第4卷，2284页，南宁，广西人民出版社，2003。

想不成熟的青少年学生。他们被代表时尚的强势文化吸引是正常现象，他们想改变自己的处境，过上更好的生活也是正常的生活需要，无可厚非。但是他们能够融入到新的文化环境中去吗？能从他们所向往和追求的新文化环境中得到自己想要的东西吗？与生俱来的地域文化在他们心理上打下的印记是无法消除的，他们在接受新文化的时候，同时也不断追问自己民族文化的价值和意义。

有学者认为，一些人可能由于自身的素质和其他局限无法主动接受新的文化模式，被迫卷入一种新的文明之中，成为新的生存条件下的社会“边缘人”；另有一些人则自觉地固守原有的文化模式，拒斥新的文化模式所体现的生存方式，最终成为新的生存条件下的社会“局外人”。农村孩子早期的文化习得和生活经验与学校知识及其表达方式相差甚远，教育内容、考试内容又带有一定的城市偏向，这样农村学生在学校的学习就处于一种文化上的弱势，增加了学习难度，从而不利于农村学生取得学业上的成功。20 世纪 70 年代以来，文化资本和文化再生产理论对这种现象作了解释，该理论认为，学生对学校教育所传播文化的熟悉程度，影响他们学业成功的机会。① 为了不让少数民族学生在社会发展的过程中成为“边缘人”和“局外人”，就要从他们的心理需要出发，找到大传统与小传统的交汇处。少数民族地区学校正是这样的地方，一方面，学校要实施国家课程，传授大传统的文化内容；另一方面，学校要实施地方课程，传授小传统的文化内容。大传统和小传统的文化内容虽然内核不同、体系不同，但也有许多相通的地方，这些相通的地方就是教学的逻辑起点。

从少数民族学生身心发展的需要看，以下小传统可以考虑作为语文德育内容：

---

① 《课程文化：涵义、价值取向与建设策略》，参见 http：//club. topsage. com/thread－1365030－1－1. html。

在语言的选择和使用上，可以考虑这样来设计教学：根据少数民族的语言与汉语、英语在表情达意方面的异同，少数民族语言怎样转换成汉语和英语更准确一些；汉语课文转换成少数民族语言会是什么效果，能不能表达原来的意思；少数民族语言怎样转换成英语，能不能完全表达少数民族语言要表达的意思。不让少数民族语言躲在后台，让它成为与汉语、英语平起平坐的语言，让学生去比较各种不同语言的异同，让他们选择自己在怎样的场合使用哪一种语言，确定哪一种语言是自己将来发展最需要的，同时给予学生细致的指导。

在少数民族的生活习俗方面，侧重对现存生活习俗的历史考察，让学生了解生活习俗的来龙去脉、在社会发展过程中的意义和作用、对社会成员的要求、对社会成员身心发展的影响，这是一个方面。另一方面，对曾经风行一时但现在已经逐渐消失的生活习俗也作相应的介绍，目的是让学生知道，生活习俗是怎样随着时代变化在改变的，让学生主动顺应时代发展的潮流，参与到民族文化的发展和创新的工作当中。

在少数民族的宗教信仰方面，主要是让学生了解少数民族祖先在生产力低下时对自然和社会现象的解释，分析这些解释中隐含的心理期盼，认识这些宗教信仰在不同的地理条件、不同的时代对少数民族心灵的影响，特别是流传至今的祖先崇拜和鬼神崇拜，它的价值和意义是什么，它的消极影响是什么。

在少数民族的伦理道德方面，侧重与少数民族居住的地理环境有关的伦理道德观念。如壮族重“理”（内在的理智、理性，包括对是非、善恶的判断力和对情绪、情感的控制力；另一方面指外界的法则和规范等）轻“欲”（一方面指对外来事物的欲求，另一方面则指感情本身），这不但与农业民族有关，更与壮族社会中氏族血缘组织未充分解体有关。让学生认识到伦理道德观念的形成是一个社会历史过程，是人类群居生活的需要，也是个体生存的需要。

农业民族安土重迁的特点使壮族人民长期处于不变的地理环境和人文环境中，必须非常注意与周围的自然和人们的关系。而氏族血缘组织将个体束缚在一个小群体之中，因某种欲望而破坏与这个小群体的关系，其后果是不堪设想的，也是不允许的，“节欲”和“去欲”是保持个体与群体关系的需要。①

在少数民族的习惯法规方面，选择与学生的日常社会生活有密切联系的习惯法，分析其与现行法律法规相容的部分，区分与现行法律法规不一致的部分，告诉学生现行的法律法规为什么涵盖了一些习惯法规，为什么不承认另一些习惯法规，原理和根据是什么。可以重点选择婚姻习惯法、人伦习惯法、财产习惯法、道义习惯法、山林水土习惯法、社会治安习惯法等内容。

在少数民族的文化艺术方面，侧重少数民族的民间文化方面，包括神话、传说、故事、歌谣、民谚、咒语、长歌、史诗、叙事诗、戏剧等文化艺术形态。在综合性学习活动中，让学生回到家庭和社会，收集有关民族历史文化的故事、传说、歌谣等，自编本人的家谱，与同族的同学合作编写家族的族谱，与同村同学合作自编少数民族村落的村史，在编写的过程中认识自己的生活环境，在深入认识的基础上产生民族自尊心和责任感。

在少数民族传统文化教育方面，侧重家庭和社会教育方面。少数民族的家庭教育主要方式是言传身教，在家庭成员之间，讲究长幼之序，在与家庭以外的成员交往时则讲究诚实和情义。这些伦理道德规范的教育是在具体的生活场景中进行的，是生活的一个组成部分，长久的熏陶之后，就成了人们的行为习惯和心理定势，形成为一种道德素养和具有民族文化色彩的家教和家风，代代相传。因此，学校教育应该从中吸收行之有效的方法，重在言行一致，知行

---

① 覃圣敏主编：《壮泰民族传统文化比较研究》，第4卷，2174～2176页，南宁，广西人民出版社，2003。

合一，把培养良好的行为习惯与造就伟大人格的目标联系在一起。

综上所述，小传统里有丰富的语文德育课程资源，为地方语文课程、校本语文课程的开发提供源头活水，需要语文教师去开发利用。如果暂时还无力开发地方课程和校本课程，在国家课程的框架内，也可以联系少数民族的生活习俗，联系学生使用的民族语言，对书本知识进行更灵活的解读，使语文课堂变成两种语言、文化交流和对话的场所，这对少数民族学生的人格培养意义是深远的。

第四节　广西民族地区语文德育环境的特点

一、精英文化与通俗文化的对立统一

在前文中，我们把影响语文德育的环境因素分为政治环境、经济环境、文化环境，这只是环境因素中的大类，每个大类中又有许多小类，小类中又有许多具体事物，它们与语文德育的联系或直接或间接，影响的大小也很不相同，而且每个因素都不是单独作用于语文德育，是多种因素叠加影响。

在语文课程研制和实施的过程中，多种环境因素叠加性的影响是客观存在的。在广西民族地区学校语文课程体系中，从课程决策的层次来看，实施的是课程标准规定的三级课程体系，即国家课程、地方课程、校本课程。在三级课程体系中，每一级的决策主体都会把自己对语文课程的理念渗透到语文课程当中，影响语文德育的实施和效果。这些决策主体的语文课程理念来源于其所处的社会政治、经济、文化环境，他们是一定社会环境影响的代表，可以对语文课程和语文德育施加直接的影响。在国家课程的层面，大传统是主角，小传统是配角；在地方课程与校本课程层面，小传统是主角，大传统是配角。在广西民族地区，目前占统治地位的仍然是国家课程，因为国家课程背后有其强大的政治、经济、文化力量，它能够支撑国家课程体系研制和实施过程中庞大的文化资本和人力资本。

从课程运行的层次看，依次是：理想课程—官方课程—校方课程—所教课程—所学课程—所得课程。每一个层次都关涉不同的主体，每一层次都涉及主体生存的环境，这些环境因素都会渗透到课程运行的过程中，产生或大或小的影响。

理想课程，是人们按照一定的哲学或理论，以一定的价值观念为核心构建起来供选择使用的新课程方案，其特点是理想性，表现为一种与远大的课程目标相联系的特殊想象。理想课程反映具有特定价值观念或特殊利益者的课程理想或描述他们期望的课程取向。理想课程可能是精英文化取向的，也可能是通俗文化取向，但是一般来说，精英文化取向的理想课程被官方采用的可能性更大一些。不过，在官方采用精英文化取向的理想课程方案时，也会吸收通俗文化取向的理想课程的某些因素，以使课程的整个价值取向更能取得大多数课程参与者的支持。

官方课程，是由一个国家的各级立法机关或行政机关组织制定、颁布和实施的课程，一般包括课程计划（教学或教育计划）、课程标准（教学或教育大纲）、教学教育材料，主要规定主流课程理念、教育目的目标、教育内容和主要教育教学材料。官方课程具有法律权威或行政权威，具有一定的强制性。官方课程是精英文化取向的，可能有通俗文化因素，但必须是精英文化能够接纳的部分，起到适当调和两种取向的平衡作用。

校方课程，是学校组织制定、颁布和实施的课程，在理论观念上受理想课程的影响，在目的目标和内容材料上被官方课程所决定。校方课程可能出现两种相对的倾向：一是适合性创新，即适应文化、社会和社区的特殊需要，创新出新课程，如三级课程体系中的语文校本课程的开发，满足提高教育水平和教育质量的需要；二是沦落为低水平，对教育水平和教育质量带来严重负效应，不能开发语文校本课程，不能满足少数民族学生特殊的教育需要，无法提高教育质量和教育水平。这主要取决于校长和教师的课程研制水平。校方课程是精英文化和通俗文化的合体，校长和教师作为语文校本课程研制的主体，在语文校本课程研制的过程中，必须兼顾两种取向，一种是精英文化取向，与理想课程、官方课程保持一致；另一种是通俗文化取向，与本校学生的文化背景和知识基础相对应。只有这样，开发出来的校本课程才能在制度框架下得到实施，才能在一定程度上满足当地学生特殊发展的需要。

所教课程，是由学校的教师决定的、在教育活动中由教师自己向学习者传授的课程。所教课程包括知觉课程、教师教案课程和运行课程。知觉课程是存在于教师心目和意识中的课程，是教师对校方课程的觉察结果与自己的课程理想相互作用的结果。教师教案课程是教师精心准备、设计并书写出来，即将用来组织实施课程的方案。运行课程是教师在实际教育活动中组织学生学习的课程。所教课程中的知觉课程主要是精英文化取向的，对应校本课程中的精英文化取向，但因其中已经蕴含了教师的课程理想，也可能不是精英文化取向，其中也许包含了通俗文化成分。所教课程中的教案课程更是带有教师的教学设计理念，其精英文化成分在减弱，而通俗文化的成分在增加。所教课程中的运行课程加入了学生主体的活动，虽然是在教师的指导下，但课程在运行过程中的生成性特点使得课程的通俗文化取向更为鲜明。

所学课程，是在有组织的教育活动中，学生按照学校和教师的要求学习的课程，它可以是教师所教课程，也可以超出了所教课程，也许仅仅是所教课程的一部分。表面上看，似乎教师的所教课程决定学生的所学课程，但事实上，在学校实际教育活动过程中，所教课程与所学课程是没有正相关关系的。精英文化运行到这一环节，已经深入到通俗文化的腹地，课程实施的主体是生活在社会基层的教师和学生，他们也是通俗文化的创造者，对精英文化，他们只接受对自己有益的部分，其他的内容，如果与他们的需要有距离却又不能不学习，他们有可能把精英文化的一部分工具化，另一部分则悬置起来。

所得课程，是学生在教育活动过程中经过学习内化了的课程，从现代的儿童本位价值观念看来，在课程的层级结构中，所得课程才是课程实质所在。被学生内化的精英文化占的比例越大，学生在语文学习中的成绩越突出，拥有的精英文化资本越多，将来在精英文化主导的社会上越能获得优越的社会地位和优厚的报酬；反之，被学生内化的通俗文化占的比例越大，学生在语文学习中获得好成绩的可能性越小，拥有的通俗文化资本越多，越倾向于突破精英文化设计的社会上升阶梯，通过其他的路径获得社会的承认。

过去，人们比较重视的是理想课程、官方课程或校方课程，思考问题的出发点和逻辑是从理想课程出发，经官方课程、校方课程、所教课程、所学课程，再到所得课程；现在，需要转换思维逻辑，从儿童所得课程出发，经所学课程、校方课程和官方课程，再到理想课程，进而追求理想课程、官方课程、校方课程、所教课程、所学课程和所得课程的有机结合和整合。①

在语文课程自上而下的运行过程中，随着课程主体的变化，影响课程的因素不断叠加，精英文化取向和通俗文化取向的比重在课程中也在发生变化，精英文化是由强变弱，通俗文化是由弱变强。自上而下的改革是精英文化取向的，追求的是理想课程和所得课程的高度统一，以达成预设的课程改革目标。但这实际上是不可能完全做到的，因为在每一个运行的层次都叠加了不确定的因素，最好的结果也是不确定的。那么自下而上的改革，从所得课程开始到理

① 黄甫全主编：《课程与教学论》，83～86页，北京，高等教育出版社，2003。

想课程，就能保证课程运行过程中一致的价值追求吗？也未必，通俗文化要进入有组织、有计划的学校课程系统必须经由精英文化的认可和验证，经过了这一关，通俗文化还能保持自己的本质特征吗？它还是不是学生喜闻乐见的通俗文化？经过精英文化的精心打扮之后，通俗文化可能就失去了对学生的原始吸引力。

在广西民族地区语文德育的过程中，作为大传统的精英文化取向占主导地位，作为小传统的通俗文化起辅助作用，这一定位至少在目前是可以参照的比较好的方案。在课程运行的每一个层次，这都是基本的运行规则，并以此协调叠加在其中的种种因素，使其沿着同一个方向前行，寻求两者都可以接受的折中方案，即精英文化的包容度和通俗文化的合作态度。

二、多种语言交互作用的特殊场域

如前所述，广西有 11 个世居少数民族，每个民族都有自己的民族语言，在民族聚居区通行的是少数民族语言；在民族散居地区，通行汉语，也通行各种民族语言。

改革开放以来，民族地区的开放程度前所未有，与外界的联系日益频繁，除了在学校教育中取得成功的学生外出求学之外，外出打工的人员也越来越多，主力是青壮年农民，加上辍学的学生。他们直接接触操各种汉语方言的汉族人，为了谋生，学会了打工地的汉语方言，模仿汉族人的生活方式、穿着打扮，尤其是追求时尚的青年人，很容易接受汉族的语言和生活方式，慢慢在打工地生存下来，挣钱养家，如果找到挣钱多的工作，还可能在外面待比较长的时间，只把孩子留在家里由老人看管。

在笔者的家乡，几乎所有的家庭都有外出务工人员，只有年老体弱的老人没有外出务工的经历。一般来说，老人喜欢穿戴民族传统服装，说少数民族语言，而青年人和在校学生，一般是用汉语交流，把民族服装视为“老土”，穿汉族时兴的服装，以表明自己见多识广，不是落伍之人。

在广西，不管是在少数民族聚居区，还是少数民族散居的地区，既可以听到汉语普通话，也能听到广西称之为“桂柳话”的汉语本地方言，还能听到当地各种少数民族的语言。大多数少数民族在生活中是经常在汉语和少数民族语言中转换，他们基本上能根据交往的对象转换语言，只不过有些汉语说得流利些，有些说得生疏一些，但简单的交流是没有问题的。

这种特殊的社区文化环境也影响了学校的语言环境，现在的广西少数民族学生也知道根据交往的对象调整自己的语言，跟教师说普通话，这是学校要求；跟食堂的工友说本地民族语言或本地汉语方言，方便实用；跟其他民族的同学，说普通话或者汉语方言，互通有无；跟同村、同民族的同学讲民族语言，亲切自然。只不过，有些少数民族学生因为母语是少数民族语言，受其语音、语调的影响比较深，汉语发音和语调也带上母语方音的特点，不熟悉这种发音习惯的人听起来吃力一些，但并不影响正常的交流。

多种语言交互作用的场域要求广西民族地区语文德育适应这种需要，作出相应的调整。首先，在学校真正实现各种语言地位的平等，允许少数民族学生在不同的场合选择合适的语言交际交流，包括在语文课堂教学中使用少数民族语言。在少数民族地区的学校教育活动中，语文不应该只指汉语，还应该包括少数民族的语言，应该让少数民族的语言进入语文课堂，与汉语进行正常的交流，使少数民族学生的语文学习和他们的语言生活有机联系起来，在课堂上既可以学到正确的汉语表达，也能学到相应的少数民族语言的表达方式，可以在两种表达方式上随意转换。

教师要有指导学生说好本民族语言的能力。广西民族地区学校的教师一般都是本地教师，熟悉本民族的语言和当地的汉语方言，这一专长要充分发挥。根据前文李小玲和王丽对壮族地区学校调查的情况看，少数民族地区学校的教师并非不想在语文课程中传播民族文化，而是担心影响学生的考试成绩，因为课本里没有民族文化的内容，考试也不考，所以就不讲，而不是没有能力指导学生说好本民族的语言。广西民族地区的语文课程，如果把少数民族的语言也纳入其中，语文教师就有指导的责任；如果能在考试中有所体现，那么语文教师就应该加强自己民族语言的素养，提高自己的指导能力。只有这样才能对学生进行有效的指导。

说好少数民族语言是少数民族学生的特长，而不是他们的弱点。让少数民族学生建立这样的观念，在需要讲民族语言的场合能把民族语言讲得好，是一种值得肯定的语言能力，在需要讲汉语的场合能把汉语讲得好，同样是一种语言能力。这两种能力在语文学习过程中都要加强。让学生在潜意识中不把少数民族的语言能力当成语文学习的障碍，妨碍汉语的学习，而是把它当成一种能力，使两种语言能力可以在学习的过程中相互影响、相互促进。

辨别少数民族语言思维和汉语思维之间的差异，在用少数民族语言表达时用少数民族语言思维，在用汉语表达时用汉语思维。在课堂语言交流中，或者是在写作训练中，如果用汉语表达，强调用汉语表达的规范性，在语音、语法、词汇上，都用规范的汉语，训练汉语思维能力，形成汉语思维系统。如果用少数民族语言表达，就用地地道道的少数民族语言，尽量全部使用少数民族语言的词汇、语序、语调，训练少数民族语言思维能力，形成少数民族思维系统；并且清楚两种语言在基本词汇、语法结构、语音、语调、语序上的差别，训练在语言交际中在两种语言思维系统中自由转换的技巧和能力，让学生尽量在汉语表达中不夹杂少数民族的词汇、语序，让不熟悉少数民族语言的交流对象可以听懂、看懂，除非把两种语言的混杂当成一种修辞手法，追求地域特色的表达方式。

总之，开放的广西民族地区是多种语言交互作用的场域，在这样的语言环境中进行语文德育，有必要把少数民族的语言纳入语文课程运行体系的任何环节，提高学生的语言思维和语言辨别能力，在需要不同语言表达的场合能选择合适的语言，进行规范的表达，不影响正常的交际交流。

三、多种风俗习惯基础上形成地域性的“那文化”

广西少数民族的风俗习惯是在漫长的历史文化过程中逐渐形成和发展的，与其特殊的地理环境、气候特点、人口分布、农业生产相适应，具有相对的独立性，显出与其他民族不同的特质，这是一个主要的方面；另一个主要方面，风俗习惯在形成和发展的过程中，地域相近的民族之间互有往来，其风俗习惯互相影响，你中有我，我中有你，相同相似的地方也不少。

广西少数民族文化的地域文化特性十分明显。首先，从地域划分来看，广西地处我国南疆，有独特的地理环境和气候条件；其次从民族历史发展上看，远古时代，广西境内就有人类活动，他们是今天广西少数民族的祖先，在与大自然的抗争中创造了辉煌的物质文明和精神文明，是中华民族文化遗产不可缺少的组成部分；从大量的文化现象和考古发现来看，广西少数民族有自己的民族语言，有自己的生产生活习惯和由此而生成的生态文化，广西少数民族地区的铜鼓、花山壁画、刘三姐的山歌闻名遐迩；从完整的体系上看，早期的广西少数民族先民就具有自主的文化形态，他们的民居文化、饮食文化、服饰文化、节日文化、艺术文化、神话文化、宗教文化、歌谣文化、医药文化等都是有机的整体；从自身鲜明的特色和本质特征来看，广西少数民族地域文化属于“那文化”（“那”是壮语稻田之意）的范畴，是东南亚“那文化圈”的重要组成部分。

从前文已经介绍的广西少数民族分布的情况可以看出，广西少数民族在漫长的历史发展过程中逐渐形成了小聚居、大杂居的基本格局，各少数民族之间交流融合，节日庆典、风俗习惯互相影响，形成奇特的广西少数民族地区的地域文化，在偏远的西部山区少数民族聚居的村落，保留比较多的是本民族的基本词汇和风俗习惯，“那文化”的农业文明传统相对保存完好；在东部沿江、沿海农业生产比较发达的地区，汉族的势力在秦朝以后不断扩大影响，各民族之间的交流融合比较明显，有趋同的倾向。

这种地域文化的形成与广西的地理位置、环境条件、气候特点也有很高的相关。广西西北接云南，北接贵州，东北靠湖南，东南邻广东，西南与越南接壤，南临北部湾，是我国唯一沿海（南海）的民族自治区，这种开放性的地理位置，给民族之间的往来和外来文化的输入带来便利，形成海纳各种不同文化的包容心态。同时，广西又是一个山地、丘陵多，平原狭小的地区，喀斯特广布是其地貌重要特色，多奇峰异洞，山水秀丽，形成众多旅游胜地，“桂林山水”是喀斯特地貌的典型代表。这种地貌特点造成的交通阻隔，使各地聚居的少数民族具有相对的独立性和自足性，形成与当地自然环境相协调的生产、生活习惯，与众不同的民族风情。广西的气候特点也是培育其农业文明的土壤。广西位于祖国南疆，北回归线横贯中部，南临北部湾，夏半年受海洋暖湿气流的影响，冬半年多受大陆气团影响，干湿季明显，属亚热带季风气候，气温高、热量丰富，雨量充沛，雨热同期，无霜期长，作物几乎全年都可生长，气候条件相当优越。这种气候特点使广西少数民族的先民创造了独特的民族建筑——干栏式建筑，以避潮湿瘴气、毒蛇猛兽。在汉族官吏视为瘴疠之地的恶劣生存环境中，少数民族建立了自己的家园。这种文化形态凝聚了少数民族先民适应环境的能力和智慧。这种气候也使野生水稻的驯化和大量种植成为可能，造就了“那文化”。总之，广西的地理位置、环境条件、气候特点决定了它的地域文化不同于中原汉文化。相对而言，在与汉族共存的历史空间中，广西少数民族经济、文化显然处在不利的弱势地位，因此它更讲究宽容。为了更好地生存和发展，广西少数民族多少带着天真和热情接纳异文化和由此带来的生产生活上的变化，顺应着这种变化不断调整自己的心理结构，虽然异文化渗透到少数民族文化的各个方面但却仍然不能完全覆盖它，它仍旧沿袭自己的内在逻辑和脉络缓慢前行。广西少数民族的地域文化也区别于我国大西北的游牧民族的文化，游牧民族逐水草而居的习俗造就了他们主动进攻型的强势性格。相对来说，广西少数民族对土地和宗族的依恋使他们形成比较温顺平和的性格，容易满足。总的来说，广西少数民族地域文化主要属于“那文化”，即稻作文化，“在水稻种植和食用稻米的过程中，形成了据‘那’而作、凭‘那’而居、赖‘那’而食、靠‘那’而穿、依‘那’而乐、以‘那’为本的生产生活模式，造就了南方稻作文化，与北方旱作文化和游牧文化相并列的生计模式和文明类型。”①

在“那文化”环境中进行语文德育，就要吸收“那文化”的要素，就要联系“那文化”的生产和生活习惯。在广西民族地区，语文德育资源的开发不能离开“那文化”的丰厚积淀，它是语文德育的现实基础；语文德育活动也是在“那文化”的背景中进行的，它是少数民族地区学生语文学习的心理基础，只有在这个心理基础上，才可能建立扎实的语文素养的大厦。

四、多种文化传统和平共处

广西有11个世居少数民族，事实上在广西居住和生活过的少数民族远不止11个，他们因为各种原因，诸如战争、灾荒、经商等到广西来，他们带来的文化对广西民族地区的地域文化产生深刻的影响，吸纳了各种文化要素的广西民族地域文化显示出了自己的

① 韦美日：《广西少数民族地区地域文化的定位》，载《中国德育》，2007（6）。

民族文化特色，形成了多种文化传统和平共处的生态环境。

广西少数民族地区地域文化主要为“那文化”，地处“那文化圈”，而“那文化圈”的范围，“东至我国广东省中部偏东，西至缅甸南部和印度西部的阿萨姆邦，北至云南中部、贵州南部，南至泰国南部、越南中部和我国的海南省”。“那文化圈”的“那文化”具有同质性，“那文化圈”就是稻作文化圈，“那文化圈”是稻作起源地之一。“创造这种‘那’文化的是最早居住在这一带的侗台语族群，这些族群具有语言同源、以‘那’为本的传统生活模式、居住干栏、使用铜鼓等共同的文化特征。”①

作为“那文化”的一个分支，广西少数民族地区地域文化的基本内涵，首先是指广西少数民族在长期的生产和生活过程中创造的物质文明成果，包括与当地的生存环境相关的干栏式建筑，与稻作文化相关的双肩石斧等石器，还有与稻作农业密切相关的铜鼓等。其次，它涵盖广西少数民族在长期的历史发展过程中智慧和经验的结晶，即精神文明成果，包括与稻作农业有关的花山壁崖画，凝结了西瓯、骆越部族原始文化的神话传说，有稻作文化烙印的多神崇拜、山歌、壮医等。

作为历史的存在，广西少数民族地区地域文化不但沉淀在各种物化的形式中，也潜存于无形的民族意识和民族精神中。作为一种文化现象，它与广西少数民族的生产和生活密切相关，也是一种生活形态，阐释着一种生存哲学，一种人与自然、人与人共生共荣的生命哲学，虽然简朴，但是真挚，能唤醒生命中的善良意愿。它经历了由简单到复杂、由一元到多元、由自在到自为的进化过程。在这一过程中，有创造、开拓的喜悦篇章，也有贫穷落后的痛苦和屈辱的哀鸣，有平和安宁的田园生活式的诗情画意，也有用刀光剑影

① 覃圣敏主编：《壮泰民族传统文化比较研究》，第1卷，27页，南宁，广西人民出版社，2003。

的激烈对抗完成的英雄史诗。作为一种独具特色的文化体系，它有自己鲜明的个性。

（一）农业社会的文化

“那文化”最基本的含义就是农业社会的文化，是以培植水稻为生的民族所创造的文化。广西少数民族聚居的地区大都适合种植水稻，种植水稻成为主要的生产方式，由这种生产方式演化出以稻米为主食的饮食习惯和其他生活习俗。这些生活习俗可以从其传统文化的物化形式和非物质遗产中得到印证：为了接近稻田居住，不受地面湿气和毒蛇猛兽的袭击，形成了干栏式建筑。适应田间劳动的需要，服饰的颜色偏重深色，多为宽松型。适应水稻生长的需要，节日是按农时安排的。水稻的丰收需要充足的雨水，产生了与此相关的多神崇拜。沿着水稻种植这一主线，可以为广西少数民族的地域文化找到根本的依据。

农业社会文化是贴近自然的。广西少数民族在世世代代与自然斗争的过程中学会了敬畏自然。村边的大树被尊为神，人们给它上香火，乞求它保佑全村的安宁，它也受到村民的保护。稻田里的青蛙也被视为神，祭祀它可以带来风调雨顺，所以有了各地祭祀青蛙的传统节日。

农业社会文化是个性化的。广西少数民族地区的各民族各有自己的语言和文化，虽然在大杂居的环境中有趋同的倾向，但是在历史传统和基本结构上其特点还是十分鲜明的。在环江毛南族自治县，“三南”（上南、中南、下南）是毛南族的聚居地，通行毛南语，唱毛南语山歌，过毛南族的传统节日，遵守毛南人的风俗习惯。在其他乡镇杂居的毛南族，他们除了接受当地民族的风俗习惯和语言之外，也保留本民族的语言和风俗习惯。

农业社会的文化是契约式的。广西少数民族地区的社会组织结构是相对松散的宗族社会，有成文的或不成文的村规民约，大家共同遵守，不遵守者要受处罚，请出族中德高望重的长者提出惩罚意见后实施处罚。邻里的矛盾和纠纷大多也是通过这种方式解决。现在的村民委员会要真正取得村民的信任，也得尊重村中有威信的长者的意见。

农业社会的文化是自足型的。虽然这种文化形态在近代中国的半殖民地半封建的社会中受到严重的破坏，但广西少数民族毕竟生活在交通不便的山区，自然发展出自给自足的生产生活模式，从生产工具到生活用品，大多可以自己生产，少数才到集市中去购买。祖居乡村，很少有机会外出的村民尽管生活水平不高，但精神上是自足的，他们过着日出而作、日落而息的乡村生活，没有太多的物质追求，农闲的时候在一起谈古论今，唱唱山歌，农忙的时候大家互相帮助，忙完这一家，又到那一家，然后在一起吃饭、喝酒、聊天、说笑。随着外出打工的农民不断增多，市场经济的氛围浓厚起来，广西少数民族农村自足型的文化逐渐被边缘化。

农业社会的文化是人性化的。广西少数民族的生产劳动是以家庭为单位的，劳动时间、劳动方式、劳动强度、劳动效率完全由劳动者自主决定，在生产方面享有精神上的自由，养成村民休闲、自在的生活态度。在自家的干栏屋里，吃着自产的粮食和蔬菜，一边干家务，一边教育子女要好好读书，一边跟来串门的邻里说话，这就是他们的日常生活，虽然辛苦，但是人性化的、自由的生活。

（二）自主创造的文化

广西少数民族是南方稻作文化的创造者之一，在长期的生产劳动和社会生活实践中，运用民族的、群体的智慧解决生产生活中的实际问题。他们解决问题的方法和视角是独特的，有地域色彩，富有创造性。自主创造的文化特点体现在以下几个方面。

1. 原创性

广西大部分世居民族在长期的生产生活中形成的“那文化”

具有原创性，而原创总是植根于民族生活的厚实土壤。原创的基本含义是它的生成性，它是在主体与环境的相互作用中生成的，带有明显的环境烙印和民族心理特征。原创的另一特征是其生产性的特点，它不但是一种生存智慧的结晶，还是民族生存意识的源头和生存发展的起点，从这个起点出发可以形成民族文化的长江大河。原创的示范效应是很明显的，原创文化的成型就是由小到大的发展过程，其影响的范围和深度也是层层推进的。从广西少数民族的民居看，广西少数民族的干栏建筑是适应少数民族地理环境和生活条件而产生的，既利用了山区坡地的地形特点，又避免了南方的湿气和毒蛇猛兽的侵害，有别于平原地区的汉族民居，体现了少数民族适应居住环境的生存智慧。广西少数民族先民驯化了野生水稻，不仅满足了生存需要，而且不断发展了与水稻种植相关的农业生产技术和生活习俗与禁忌，促进了农业社会的发展。他们创造的语言，能准确恰当地表达他们的生活经验和感受，他们的俗语、谚语、山歌，形象生动，有浓郁的山区生活韵味，音韵和谐，回味悠长，世代相传，影响深远。

2. 情境性

文化是一个有生命的生态环境系统，具有情境性。情境不但是环境的产物，更是少数民族生命活动的表达方式。文化的情境性首先设定文化特定的产生和发展的环境，这种环境不只是地理位置和地形特征，还有人文因素。情境中的人文因素是包括广西少数民族的生存意识、生活态度、宗教信仰、人伦道德、情感趋向等因素的集合。谈论文化的情境性，离不开独特的环境氛围，更不能忽视主体在特定环境中培育的人格特质。不能离开群体利益和规则去追求个体的解放和自主，作为环境的产物、作为群居动物，离开具体的环境和社会，人的自主性就是虚拟的，不具有现实意义。广西少数民族地域文化的情境性主要体现在淳朴的民风上。因为地处山区，交通不便，经商意识比较薄弱，甚至有轻视、鄙视商人的传统，耻于言利，更不去争利，以和为贵，更愿意以物易物的形式互通有无。农忙时节有互相帮忙的传统习俗，而不是以雇佣的方式获得劳动力。改革开放以来，随着广西少数民族地区外出工作和打工人数的不断增多，商品经济的意识逐渐浸入少数民族生活的各个领域，产生不可逆转的影响，对少数民族的传统观念造成极大的冲击。

3. 创生性

创生意味着在与周围环境的互动中挖掘发展自身的潜能，在于善于吸收和利用现存的各种物质和精神资源，这种吸收和利用不仅仅是单纯的复制和仿造，而是在为我所用的基础上力图创新，以满足自身进一步发展的需要。在与汉族文化的长期交流与融合中，广西少数民族既有广泛的吸收，同时也有自己的创造。广西少数民族青铜铸造技术来自中原的汉文化，但其产品及其内含的文化却迥然不同，铜鼓上的花纹和图案表明它与广西少数民族的宗教信仰和风俗习惯的密切联系。方块汉字是汉民族的创造，壮族的师公却利用了它的音、形、义创造了自己的土俗字，用于祭祀。

4. 反思性

反思是文化的自觉，是在调整自身与环境的关系中产生的，意识到自身的优势，通过发挥自身的优势而使环境朝着有利的方向发展，其心理趋势是自我认同和对外扩张，是强势文化的主要特征，在与广西少数民族交往的过程中，汉族文化的这一特性是十分显著的。意识到自身的缺陷，通过顺应环境而获得生存发展的空间，是弱势文化的典型表现。在广西少数民族发展的历史上，为了生存和发展，在恶劣的生存环境中，在历代统治者的武力、强权的威胁下，广西少数民族不能不避开锋芒，选择适合自身发展条件的生存模式，产生了对外来文化的崇拜心理。这种习惯于顺从的文化心理，对建立民族自尊心和自豪感是不利的。

（三）开放兼容的文化

广西少数民族历史上受汉文化的影响是深远的，从秦朝开始，历经上千年，延续至今，汉文化已经是广西少数民族文化中不可缺少的一部分，渗透到物质、精神生活的方方面面。

在广西少数民族的语言中有汉语的词汇，这些词汇随着汉人的生产技术和生活经验一起进入他们的生活和词汇中。虽然当初进入这些地区的汉人和当时的少数民族同属农耕社会，但是汉族是有文字的，而且农业技术也比少数民族先进，少数民族不但接受了汉族的农耕技术，也接受了汉族的文化，并且设法使之本土化，符合南方稻作文化的特点。广西少数民族大多有语言没有文字，像壮族，就直接“利用汉字的形、音、义和六书构字法构造出一种方块壮字”，用于“记录民歌、故事、传说，书写经文、契约和记账等”①。其他少数民族的语言中直接取自汉语的词汇也不少，而且两种民族语言如果无法正常交流，人们会习惯用汉语交流。更有一些少数民族为了下一代能在汉族文化占支配地位的社会中获得认可，从小就教孩子说汉语，而不教他们自己民族的语言，尤其是与汉族杂居的少数民族。汉文化的深刻影响由此可见。

广西少数民族的多神信仰中也融合了从汉文化传入的道教、佛教的影响，在他们的丧葬礼俗中，做法事的师公有一整套的仪式，唱本内容丰富，包含了壮、汉文化的成分。就是在少数民族的神话传说中，也能看到汉族神话传说的影响，如壮族的《布洛陀》和《侯野射太阳》，就与汉族的创世神话和后羿射日非常接近。

广西少数民族的传统民居建筑是干栏式建筑，与他们所处的自然环境协调一致，具有防潮、防猛兽的功能。但是后来，少数民族

---

① 覃圣敏主编：《壮泰民族传统文化比较研究》，第1卷，7页，南宁，广西人民出版社，2003。

的居住环境发生了变化，因为森林面积日趋减少，毒蛇猛兽远离人类，用于建筑的木材也不断减少，且价格昂贵，加上全木式的干栏建筑易于着火，汉族的硬山搁檩式建筑显示了结构坚固、不易着火的优势，在少数民族地区流行开来。当然，其中也有汉族文化对少数民族心理上的深刻影响，少数民族在与汉族杂居交往的过程中，不同程度地承认汉文化的优势地位。

广西少数民族的传统节日多与稻作文化有关，但也深受汉族传统节日的影响，春节、清明节、端午节、中秋节等是汉族的重大节日，也是广西少数民族的重要节日。节日中的许多活动也是相似的，如春节的贴对联、贴门神、守岁、祭祖、放鞭炮、给小孩压岁钱、舞龙舞狮等活动是汉族和少数民族都喜爱的节庆活动。

在文化全球化的背景中，广西少数民族地域文化的兼容态度或许可以优化少数民族地域文化的内涵和环境，从而赢得更大的自主发展空间。①

总之，在多种文化和平共处的教育环境中进行语文德育，两种心态非常值得重视，一种是对自己民族文化的自守，另一种是对其他民族文化的尊重。只有深入了解、认同自己的民族文化，自守才有基础和可能，因此，语文课程研制和实施的各个层次都应该强化民族文化的因素。尤其是在实施层面，语文教师自己的民族文化素养一定程度上决定了民族文化是否能够进入语文教育活动中，能否对学生的民族情感产生积极的影响。因此，我们在呼吁通过制度来确立民族文化在语文德育中的地位的同时，利用现行的开放的课程体系，在每一个环节注意引入民族文化的元素也不是不可能，因为民族地区的地域文化本身就有极强的包容性，不难找到共同的文化元素。

---

① 韦美日：《广西少数民族地域文化的特点》，载《广西师范学院学报》，2007（3）。

五、多种价值取向的对立统一

在前文中，我们把广西民族地区语文德育环境的影响因素归结为三类，即政治的、经济的、文化的语文德育影响因素，每一类从外层到里层，依次是国际的、国内的、广西的语文德育影响因素。在类别之间，在各个层次，我们都可以看到不同的价值取向，这些价值取向又通过各种途径影响到学校的语文德育，使语文德育不能不面对价值选择的问题，不能不培养学生道德判断的能力。另外，在语文课程研制和实施的各个层面，牵涉各个不同的主体和社会阶层，他们也把自己的价值观渗透到语文德育当中，对语文德育产生影响。语文德育在运行过程中不但受制于自己内部的各种复杂因素相互作用产生的巨大影响，而且也间接地反映多元价值社会对个体的思想行为的影响。语文德育内部的复合结构和外部的复杂因素使其不能不面临价值抉择的问题。

党的十七大报告指出："建设社会主义核心价值体系，增强社会主义意识形态的吸引力和凝聚力"，"要巩固马克思主义指导地位，坚持不懈地用马克思主义中国化最新成果武装全党、教育人民，用中国特色社会主义共同理想凝聚力量，用以爱国主义为核心的民族精神和以改革创新为核心的时代精神鼓舞斗志，用社会主义荣辱观引领风尚，巩固全党全国各族人民团结奋斗的共同理想基础"。因此，广西民族地区的语文德育的重要任务就是帮助学生在价值多元的社会环境中，正确认识马克思主义中国化的最新成果，坚持爱国主义的传统，坚持改革创新，做具有科学素养和人文素养的社会主义现代公民。

要让广西民族地区的学生建立社会主义核心价值观，就要让他们认识到他们所处的这个多元价值时代的特征和多元价值的含义，从而建立自己的价值坐标体系。多元价值是与一元价值相对的概念，是指某一国家在一定社会历史时期有着各种不同的价值观，这些不同的价值观并不是用来解决社会冲突的，也不是作为阶级斗争或革命的工具而存在，而是表明整个社会存在着各种生活方式，不同个人有着不同的价值信仰。价值多元意味着各种价值并不是彼此排斥，而是相互平等、相互尊重、相互宽容的。价值多元时代是随着计划经济时期所倡导的道德价值逐渐解构而悄悄来临的，各个社会领域由此获得了自己独立的价值，人们对价值多样性和差异性的追求，也反映了现代社会人们对个人自由权利的关切，这是社会进步的表现。社会各个领域价值具有独立性和合法性，价值交流和对话成为必然，通过对话与交流形成新的、人们普遍接受的价值体系。在建设社会主义核心价值体系过程中，广西民族地区语文德育的任务是，在平等和互动的原则上进行文化价值交流与传播，正确认识价值冲突产生的客观必然性及人类社会的相互依存性，理解价值多样性是各民族、国家交流和创新的源泉，在文化价值平等的基础上取长补短，把价值冲突转化为价值融合。[①] 具体来说，就是承认各种不同价值存在的合理性，但是个体和社群必须有理性的价值抉择的能力，不能陷于道德相对论和道德无政府主义，而是在坚持马克思主义的原则立场上，选择健康的生活方式，同时也同样尊重别人的价值选择；维护自己民族、国家的利益，同时不损害其他民族、国家的利益；继承和传播自己民族的传统文化，同时不排斥其他民族优秀的传统文化。

---

① 唐土红：《多元中的价值对话——当代中国价值重构的理性抉择》，载《理论与改革》，2009（1），11～13页。

参考文献

［1］费孝通等．中华民族多元一体格局．北京：中央民族学院出版社，1989

［2］卢克谦等主编．美丽的环江．桂林：广西师范大学出版社，1992

［3］［美］乔纳森·H. 特纳著，邱泽奇、张茂元等译．社会学理论的结构．北京：华夏出版社，2006

［4］林耀华．民族学研究．北京：中国社会科学出版社，1985

［5］林耀华主编．民族学通论．北京：中央民族大学出版社，1997

［6］雷雳．发展心理学．北京：中国人民大学出版社，2009

［7］哈经雄、滕星主编．民族教育学通论．北京：教育科学出版社，2001

［8］［英］史密斯著，林宗德译．文化理论的面貌．韦伯文化国际出版有限公司，2004

［9］覃主元等．大石山区的祥和村落——广西布努瑶社会经济文化变迁．北京：民族出版社，2007

［10］广西壮族自治区人口普查办公室．世纪之交的中国人口（广西卷）．北京：中国统计出版社，2004

［11］［英］马尔萨斯著，丁伟译．人口原理．兰州：敦煌文艺出版社，2007

［12］全国人民代表大会民族委员会办公室编．广西大瑶山——瑶族社会历史情况调查（初稿）．1958。广西壮族自治区编辑组、《中国少数民族社会历史调查资料丛刊》修订编辑委员会．《广西瑶族社会历史调查（一）》．北京：民族出版社，2009

［13］韦茂繁、秦红增等．苗族文化的变迁图像——广西融水雨卜村调查研究．北京：民族出版社，2007

［14］广西壮族自治区编辑组、《中国少数民族社会历史调查资料丛刊》修订编辑委员会．《广西仫佬族毛南族社会历史调查（一）》．北京：民族出版社，2009

［15］马居里、陈家柳主编．京族——广西东兴市山心村调查．昆明：云南大学出版社，2004

［16］广西壮族自治区编辑组、《中国少数民族社会历史调查资料丛刊》修订编辑委员会．《广西苗族社会历史调查（一）》．北京：民族出版社，2009

［17］唐德刚．胡适杂忆．北京：华文出版社，1990

［18］章立明、俸代瑜主编．广西罗城石门村调查．昆明：云南大学出版社，2004

［19］柳州地区教育志编纂委员会．柳州地区教育志．2000

［20］匡自明、黄润柏主编．广西环江县南昌屯调查．昆明：云南大学出版社，2004

［21］覃乃昌．广西世居民族．南宁：广西民族出版社，2004

［22］《广西大百科全书》，北京：中国大百科全书出版社，2008

［23］钟文典主编．广西通史．南宁：广西人民出版社，1999

［24］（元）黎崱．安南志略．

［25］刘兴．永福县志，1916年刻本．

［26］环江毛南族自治县地方志编撰委员会编．环江毛南族自治县志．南宁：广西人民出版社，2002

［27］东兰县志编撰委员会编．东兰县志．南宁：广西人民出版社，1994

［28］杨新益、梁精华、赵纯心编著．广西教育史．桂林：广西师范大学出版社，1997

［29］广西通志·教育志．南宁：广西人民出版社，1995

［30］广西教育史志．广西教育委员会史志办公室，1992

［31］广西教育厅教育数据分析中心．2002—2008 广西教育事业数据分析．桂林：广西师范大学出版社，2009

［32］广西壮族自治区教育学会．当代广西教育．《广西教育学会通讯》增刊 1988

［33］李彦福、黄启文、莫雁诗、莫风欣、麦群忠、陈永祚编．广西教育史料．南宁：广西人民出版社，1990

［34］袁镇国．当代教育学．北京：教育科学出版社，1999

［35］覃圣敏主编．壮泰民族传统文化比较研究．南宁：广西人民出版社，2003

［36］陆启光．壮族儿童社会化研究．北京：中国社会科学出版社，2004

［37］靳希斌主编．教育学．北京：中央广播电视大学出版社，1999

［38］杨超．现代德育人本论．广州：广东人民出版社，2005

［39］高德胜．生活德育论．北京：人民出版社，2005

［40］侯晶晶．关怀德育论．北京：人民教育出版社，2005

［41］靖国平．价值多元背景下学校德育环境建设．南京：江苏教育出版社，2009

［42］郑葳．学习共同体——文化生态学习环境的理想架构．北京：科学教育出版社，2007

[43] 易连云．重建学校精神家园．北京：科学教育出版社，2003

[44] 顾明远主编．教育大辞典．上海：上海教育出版社，1998

[45] 罗国安等．德育环境学．西安：陕西人民出版社，1992

[46] 邱伟光、张耀灿主编．思想政治教育学原理．北京：高等教育出版社，1999

[47] 戴钢书．德育环境研究．北京：人民出版社，2002

[48] 中华人民共和国教育部．全日制义务教育语文课程标准（实验稿）．北京：北京师范大学出版社，2001

[49] 中华人民共和国教育部．普通高中语文课程标准（实验稿）．北京：人民教育出版社，2003

[50] 鲁洁．教育社会学．北京：人民教育出版社，1990

[51] [法] 莫兰著，陈一壮译．复杂性理论与教育问题．北京：北京大学出版社，2004

[52] 鲁洁．道德教育的当代论域．北京：人民教育出版社，2005

[53] 倪文锦主编．初中语文新课程教学法．北京：高等教育出版社，2003

[54] [英] 赫克尔·斯特林主编，王民等译．可持续发展教育．北京：中国轻工业出版社，2002

[55] 吴履平主编．20世纪中国中小学课程教学大纲汇编课程（教学）计划卷．北京：人民教育出版社，2001

[56] 檀传宝．信仰教育与道德教育．北京：教育科学出版社，1999

[57] 王立仁．德育价值论．北京：中国社会科学出版社，2004

[58] 徐平等著．大瑶山七十年变迁．北京：中央民族大学出

版社，2006

［59］广西壮族自治区编辑组、《中国少数民族社会历史调查资料丛刊》修订编辑委员会编．《广西彝族仫佬族社会历史调查》．北京：民族出版社，2009

［60］广西壮族自治区编辑组、《中国少数民族社会历史调查资料丛刊》修订编辑委员会编．《广西侗族社会历史调查》．北京：民族出版社，2009

［61］广西壮族自治区编辑组、《中国少数民族社会历史调查资料丛刊》修订编辑委员会编．《广西京族社会历史调查》．北京：民族出版社，2009

［62］李红．教育心理学．武汉：武汉大学出版社，2007

［63］［苏］苏霍姆林斯基著，杜殿坤译．给教师的建议．北京：教育科学出版社，1984

［64］陈钱林．尊重教育理念．北京：人民教育出版社，2005

［65］区培民．语文课程与教学论．杭州：浙江教育出版社，2003

［66］黄甫全主编．课程与教学论．北京：高等教育出版社，2003

［67］吴德刚．关于马克思主义人的全面发展学说的再认识．教育研究，2008（4）

［68］王友保．浅谈归因理论在教学中的运用．广西大学学报（哲学社会科学版），2006 年增刊

［69］连国璋．《百色地区经济发展战略与策略研究》．广西少数民族经济研究会编．《广西少数民族经济论文集》下册，1987

［70］陈本真．《大力发展商品生产是少数地区治穷致富的必由之路》．广西少数民族经济研究会编．《广西少数民族经济论文集》下册，1987

［71］黄瑞儒．《加强科技普及是促进贫困地区经济发展的关

键》．广西少数民族经济研究会编．《广西少数民族经济论文集》下册，1987

［72］韦广雄．试论河池地区农业和农村经济结构的战略性调整．河池师范高等专科学校学报，2000（3）

［73］雷沛鸿．六年来广西国民基础教育．民团周刊社，1939

［74］慕朝京、林少棉．广西少数民族教育50年辉煌成就．中国民族教育，1999（4）

［75］《广西壮族自治区中长期教育改革和发展规划纲要(2010—2020年)》．《广西日报》，2011年3月9日

［76］梁全进．广西少数民族教育特点初探．学术论坛，1984（4）

［77］孙先英、覃明．敷文书院与王守仁的书院教育思想在广西的传播及影响．广西社会科学，2010（3）

［78］张小娟．花与子——广西靖西县其龙村壮族人的满月仪式研究．广西民族大学硕士学位论文，2008

［79］李家成．重建学校德育生态："新基础教育"研究的启示．中国教育学刊，2007（4）

［80］戴锐．德育美育化之价值多维寻思．教育科学研究，2008（10）

［81］韦美日．建国以后课程标准中语文德育目标述评．中外比较教育，2004（3）

［82］韦美日．清末至建国前课程标准中语文德育目标述评．广西社会科学，2004（2）

［83］韦美日．广西民族地区可持续发展与语文德育．现代高教改革与研究，2006（9）

［84］韦美日．广西少数民族地区语文德育的特点．广西师范学院学报，2008（1）

［85］韦美日．广西民族地区民间文学的语文德育功能．广西

师范学院学报，2011（4）

［86］韦美日．民族地区学困生的语文德育功能．广西师范大学学报（哲学社会科学版），2011（4）

［87］韦美日．在多元解读中渗透语文德育．教育新发展，2005（4）

［88］韦美日．选准语文德育的渗透点．语文教学与研究，2005（4）

［89］韦美日．广西少数民族地区地域文化的定位．中国德育，2007（6）

［90］韦美日．广西少数民族地域文化的特点．广西师范学院学报，2007（3）

［91］钟雨．坚持正确方向　不断深化改革——谈中学语文教材的思想道德教育．课程·教材·教法，2005（2）

后　记

从小喜欢阅读。书籍构筑的世界具有无穷的魅力，这种魅力使我经常可以超越自己生活的狭小空间，在想象的世界里纵情遨游，乐不知返。也是阅读，培养了对自己和周围生活世界思考的习惯。我一直在追问，要做一个怎样的人，对自己、对自己的亲人、对生养自己的故土、对整个社会、对全人类，都要有一个交代，而且是诚实的、发自内心的声音。经过了许多人情冷暖之后，结果在“真、善、美”中，我选择的是“善”，因为“美”是邂逅所得，短暂、不可靠，“真”有时候是让人难以接受的，但只要一个人内心有“善”念，他在什么情况下都是依照“善”的规则来为人处世，他身边就有“善”的光辉，照亮别人，也温暖自己。所以我希望，我生活的世界里有很多的有“善”念的人，彼此信任，经常有莫名的感动，经常有感恩之心，像南方冬日的阳光，充满温情，暖洋洋的。我希望我的学生能在现代社会立足，有谋生的本领，但我更希望他们是有担当的人，知道自己在做什么，知道自己的目标在哪里，知道自己想到哪里去。更重要的是经常问问自己，为什么要这样做，我的底线在哪里，我还能为自己、为别人、为一个更加温暖的社会做些什么。这就是我研究语文德育的初衷，带点乌托邦色彩。

在研究语文德育的路途上，我真的遇到了很多我认为有“善”

念的人。学生邀请我和我的孩子参加他们的郊游活动，是在一个地形复杂、还未开发、有山有水、风景秀丽的地方。爬山的时候，学生轮流背着我的孩子，有时候把他扛在肩上，带我们到他们认为最好看的地方去“探险”，陡峭的山坡荆棘丛生，挡不住他们的好奇心。他们累得气喘吁吁，但满脸阳光，谈笑风生。还有一次，也是和学生去爬山，太阳照得眼冒金星，我正在后悔为什么不在阴凉的树下等他们，不用这么费力跟他们爬山的时候，一件衣服悄悄盖到我的头上，抬眼一看，是学生憨厚的笑脸，还递上他带的一瓶水，我的眼泪就下来了。后来，这个学生在南宁工作，我到上海去访学，就敢把自己的宝贝儿子和家都托付给他。那一年，他到哪里都带着我的儿子，别人还以为那是他的孩子。我的同学说，你怎么有那么好的学生啊。是啊，我有时候想，我有何德何能，能有这么好的学生！

我真的很幸运，总是能遇到有“善”念的人。2009 年，我在中央民族大学访学，认识了文雅和气的田静老师，她在我为难的时候总能及时出现，化险为夷，就像我的观音菩萨。接着，她介绍我认识了博士后研究生海路，他就像宋江，是及时雨，在不经意间给你许多关怀。但我知道，那都是以牺牲他自己的宝贵时间为代价，对于学者而言，还有什么比时间更宝贵的呢？我访学的导师滕星教授，也是田静老师介绍认识的。一见面就是请滕教授帮忙，结果他二话没说就帮忙了，让我见识了大家的气度和风范。田静老师说滕教授是性情中人。是啊，跟了滕教授一年，他的豪爽，就像武林“大侠”，具有凝聚人心的力量，所以学生总是愿意跟着滕教授。

在跟滕教授学习的一年里，有幸聆听了他和其他教授的课，参加滕教授组织的课题研究活动。在与众多博士生的交流中，我把以前的广西民族地区语文德育研究进行了全面的梳理，形成了本书的基本结构。感谢中央民族大学为我提供了学习民族教育理论和民族教育政策的机会，弥补了我知识结构上的不足；感谢滕教授和他所有的研究生，与他们一起学习的日子里，虽然遭遇了北京罕见的大雪，但我心里是温暖的。感谢民族出版社的虞农先生、冯敏女士为本书的出版付出的艰辛劳动，感谢我的工作单位广西师范学院的大力支持。感谢我的先生、儿子、父母和我的兄弟姐妹，没有他们的支持，完成本书的写作是不可能的。

韦美日

2012 年 3 月 18 日

图书在版编目(CIP)数据

广西民族地区语文德育研究/韦美日著.
—北京:民族出版社,2012.5
(教育人类学研究丛书. 第4辑)

ISBN 978-7-105-12186-1

Ⅰ.①广… Ⅱ.①韦… Ⅲ.①语文课—教学研究—中小学
②德育—教学研究—中小学 Ⅳ.①G633.302 ②G631

中国版本图书馆 CIP 数据核字(2012)第 092102 号

策划编辑:虞　农
责任编辑:冯　敏
封面设计:海龙视觉
出版发行:民族出版社出版发行
地　　址:北京市和平里北街 14 号　　邮编 100013
网　　址:http://www.mzcbs.com
印　　刷:北京市迪鑫印刷厂
经　　销:各地新华书店经销
版　　次:2012 年 5 月第 1 版　2012 年 5 月北京第 1 次印刷
开　　本:880 毫米×1230 毫米　1/32　字数:330 千字
印　　张:12.25
定　　价:35.00 元
ISBN　978-7-105-12186-1/G·1835 (汉 865)

该书如有印装质量问题,请与本社发行部联系退换
汉文编辑一室电话:010-64271909　　发行部电话:010-64224782